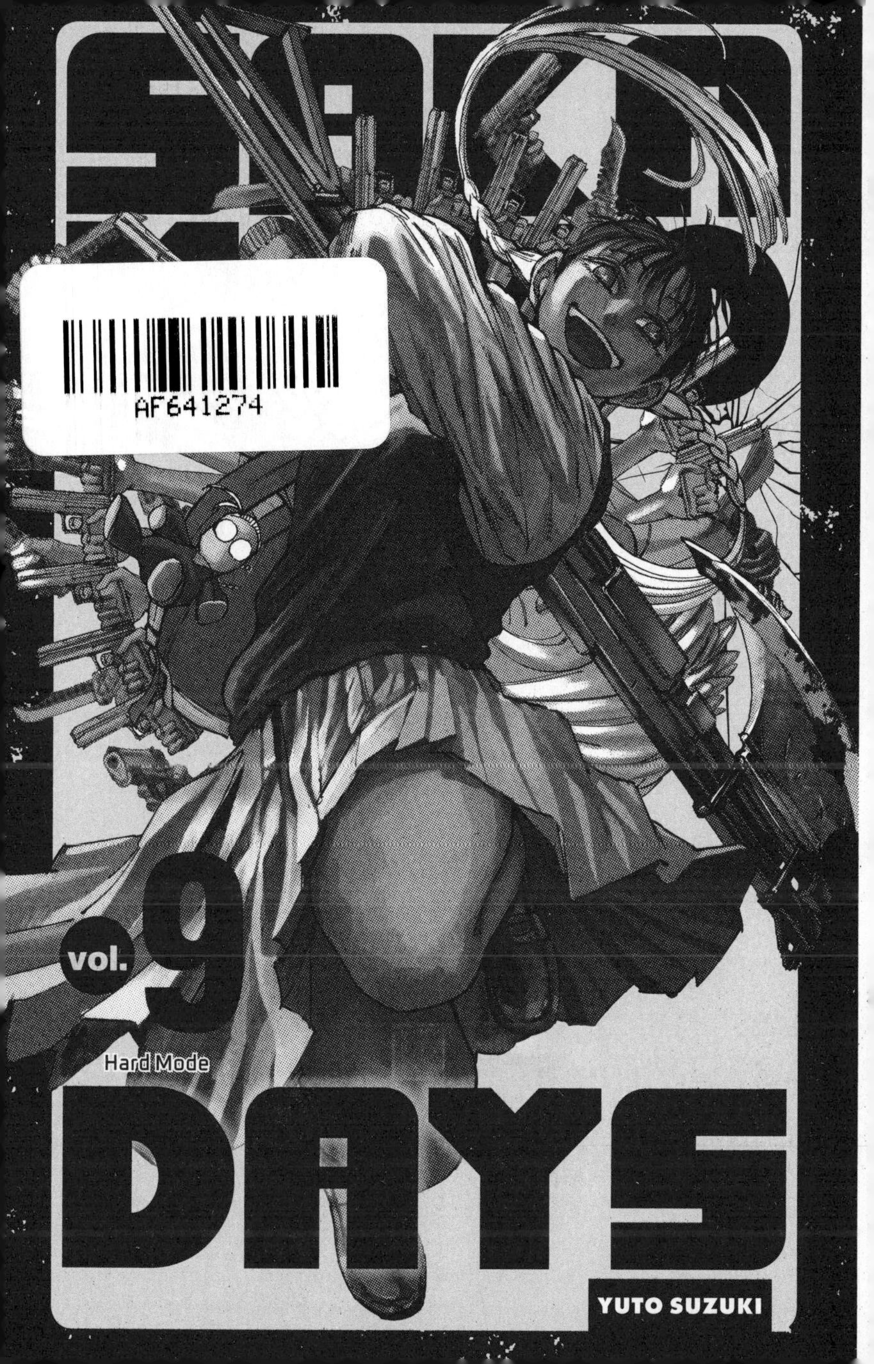
vol. 9
Hard Mode
DAYS
YUTO SUZUKI

SAKAMOTO DAYS

VORSTELLUNG DER FIGUREN

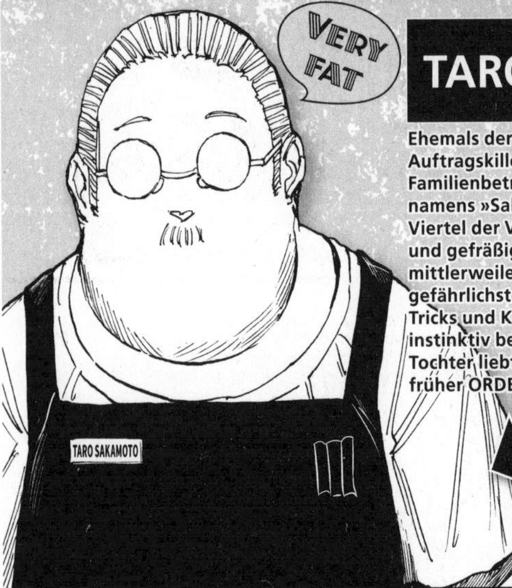

TARO SAKAMOTO

Ehemals der stärkste und gefürchtetste Auftragskiller. Führt jetzt einen kleinen Familienbetrieb, einen Tante-Emma-Laden namens »Sakamoto«, in einem ruhigen Viertel der Vorstadt. Ein recht schweigsamer und gefräßiger Zeitgenosse, der, obwohl er mittlerweile kugelrund ist, noch immer die gefährlichsten Tötungstechniken und alle Tricks und Kniffe eines waschechten Profikillers instinktiv beherrscht. Seine Frau und seine Tochter liebt er über alles. Gehörte früher ORDER an.

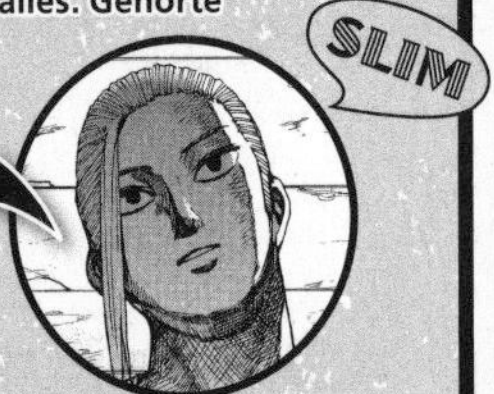

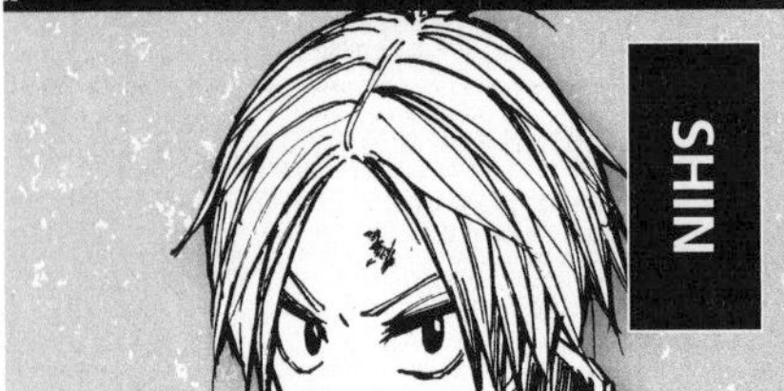

SHIN

Ehemaliger Untergebener Sakamotos. Telepath, der die Gedanken anderer Menschen lesen kann. Wurde von Sakamoto gerettet und arbeitet seitdem bei »Sakamoto«. Besitzt eine Art Zukunftsblick, eine Fähigkeit, die ihm erlaubt Bewegungen und Geschehnisse vorherzusehen, ihn allerdings bei übermäßiger Anwendung auch in Todesgefahr bringt.

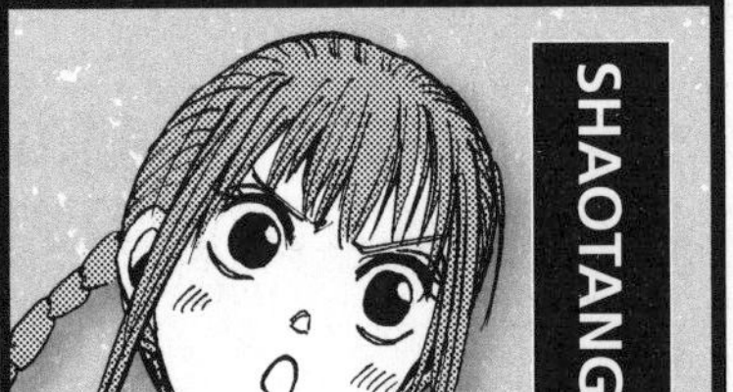

SHAOTANG LU

Tochter einer Triaden-Familie. Sakamoto rettete ihr das Leben, als sie von einem befeindeten Clan, der ihre gesamte Familie ausgelöscht hat, verfolgt wurde. Arbeitet auch in Sakamotos Laden. Sobald sie betrunken ist, verwandelt sie sich in eine absolute Kung-Fu-Meisterin.

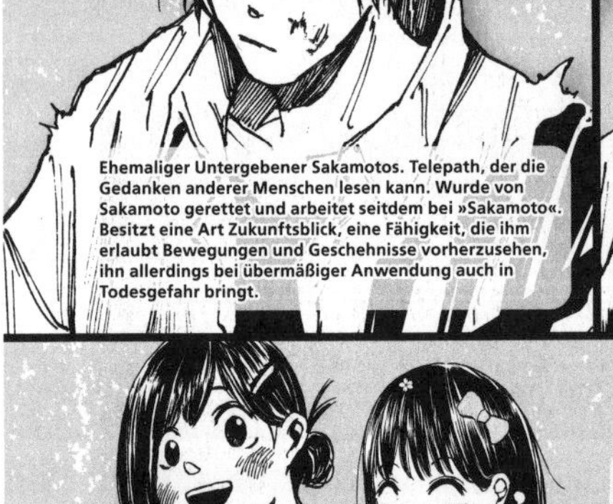

AOI & HANA SAKAMOTO

Sakamotos geliebte Frau und seine Tochter. Beide haben sein Leben verändert.

ORDER

DIESE ELITETRUPPE IST DIE WICHTIGSTE EINRICHTUNG DES JBA. SIE IST DAFÜR ZUSTÄNDIG, DIE WELT DER AUFTRAGSKILLER IN ORDNUNG ZU HALTEN.

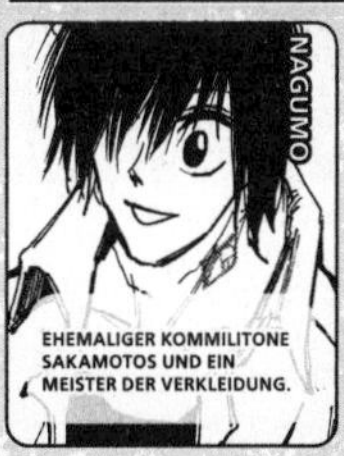

EHEMALIGER KOMMILITONE SAKAMOTOS UND EIN MEISTER DER VERKLEIDUNG.

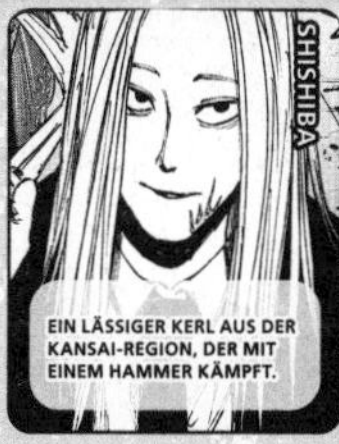

EIN LÄSSIGER KERL AUS DER KANSAI-REGION, DER MIT EINEM HAMMER KÄMPFT.

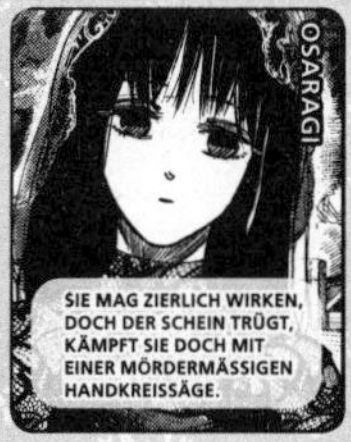

SIE MAG ZIERLICH WIRKEN, DOCH DER SCHEIN TRÜGT, KÄMPFT SIE DOCH MIT EINER MÖRDERMÄSSIGEN HANDKREISSÄGE.

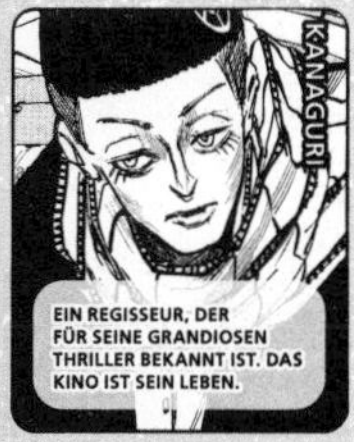

EIN REGISSEUR, DER FÜR SEINE GRANDIOSEN THRILLER BEKANNT IST. DAS KINO IST SEIN LEBEN.

DAS NETZWERK RUND UM X

EINE MYSTERIÖSE GRUPPIERUNG VON KILLERN, DIE ES AUSSCHLIESSLICH AUF DEN JBA ABGESEHEN HAT. DER GRUND FÜR IHRE ANSCHLÄGE IST UNBEKANNT.

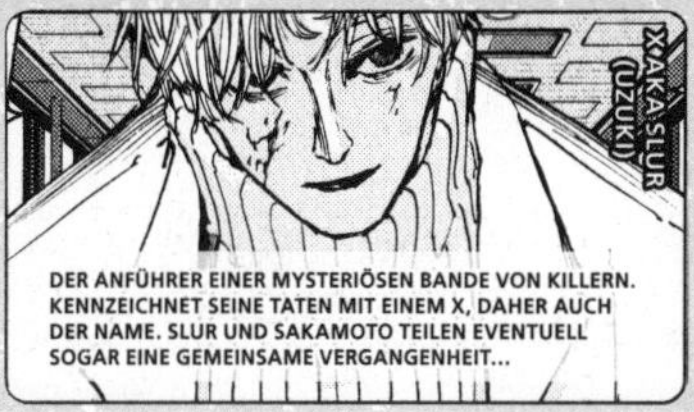

DER ANFÜHRER EINER MYSTERIÖSEN BANDE VON KILLERN. KENNZEICHNET SEINE TATEN MIT EINEM X, DAHER AUCH DER NAME. SLUR UND SAKAMOTO TEILEN EVENTUELL SOGAR EINE GEMEINSAME VERGANGENHEIT…

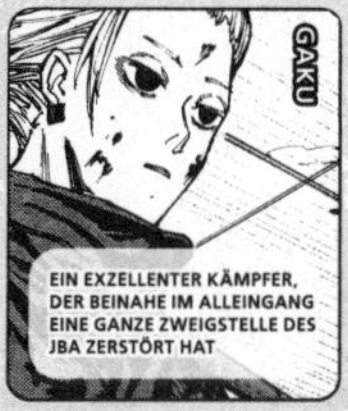

EIN EXZELLENTER KÄMPFER, DER BEINAHE IM ALLEINGANG EINE GANZE ZWEIGSTELLE DES JBA ZERSTÖRT HAT

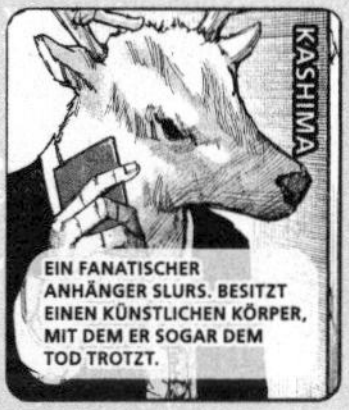

EIN FANATISCHER ANHÄNGER SLURS. BESITZT EINEN KÜNSTLICHEN KÖRPER, MIT DEM ER SOGAR DEM TOD TROTZT.

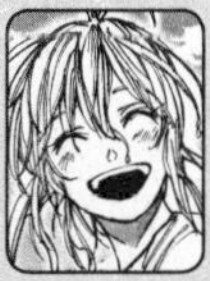

AKIRA

SIE IST RELATIV SCHÜCHTERN UND UNGESCHICKT IM UMGANG MIT WAFFEN, ABER BESITZT ANSCHEINEND EIN VERBORGENES TALENT…

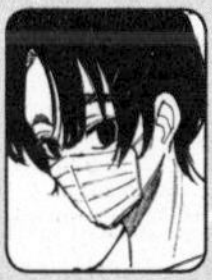

MAFUYU SEBA

EIN TYP MIT REINLICHKEITSFIMMEL, DER SICH MIT SHIN ANGEFREUNDET HAT?!

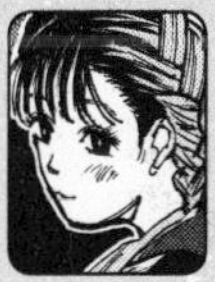

TORAMARU

EINE DER KANDIDATINNEN, DIE AUF EMPFEHLUNG ZUGELASSEN WURDE. IST EIN GROSSER SAKAMOTO-FAN.

STORY

Es war einmal ein legendärer und erstklassiger Auftragskiller. Sein Name: Taro Sakamoto. Er war der beste von allen, die Nummer 1 unter den Auftragsmördern, von der gesamten Verbrecherwelt gefürchtet und bewundert zugleich. Doch eines Tages… verliebte er sich! Danach folgten Schlag auf Schlag: Ruhestand, Hochzeit, Nachwuchs – und dann… wurde Sakamoto fett! Und zwar so richtig. Mittlerweile betreibt er einen Tante-Emma-Laden, einen kleinen Familienbetrieb namens »Sakamoto«, und kaum, dass er der Unterwelt den Rücken gekehrt hat, sieht er sich ständig neuen Gefahren ausgesetzt. Sakamoto findet indes heraus, dass ein Kopfgeld auf ihn ausgesetzt wurde. Dafür verantwortlich zeichnet ein Mann namens »Slur«. Als Sakamoto versucht, die ganze Sache aufzuklären, wird er in einen Kampf zwischen Slur und dem JBA hineingezogen. Für die dritte Runde der Aufnahmeprüfungen der JCC, in der auf Empfehlung auch ein Trio teilnimmt, wird das Spiel »Tail-Tag« gespielt! Shin, der diesmal nicht mit Sakamoto im Team antritt, ist entschlossen, ihm zu beweisen, dass er auch ohne ihn zurechtkommt. Ein weiterer Kandidat, Shinaya, der von X Untergebenem Gaku kontrolliert wird, gerät jedoch außer Kontrolle! Sakamoto eilt Shin zu Hilfe!

SAKAMOTO DAYS vol. 9

INHALT

DAYS 71 Hard Mode 005

DAYS 72 Man sieht sich! 029

DAYS 73 Killerrubbellose 049

DAYS 74 Infiltration 069

DAYS 75 Scheißtelepath 089

DAYS 76 Einem jeden sein Auftrag 109

DAYS 77 T-Ö-T-E-N 133

DAYS 78 Der Gejagte 153

DAYS 79 Transparente Tötungsabsichten 173

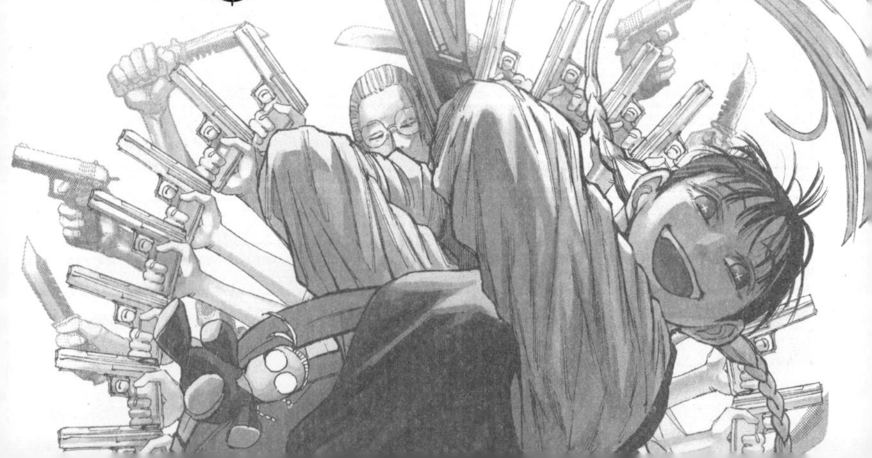

DAYS 71 Hard Mode

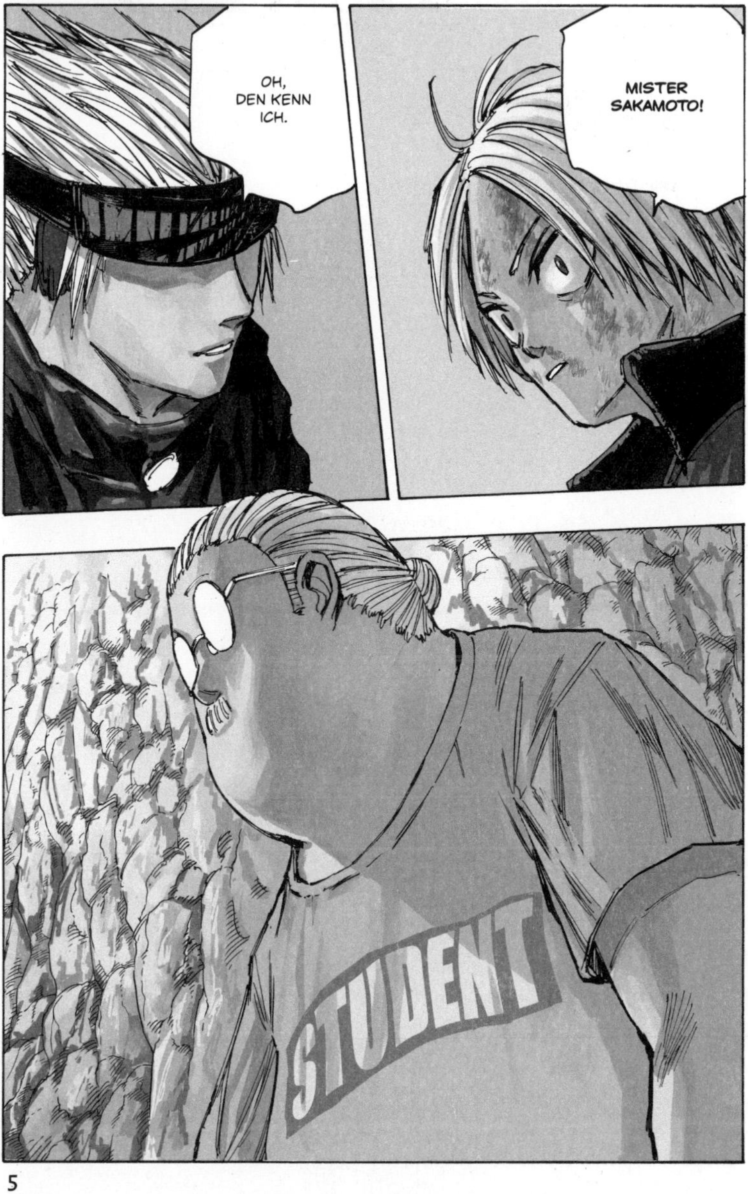

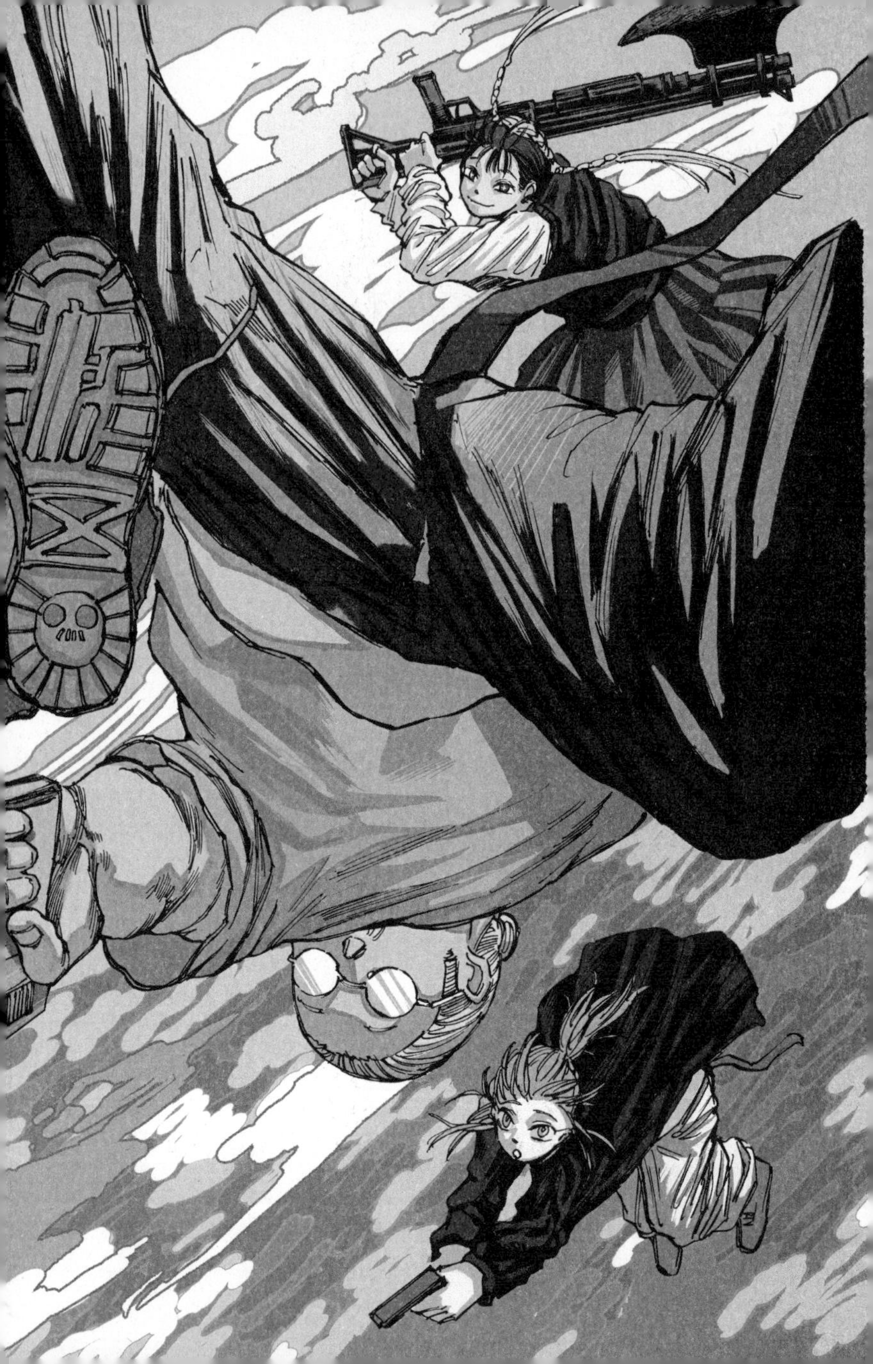

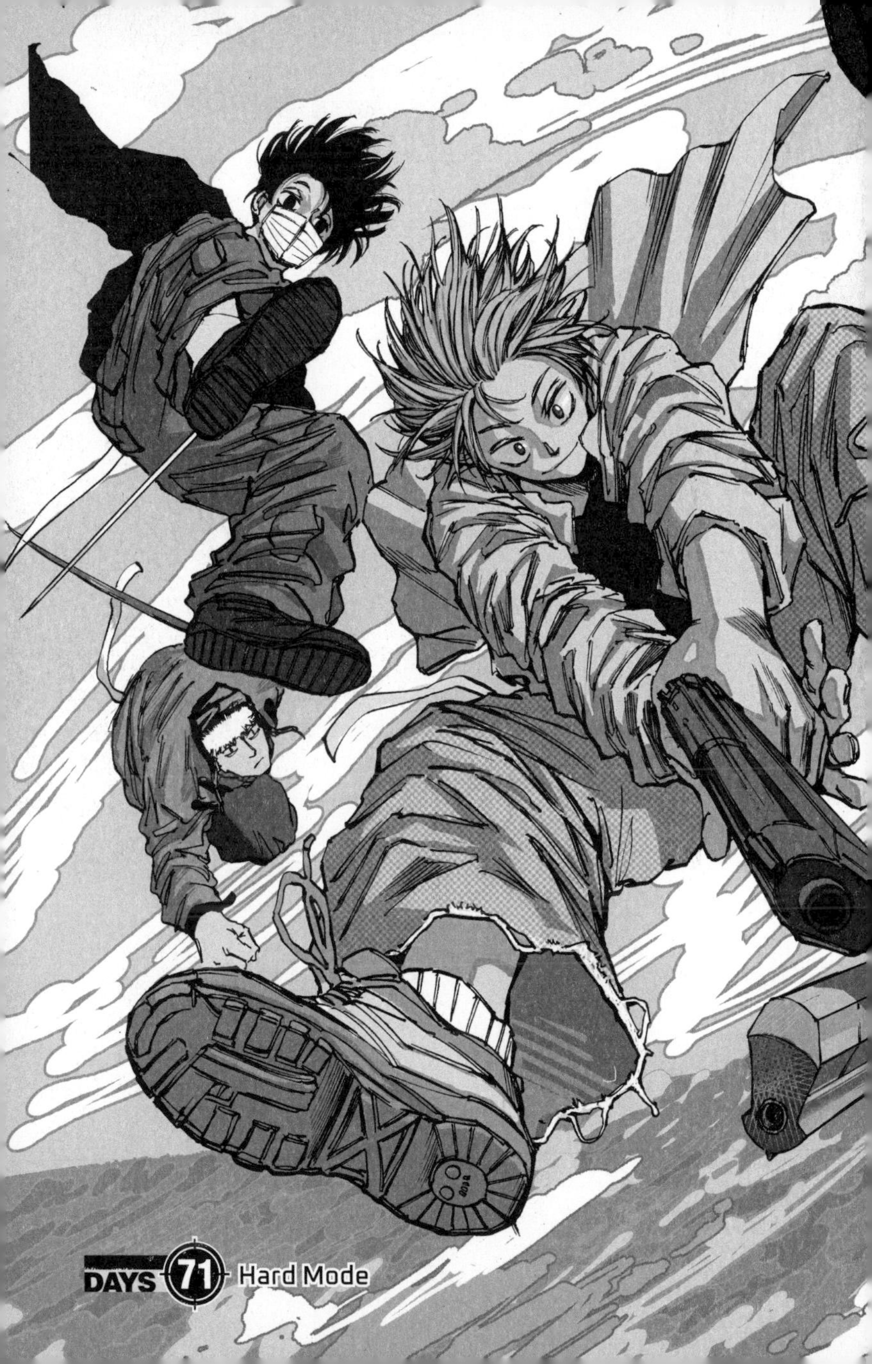
DAYS 71 Hard Mode

SAKAMOTO DAYS

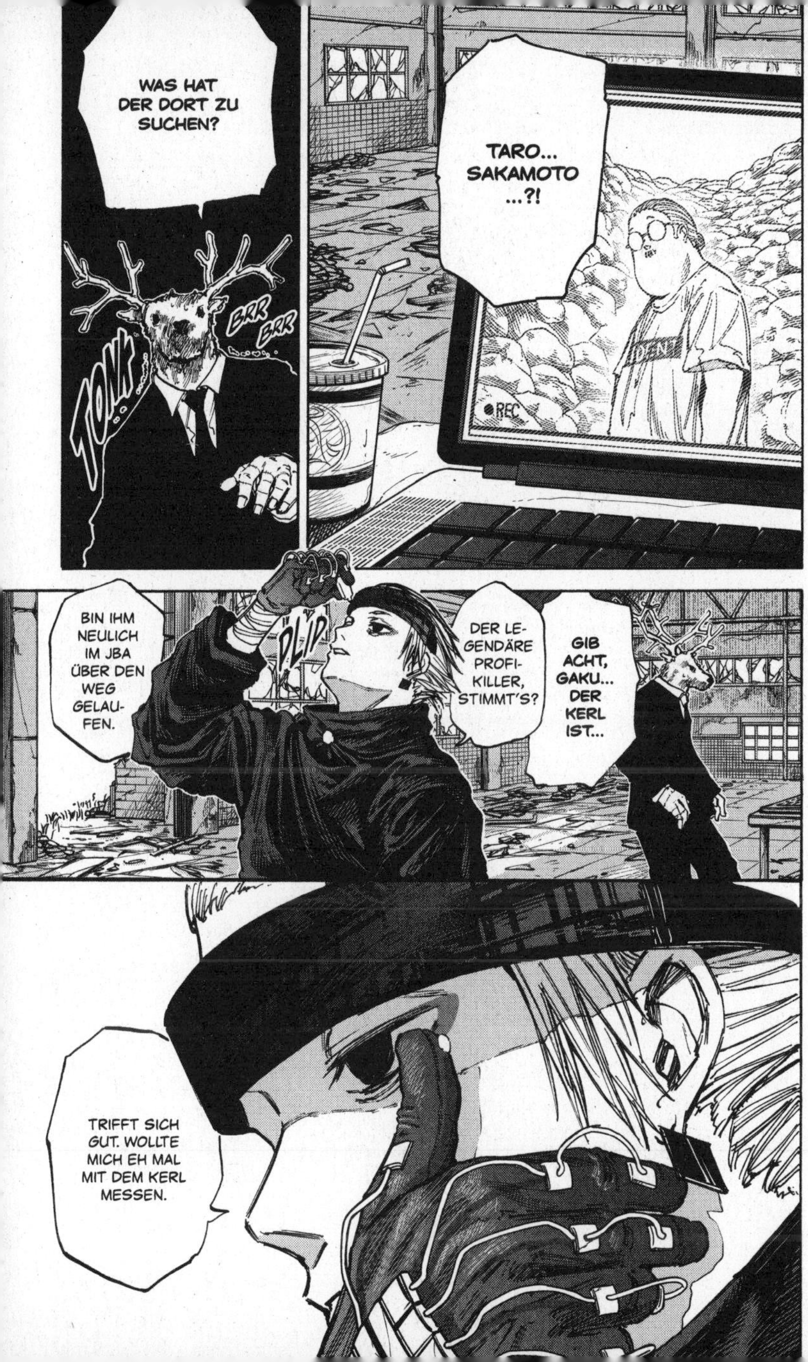
TARO... SAKAMOTO ...?!
REC
WAS HAT DER DORT ZU SUCHEN?
BRR BRR
TONK
GIB ACHT, GAKU... DER KERL IST...
DER LEGENDÄRE PROFIKILLER, STIMMT'S?
BIN IHM NEULICH IM JBA ÜBER DEN WEG GELAUFEN.
TRIFFT SICH GUT. WOLLTE MICH EH MAL MIT DEM KERL MESSEN.

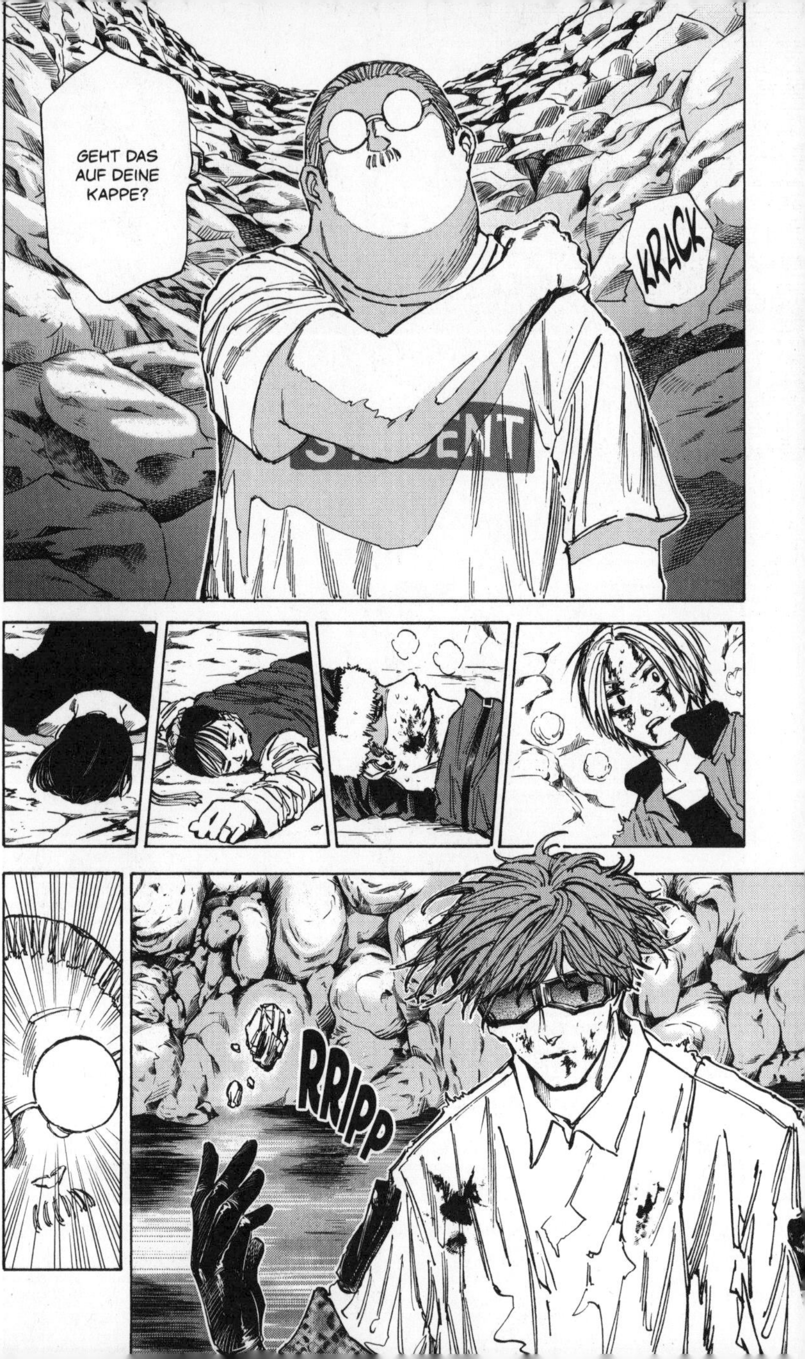
GEHT DAS AUF DEINE KAPPE?
KRACK
STUDENT
RRIPP

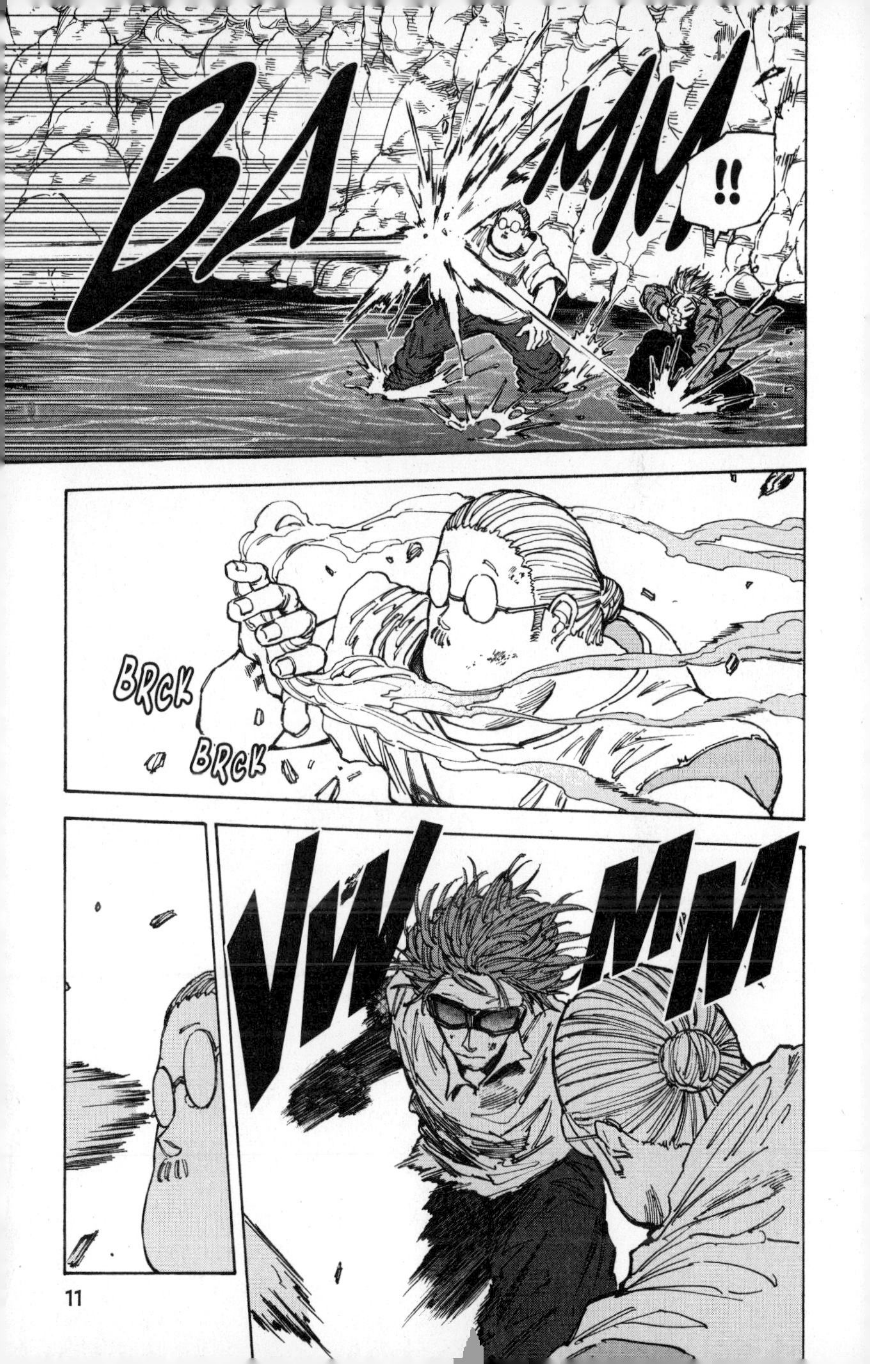
BAMM!!
BRCK
BRCK
VWUMM

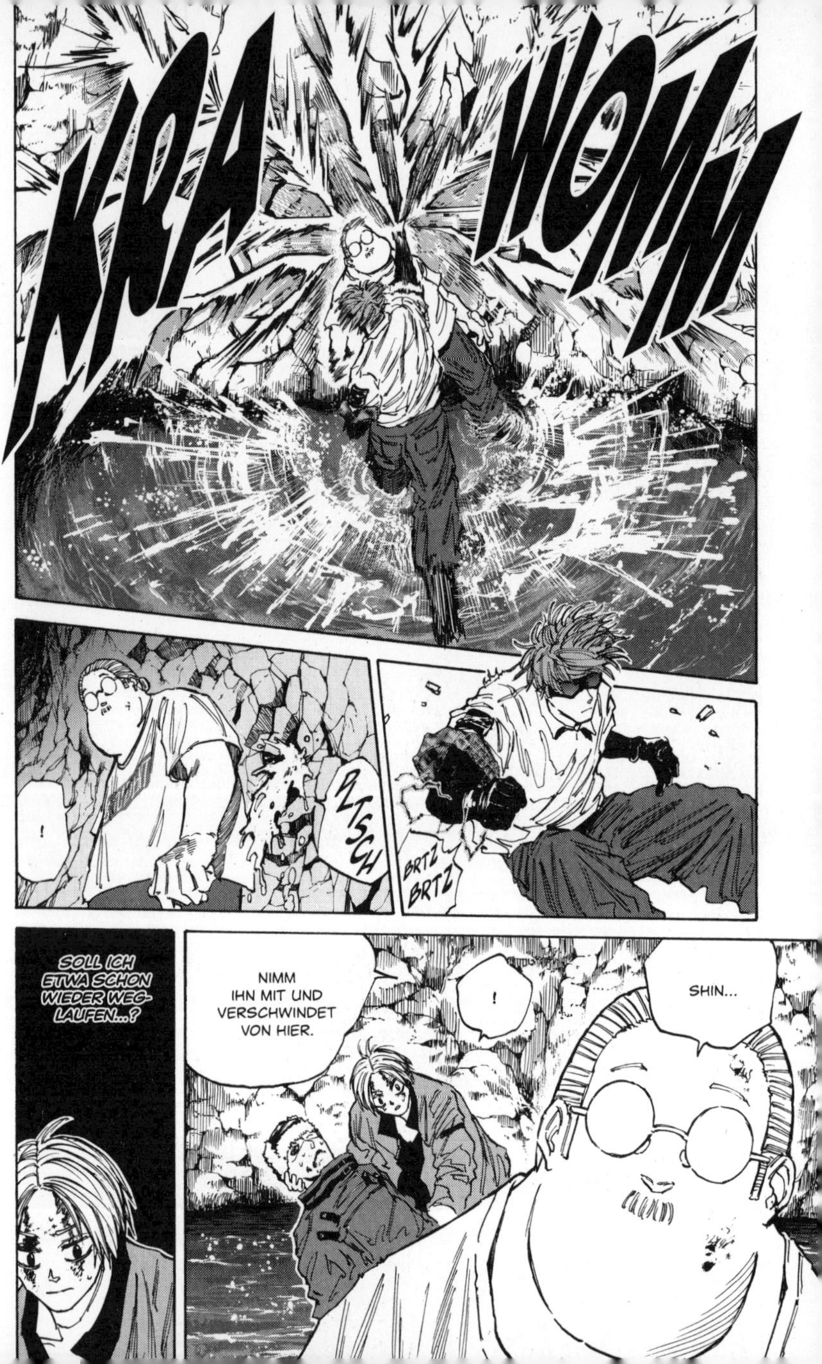
BRTZ BRTZ
PLATSCH
!
SHIN...
...
!
NIMM IHN MIT UND VERSCHWINDET VON HIER.
SOLL ICH ETWA SCHON WIEDER WEG-LAUFEN...?

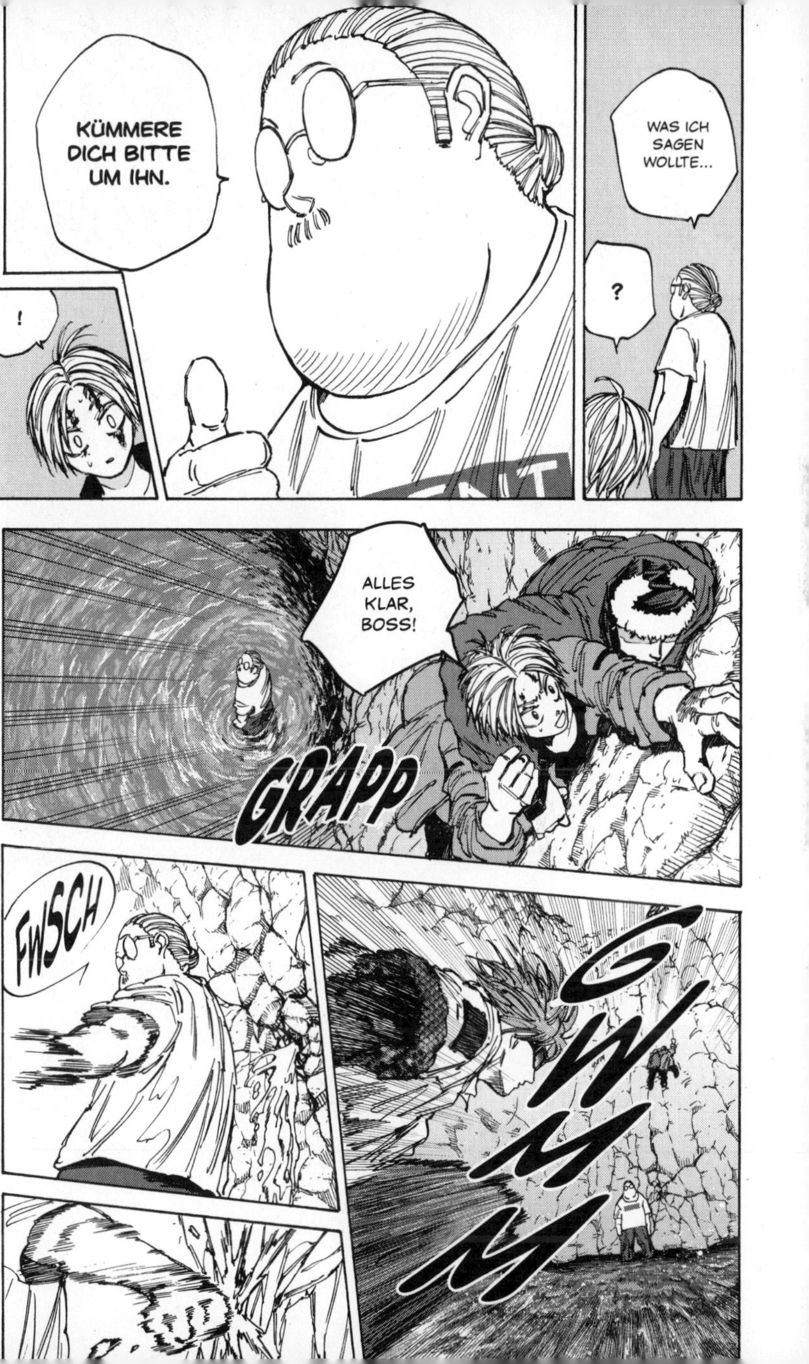
WAS ICH SAGEN WOLLTE...
?
KÜMMERE DICH BITTE UM IHN.
!
ALLES KLAR, BOSS!
GRAPP
GWMMM
FWSCH

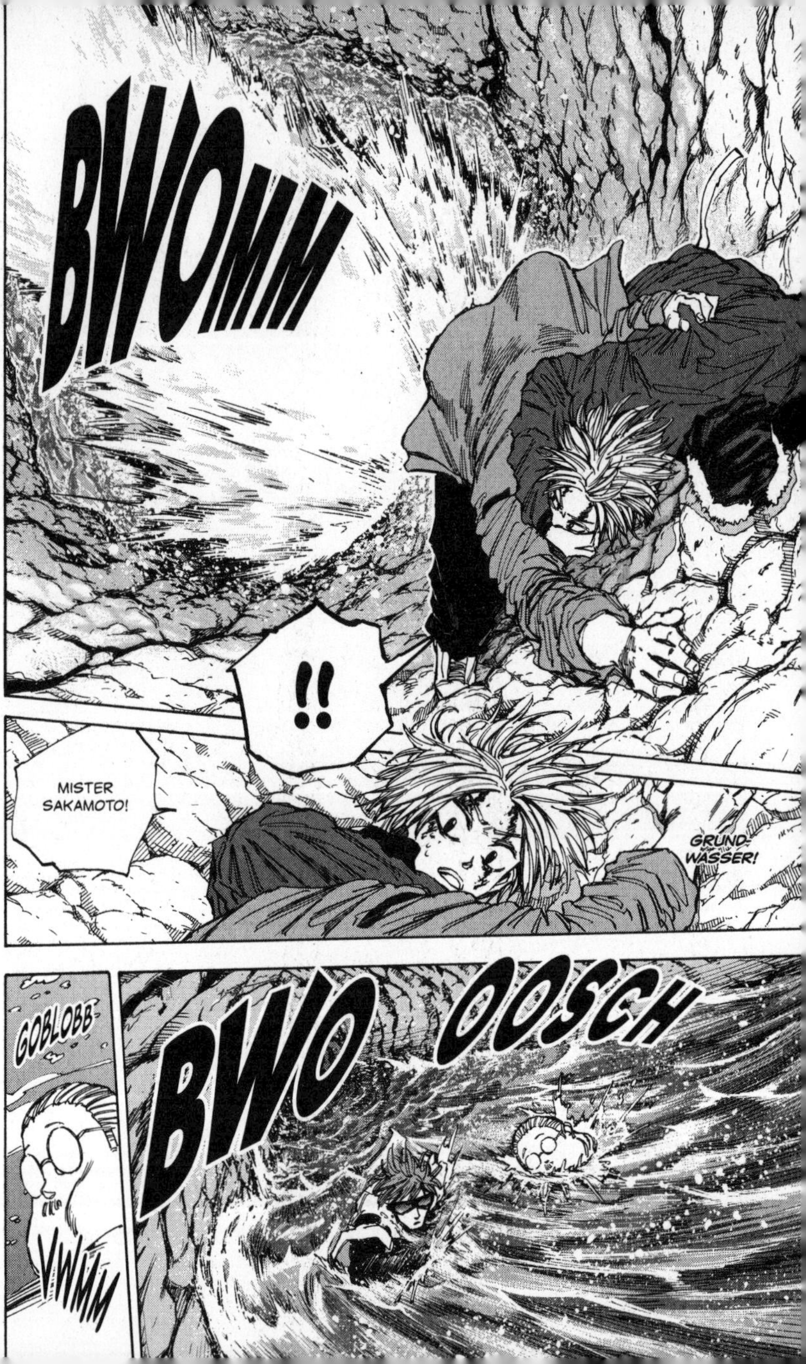
BWOMM
!!
GRUND-
WASSER!
MISTER
SAKAMOTO!
BWO
OOSCH
GOBLOBB
VWMM

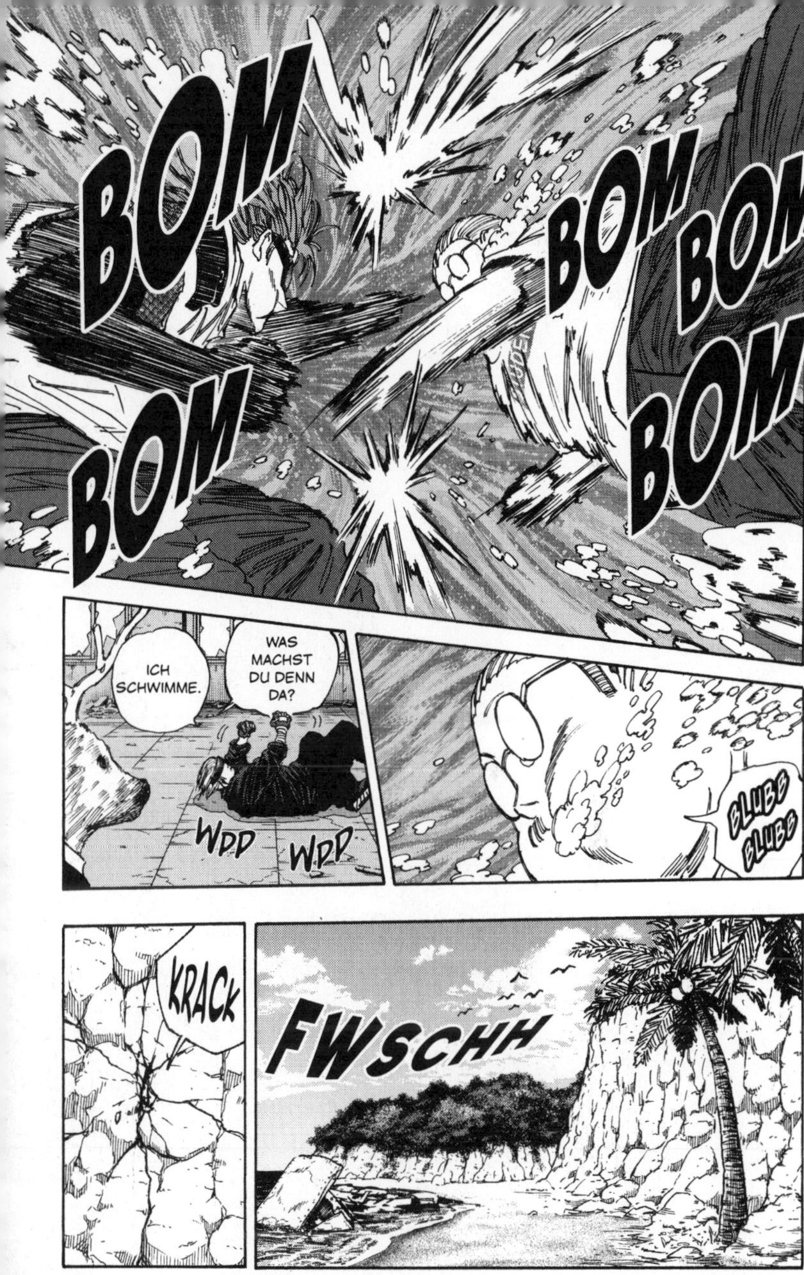
BOM
BOM
BOM
BOM
BOM
BLUBB BLUBB
WAS MACHST DU DENN DA?
ICH SCHWIMME.
WDP
WDP
FWSCHH
KRACK

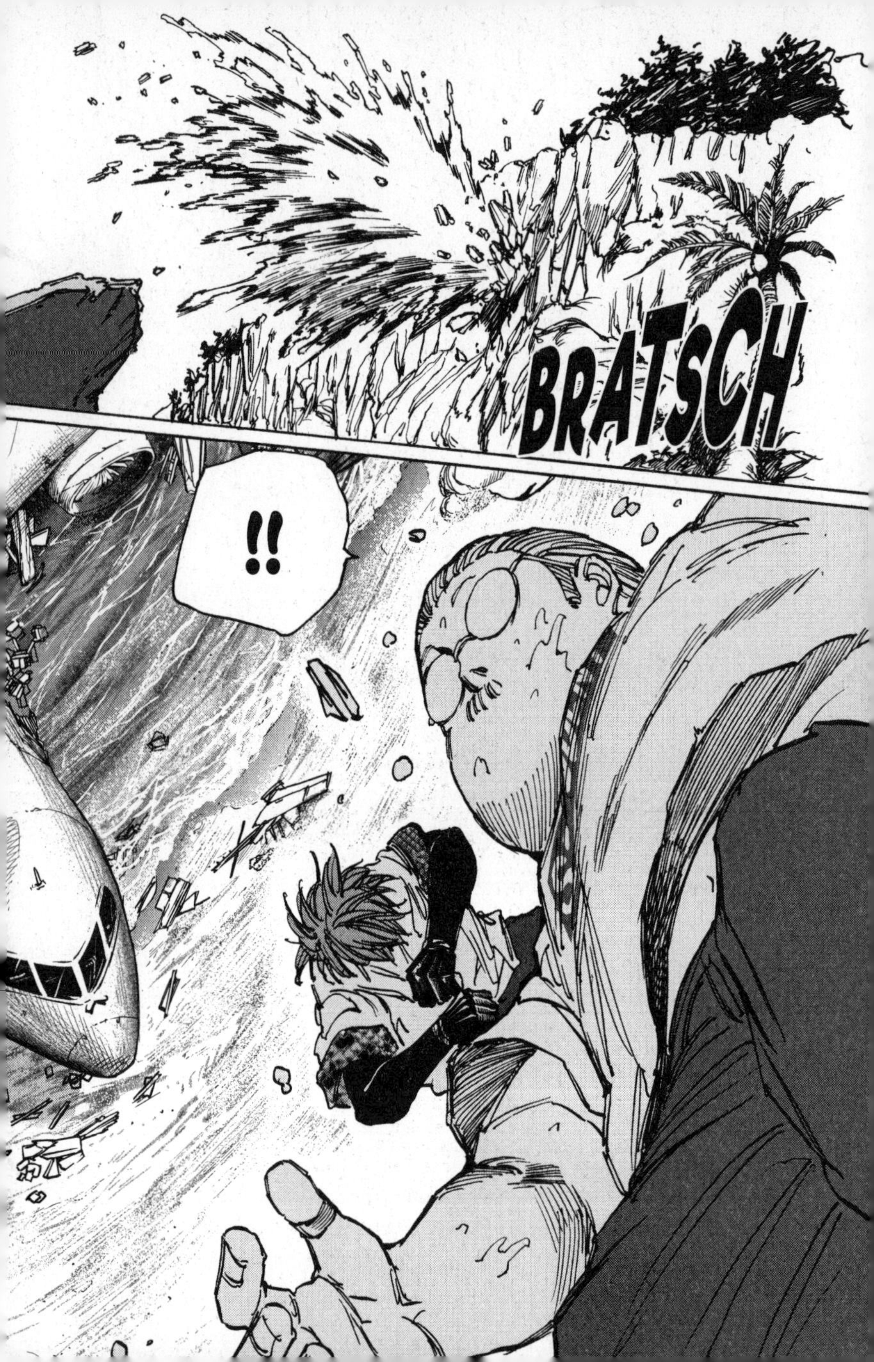
BRATSCH
!!

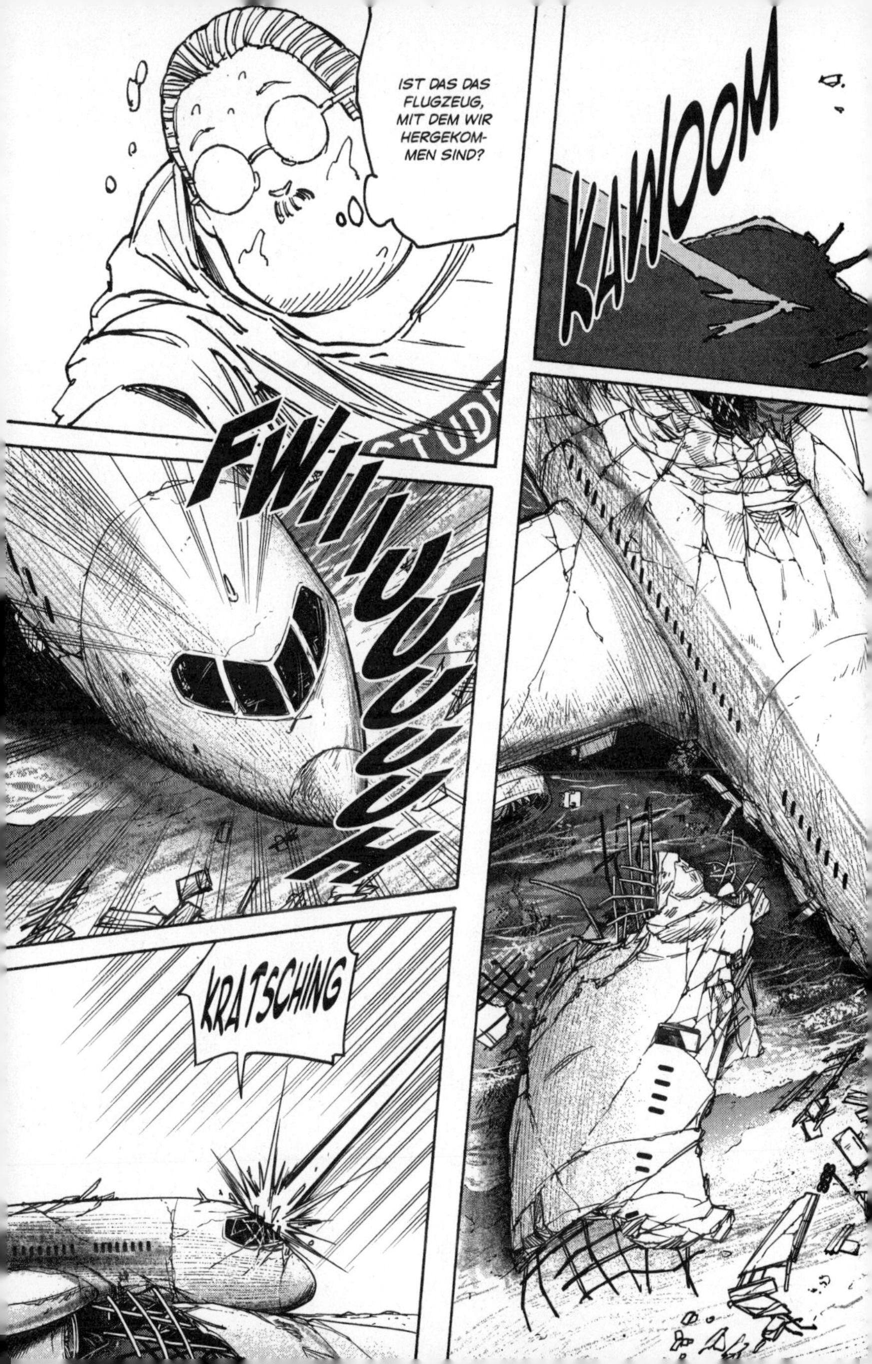

KAWOOM
IST DAS DAS FLUGZEUG, MIT DEM WIR HERGEKOMMEN SIND?
FWIIIUUUUUUH
KRATSCHING

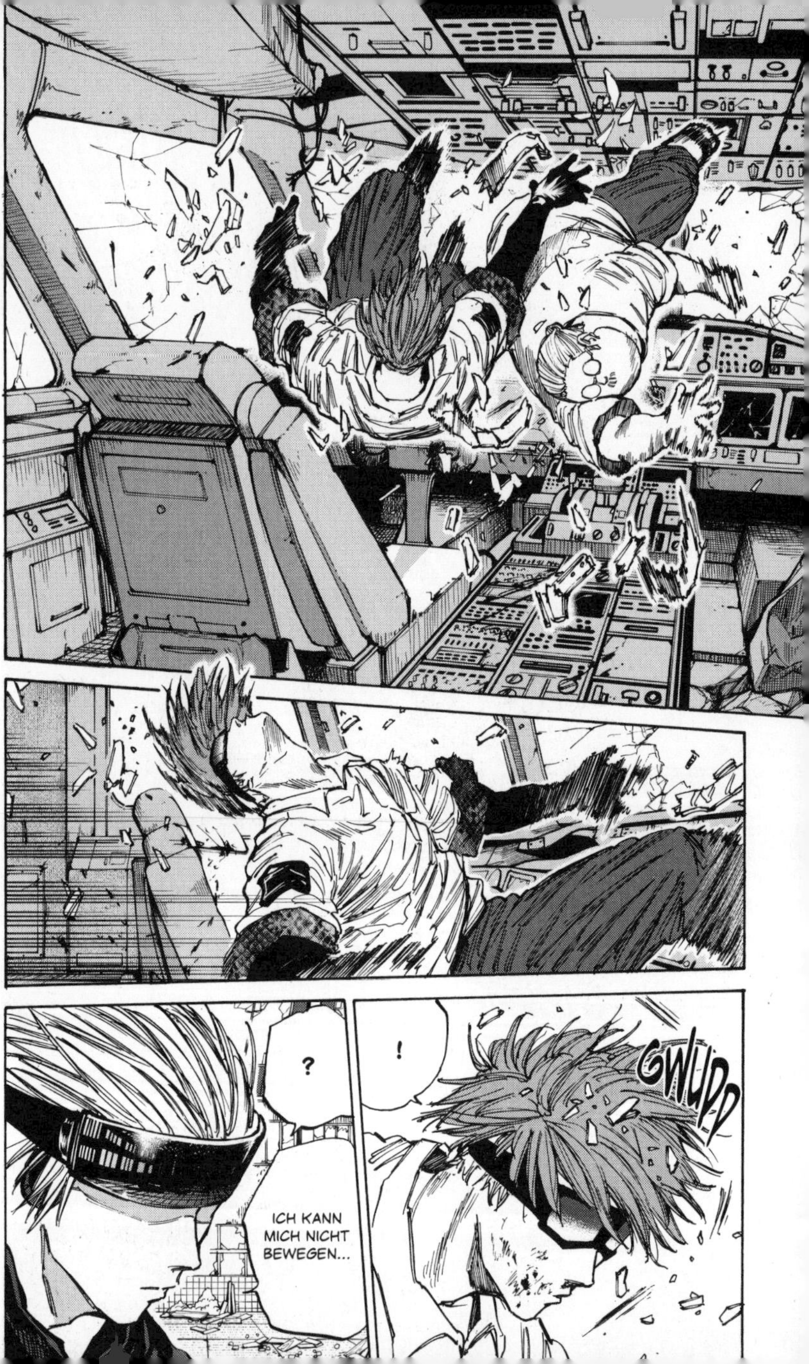
GWUDD
!
?
ICH KANN
MICH NICHT
BEWEGEN...

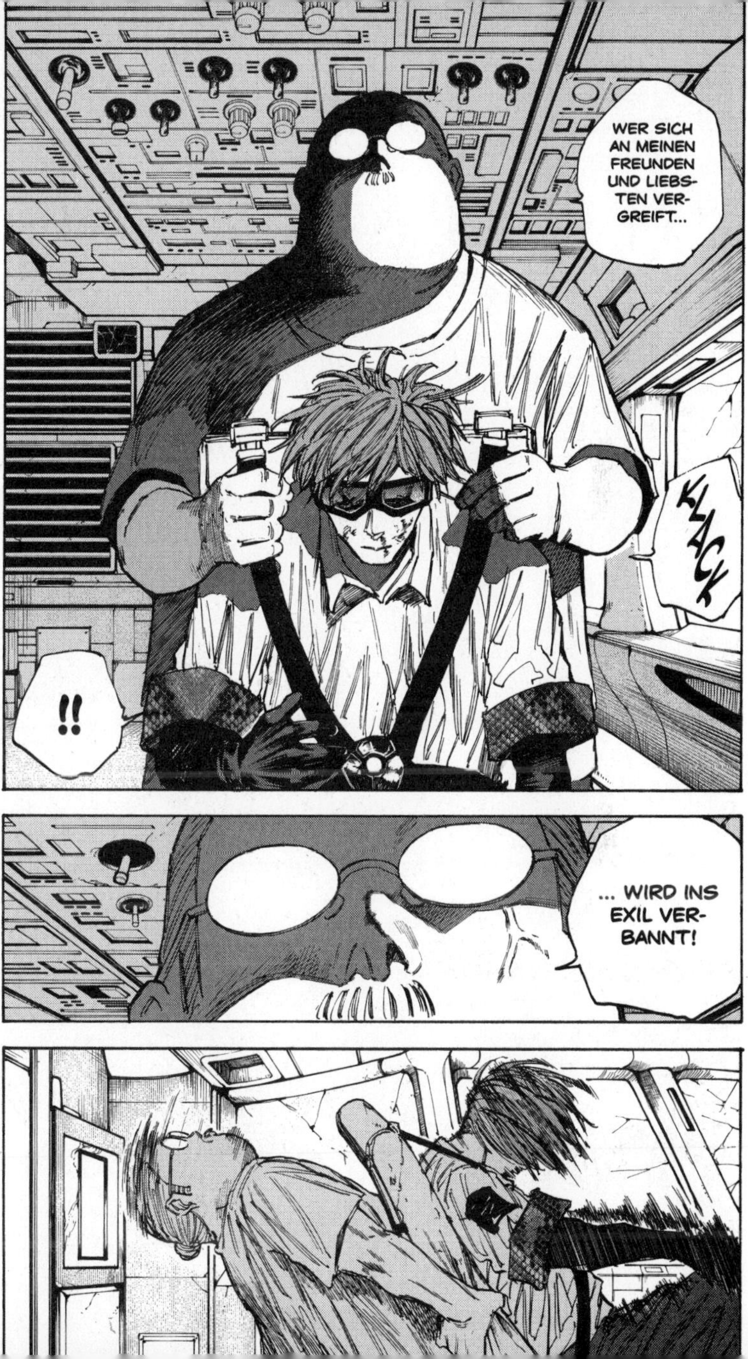
WER SICH AN MEINEN FREUNDEN UND LIEBS-TEN VER-GREIFT...
KLACK
!!
... WIRD INS EXIL VER-BANNT!

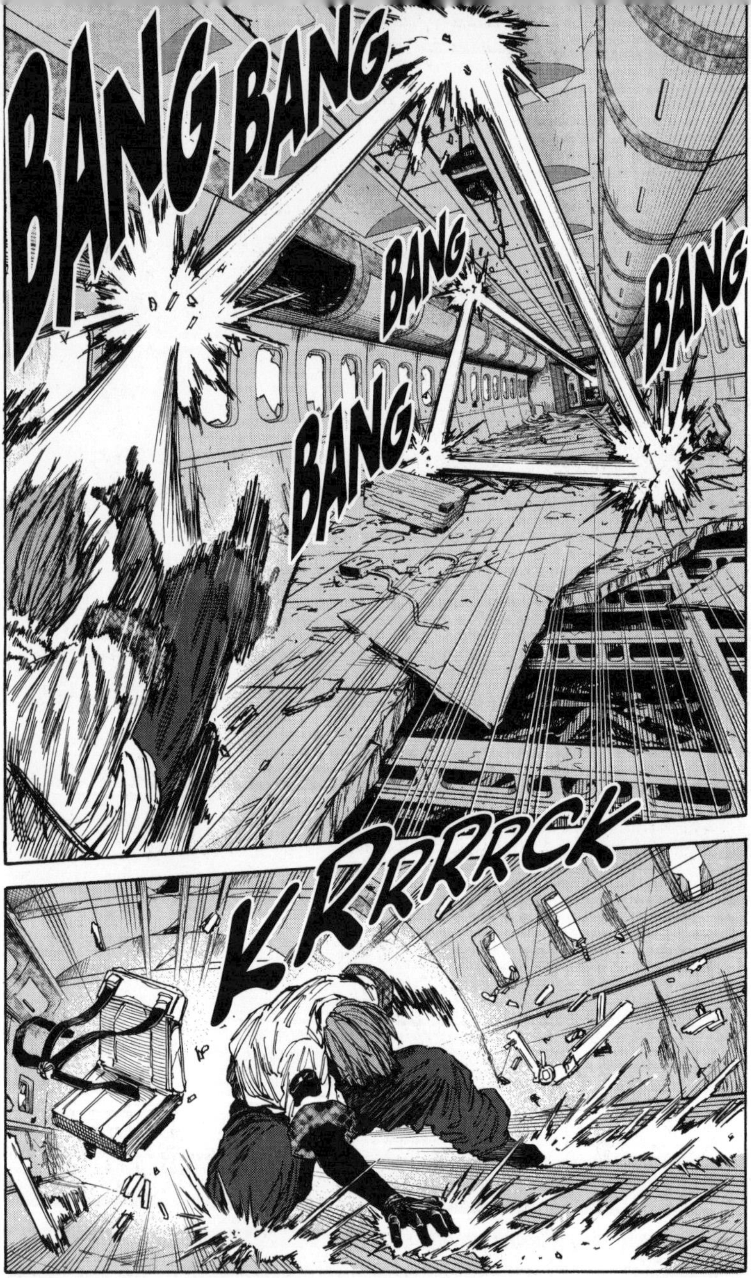
BANG BANG
BANG
BANG
BANG
KRRRRRCK

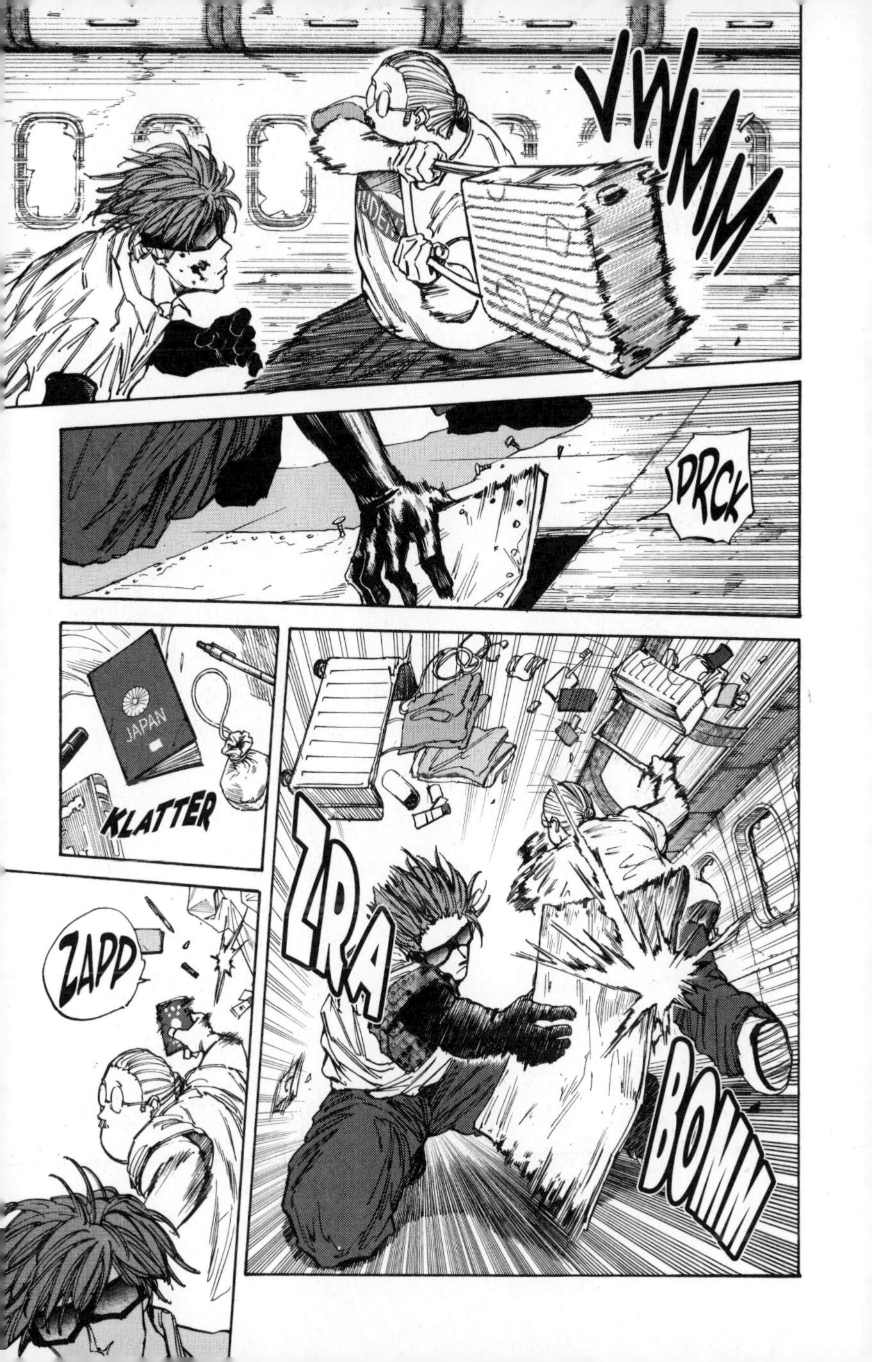
VWMM
DRCK
JAPAN
KLATTER
ZRA
BOMM
ZAPP

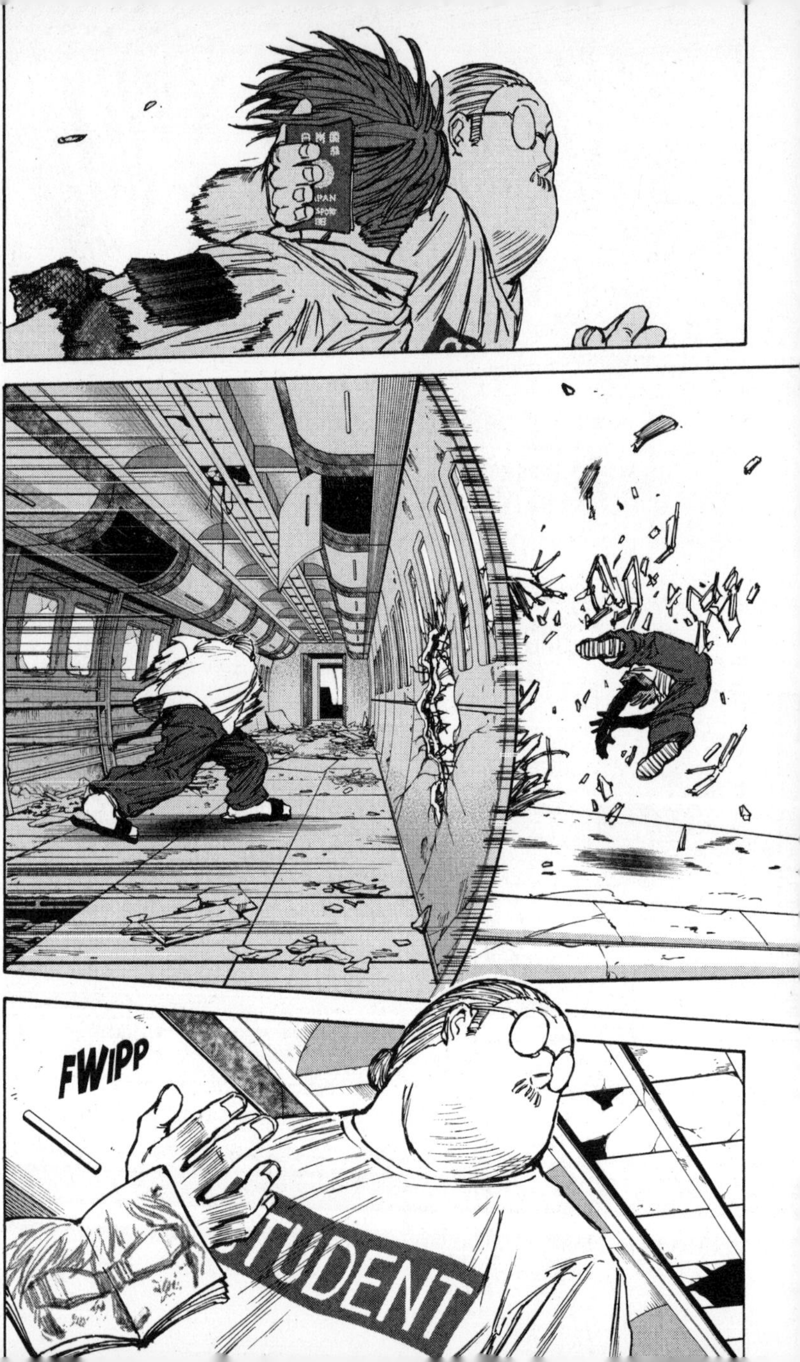
FWIPP

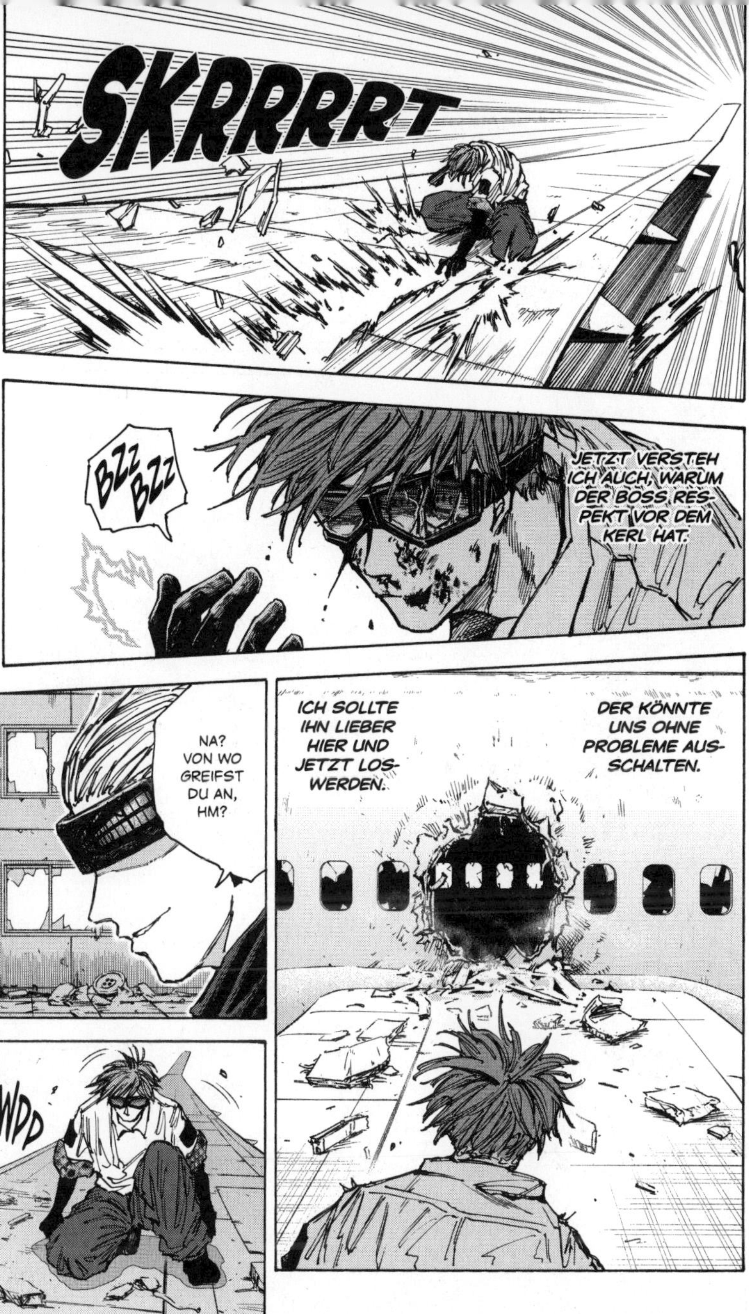
SKRRRRRT
JETZT VERSTEH ICH AUCH, WARUM DER BOSS RES-PEKT VOR DEM KERL HAT.
BZZ BZZ
DER KÖNNTE UNS OHNE PROBLEME AUS-SCHALTEN.
ICH SOLLTE IHN LIEBER HIER UND JETZT LOS-WERDEN.
NA? VON WO GREIFST DU AN, HM?
VWDD

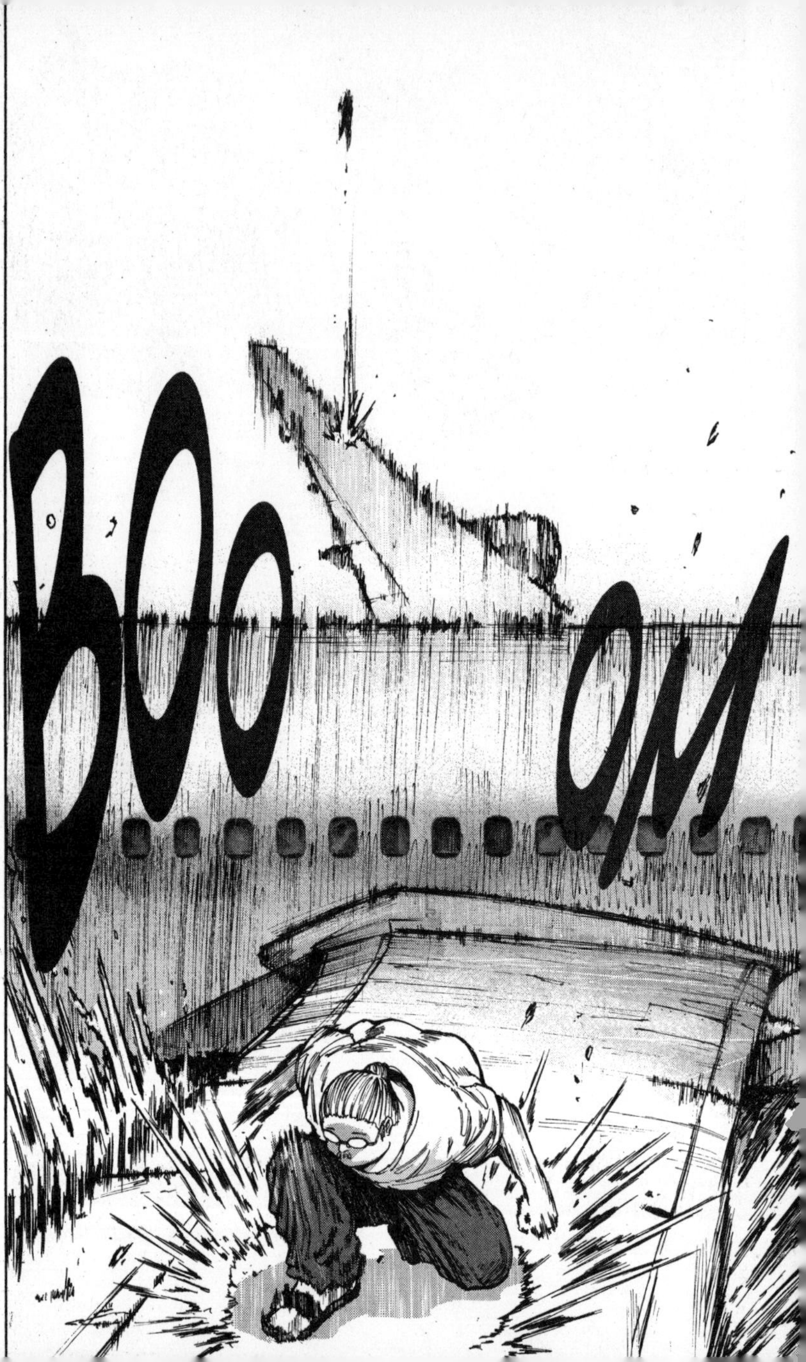
BOOOM

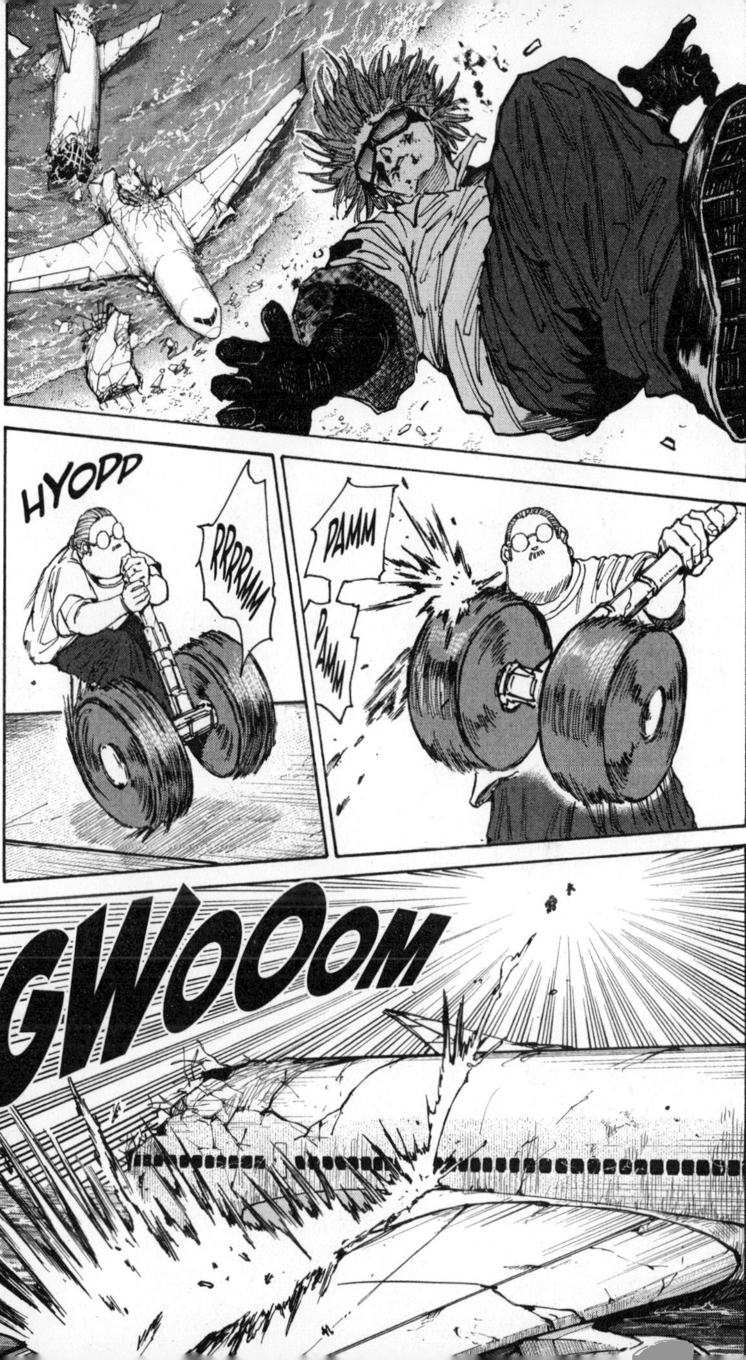
HYOPP
RRRRMM
PAMM
PAMM
GWOOOM

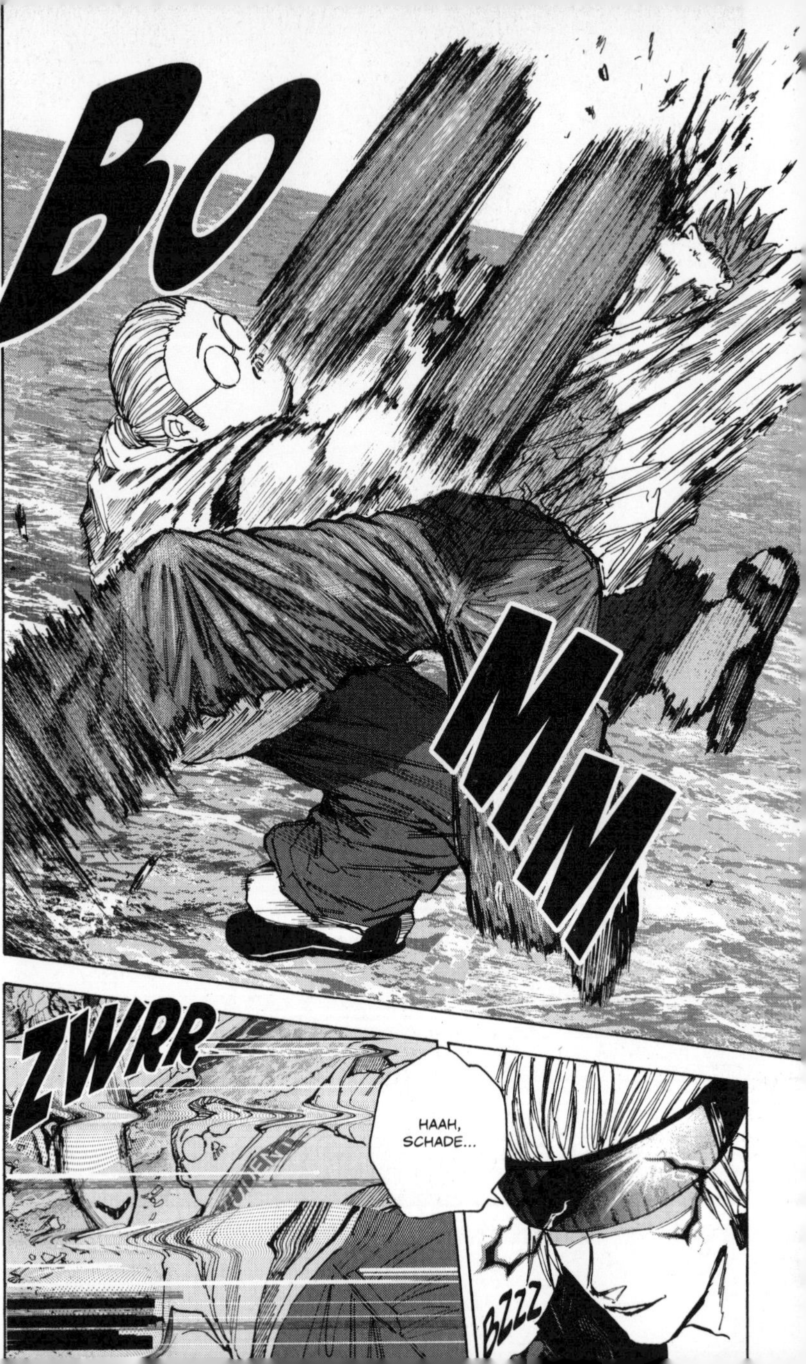
BOMM
ZWRR
HAAH, SCHADE...
BZZZ

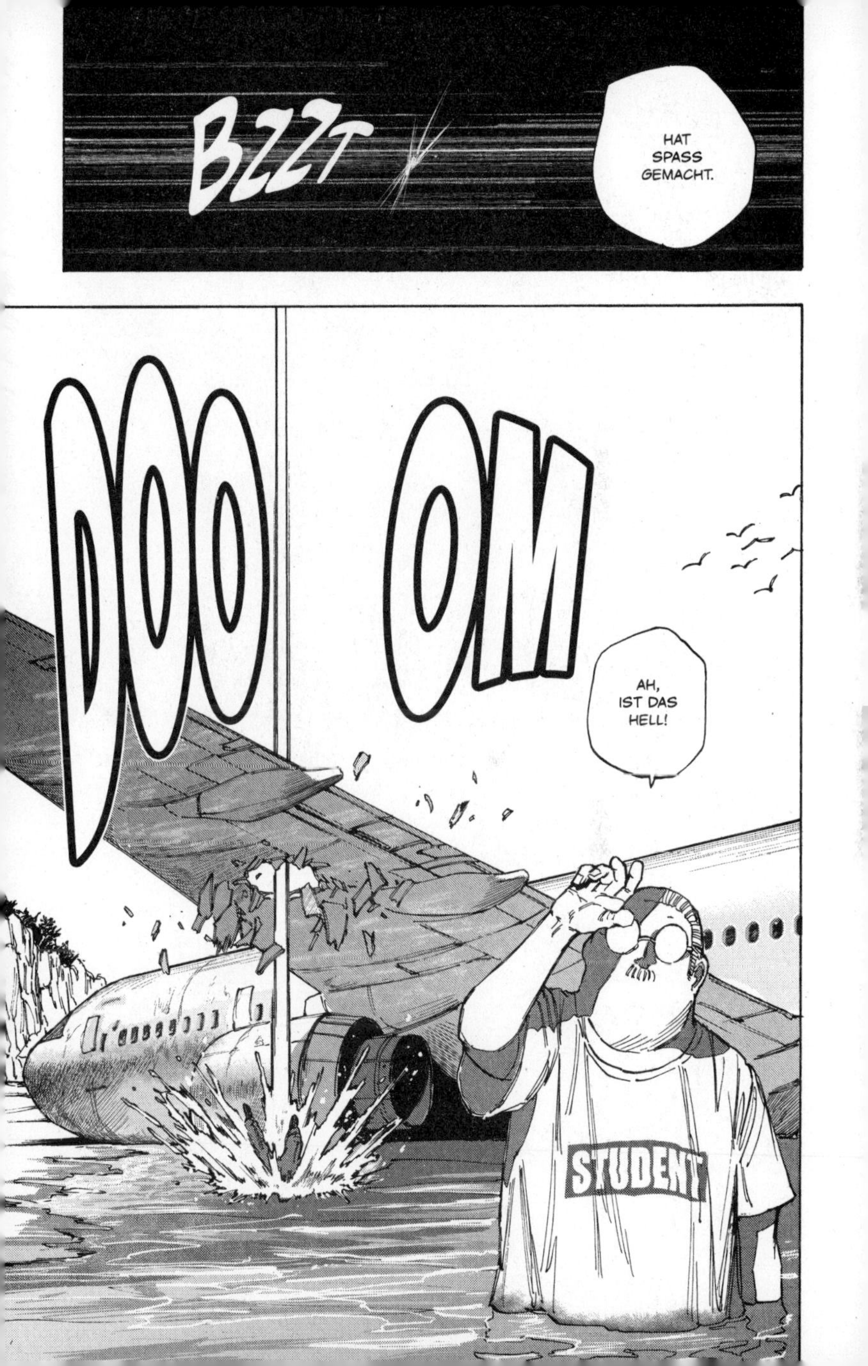
BZZT
HAT SPASS GEMACHT.
DOO OM
AH, IST DAS HELL!
STUDENT

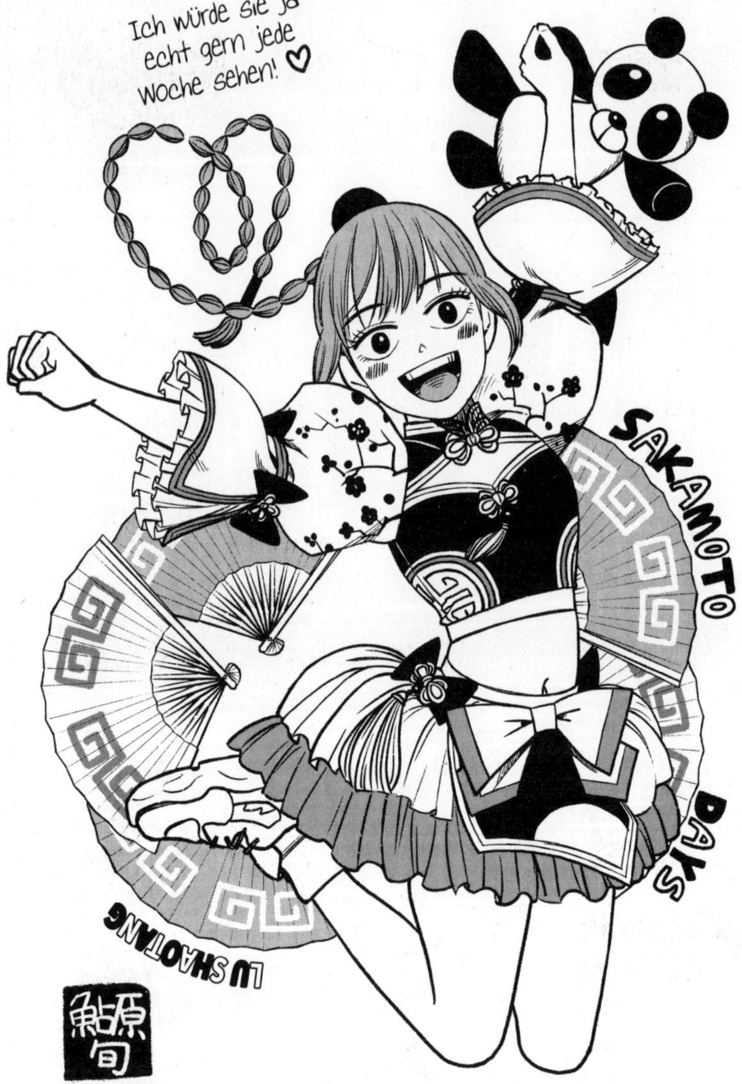
Ich würde sie ja echt gern jede Woche sehen! ♡
SAKAMOTO DAYS
LU SHAOTANG
鮎原旬
SHUN AYUHARA

DAYS 72 Man sieht sich!

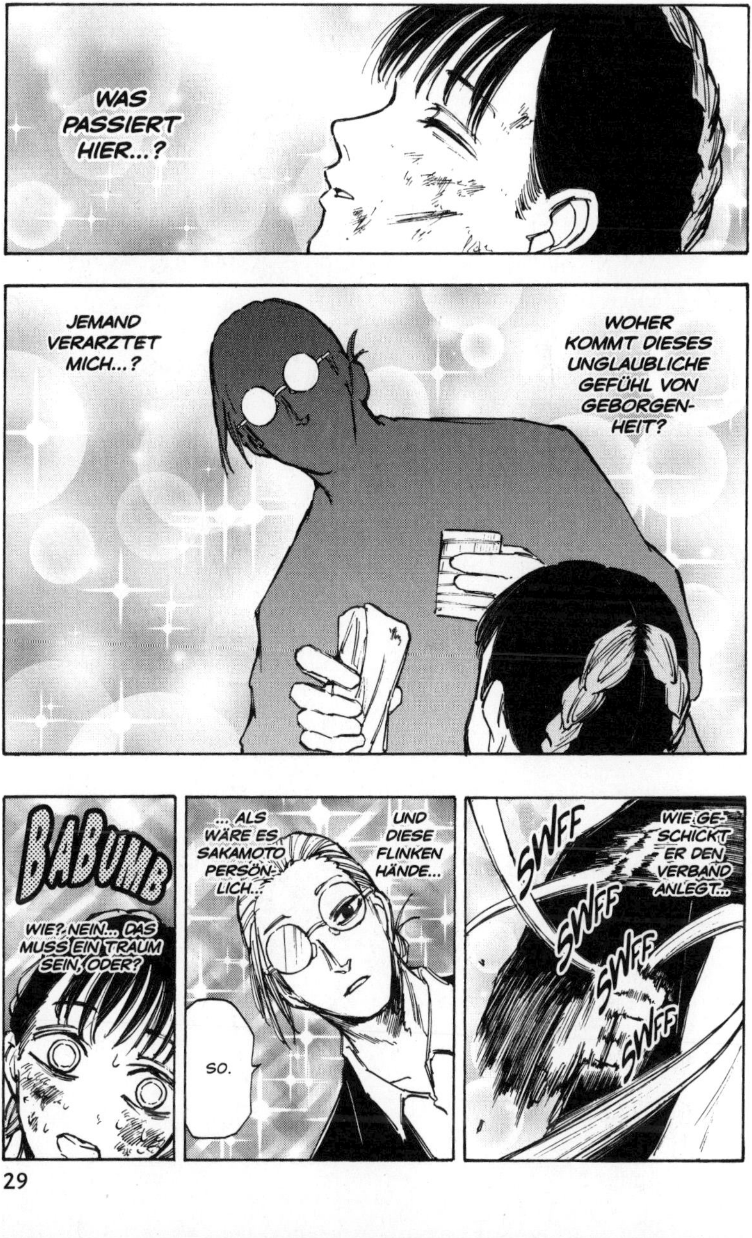

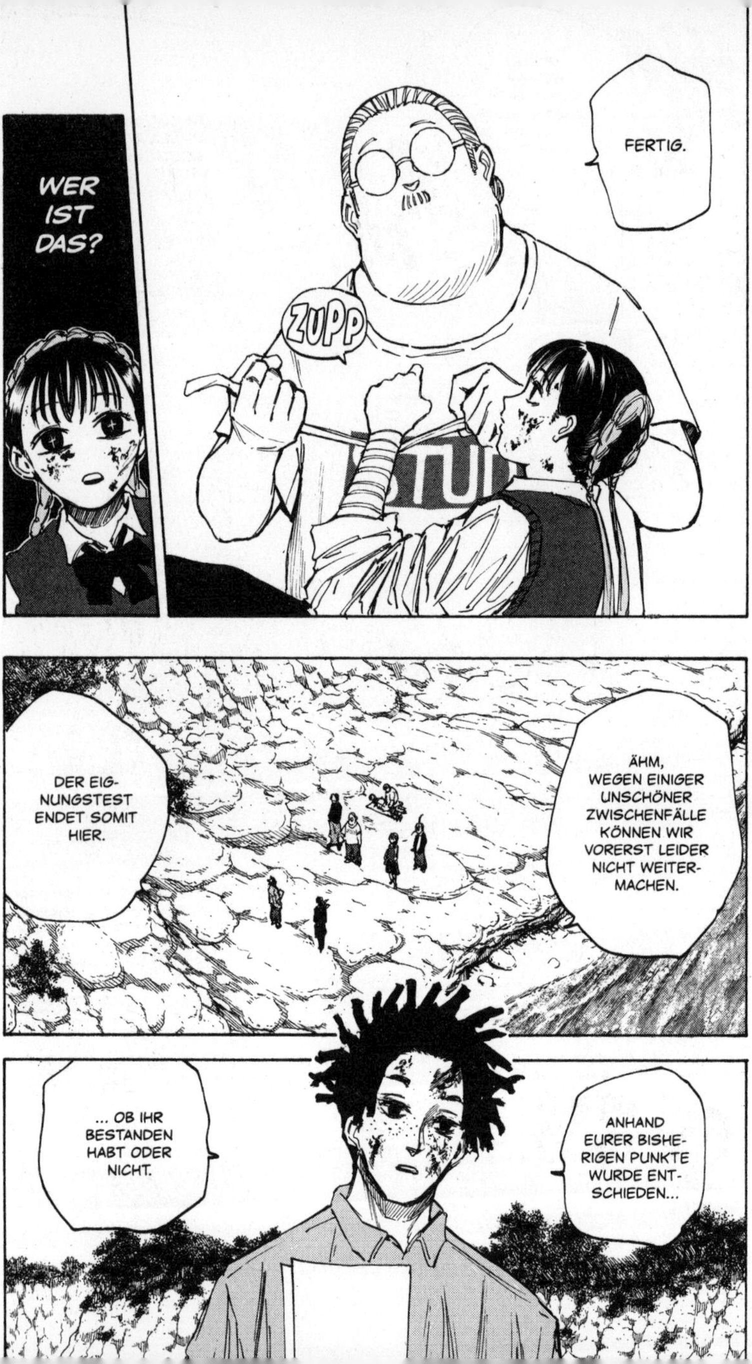
FERTIG.
ZUPP
WER IST DAS?
ÄHM, WEGEN EINIGER UNSCHÖNER ZWISCHENFÄLLE KÖNNEN WIR VORERST LEIDER NICHT WEITER-MACHEN.
DER EIG-NUNGSTEST ENDET SOMIT HIER.
ANHAND EURER BISHE-RIGEN PUNKTE WURDE ENT-SCHIEDEN...
... OB IHR BESTANDEN HABT ODER NICHT.

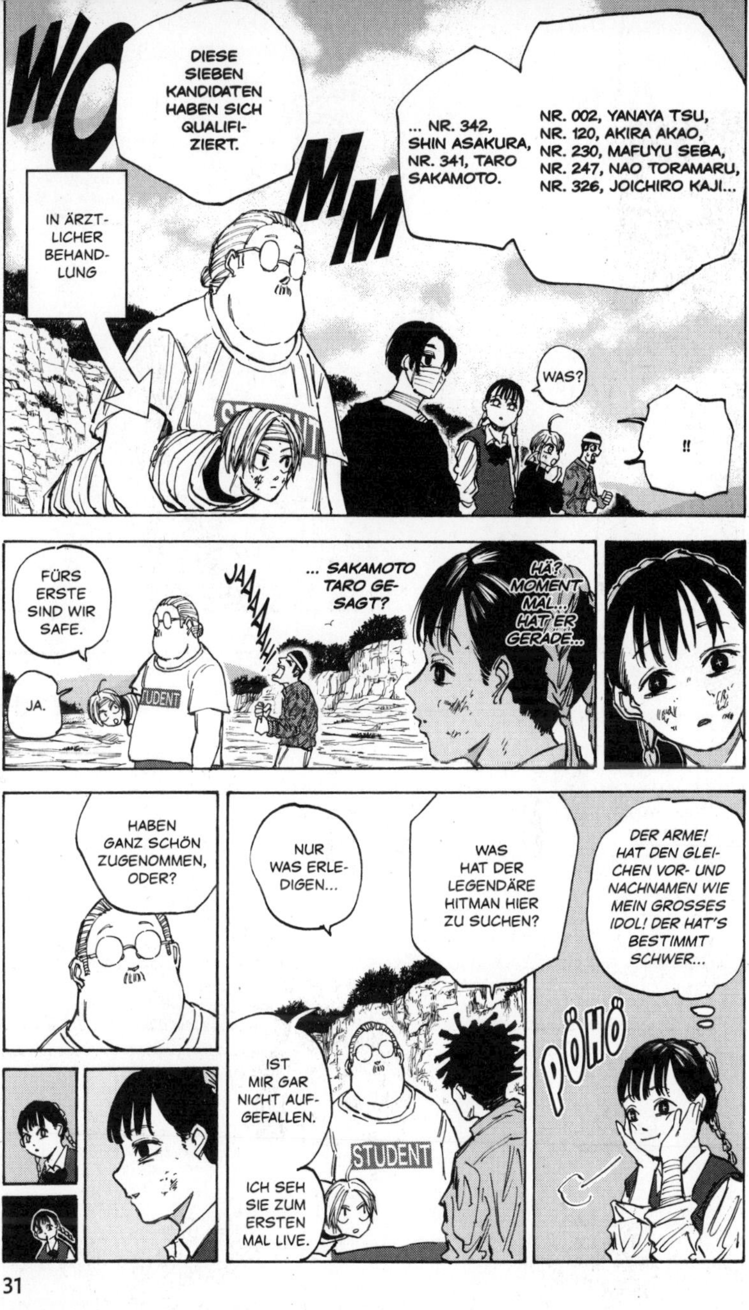
NR. 002, YANAYA TSU, NR. 120, AKIRA AKAO, NR. 230, MAFUYU SEBA, NR. 247, NAO TORAMARU, NR. 326, JOICHIRO KAJI...
... NR. 342, SHIN ASAKURA, NR. 341, TARO SAKAMOTO.
DIESE SIEBEN KANDIDATEN HABEN SICH QUALIFIZIERT.
WOMMM
IN ÄRZTLICHER BEHANDLUNG
!!
WAS?
HÄ? MOMENT MAL... HAT ER GERADE...
... SAKAMOTO TARO GESAGT?
JAAAAAH!
FÜRS ERSTE SIND WIR SAFE.
JA.
DER ARME! HAT DEN GLEICHEN VOR- UND NACHNAMEN WIE MEIN GROSSES IDOL! DER HAT'S BESTIMMT SCHWER...
PÖHÖ
WAS HAT DER LEGENDÄRE HITMAN HIER ZU SUCHEN?
NUR WAS ERLEDIGEN...
IST MIR GAR NICHT AUFGEFALLEN.
ICH SEH SIE ZUM ERSTEN MAL LIVE.
HABEN GANZ SCHÖN ZUGENOMMEN, ODER?

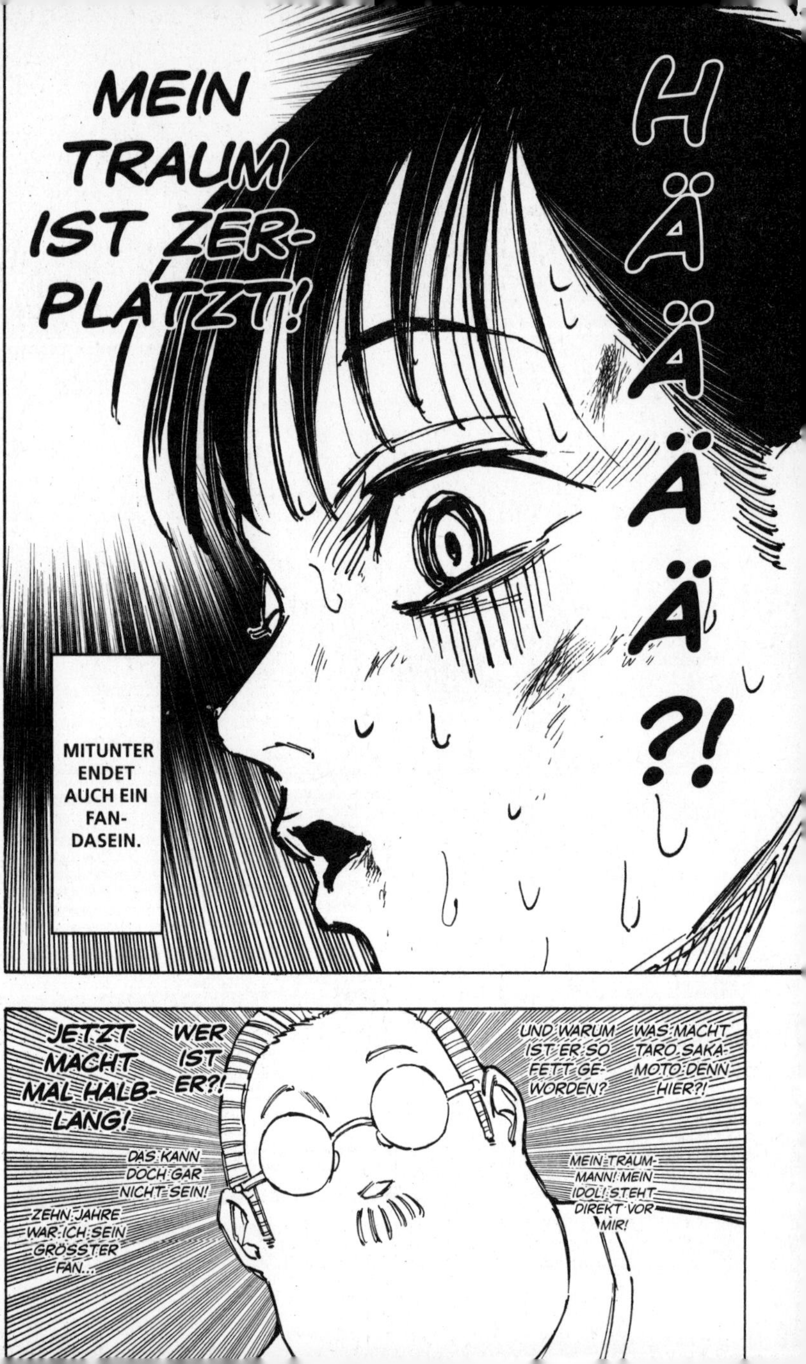
HÄÄÄÄ?!
MEIN TRAUM IST ZER-PLATZT!
MITUNTER ENDET AUCH EIN FAN-DASEIN.
WAS MACHT TARO SAKA-MOTO DENN HIER?!
UND WARUM IST ER SO FETT GE-WORDEN?
WER IST ER?!
JETZT MACHT MAL HALB-LANG!
MEIN TRAUM-MANN! MEIN IDOL! STEHT DIREKT VOR MIR!
DAS KANN DOCH GAR NICHT SEIN!
ZEHN JAHRE WAR ICH SEIN GRÖSSTER FAN...

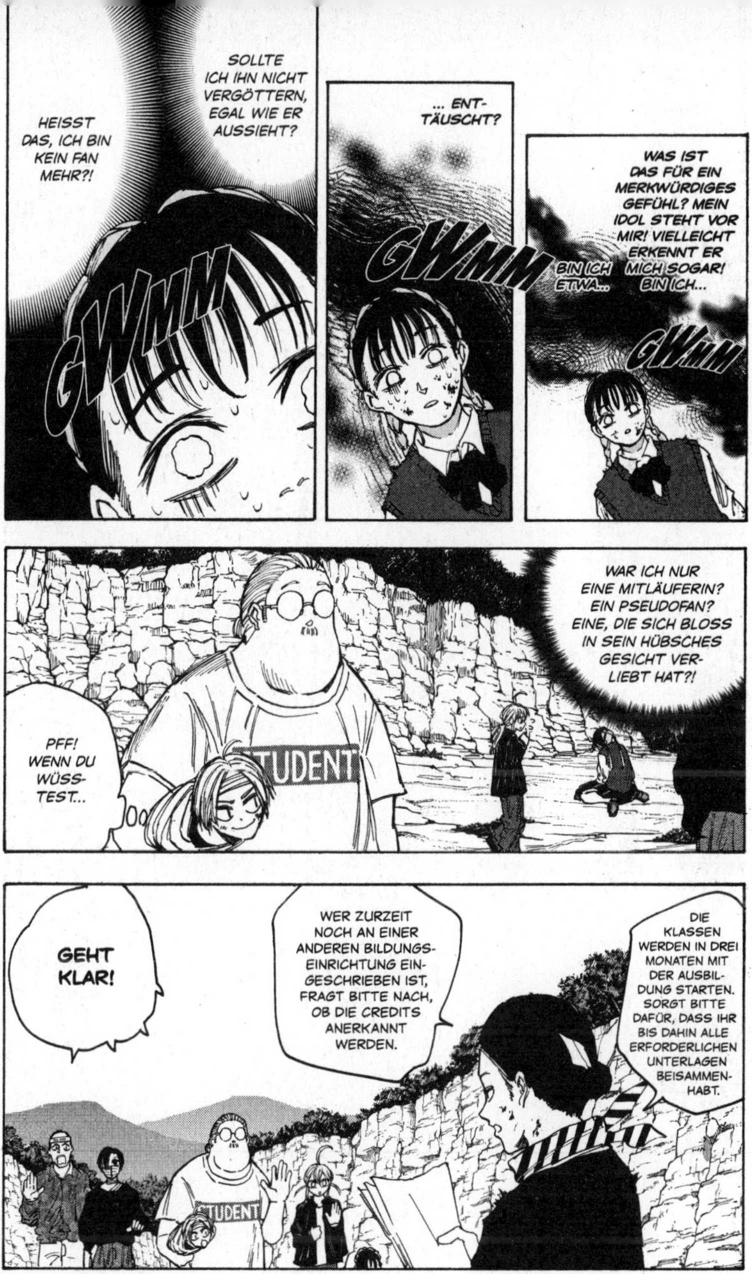
GWMM
WAS IST DAS FÜR EIN MERKWÜRDIGES GEFÜHL? MEIN IDOL STEHT VOR MIR! VIELLEICHT ERKENNT ER MICH SOGAR! BIN ICH...
BIN ICH ETWA...
GWMMM
... ENT-TÄUSCHT?
SOLLTE ICH IHN NICHT VERGÖTTERN, EGAL WIE ER AUSSIEHT?
HEISST DAS, ICH BIN KEIN FAN MEHR?!
GWMM
WAR ICH NUR EINE MITLÄUFERIN? EIN PSEUDOFAN? EINE, DIE SICH BLOSS IN SEIN HÜBSCHES GESICHT VERLIEBT HAT?!
STUDENT
PFF! WENN DU WÜSSTEST...
DIE KLASSEN WERDEN IN DREI MONATEN MIT DER AUSBILDUNG STARTEN. SORGT BITTE DAFÜR, DASS IHR BIS DAHIN ALLE ERFORDERLICHEN UNTERLAGEN BEISAMMENHABT.
WER ZURZEIT NOCH AN EINER ANDEREN BILDUNGSEINRICHTUNG EINGESCHRIEBEN IST, FRAGT BITTE NACH, OB DIE CREDITS ANERKANNT WERDEN.
GEHT KLAR!
STUDENT

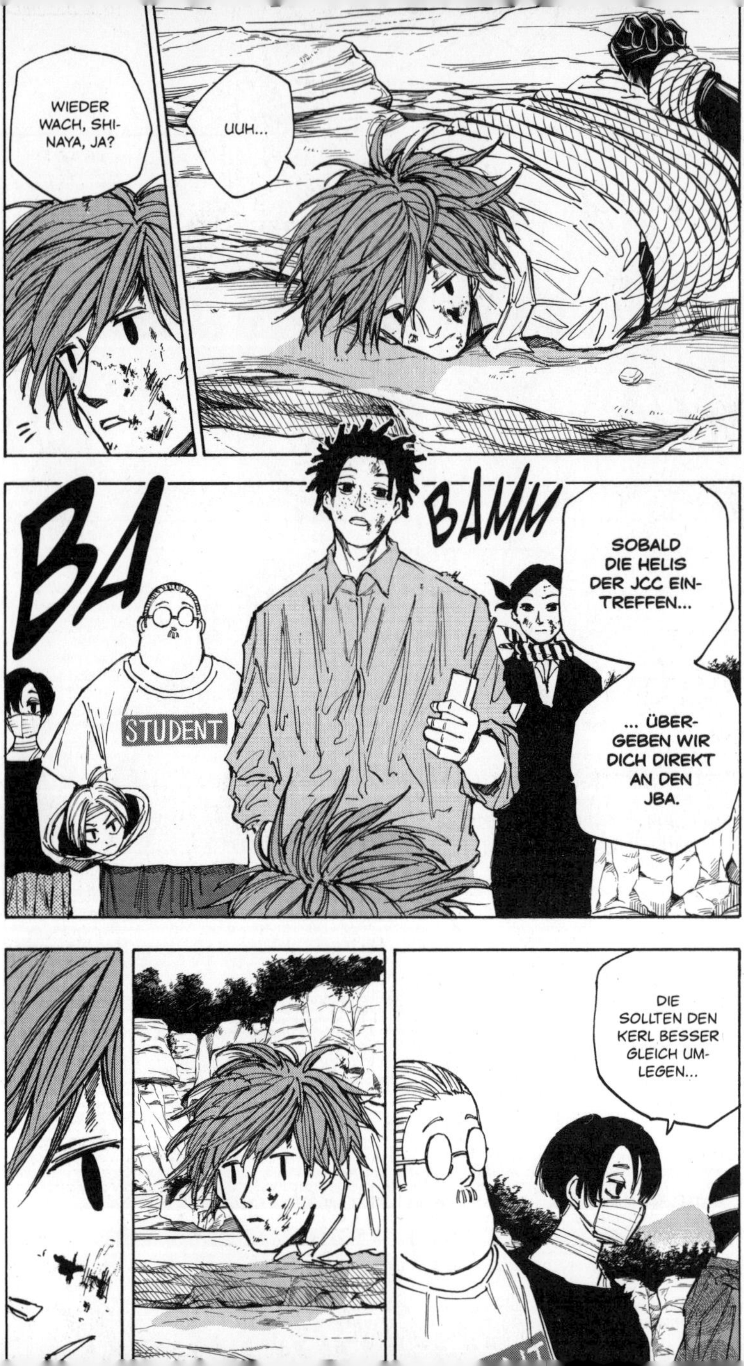
UUH...
WIEDER WACH, SHI-NAYA, JA?
BAMM
BA
SOBALD DIE HELIS DER JCC EIN-TREFFEN...
... ÜBER-GEBEN WIR DICH DIREKT AN DEN JBA.
STUDENT
DIE SOLLTEN DEN KERL BESSER GLEICH UM-LEGEN...

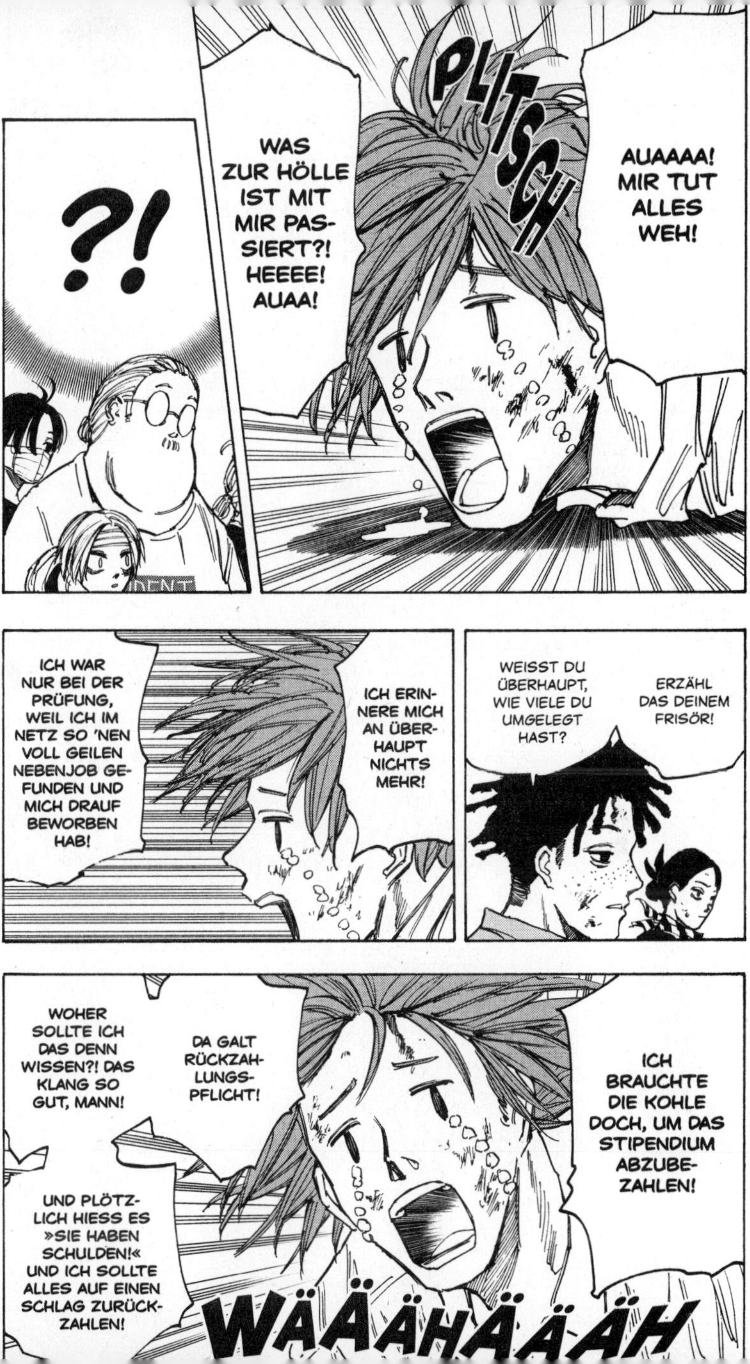
PLITSCH
AUAAAAA! MIR TUT ALLES WEH!
WAS ZUR HÖLLE IST MIT MIR PASSIERT?! HEEEE! AUAA!
?!
ERZÄHL DAS DEINEM FRISÖR!
WEISST DU ÜBERHAUPT, WIE VIELE DU UMGELEGT HAST?
ICH ERINNERE MICH AN ÜBERHAUPT NICHTS MEHR!
ICH WAR NUR BEI DER PRÜFUNG, WEIL ICH IM NETZ SO 'NEN VOLL GEILEN NEBENJOB GEFUNDEN UND MICH DRAUF BEWORBEN HAB!
ICH BRAUCHTE DIE KOHLE DOCH, UM DAS STIPENDIUM ABZUBEZAHLEN!
DA GALT RÜCKZAHLUNGSPFLICHT!
WOHER SOLLTE ICH DAS DENN WISSEN?! DAS KLANG SO GUT, MANN!
UND PLÖTZLICH HIESS ES »SIE HABEN SCHULDEN!« UND ICH SOLLTE ALLES AUF EINEN SCHLAG ZURÜCKZAHLEN!
WÄÄHÄÄÄH

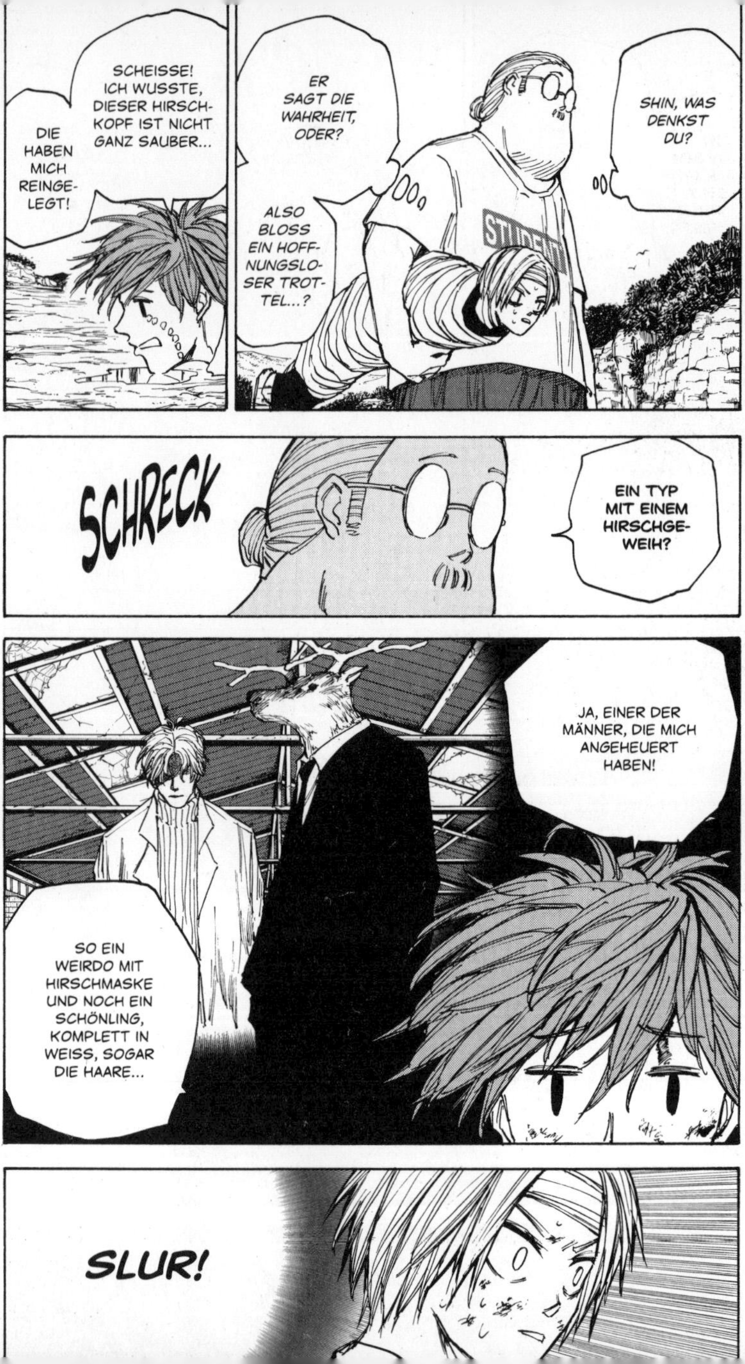
SHIN, WAS DENKST DU?
ER SAGT DIE WAHRHEIT, ODER?
ALSO BLOSS EIN HOFFNUNGSLOSER TROTTEL...?
SCHEISSE! ICH WUSSTE, DIESER HIRSCHKOPF IST NICHT GANZ SAUBER...
DIE HABEN MICH REINGELEGT!
SCHRECK
EIN TYP MIT EINEM HIRSCHGEWEIH?
JA, EINER DER MÄNNER, DIE MICH ANGEHEUERT HABEN!
SO EIN WEIRDO MIT HIRSCHMASKE UND NOCH EIN SCHÖNLING, KOMPLETT IN WEISS, SOGAR DIE HAARE...
SLUR!

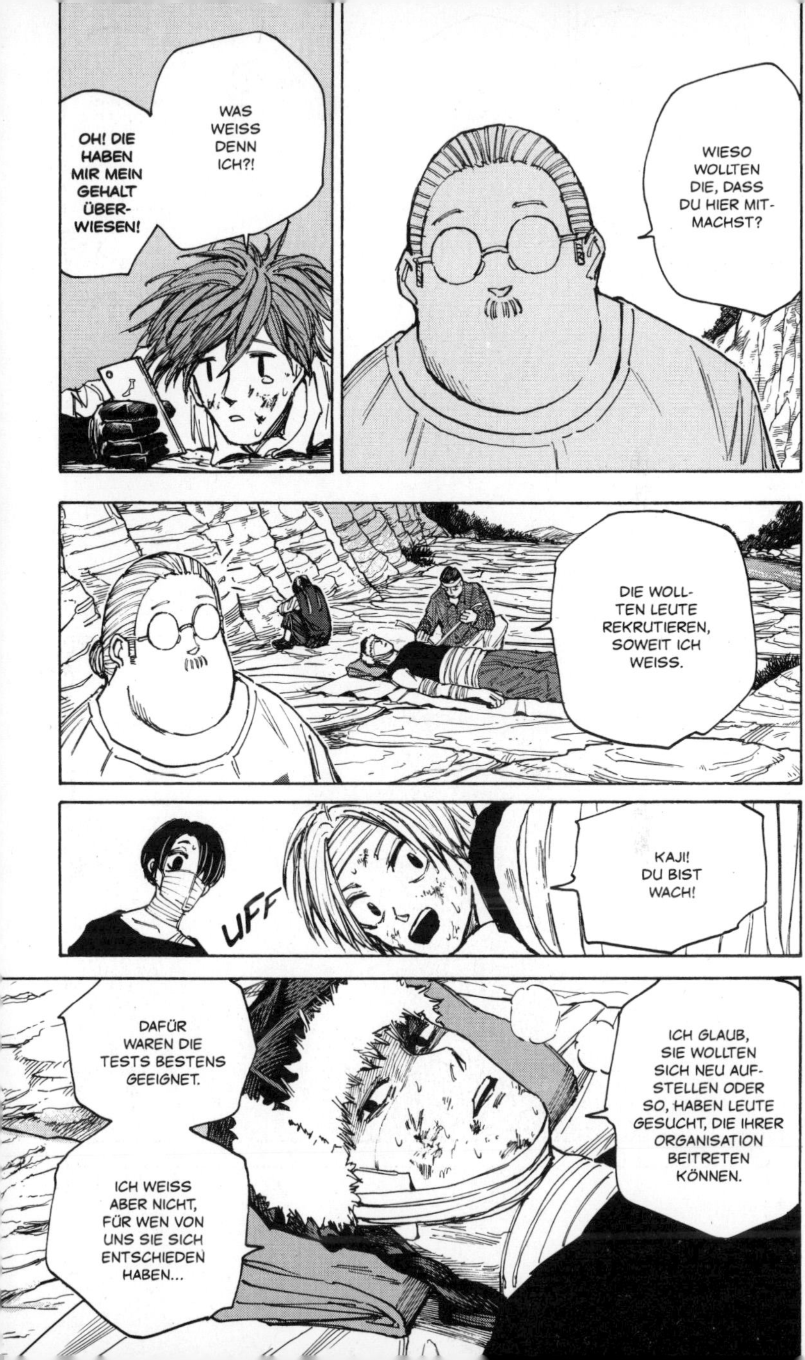
WIESO WOLLTEN DIE, DASS DU HIER MIT-MACHST?
WAS WEISS DENN ICH?!
OH! DIE HABEN MIR MEIN GEHALT ÜBER-WIESEN!
DIE WOLL-TEN LEUTE REKRUTIEREN, SOWEIT ICH WEISS.
KAJI! DU BIST WACH!
UFF
ICH GLAUB, SIE WOLLTEN SICH NEU AUF-STELLEN ODER SO, HABEN LEUTE GESUCHT, DIE IHRER ORGANISATION BEITRETEN KÖNNEN.
DAFÜR WAREN DIE TESTS BESTENS GEEIGNET.
ICH WEISS ABER NICHT, FÜR WEN VON UNS SIE SICH ENTSCHIEDEN HABEN...

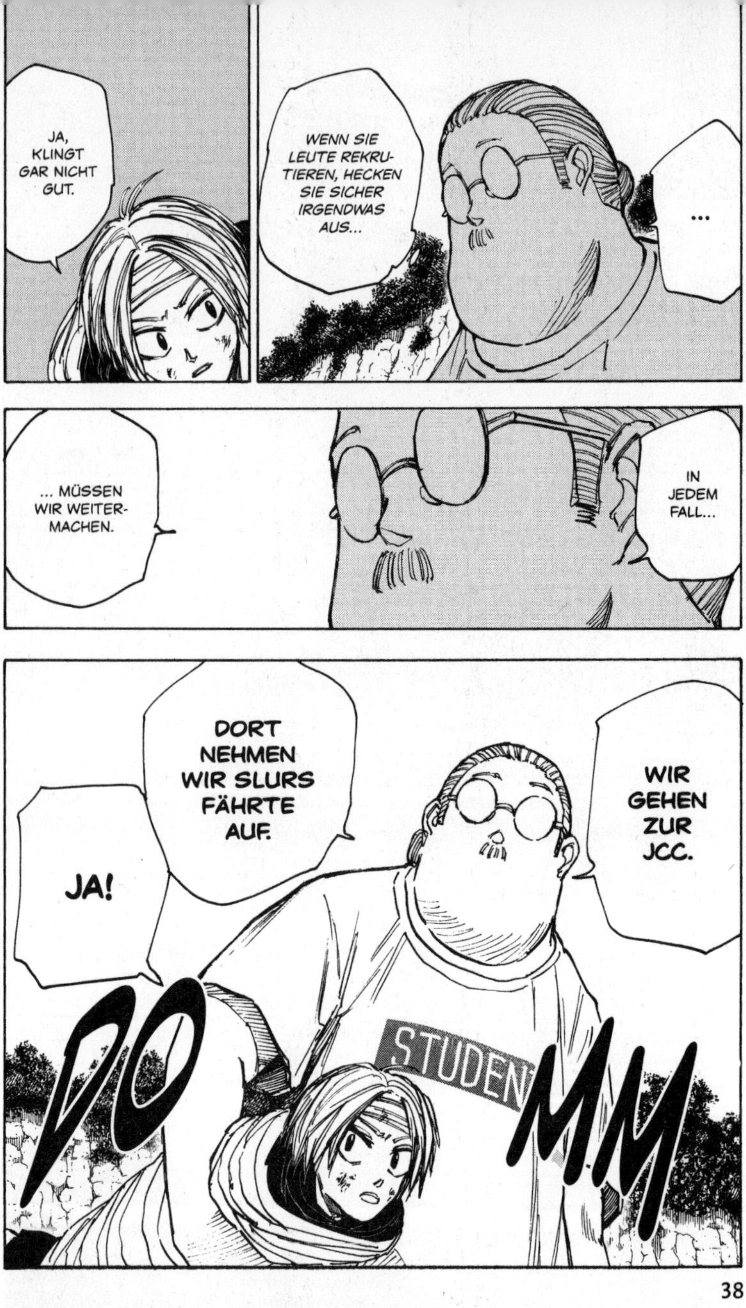
...
WENN SIE LEUTE REKRU-TIEREN, HECKEN SIE SICHER IRGENDWAS AUS...
JA, KLINGT GAR NICHT GUT.
IN JEDEM FALL...
... MÜSSEN WIR WEITER-MACHEN.
WIR GEHEN ZUR JCC.
DORT NEHMEN WIR SLURS FÄHRTE AUF.
JA!
STUDEN
DOMM

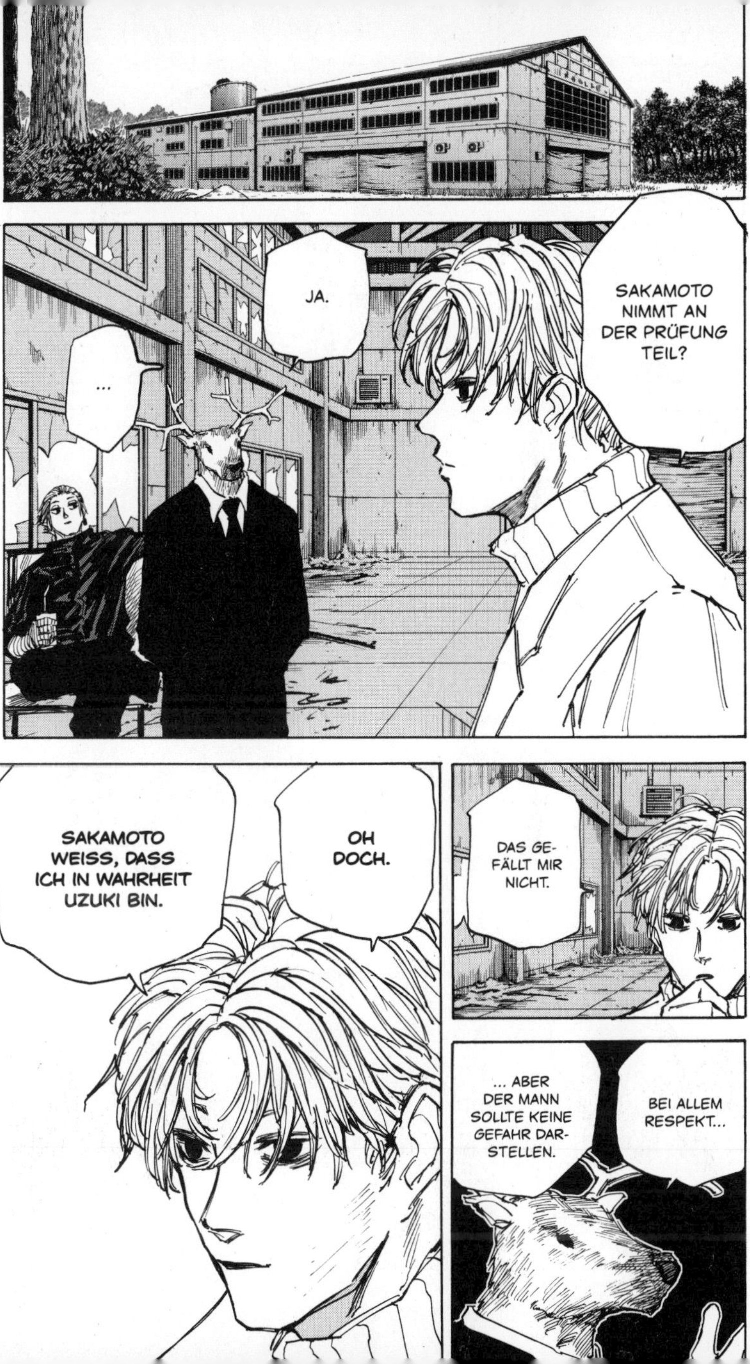

SAKAMOTO NIMMT AN DER PRÜFUNG TEIL?
JA.
...
DAS GEFÄLLT MIR NICHT.
BEI ALLEM RESPEKT...
... ABER DER MANN SOLLTE KEINE GEFAHR DARSTELLEN.
OH DOCH.
SAKAMOTO WEISS, DASS ICH IN WAHRHEIT UZUKI BIN.

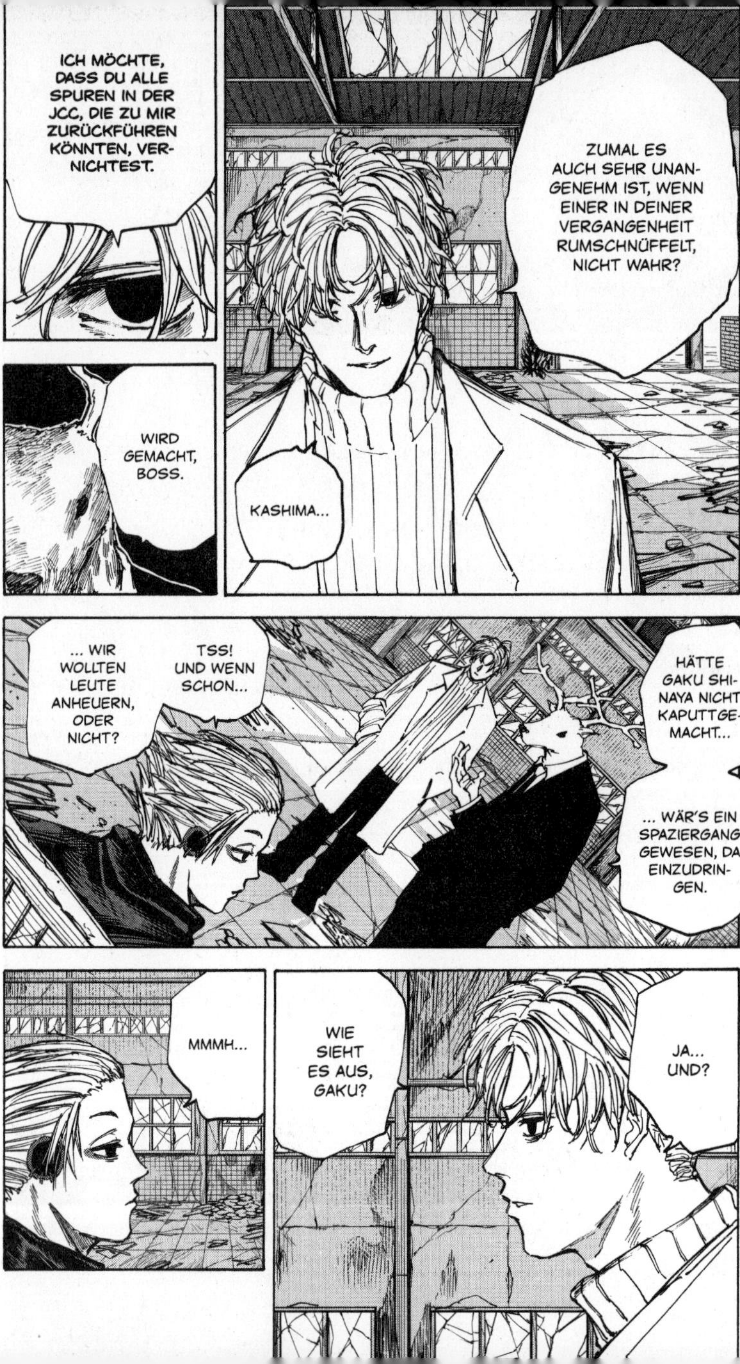

KASHIMA...
ICH MÖCHTE, DASS DU ALLE SPUREN IN DER JCC, DIE ZU MIR ZURÜCKFÜHREN KÖNNTEN, VERNICHTEST.
ZUMAL ES AUCH SEHR UNANGENEHM IST, WENN EINER IN DEINER VERGANGENHEIT RUMSCHNÜFFELT, NICHT WAHR?
WIRD GEMACHT, BOSS.
HÄTTE GAKU SHINAYA NICHT KAPUTTGEMACHT...
... WÄR'S EIN SPAZIERGANG GEWESEN, DA EINZUDRINGEN.
TSS! UND WENN SCHON...
... WIR WOLLTEN LEUTE ANHEUERN, ODER NICHT?
JA... UND?
WIE SIEHT ES AUS, GAKU?
MMMH...

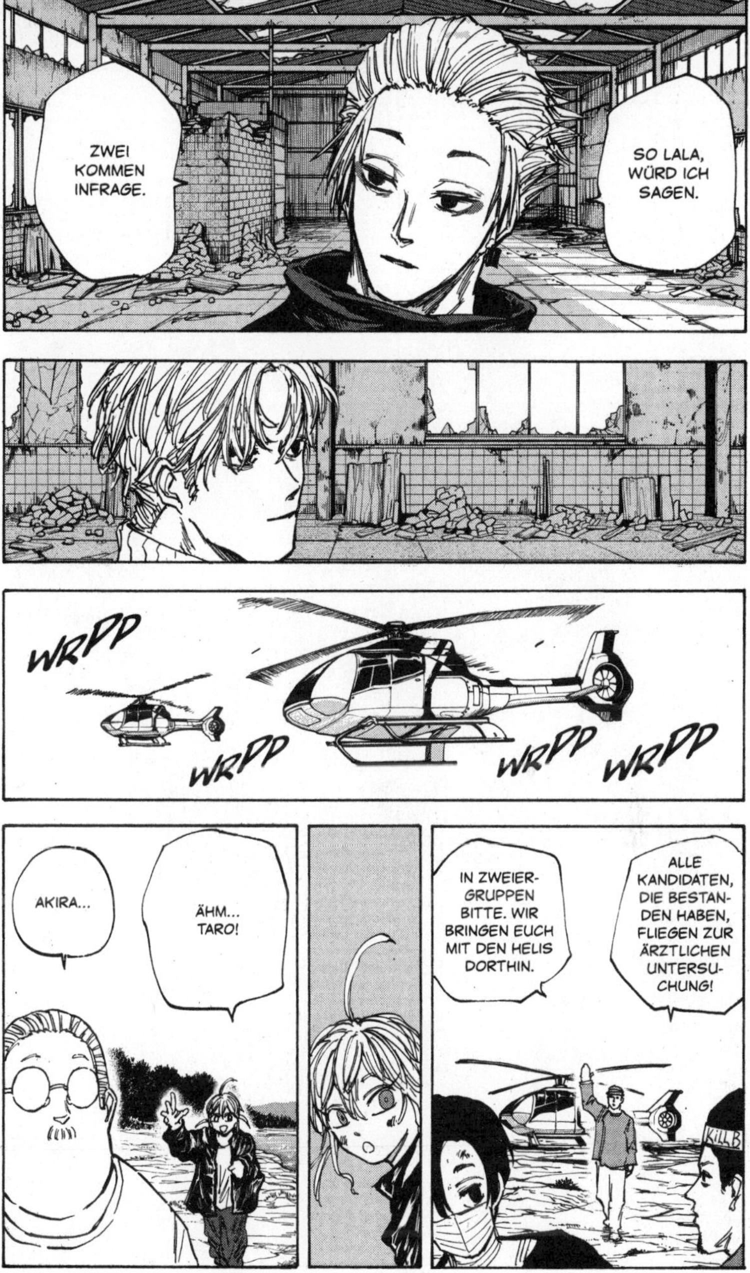
SO LALA, WÜRD ICH SAGEN.
ZWEI KOMMEN INFRAGE.
WRPP
WRPP
WRPP
WRPP
ALLE KANDIDATEN, DIE BESTANDEN HABEN, FLIEGEN ZUR ÄRZTLICHEN UNTERSUCHUNG!
IN ZWEIERGRUPPEN BITTE. WIR BRINGEN EUCH MIT DEN HELIS DORTHIN.
ÄHM... TARO!
AKIRA...

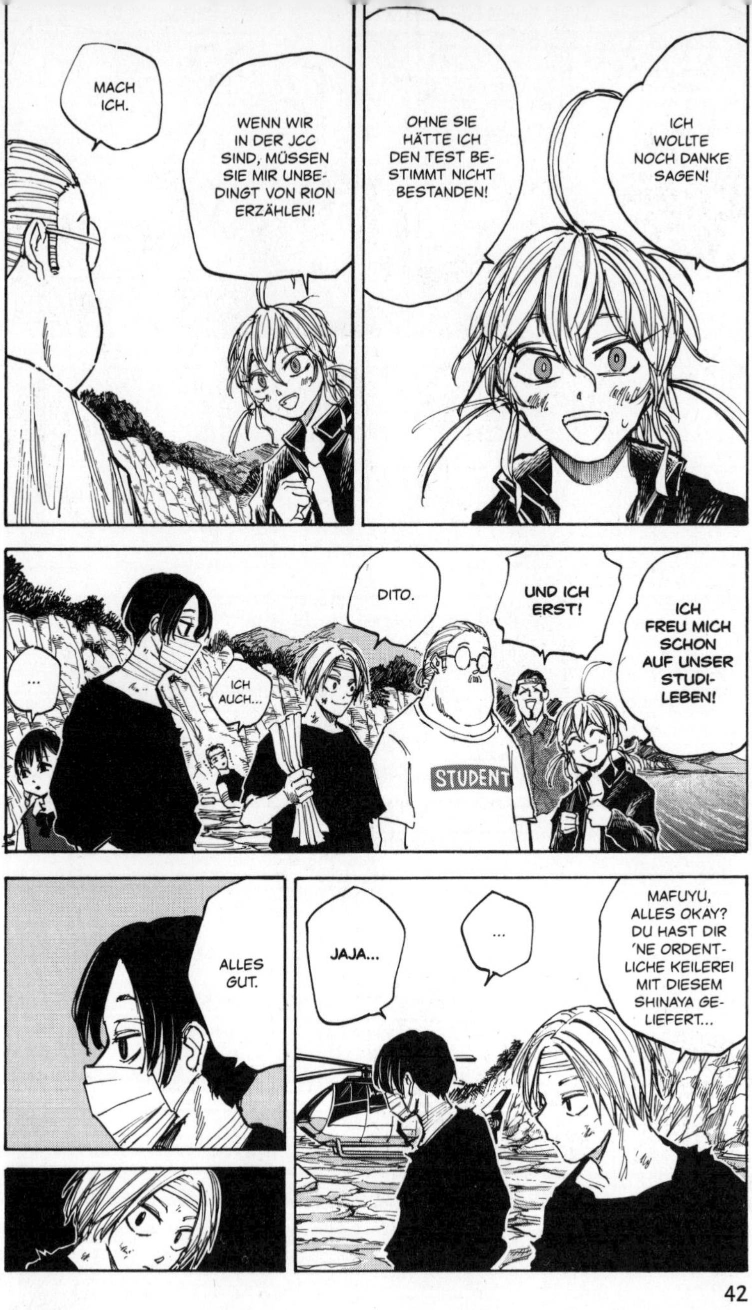
ICH WOLLTE NOCH DANKE SAGEN!
OHNE SIE HÄTTE ICH DEN TEST BESTIMMT NICHT BESTANDEN!
WENN WIR IN DER JCC SIND, MÜSSEN SIE MIR UNBEDINGT VON RION ERZÄHLEN!
MACH ICH.
ICH FREU MICH SCHON AUF UNSER STUDILEBEN!
UND ICH ERST!
DITO.
ICH AUCH…
…
STUDENT
MAFUYU, ALLES OKAY? DU HAST DIR 'NE ORDENTLICHE KEILEREI MIT DIESEM SHINAYA GELIEFERT…
…
JAJA…
ALLES GUT.

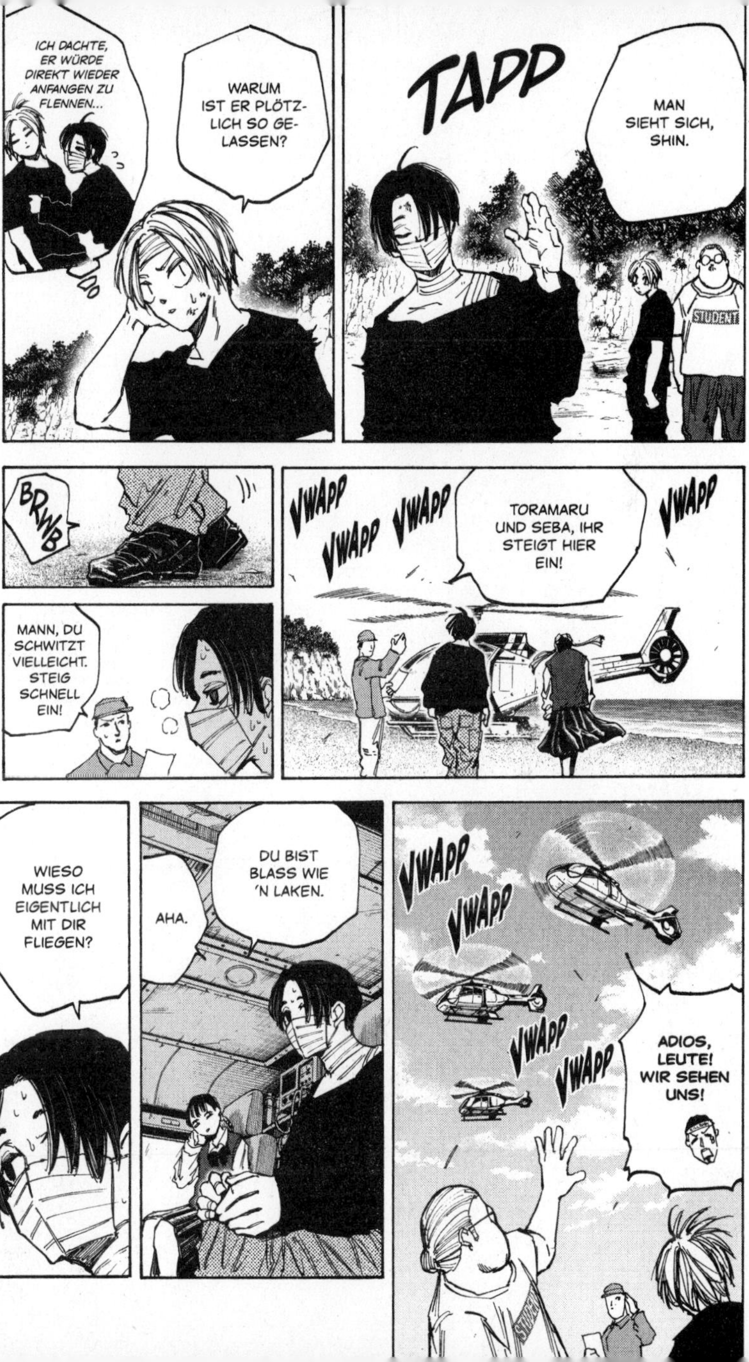
TAPP
MAN SIEHT SICH, SHIN.
WARUM IST ER PLÖTZLICH SO GELASSEN?
ICH DACHTE, ER WÜRDE DIREKT WIEDER ANFANGEN ZU FLENNEN...
VWAPP VWAPP VWAPP VWAPP
TORAMARU UND SEBA, IHR STEIGT HIER EIN!
BRWB
MANN, DU SCHWITZT VIELLEICHT. STEIG SCHNELL EIN!
VWAPP VWAPP VWAPP VWAPP
ADIOS, LEUTE! WIR SEHEN UNS!
STUDENT
DU BIST BLASS WIE 'N LAKEN.
AHA.
WIESO MUSS ICH EIGENTLICH MIT DIR FLIEGEN?

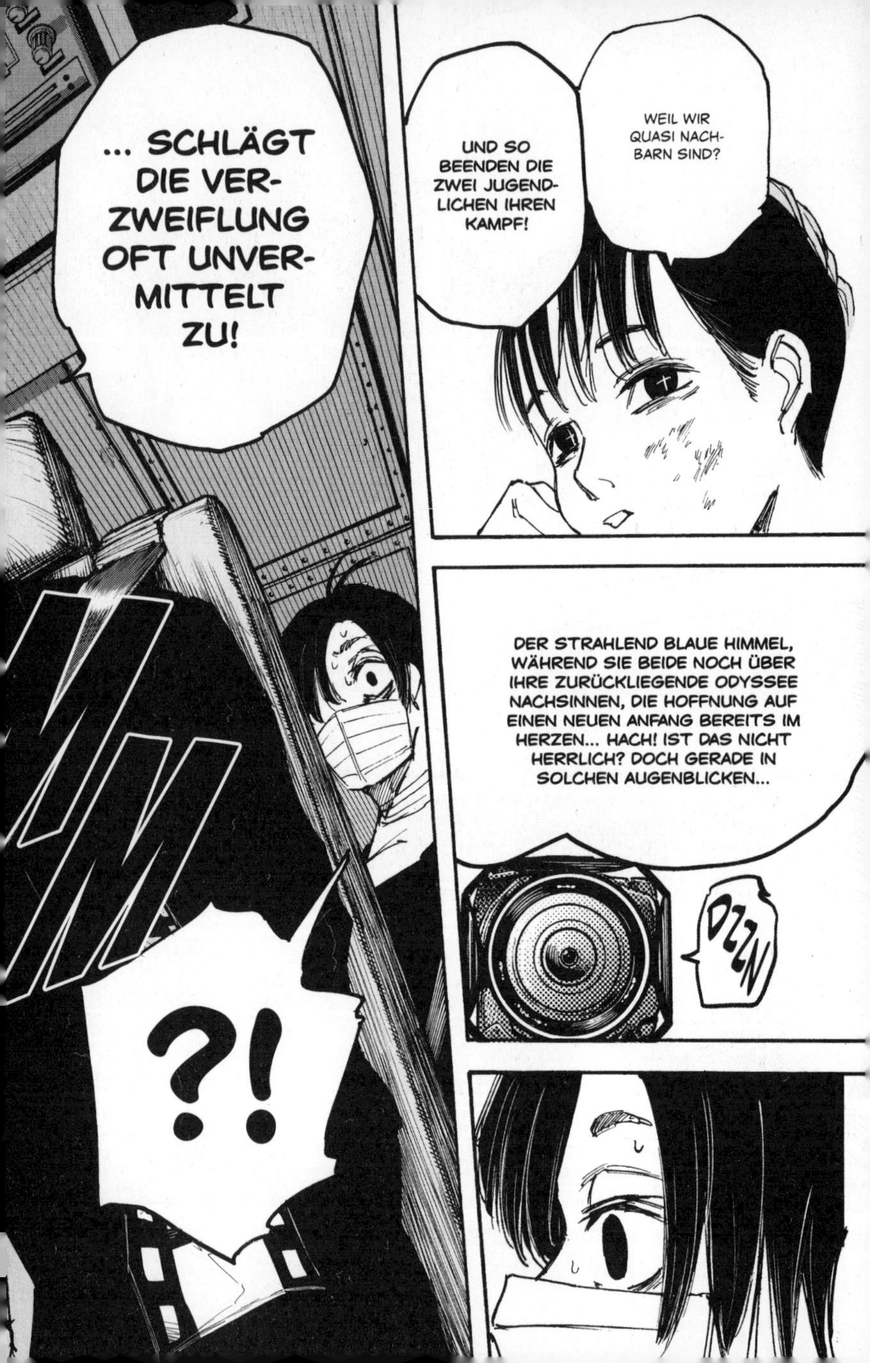
WEIL WIR QUASI NACH-BARN SIND?
UND SO BEENDEN DIE ZWEI JUGEND-LICHEN IHREN KAMPF!
... SCHLÄGT DIE VER-ZWEIFLUNG OFT UNVER-MITTELT ZU!
DER STRAHLEND BLAUE HIMMEL, WÄHREND SIE BEIDE NOCH ÜBER IHRE ZURÜCKLIEGENDE ODYSSEE NACHSINNEN, DIE HOFFNUNG AUF EINEN NEUEN ANFANG BEREITS IM HERZEN... HACH! IST DAS NICHT HERRLICH? DOCH GERADE IN SOLCHEN AUGENBLICKEN...
DZZN
?!

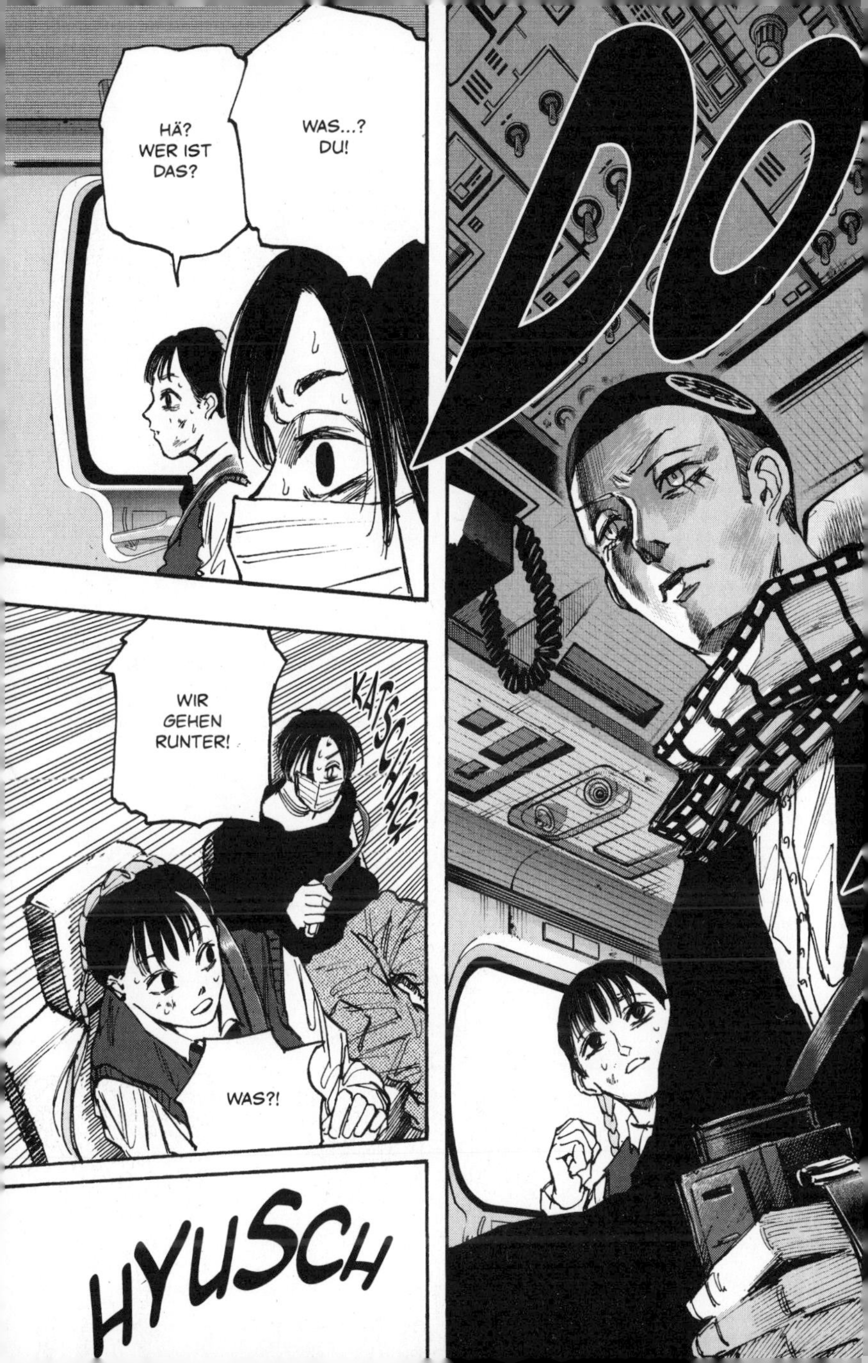
DO
WAS...? DU!
HÄ? WER IST DAS?
KATSCHACK
WIR GEHEN RUNTER!
WAS?!
HYUSCH

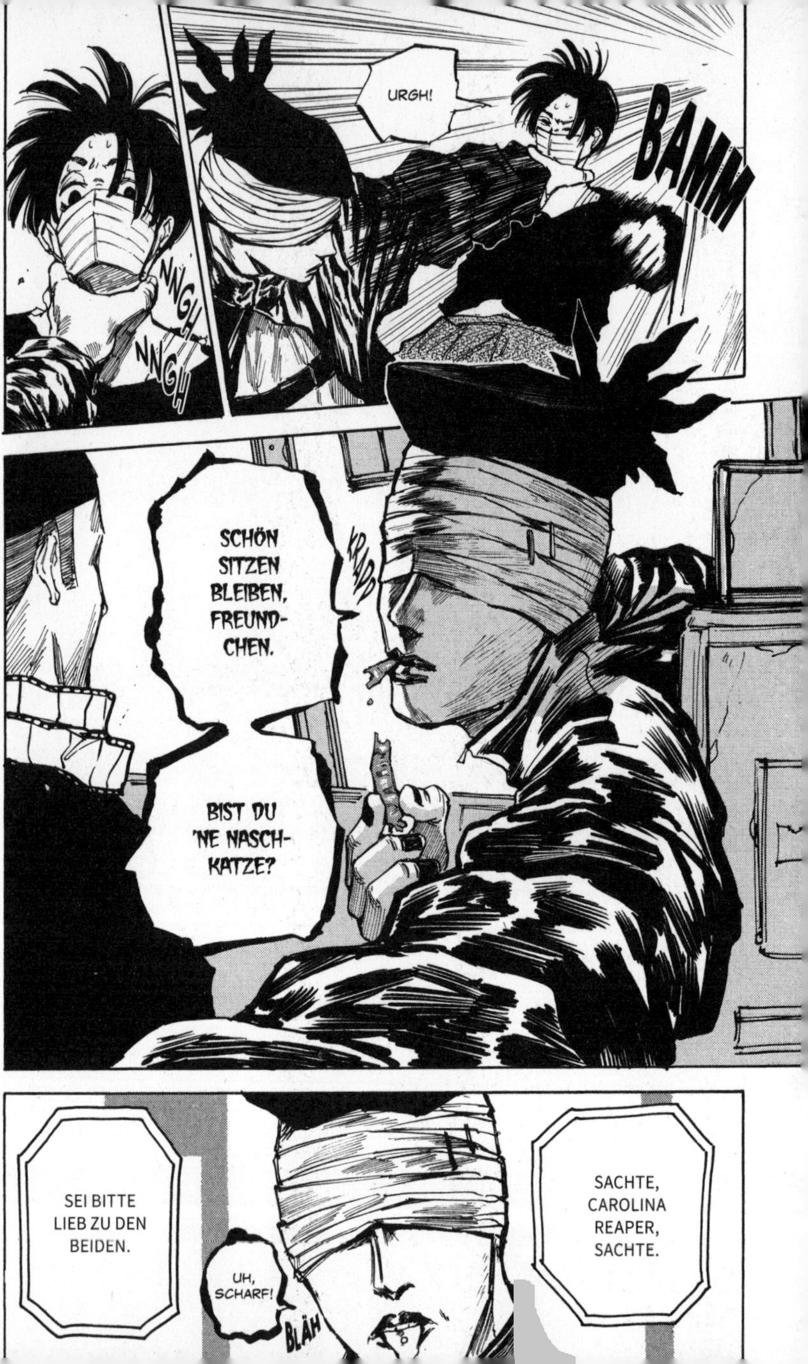
BAMM
URGH!
NNGH
NNGH
KRADD
SCHÖN SITZEN BLEIBEN, FREUNDCHEN.
BIST DU 'NE NASCHKATZE?
SACHTE, CAROLINA REAPER, SACHTE.
SEI BITTE LIEB ZU DEN BEIDEN.
UH, SCHARF!
BLÄH

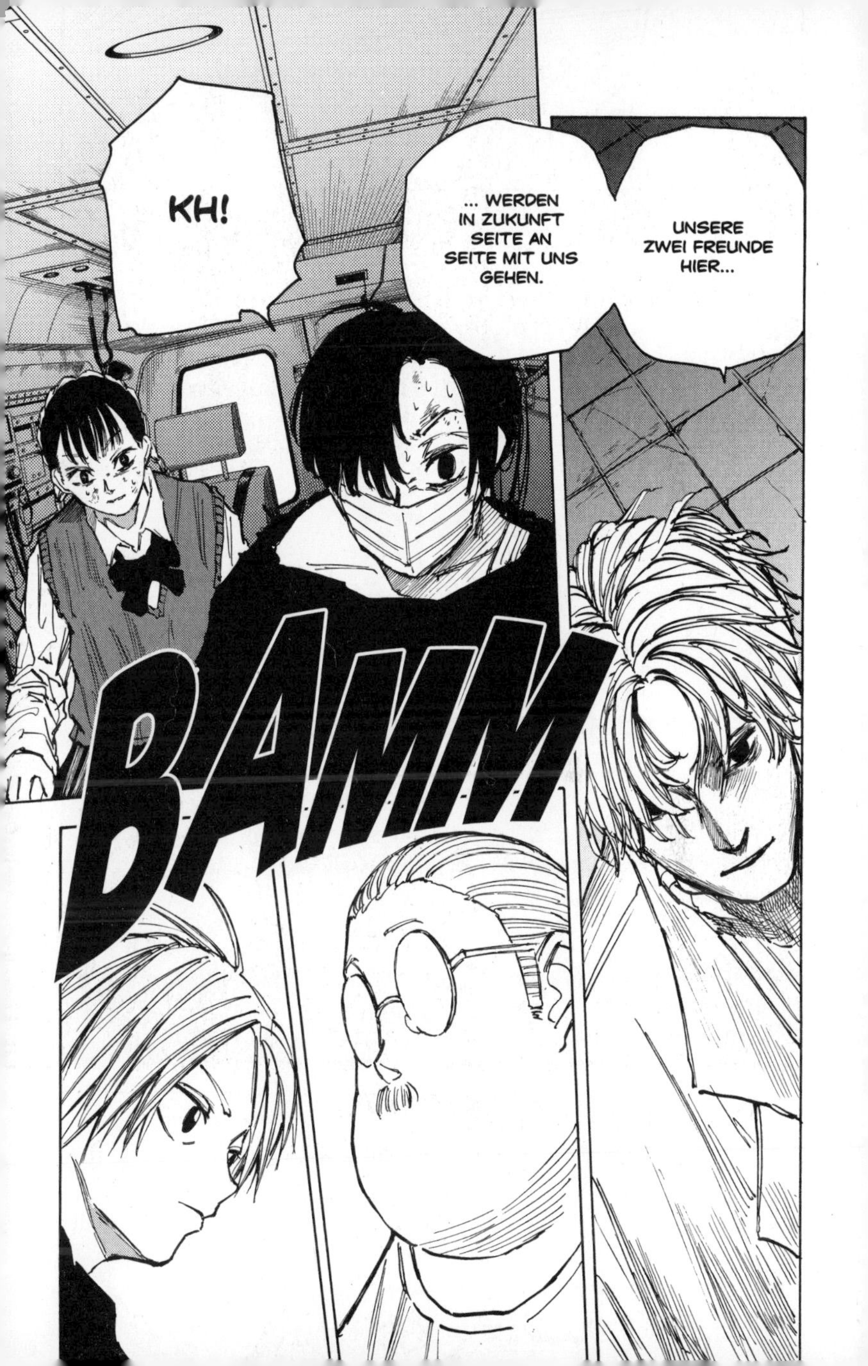
UNSERE ZWEI FREUNDE HIER...
... WERDEN IN ZUKUNFT SEITE AN SEITE MIT UNS GEHEN.
KH!
BAMM

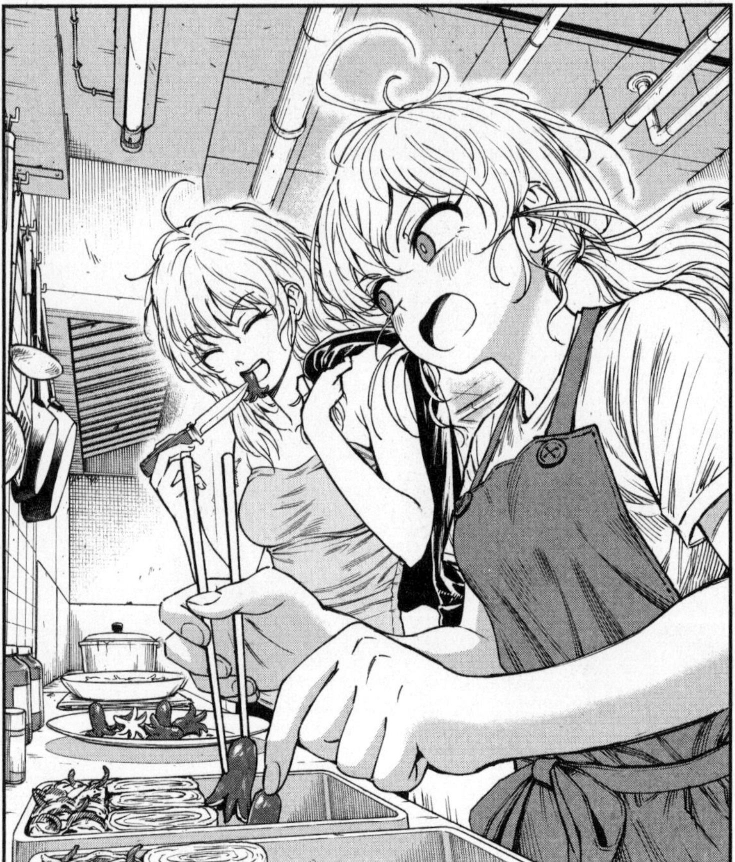

SAKAMOTO DAYS

Herzlichen Glückwunsch zur Publikation des neunten Bands von »Sakamoto Days«!! Ich freue mich jedes Mal wie verrückt auf die neuen Kapitel!

伊藤星一

(Shinichi Ito)

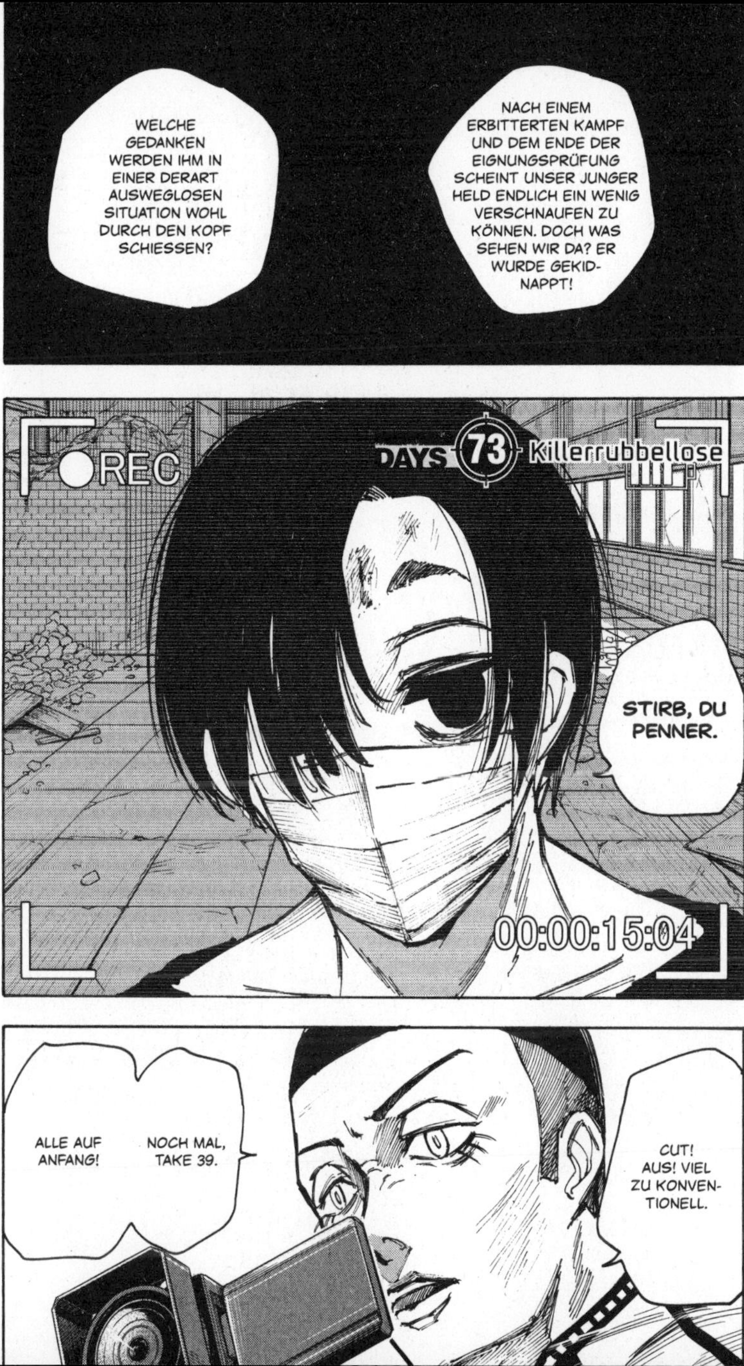
NACH EINEM ERBITTERTEN KAMPF UND DEM ENDE DER EIGNUNGSPRÜFUNG SCHEINT UNSER JUNGER HELD ENDLICH EIN WENIG VERSCHNAUFEN ZU KÖNNEN. DOCH WAS SEHEN WIR DA? ER WURDE GEKID-NAPPT!
WELCHE GEDANKEN WERDEN IHM IN EINER DERART AUSWEGLOSEN SITUATION WOHL DURCH DEN KOPF SCHIESSEN?
DAYS 73 Killerrubbellose
REC
STIRB, DU PENNER.
00:00:15:04
CUT! AUS! VIEL ZU KONVEN-TIONELL.
NOCH MAL, TAKE 39.
ALLE AUF ANFANG!

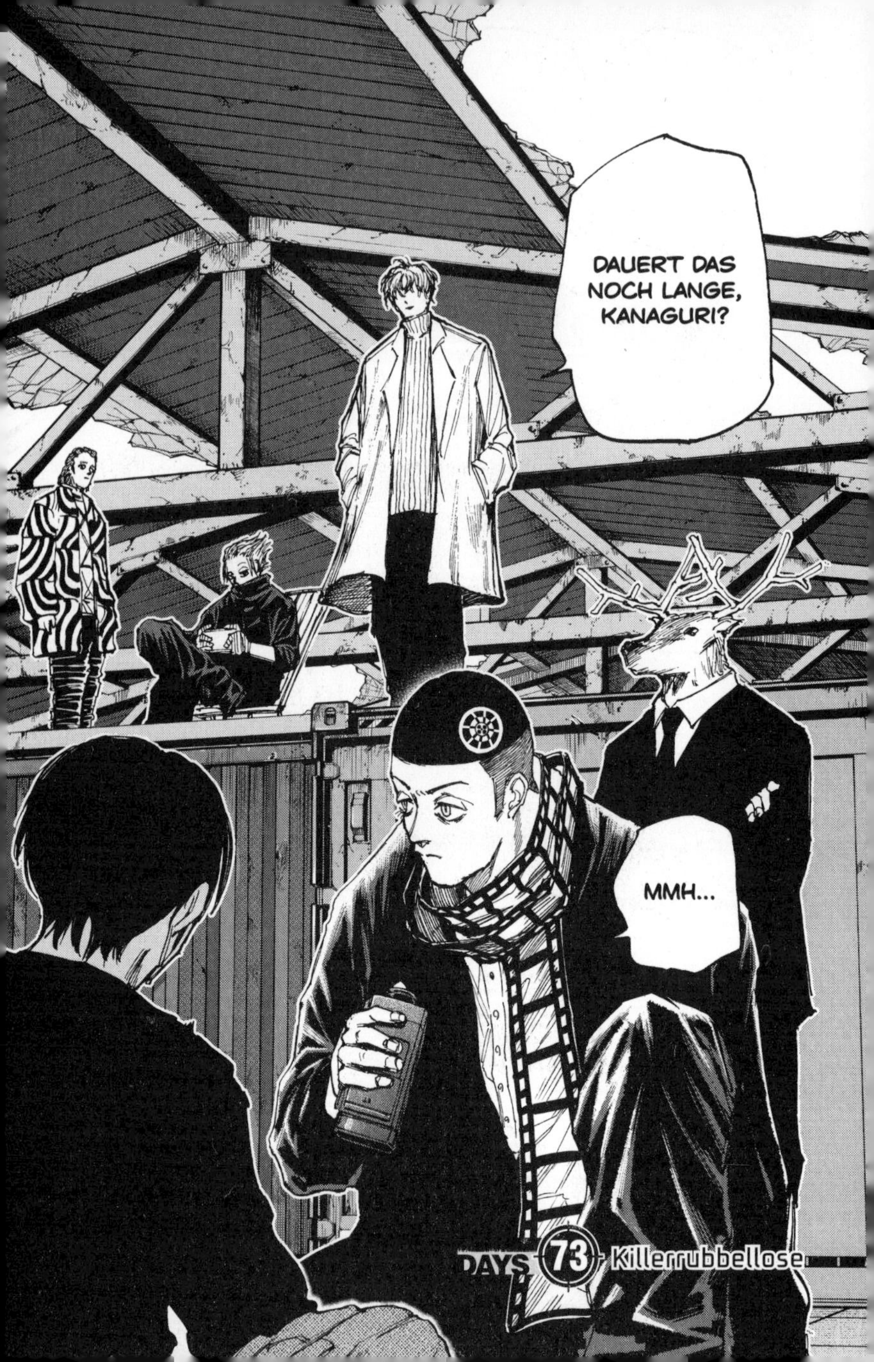
DAUERT DAS NOCH LANGE, KANAGURI?
MMH...
DAYS 73 Killerrubbellose

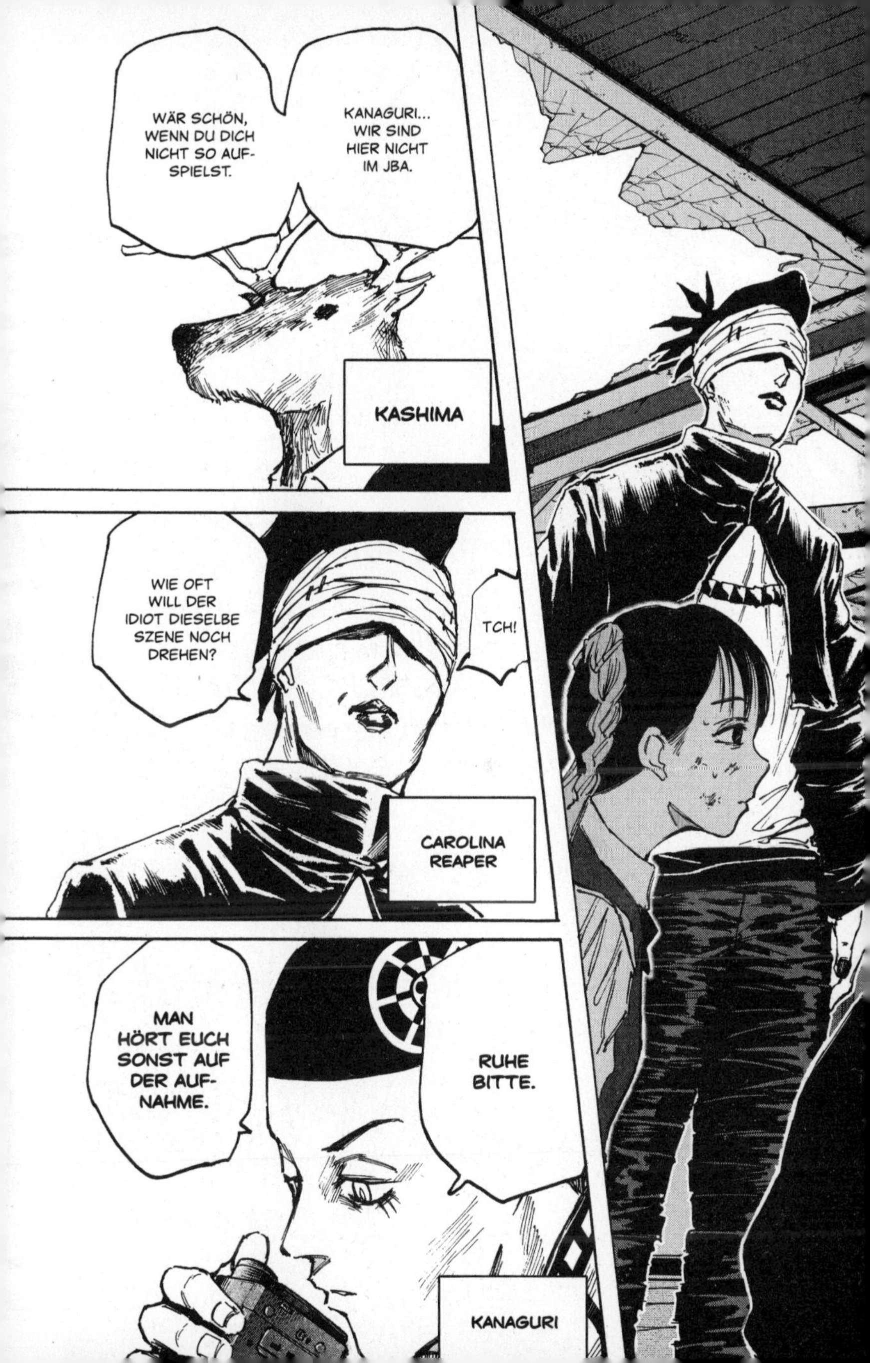
KANAGURI... WIR SIND HIER NICHT IM JBA.
WÄR SCHÖN, WENN DU DICH NICHT SO AUF-SPIELST.
KASHIMA
TCH!
WIE OFT WILL DER IDIOT DIESELBE SZENE NOCH DREHEN?
CAROLINA REAPER
RUHE BITTE.
MAN HÖRT EUCH SONST AUF DER AUF-NAHME.
KANAGURI

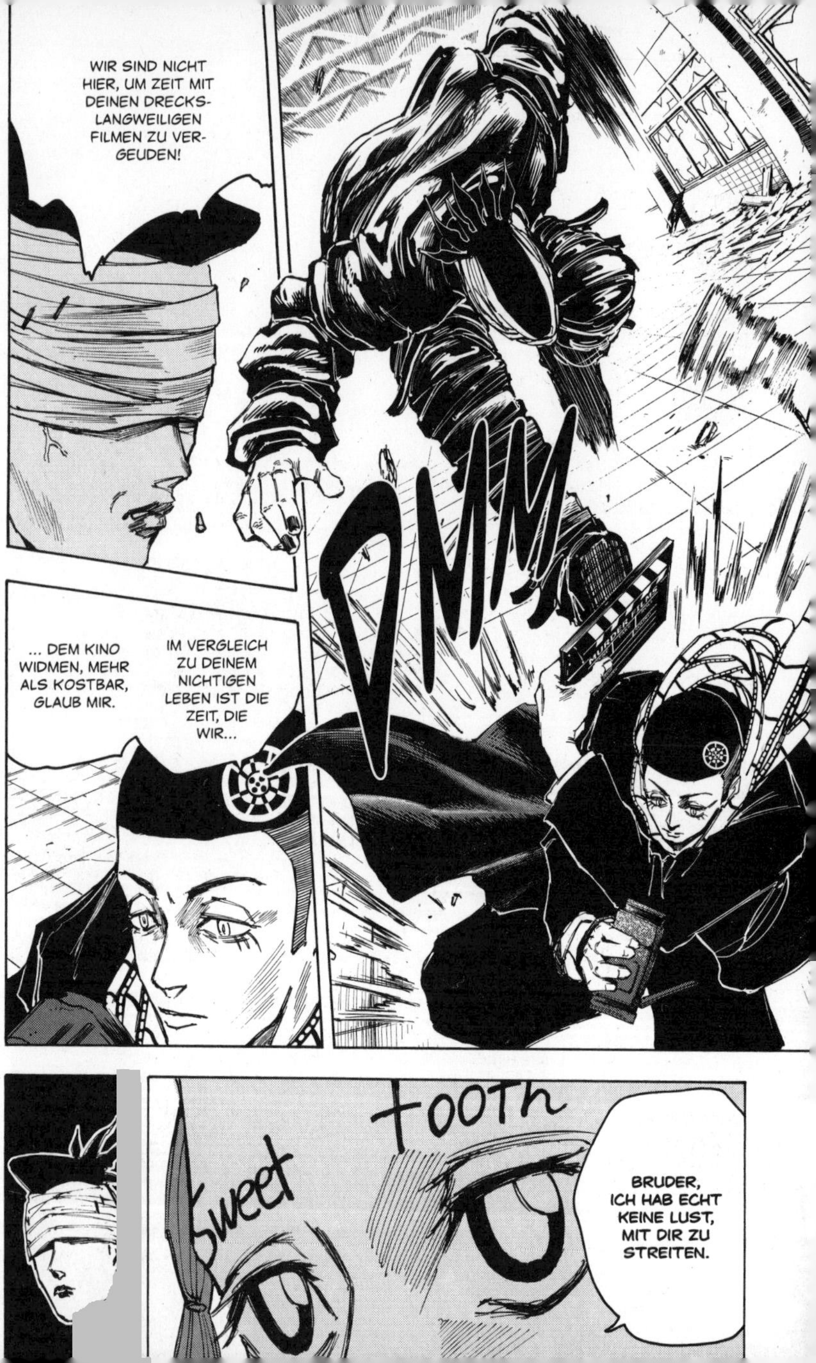

WIR SIND NICHT HIER, UM ZEIT MIT DEINEN DRECKS-LANGWEILIGEN FILMEN ZU VERGEUDEN!
DMM
IM VERGLEICH ZU DEINEM NICHTIGEN LEBEN IST DIE ZEIT, DIE WIR...
... DEM KINO WIDMEN, MEHR ALS KOSTBAR, GLAUB MIR.
BRUDER, ICH HAB ECHT KEINE LUST, MIT DIR ZU STREITEN.
Sweet tooth

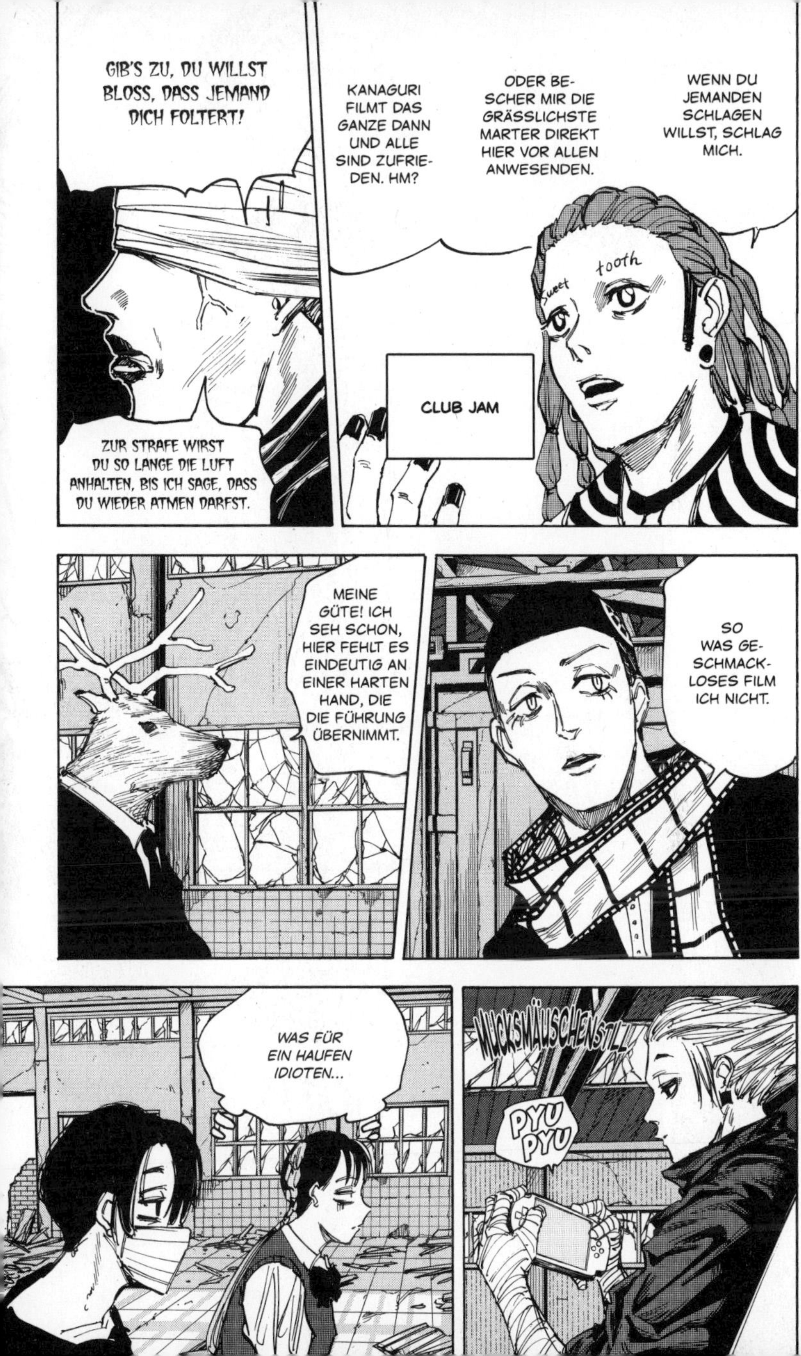
WENN DU JEMANDEN SCHLAGEN WILLST, SCHLAG MICH.
ODER BESCHER MIR DIE GRÄSSLICHSTE MARTER DIREKT HIER VOR ALLEN ANWESENDEN.
KANAGURI FILMT DAS GANZE DANN UND ALLE SIND ZUFRIEDEN. HM?
CLUB JAM
Sweet tooth
GIB'S ZU, DU WILLST BLOSS, DASS JEMAND DICH FOLTERT!
ZUR STRAFE WIRST DU SO LANGE DIE LUFT ANHALTEN, BIS ICH SAGE, DASS DU WIEDER ATMEN DARFST.
SO WAS GESCHMACKLOSES FILM ICH NICHT.
MEINE GÜTE! ICH SEH SCHON, HIER FEHLT ES EINDEUTIG AN EINER HARTEN HAND, DIE DIE FÜHRUNG ÜBERNIMMT.
MUCKSMÄUSCHENSTILL
PYU PYU
WAS FÜR EIN HAUFEN IDIOTEN...

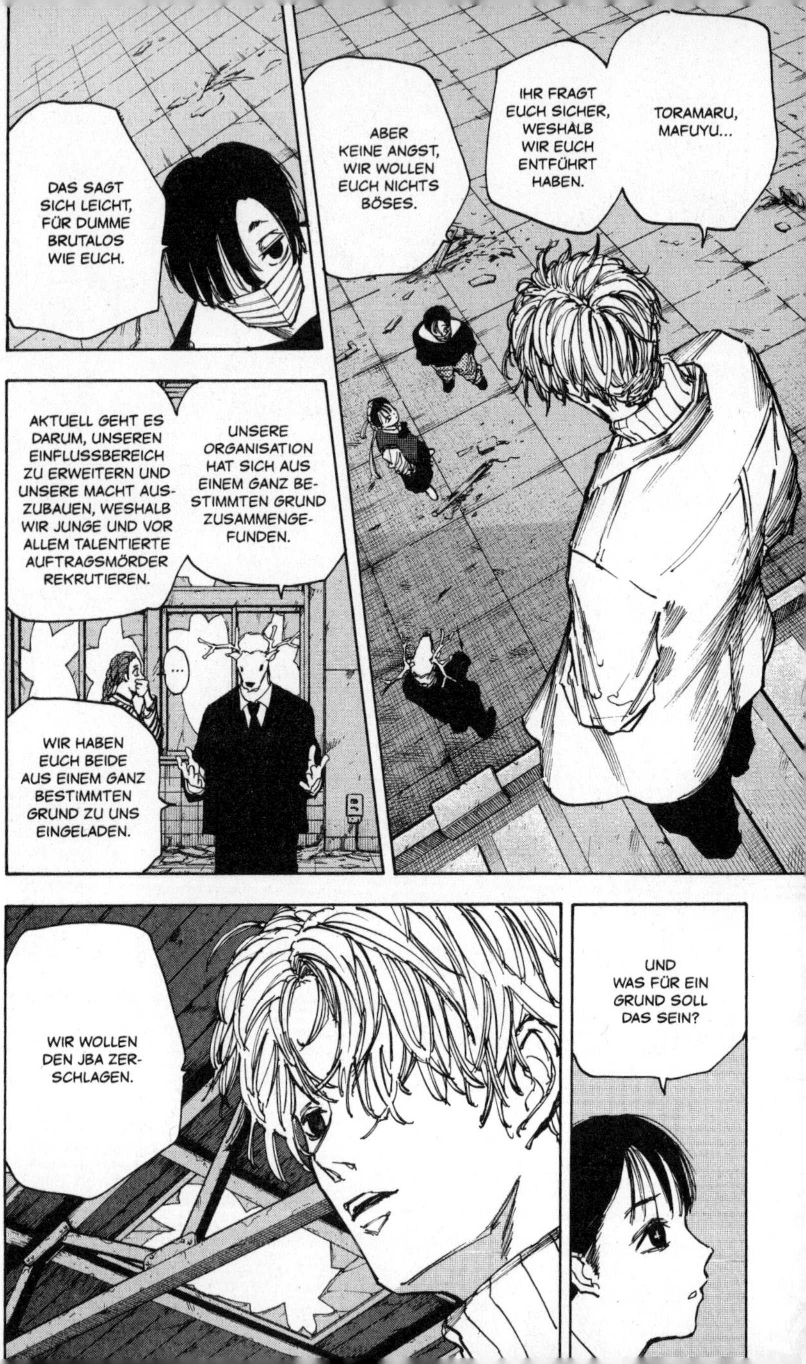
TORAMARU, MAFUYU...
IHR FRAGT EUCH SICHER, WESHALB WIR EUCH ENTFÜHRT HABEN.
ABER KEINE ANGST, WIR WOLLEN EUCH NICHTS BÖSES.
DAS SAGT SICH LEICHT, FÜR DUMME BRUTALOS WIE EUCH.
UNSERE ORGANISATION HAT SICH AUS EINEM GANZ BESTIMMTEN GRUND ZUSAMMENGEFUNDEN.
AKTUELL GEHT ES DARUM, UNSEREN EINFLUSSBEREICH ZU ERWEITERN UND UNSERE MACHT AUSZUBAUEN, WESHALB WIR JUNGE UND VOR ALLEM TALENTIERTE AUFTRAGSMÖRDER REKRUTIEREN.
...
WIR HABEN EUCH BEIDE AUS EINEM GANZ BESTIMMTEN GRUND ZU UNS EINGELADEN.
UND WAS FÜR EIN GRUND SOLL DAS SEIN?
WIR WOLLEN DEN JBA ZERSCHLAGEN.

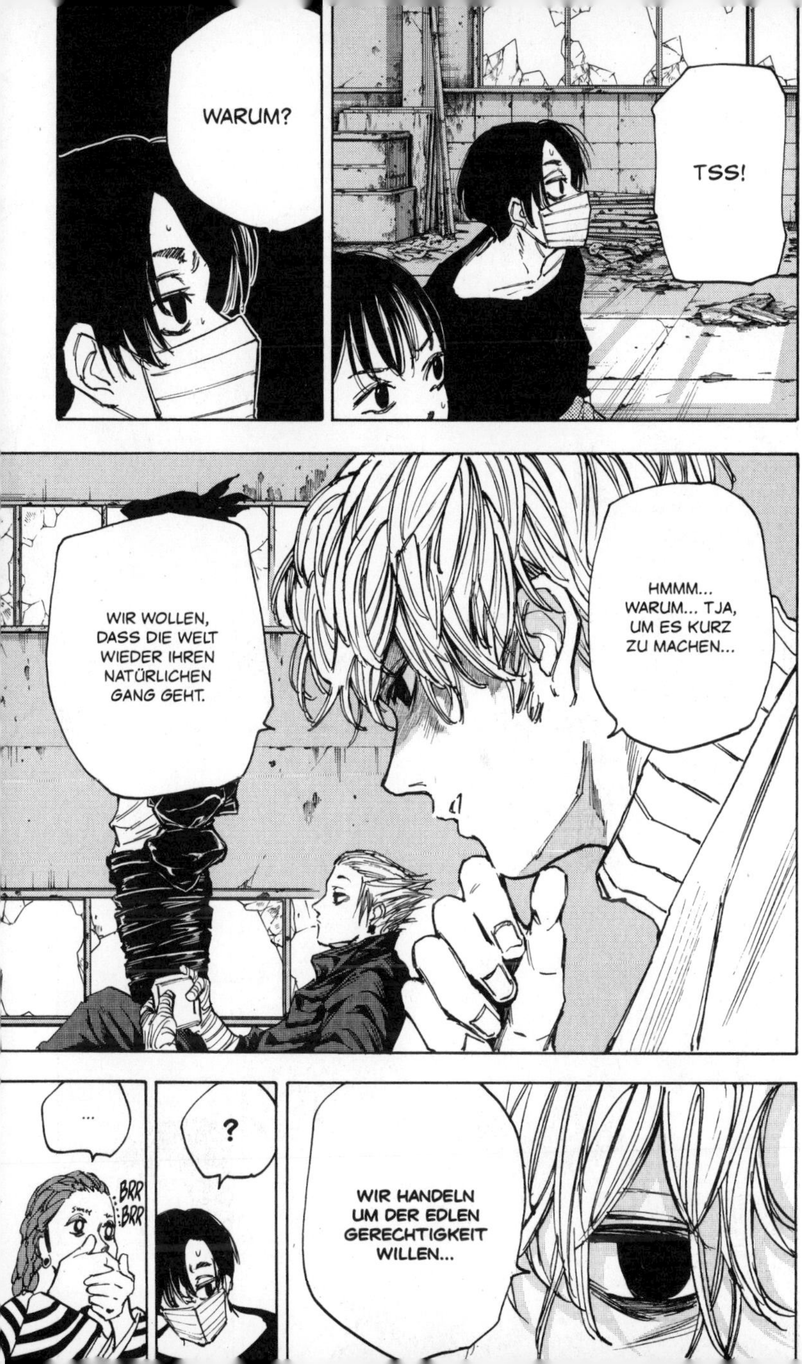

TSS!
WARUM?
HMMM... WARUM... TJA, UM ES KURZ ZU MACHEN...
WIR WOLLEN, DASS DIE WELT WIEDER IHREN NATÜRLICHEN GANG GEHT.
WIR HANDELN UM DER EDLEN GERECHTIGKEIT WILLEN...
?
BRR BRR
...

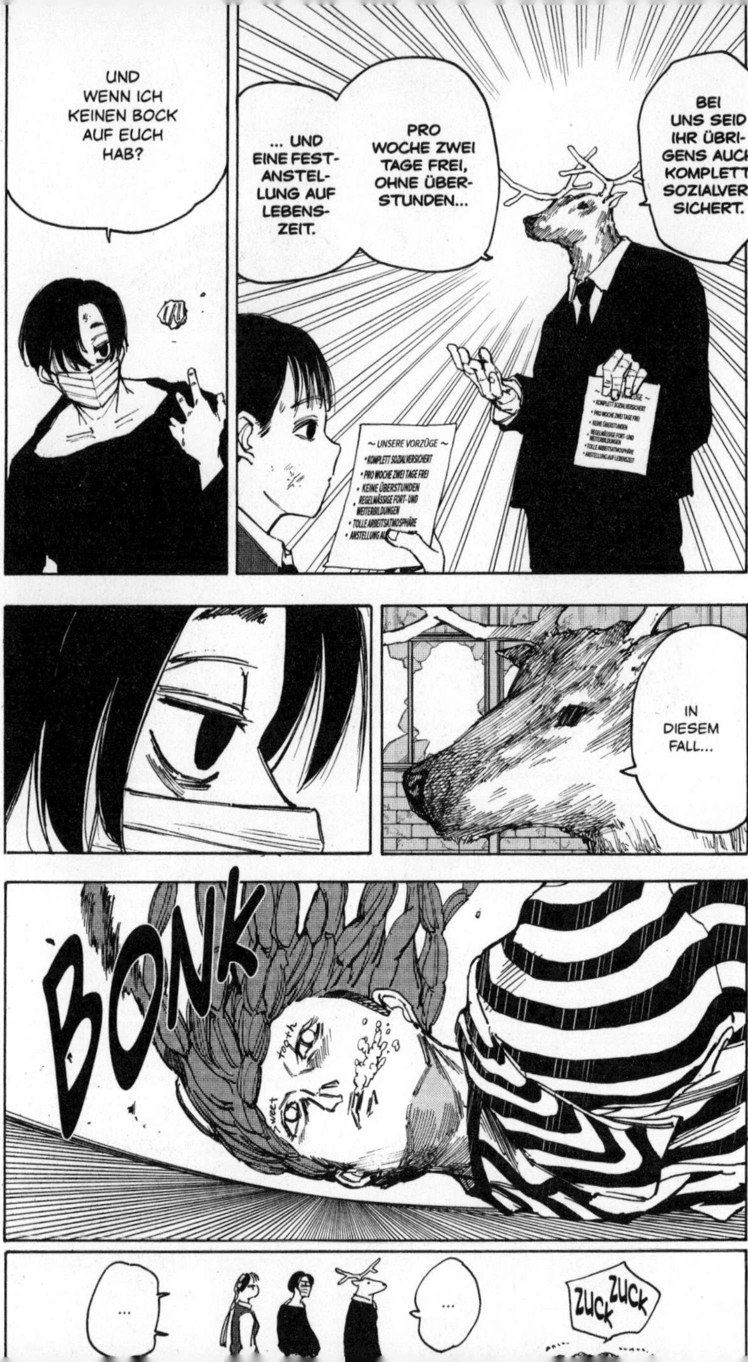
BEI UNS SEID IHR ÜBRIGENS AUCH KOMPLETT SOZIALVERSICHERT.
PRO WOCHE ZWEI TAGE FREI, OHNE ÜBERSTUNDEN...
... UND EINE FESTANSTELLUNG AUF LEBENSZEIT.
~ UNSERE VORZÜGE ~
• KOMPLETT SOZIALVERSICHERT
• PRO WOCHE ZWEI TAGE FREI
• KEINE ÜBERSTUNDEN
• REGELMÄSSIGE FORT- UND WEITERBILDUNGEN
• TOLLE ARBEITSATMOSPHÄRE
• ANSTELLUNG AUF LEBENSZEIT
UND WENN ICH KEINEN BOCK AUF EUCH HAB?
IN DIESEM FALL...
BONK
tooth
sweet
ZUCK ZUCK
...
...

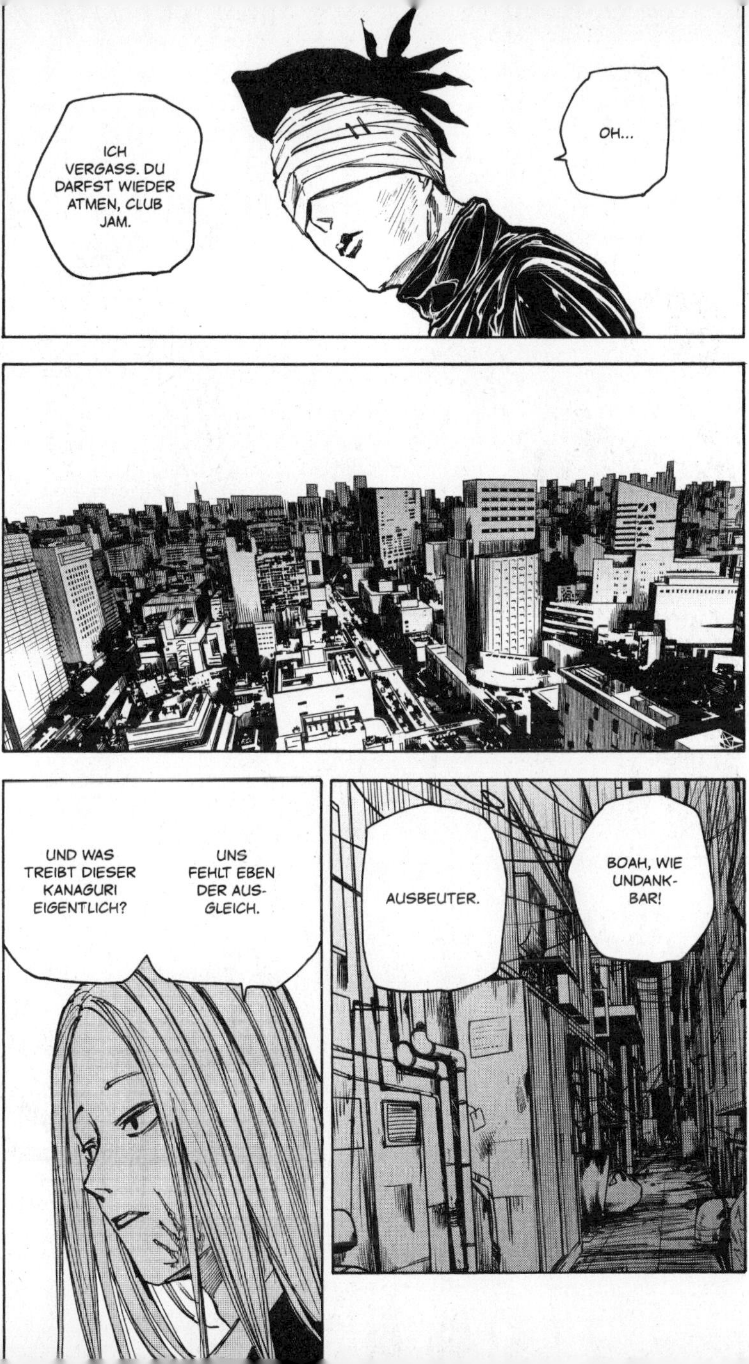
OH...
ICH VERGASS. DU DARFST WIEDER ATMEN, CLUB JAM.
BOAH, WIE UNDANKBAR!
AUSBEUTER.
UNS FEHLT EBEN DER AUSGLEICH.
UND WAS TREIBT DIESER KANAGURI EIGENTLICH?

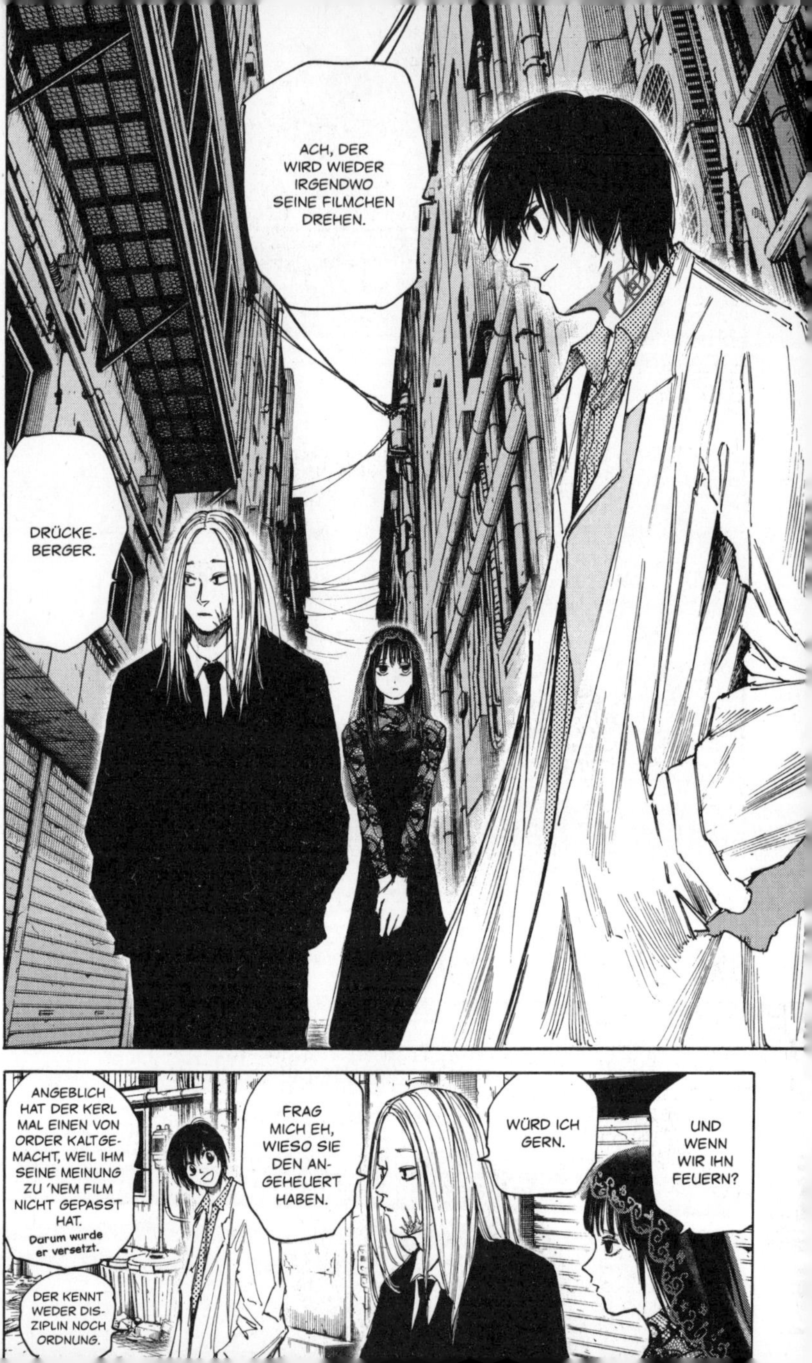
ACH, DER WIRD WIEDER IRGENDWO SEINE FILMCHEN DREHEN.
DRÜCKE-BERGER.
UND WENN WIR IHN FEUERN?
WÜRD ICH GERN.
FRAG MICH EH, WIESO SIE DEN AN-GEHEUERT HABEN.
ANGEBLICH HAT DER KERL MAL EINEN VON ORDER KALTGE-MACHT, WEIL IHM SEINE MEINUNG ZU 'NEM FILM NICHT GEPASST HAT.
Darum wurde er versetzt.
DER KENNT WEDER DIS-ZIPLIN NOCH ORDNUNG.

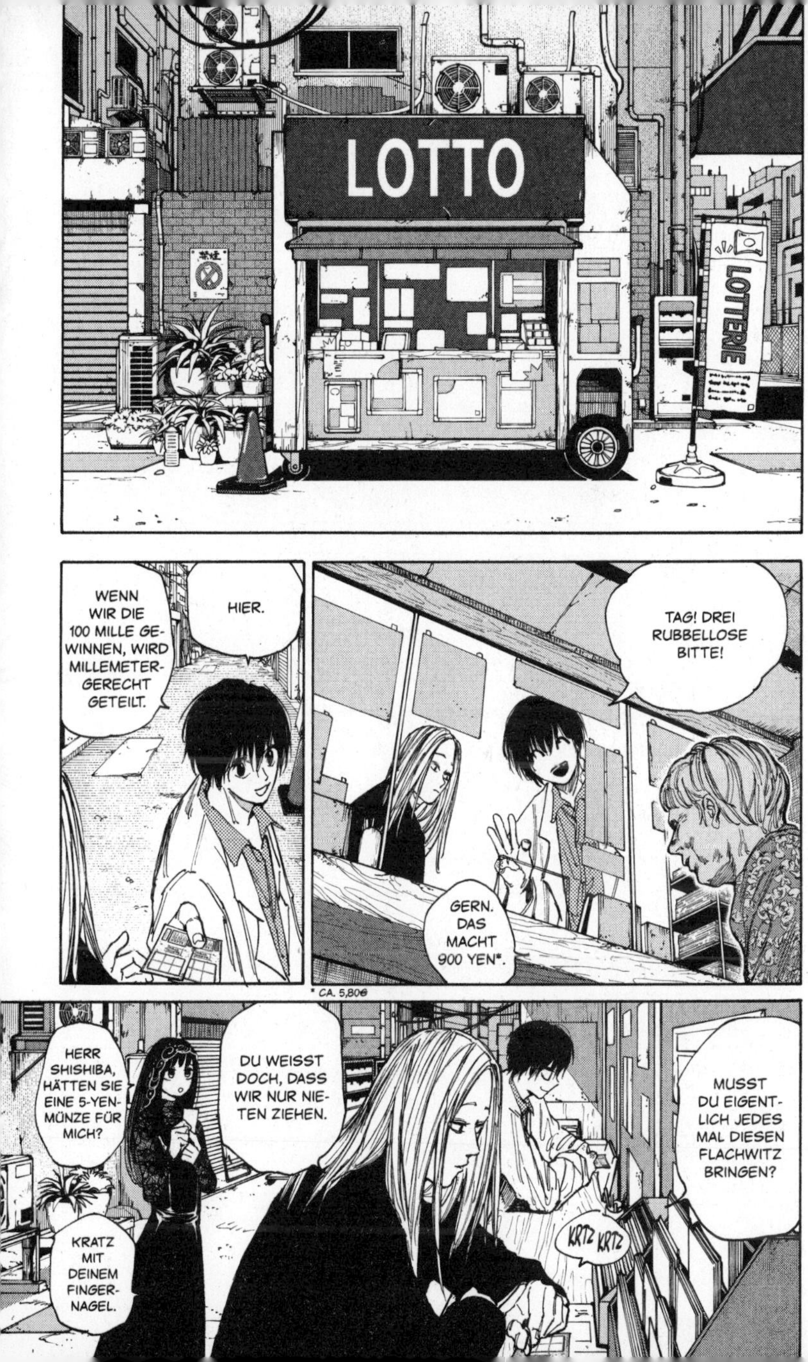
LOTTO
LOTTERIE
TAG! DREI RUBBELLOSE BITTE!
GERN. DAS MACHT 900 YEN*.
HIER.
WENN WIR DIE 100 MILLE GEWINNEN, WIRD MILLEMETERGERECHT GETEILT.
MUSST DU EIGENTLICH JEDES MAL DIESEN FLACHWITZ BRINGEN?
KRTZ KRTZ
DU WEISST DOCH, DASS WIR NUR NIETEN ZIEHEN.
HERR SHISHIBA, HÄTTEN SIE EINE 5-YEN-MÜNZE FÜR MICH?
KRATZ MIT DEINEM FINGERNAGEL.

* CA. 5,80€

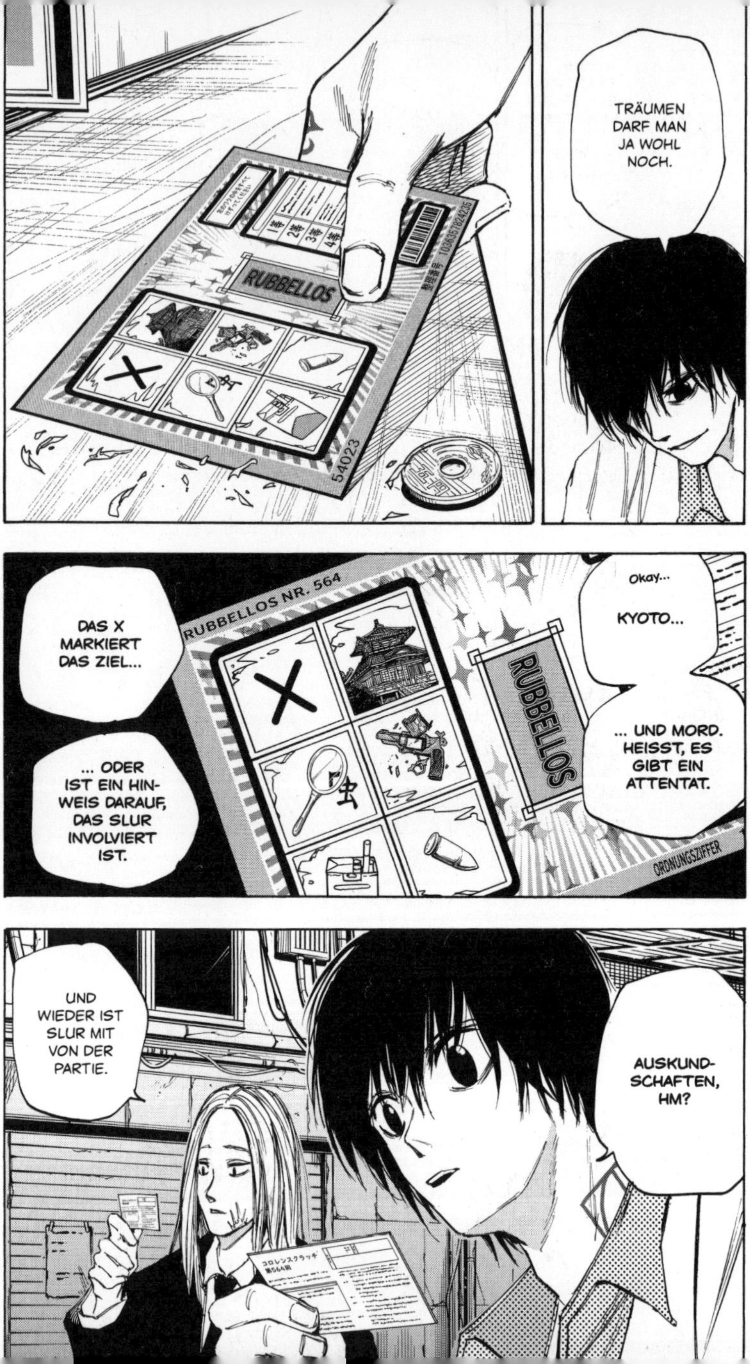
TRÄUMEN DARF MAN JA WOHL NOCH.
RUBBELLOS
1036357824235
54023
Okay...
KYOTO...
... UND MORD. HEISST, ES GIBT EIN ATTENTAT.
RUBBELLOS
ORDNUNGSZIFFER
RUBBELLOS NR. 564
DAS X MARKIERT DAS ZIEL...
... ODER IST EIN HIN-WEIS DARAUF, DAS SLUR INVOLVIERT IST.
AUSKUND-SCHAFTEN, HM?
UND WIEDER IST SLUR MIT VON DER PARTIE.

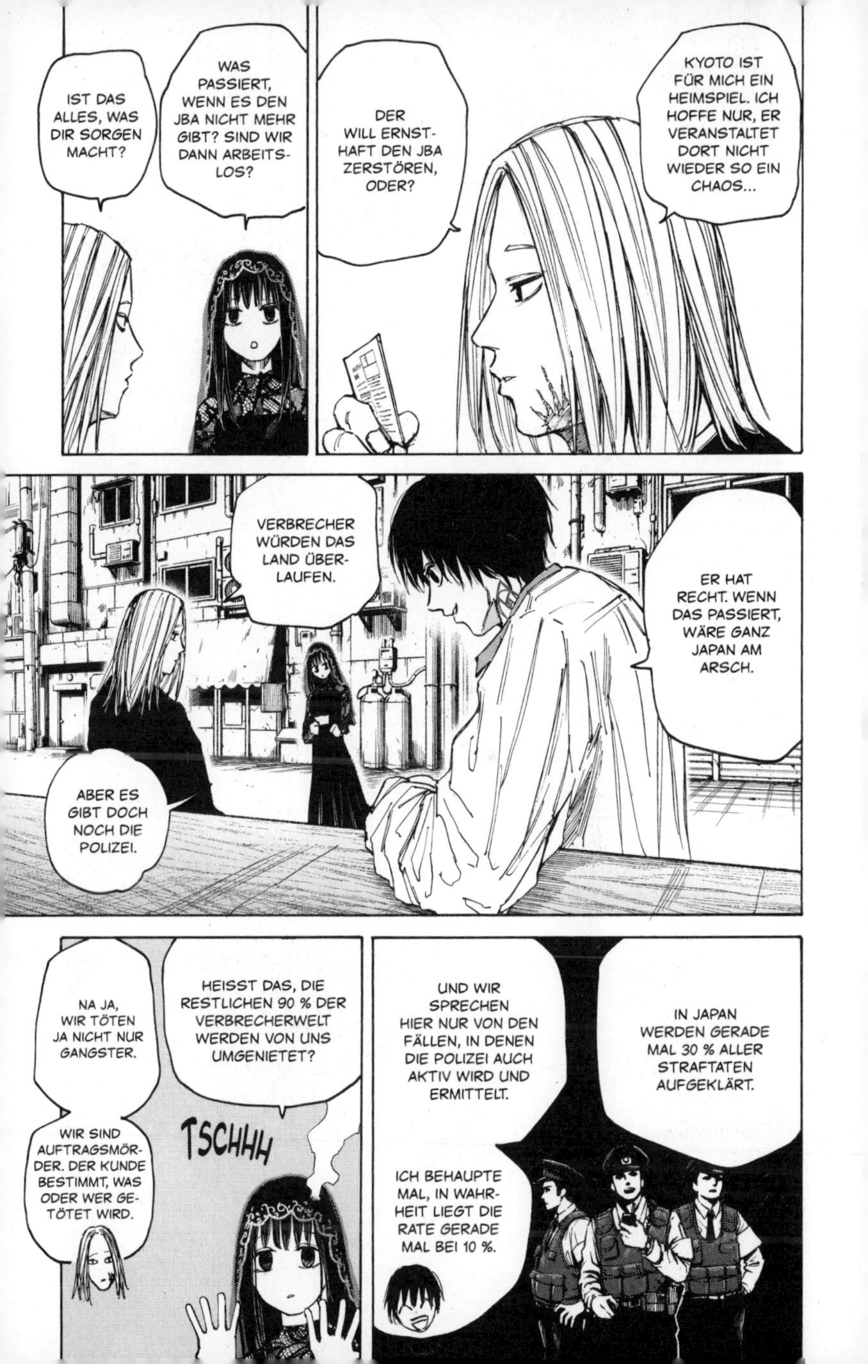
KYOTO IST FÜR MICH EIN HEIMSPIEL. ICH HOFFE NUR, ER VERANSTALTET DORT NICHT WIEDER SO EIN CHAOS...
DER WILL ERNSTHAFT DEN JBA ZERSTÖREN, ODER?
WAS PASSIERT, WENN ES DEN JBA NICHT MEHR GIBT? SIND WIR DANN ARBEITSLOS?
IST DAS ALLES, WAS DIR SORGEN MACHT?
VERBRECHER WÜRDEN DAS LAND ÜBERLAUFEN.
ER HAT RECHT. WENN DAS PASSIERT, WÄRE GANZ JAPAN AM ARSCH.
ABER ES GIBT DOCH NOCH DIE POLIZEI.
IN JAPAN WERDEN GERADE MAL 30 % ALLER STRAFTATEN AUFGEKLÄRT.
UND WIR SPRECHEN HIER NUR VON DEN FÄLLEN, IN DENEN DIE POLIZEI AUCH AKTIV WIRD UND ERMITTELT.
ICH BEHAUPTE MAL, IN WAHRHEIT LIEGT DIE RATE GERADE MAL BEI 10 %.
HEISST DAS, DIE RESTLICHEN 90 % DER VERBRECHERWELT WERDEN VON UNS UMGENIETET?
NA JA, WIR TÖTEN JA NICHT NUR GANGSTER.
TSCHHH
WIR SIND AUFTRAGSMÖRDER. DER KUNDE BESTIMMT, WAS ODER WER GETÖTET WIRD.

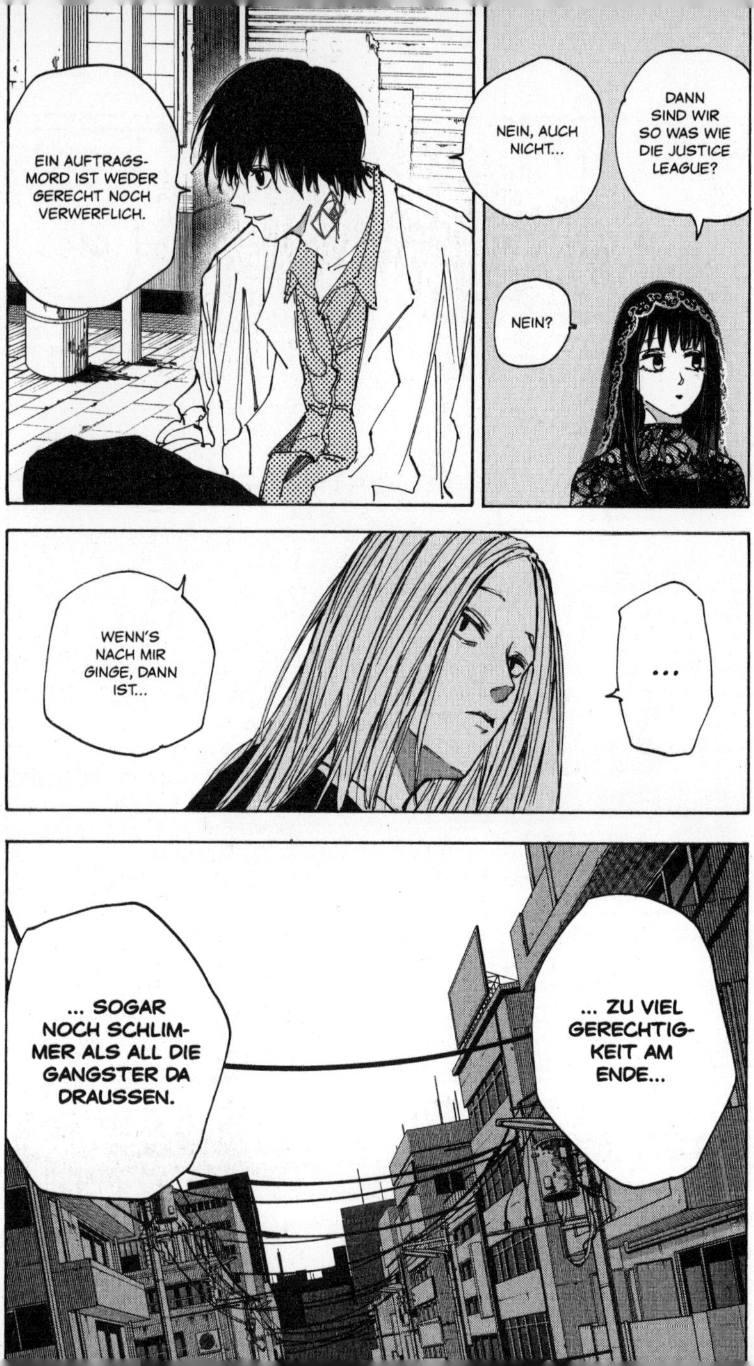
DANN SIND WIR SO WAS WIE DIE JUSTICE LEAGUE?
NEIN, AUCH NICHT...
NEIN?
EIN AUFTRAGS-MORD IST WEDER GERECHT NOCH VERWERFLICH.
...
WENN'S NACH MIR GINGE, DANN IST...
... ZU VIEL GERECHTIG-KEIT AM ENDE...
... SOGAR NOCH SCHLIM-MER ALS ALL DIE GANGSTER DA DRAUSSEN.

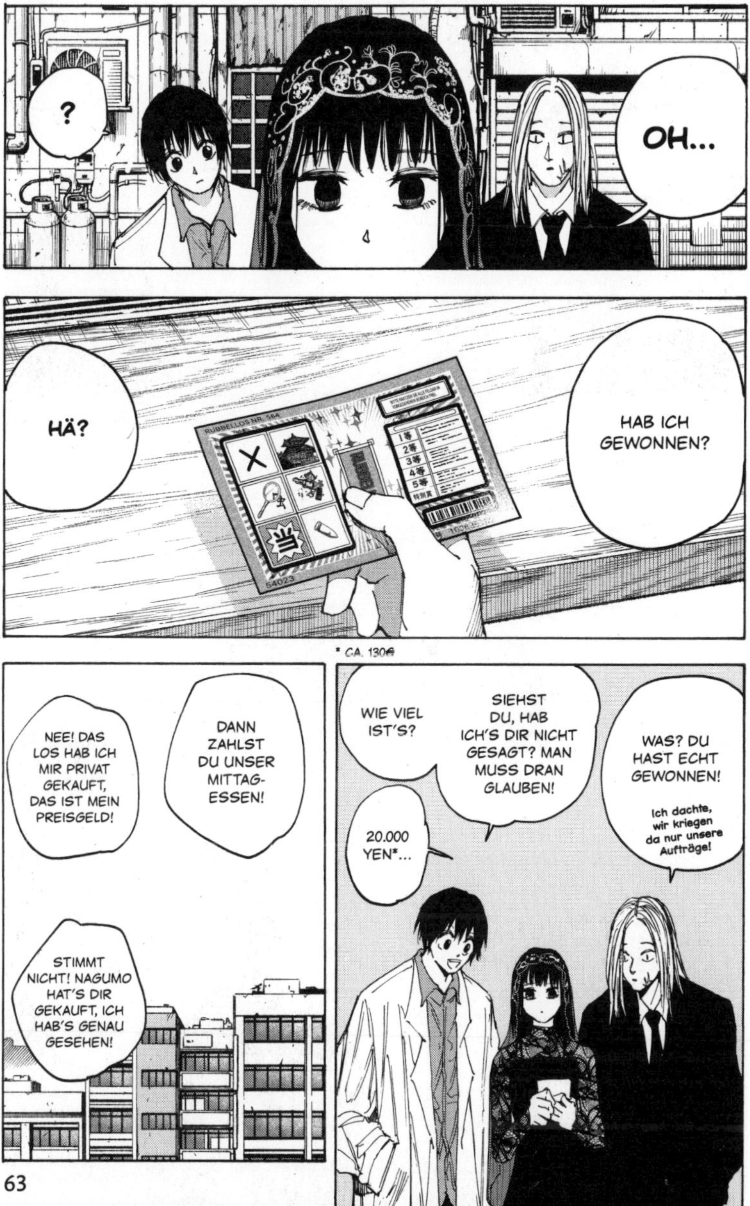
OH...
?
HAB ICH GEWONNEN?
HÄ?
WAS? DU HAST ECHT GEWONNEN!
Ich dachte, wir kriegen da nur unsere Aufträge!
SIEHST DU, HAB ICH'S DIR NICHT GESAGT? MAN MUSS DRAN GLAUBEN!
WIE VIEL IST'S?
20.000 YEN*...
DANN ZAHLST DU UNSER MITTAG-ESSEN!
NEE! DAS LOS HAB ICH MIR PRIVAT GEKAUFT, DAS IST MEIN PREISGELD!
STIMMT NICHT! NAGUMO HAT'S DIR GEKAUFT, ICH HAB'S GENAU GESEHEN!

* CA. 130€

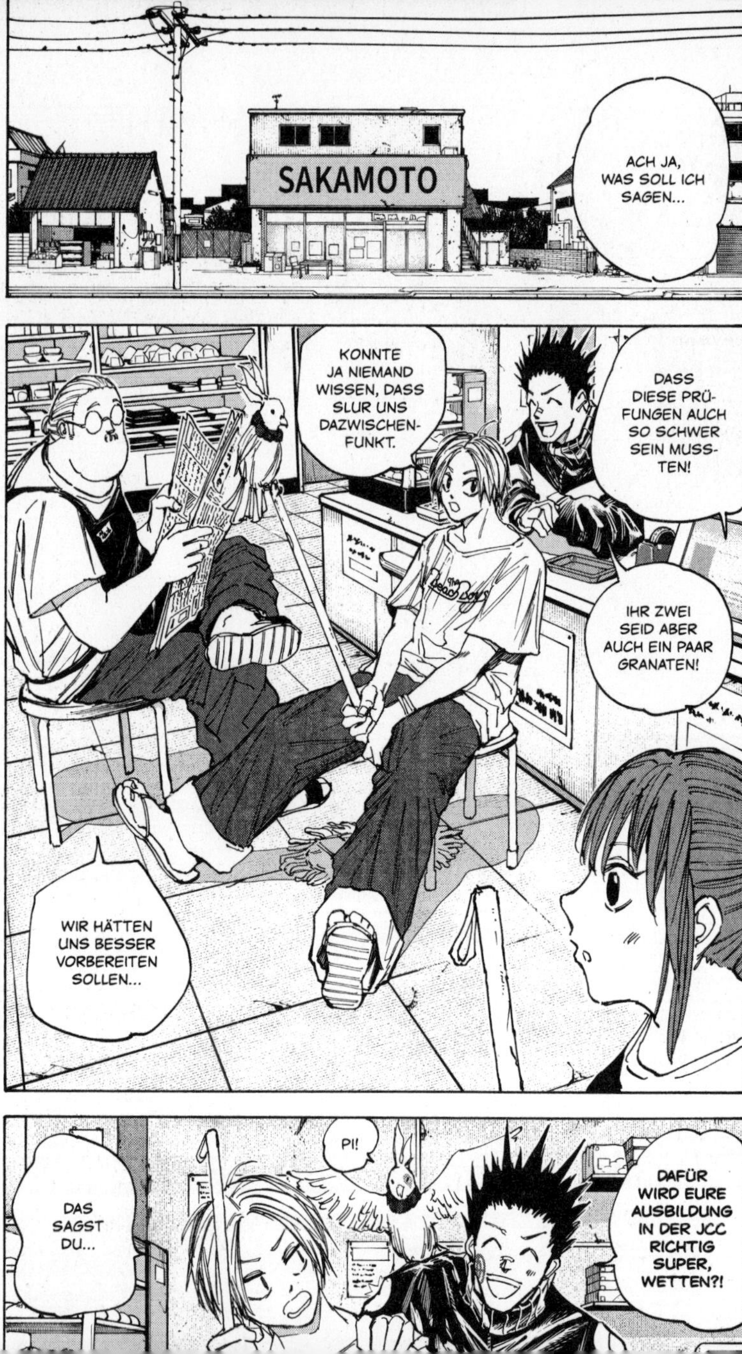
SAKAMOTO
ACH JA, WAS SOLL ICH SAGEN...
DASS DIESE PRÜFUNGEN AUCH SO SCHWER SEIN MUSSTEN!
KONNTE JA NIEMAND WISSEN, DASS SLUR UNS DAZWISCHENFUNKT.
IHR ZWEI SEID ABER AUCH EIN PAAR GRANATEN!
WIR HÄTTEN UNS BESSER VORBEREITEN SOLLEN...
DAFÜR WIRD EURE AUSBILDUNG IN DER JCC RICHTIG SUPER, WETTEN?!
PI!
DAS SAGST DU...

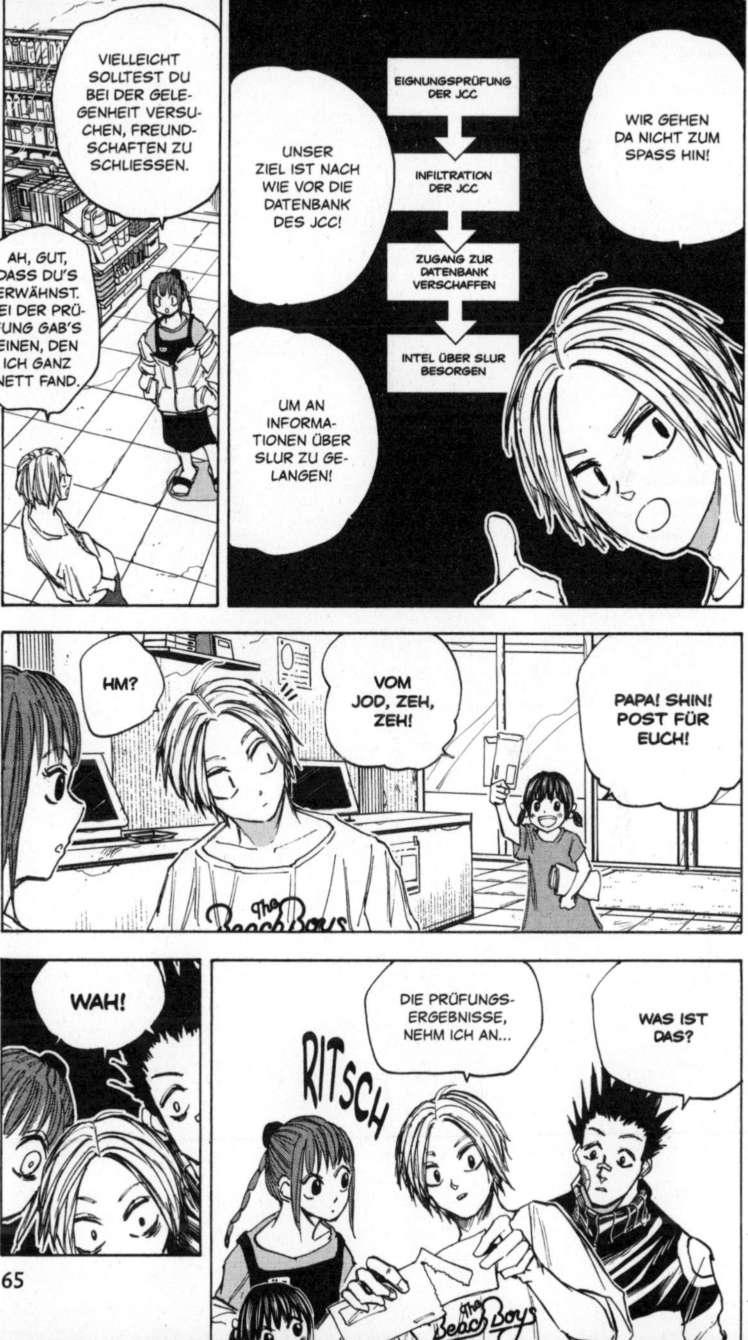

WIR GEHEN DA NICHT ZUM SPASS HIN!
UNSER ZIEL IST NACH WIE VOR DIE DATENBANK DES JCC!
EIGNUNGSPRÜFUNG DER JCC
INFILTRATION DER JCC
ZUGANG ZUR DATENBANK VERSCHAFFEN
INTEL ÜBER SLUR BESORGEN
UM AN INFORMATIONEN ÜBER SLUR ZU GELANGEN!
VIELLEICHT SOLLTEST DU BEI DER GELEGENHEIT VERSUCHEN, FREUNDSCHAFTEN ZU SCHLIESSEN.
AH, GUT, DASS DU'S ERWÄHNST. BEI DER PRÜFUNG GAB'S EINEN, DEN ICH GANZ NETT FAND.
PAPA! SHIN! POST FÜR EUCH!
VOM JOD, ZEH, ZEH!
HM?
WAS IST DAS?
DIE PRÜFUNGSERGEBNISSE, NEHM ICH AN...
RITSCH
WAH!

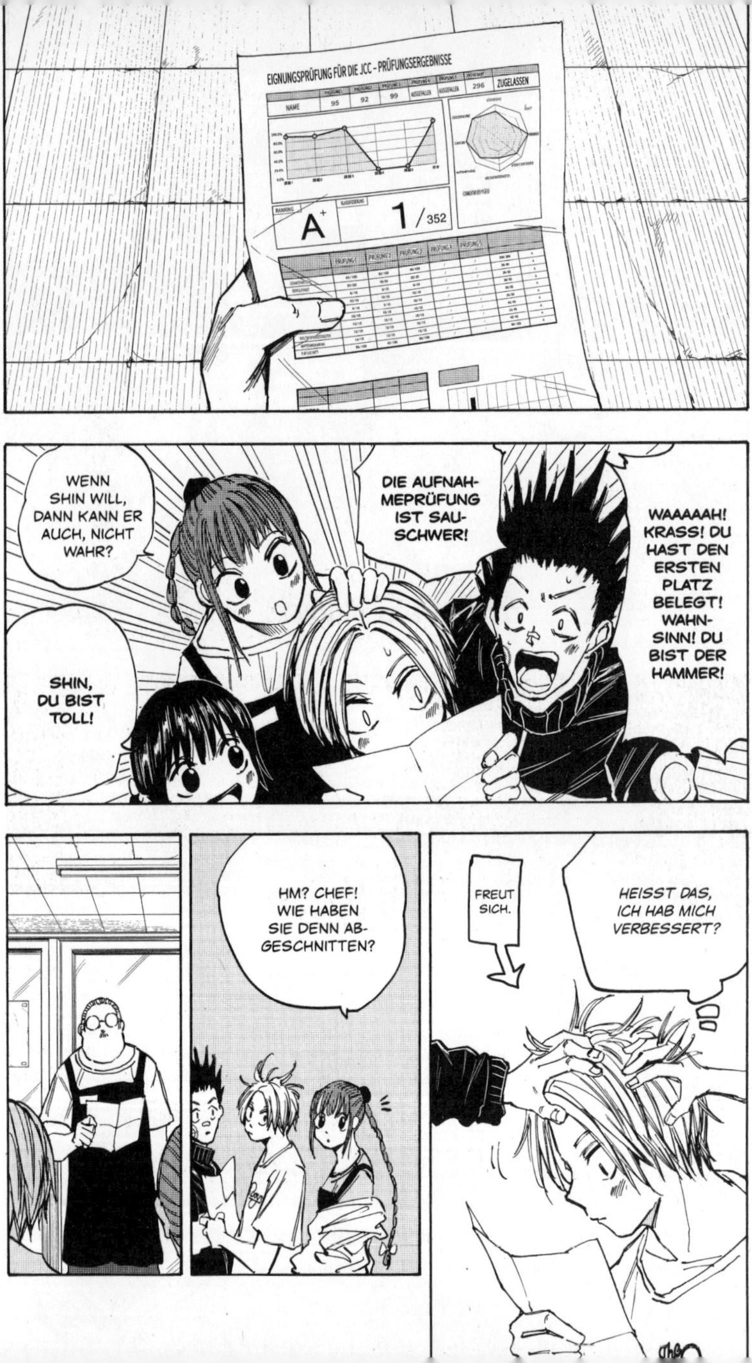
EIGNUNGSPRÜFUNG FÜR DIE JCC – PRÜFUNGSERGEBNISSE
ZUGELASSEN
296
95 92 99
A+
1/352
WAAAAAH! KRASS! DU HAST DEN ERSTEN PLATZ BELEGT! WAHNSINN! DU BIST DER HAMMER!
DIE AUFNAHMEPRÜFUNG IST SAUSCHWER!
WENN SHIN WILL, DANN KANN ER AUCH, NICHT WAHR?
SHIN, DU BIST TOLL!
HEISST DAS, ICH HAB MICH VERBESSERT?
FREUT SICH.
HM? CHEF! WIE HABEN SIE DENN ABGESCHNITTEN?

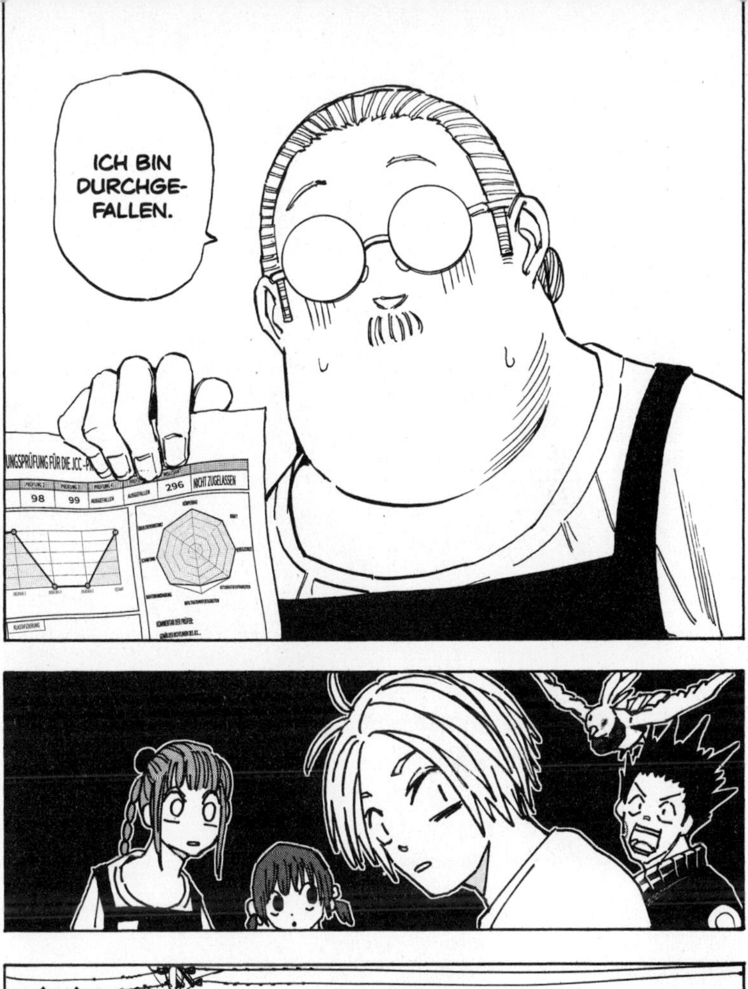
ICH BIN DURCHGE-FALLEN.
UNGSPRÜFUNG FÜR DIE JCC -PR
98
99
AUSGEFALLEN
AUSGEFALLEN
296
NICHT ZUGELASSEN
KLASSIFIZIERUNG
KOMMENTAR DER PRÜFER:
SAKAMOTO
HÄ...?!

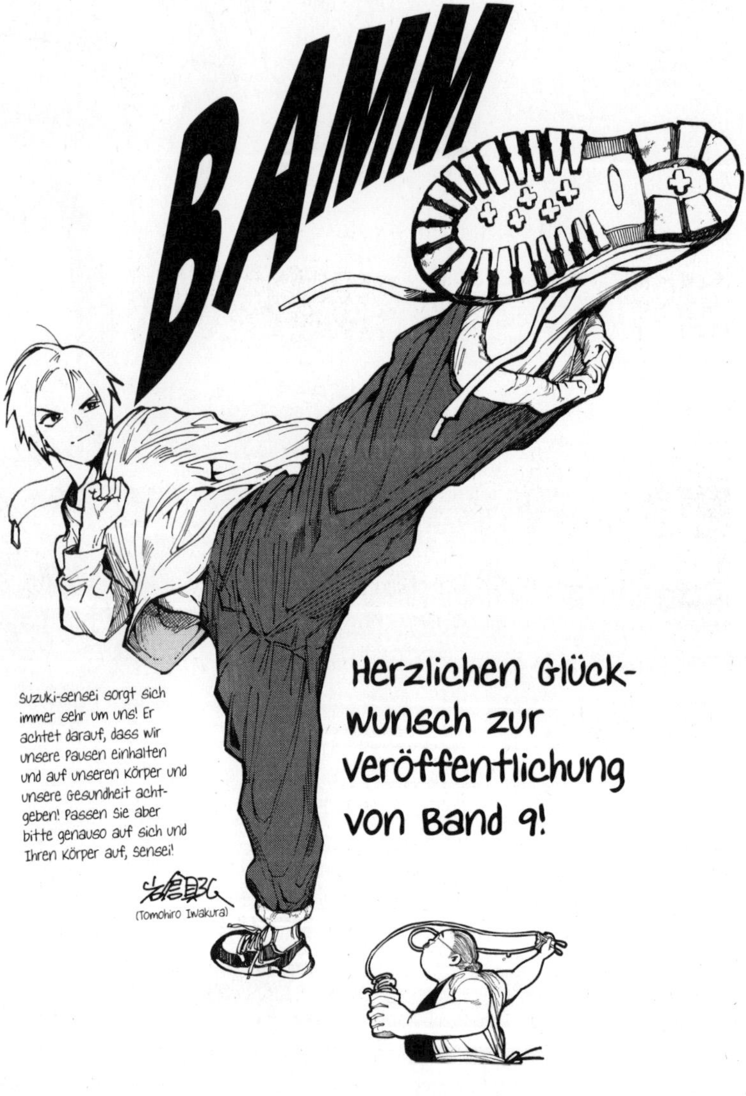
BAMM
Herzlichen Glückwunsch zur Veröffentlichung von Band 9!
Suzuki-sensei sorgt sich immer sehr um uns! Er achtet darauf, dass wir unsere Pausen einhalten und auf unseren Körper und unsere Gesundheit achtgeben! Passen Sie aber bitte genauso auf sich und Ihren Körper auf, sensei!
(Tomohiro Iwakura)

DAYS 74 Infiltration

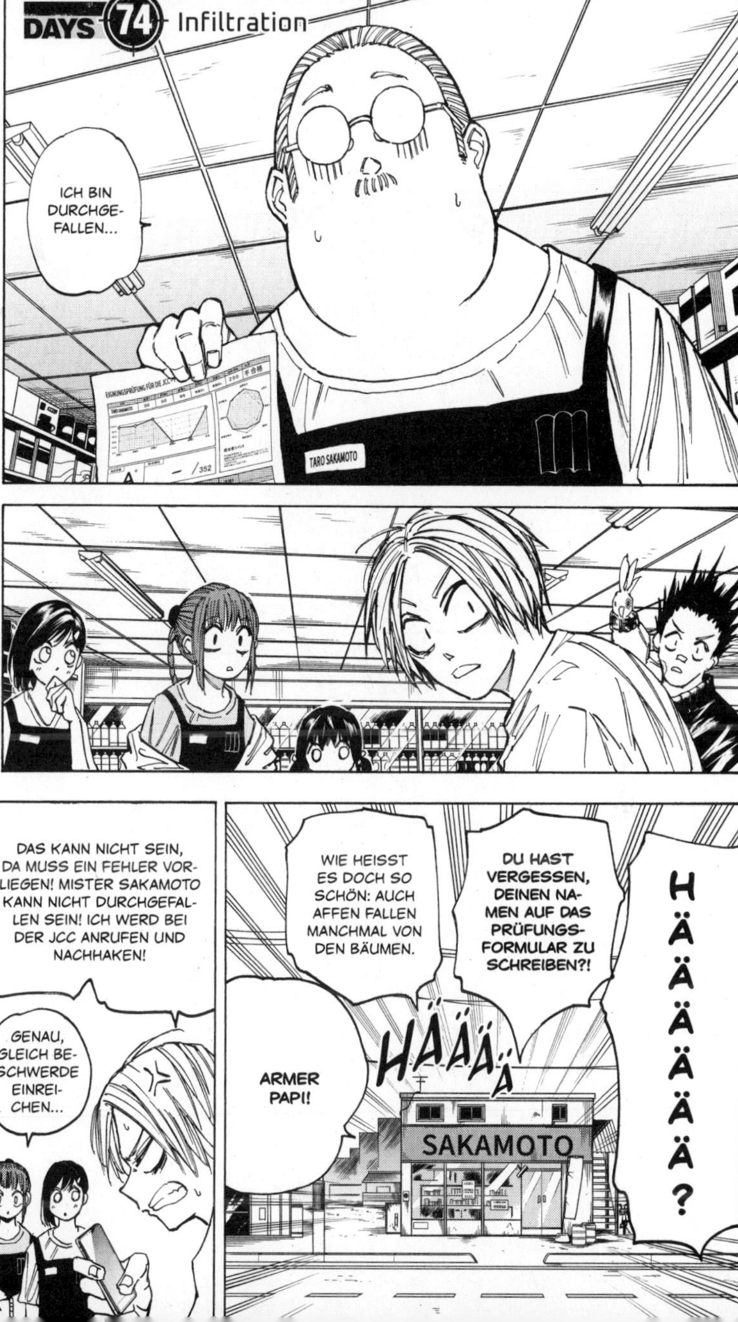

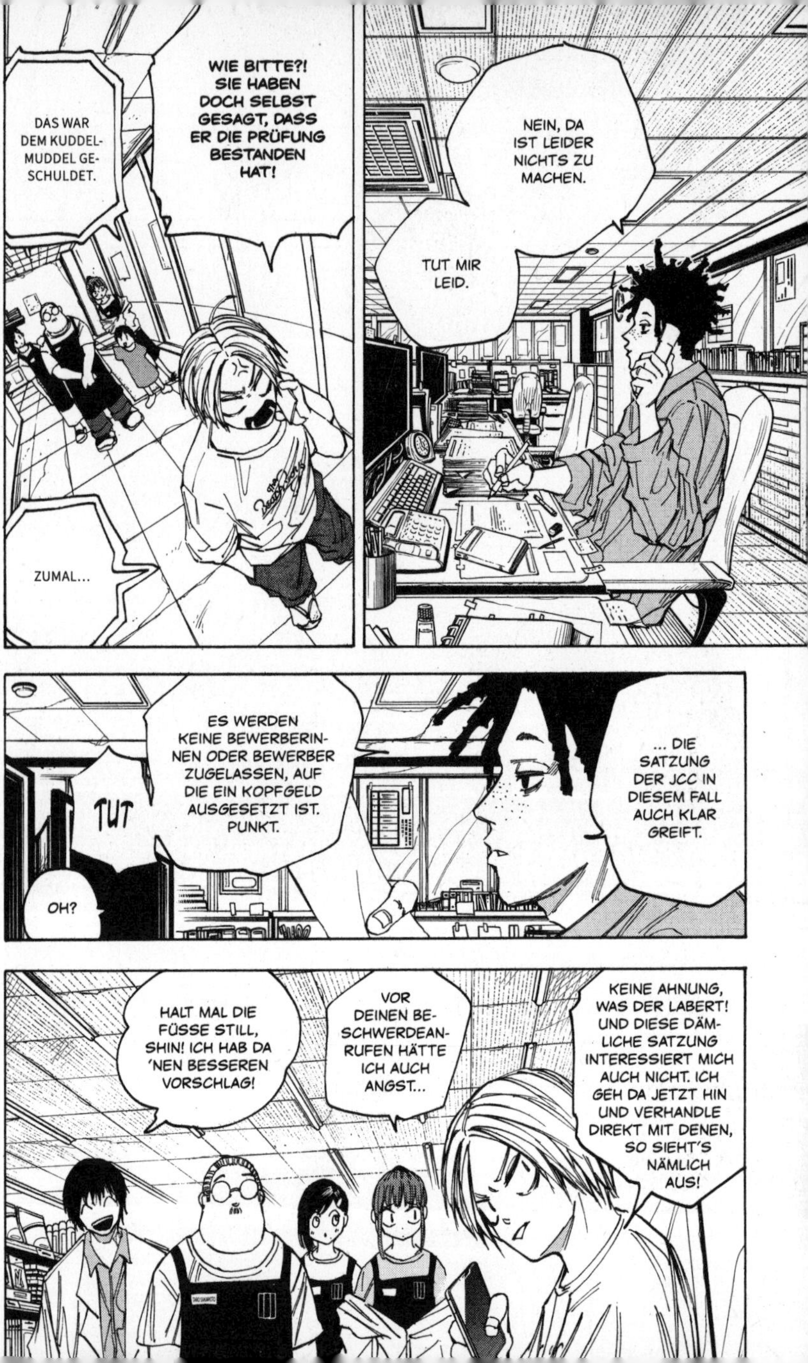
NEIN, DA IST LEIDER NICHTS ZU MACHEN.
TUT MIR LEID.
WIE BITTE?! SIE HABEN DOCH SELBST GESAGT, DASS ER DIE PRÜFUNG BESTANDEN HAT!
DAS WAR DEM KUDDEL-MUDDEL GE-SCHULDET.
ZUMAL...
... DIE SATZUNG DER JCC IN DIESEM FALL AUCH KLAR GREIFT.
ES WERDEN KEINE BEWERBERIN-NEN ODER BEWERBER ZUGELASSEN, AUF DIE EIN KOPFGELD AUSGESETZT IST. PUNKT.
TUT
OH?
KEINE AHNUNG, WAS DER LABERT! UND DIESE DÄM-LICHE SATZUNG INTERESSIERT MICH AUCH NICHT. ICH GEH DA JETZT HIN UND VERHANDLE DIREKT MIT DENEN, SO SIEHT'S NÄMLICH AUS!
VOR DEINEN BE-SCHWERDEAN-RUFEN HÄTTE ICH AUCH ANGST...
HALT MAL DIE FÜSSE STILL, SHIN! ICH HAB DA 'NEN BESSEREN VORSCHLAG!

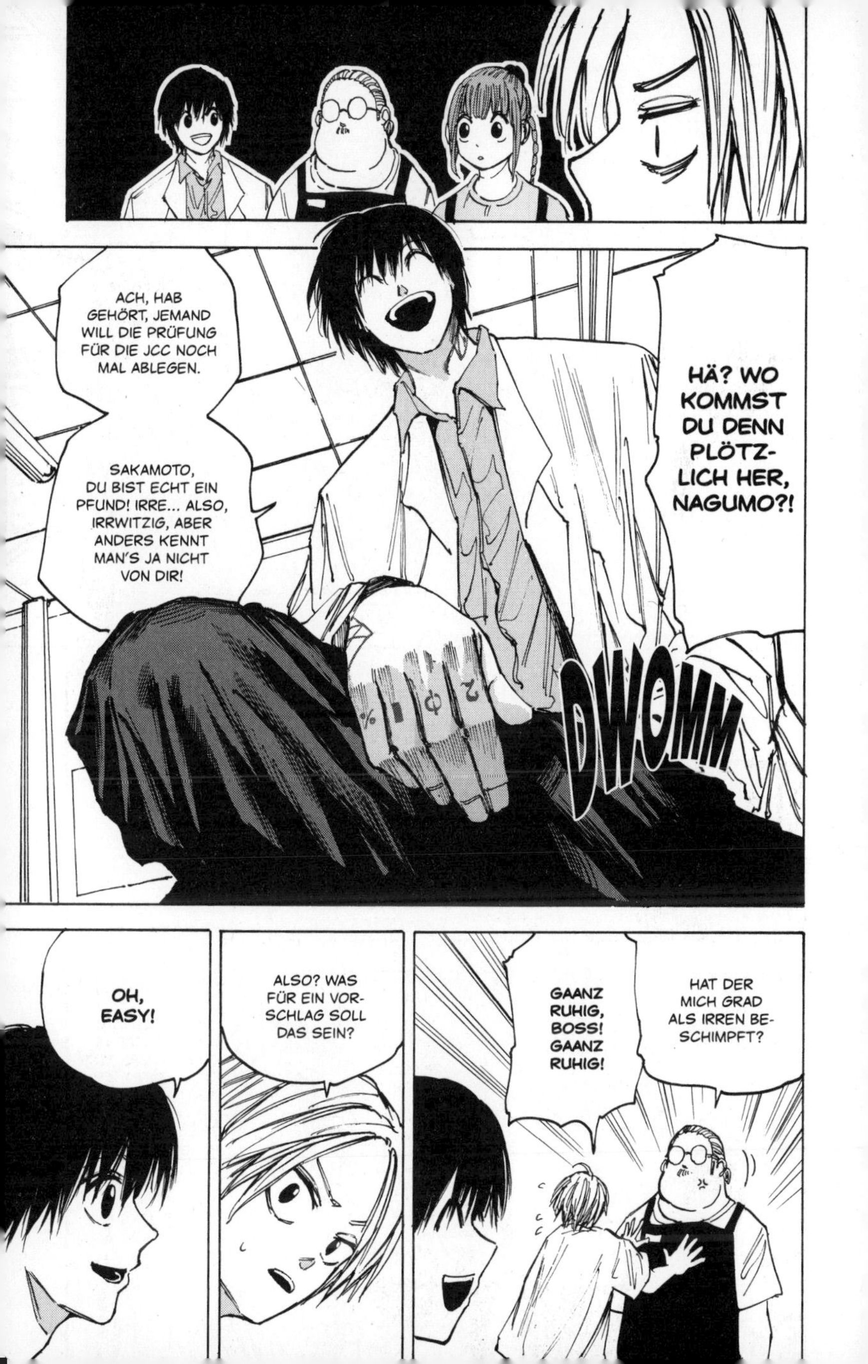
HÄ? WO KOMMST DU DENN PLÖTZ-LICH HER, NAGUMO?!
DWOMM
ACH, HAB GEHÖRT, JEMAND WILL DIE PRÜFUNG FÜR DIE JCC NOCH MAL ABLEGEN.
SAKAMOTO, DU BIST ECHT EIN PFUND! IRRE… ALSO, IRRWITZIG, ABER ANDERS KENNT MAN'S JA NICHT VON DIR!
HAT DER MICH GRAD ALS IRREN BE-SCHIMPFT?
GAANZ RUHIG, BOSS! GAANZ RUHIG!
ALSO? WAS FÜR EIN VOR-SCHLAG SOLL DAS SEIN?
OH, EASY!

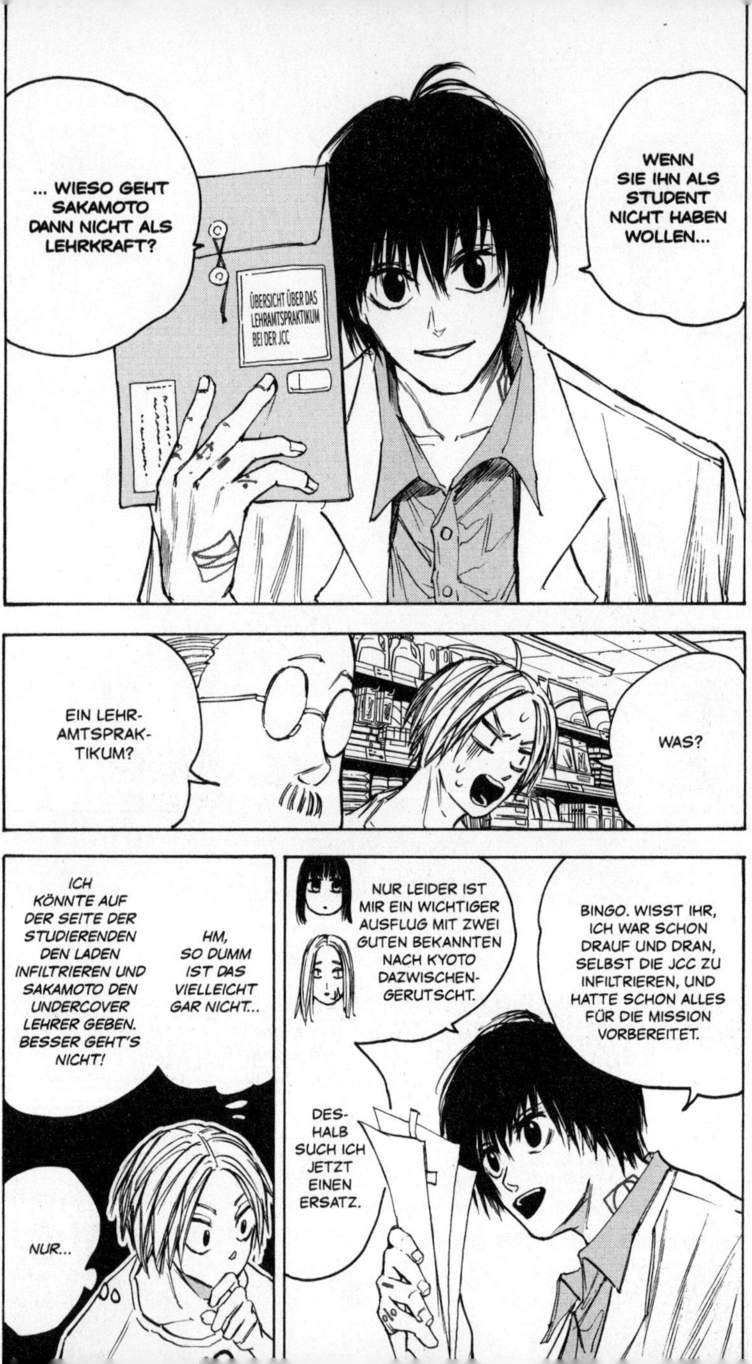
WENN SIE IHN ALS STUDENT NICHT HABEN WOLLEN...
... WIESO GEHT SAKAMOTO DANN NICHT ALS LEHRKRAFT?
ÜBERSICHT ÜBER DAS LEHRAMTSPRAKTIKUM BEI DER JCC
WAS?
EIN LEHR-AMTSPRAK-TIKUM?
BINGO. WISST IHR, ICH WAR SCHON DRAUF UND DRAN, SELBST DIE JCC ZU INFILTRIEREN, UND HATTE SCHON ALLES FÜR DIE MISSION VORBEREITET.
NUR LEIDER IST MIR EIN WICHTIGER AUSFLUG MIT ZWEI GUTEN BEKANNTEN NACH KYOTO DAZWISCHEN-GERUTSCHT.
DES-HALB SUCH ICH JETZT EINEN ERSATZ.
HM, SO DUMM IST DAS VIELLEICHT GAR NICHT...
ICH KÖNNTE AUF DER SEITE DER STUDIERENDEN DEN LADEN INFILTRIEREN UND SAKAMOTO DEN UNDERCOVER LEHRER GEBEN. BESSER GEHT'S NICHT!
NUR...

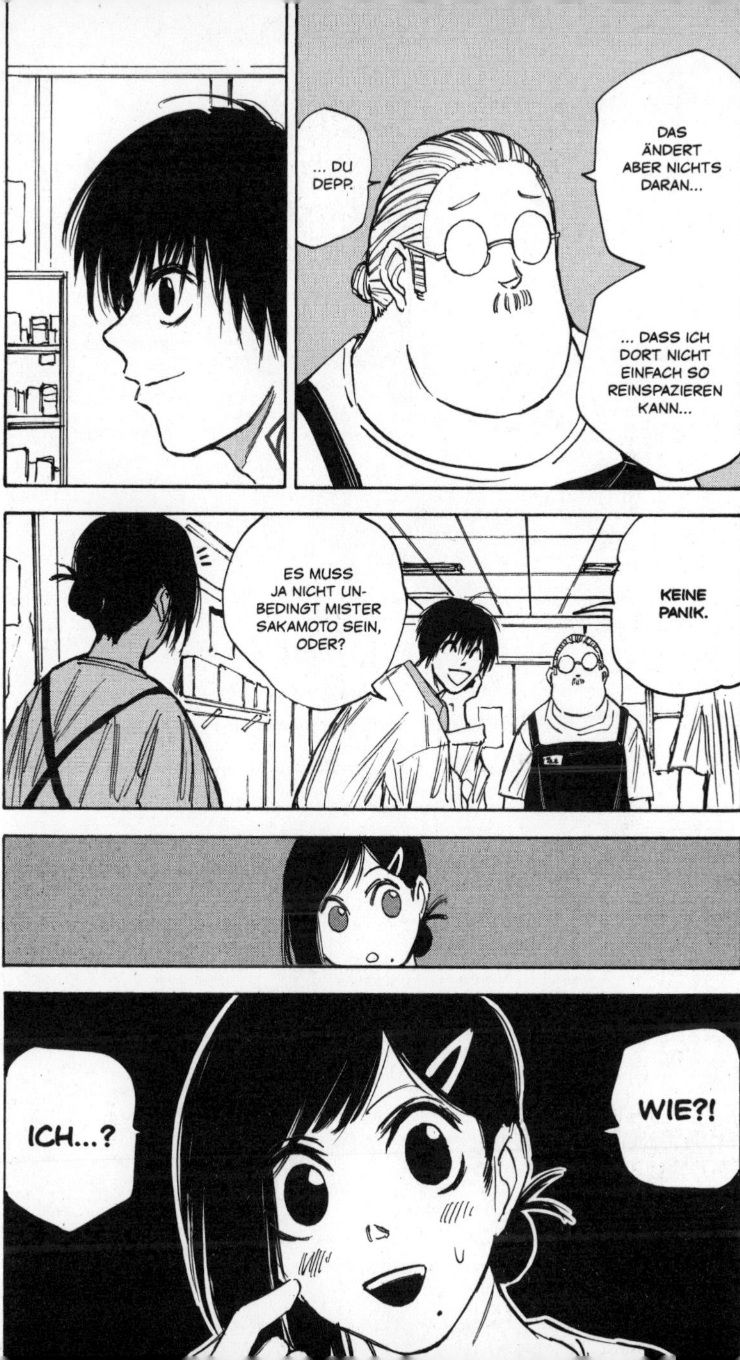
DAS ÄNDERT ABER NICHTS DARAN...
... DASS ICH DORT NICHT EINFACH SO REINSPAZIEREN KANN...
... DU DEPP.
KEINE PANIK.
ES MUSS JA NICHT UN-BEDINGT MISTER SAKAMOTO SEIN, ODER?
WIE?!
ICH...?

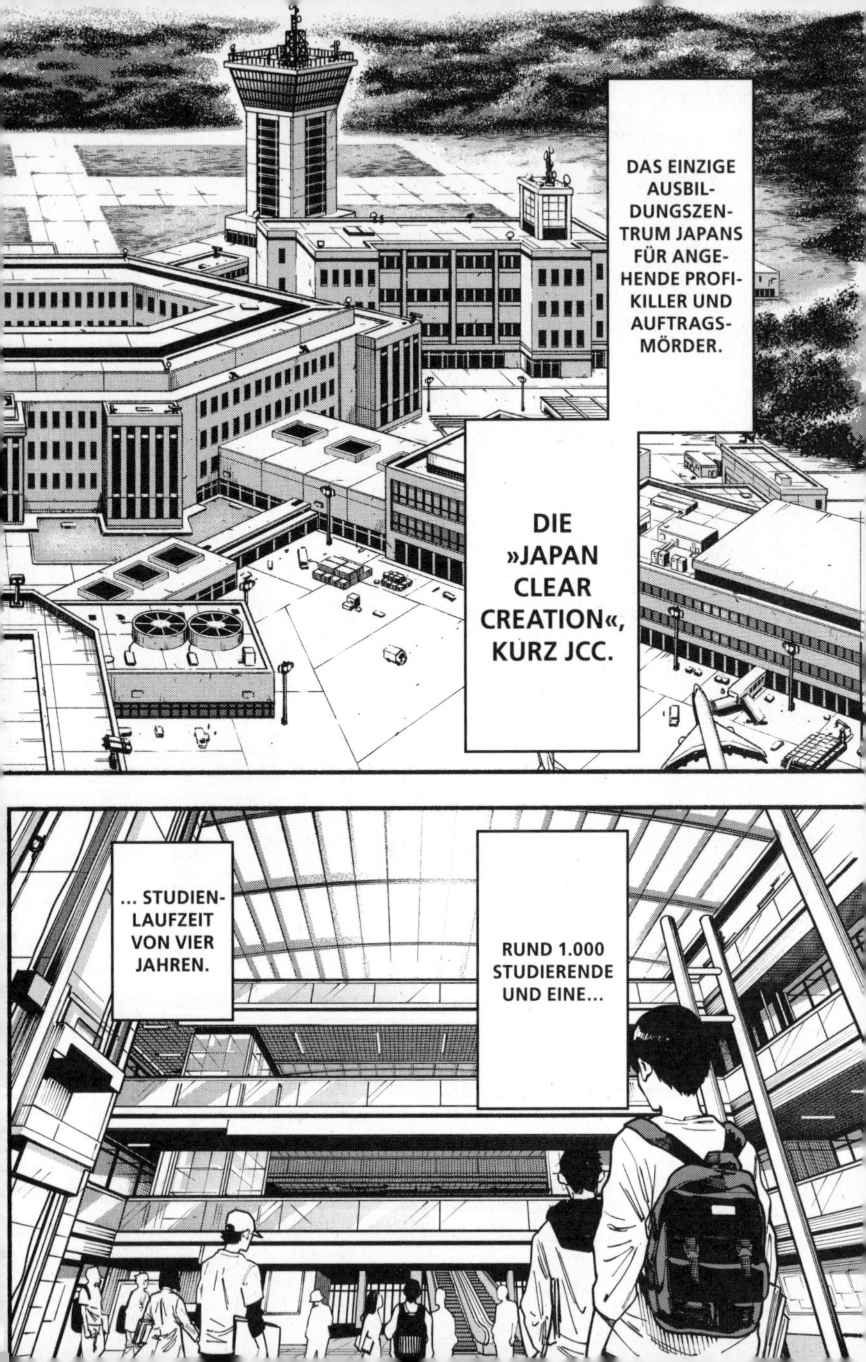
DAS EINZIGE AUSBIL-DUNGSZEN-TRUM JAPANS FÜR ANGE-HENDE PROFI-KILLER UND AUFTRAGS-MÖRDER.
DIE »JAPAN CLEAR CREATION«, KURZ JCC.
RUND 1.000 STUDIERENDE UND EINE…
… STUDIEN-LAUFZEIT VON VIER JAHREN.

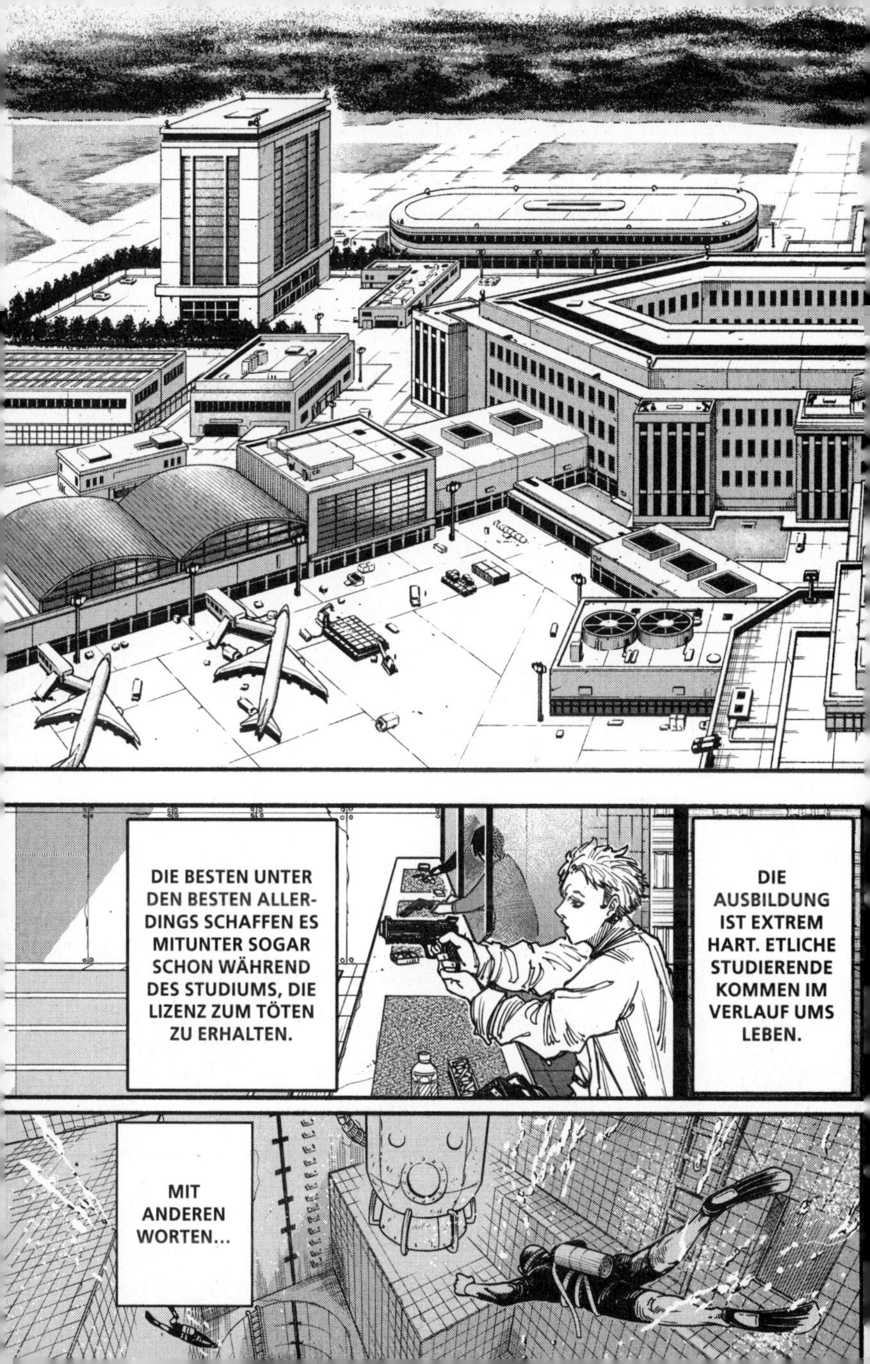
DIE AUSBILDUNG IST EXTREM HART. ETLICHE STUDIERENDE KOMMEN IM VERLAUF UMS LEBEN.
DIE BESTEN UNTER DEN BESTEN ALLERDINGS SCHAFFEN ES MITUNTER SOGAR SCHON WÄHREND DES STUDIUMS, DIE LIZENZ ZUM TÖTEN ZU ERHALTEN.
MIT ANDEREN WORTEN…

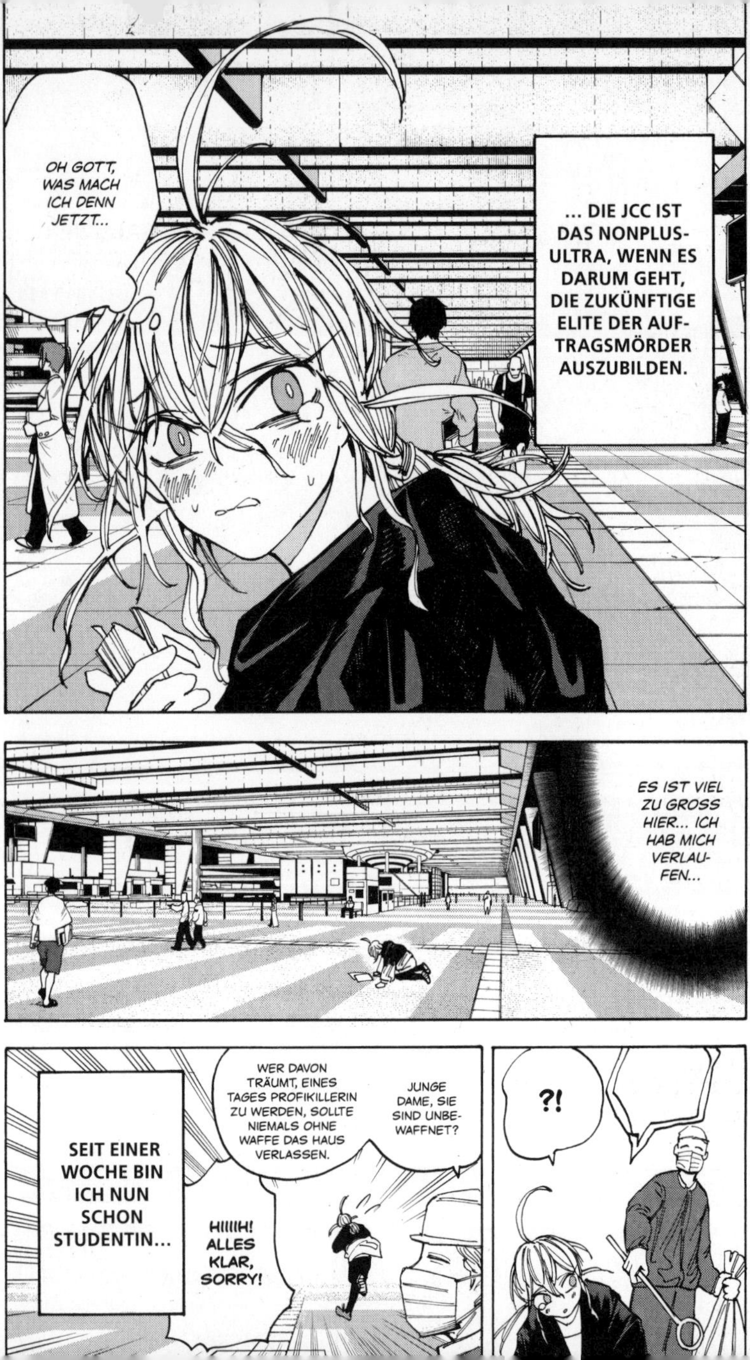
... DIE JCC IST DAS NONPLUS-ULTRA, WENN ES DARUM GEHT, DIE ZUKÜNFTIGE ELITE DER AUF-TRAGSMÖRDER AUSZUBILDEN.
OH GOTT, WAS MACH ICH DENN JETZT...
ES IST VIEL ZU GROSS HIER... ICH HAB MICH VERLAU-FEN...
?!
JUNGE DAME, SIE SIND UNBE-WAFFNET?
WER DAVON TRÄUMT, EINES TAGES PROFIKILLERIN ZU WERDEN, SOLLTE NIEMALS OHNE WAFFE DAS HAUS VERLASSEN.
HIIIIH! ALLES KLAR, SORRY!
SEIT EINER WOCHE BIN ICH NUN SCHON STUDENTIN...

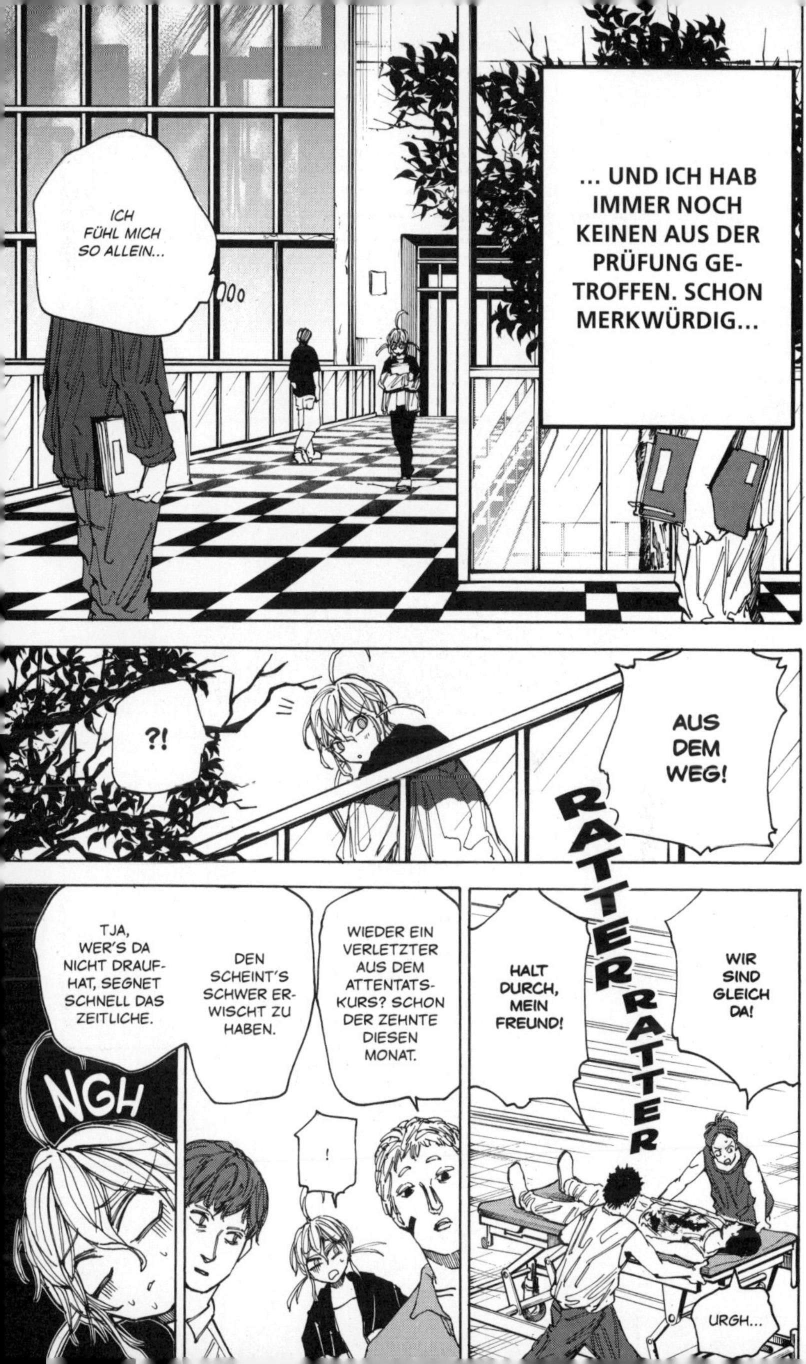
... UND ICH HAB IMMER NOCH KEINEN AUS DER PRÜFUNG GE- TROFFEN. SCHON MERKWÜRDIG...
ICH FÜHL MICH SO ALLEIN...
AUS DEM WEG!
?!
RATTER RATTER
WIR SIND GLEICH DA!
HALT DURCH, MEIN FREUND!
URGH...
WIEDER EIN VERLETZTER AUS DEM ATTENTATS- KURS? SCHON DER ZEHNTE DIESEN MONAT.
DEN SCHEINT'S SCHWER ER- WISCHT ZU HABEN.
TJA, WER'S DA NICHT DRAUF- HAT, SEGNET SCHNELL DAS ZEITLICHE.
!
NGH

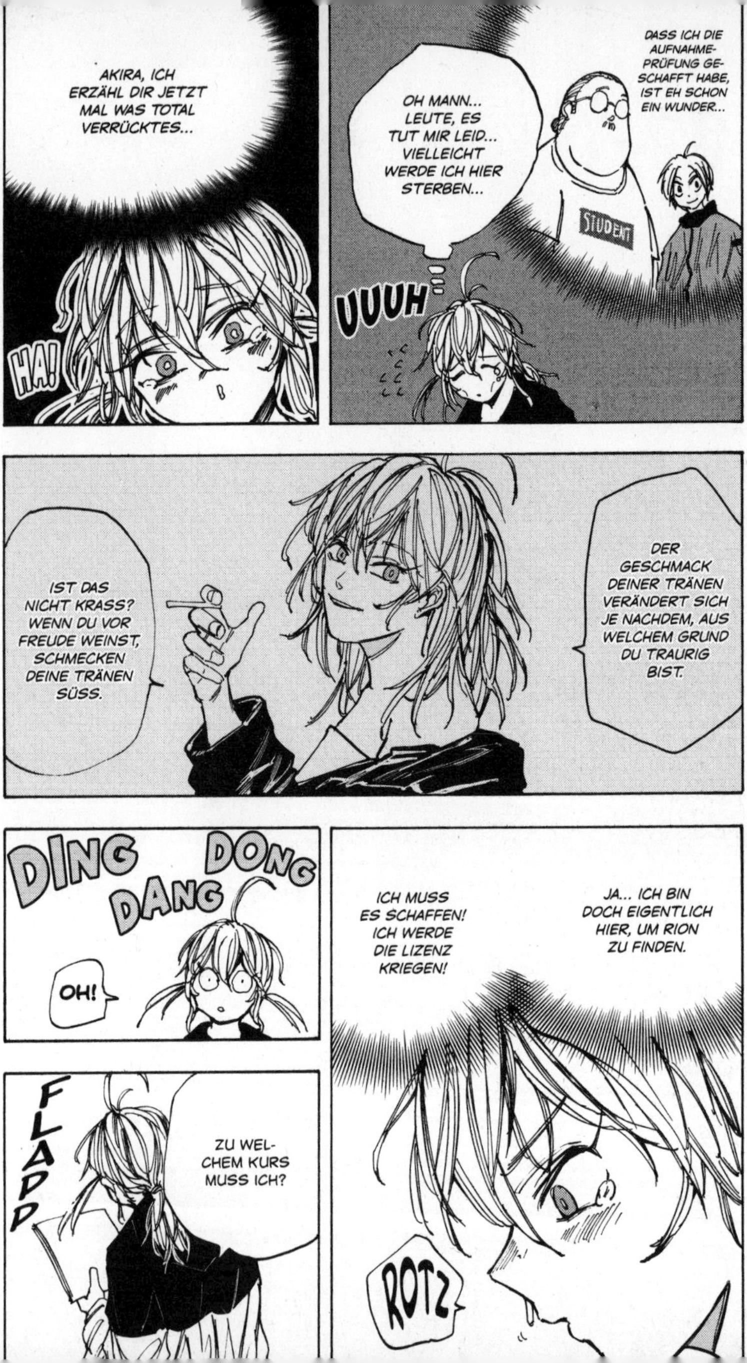
DASS ICH DIE AUFNAHME-PRÜFUNG GE-SCHAFFT HABE, IST EH SCHON EIN WUNDER...
OH MANN... LEUTE, ES TUT MIR LEID... VIELLEICHT WERDE ICH HIER STERBEN...
UUUH
STUDENT
AKIRA, ICH ERZÄHL DIR JETZT MAL WAS TOTAL VERRÜCKTES...
HA!
DER GESCHMACK DEINER TRÄNEN VERÄNDERT SICH JE NACHDEM, AUS WELCHEM GRUND DU TRAURIG BIST.
IST DAS NICHT KRASS? WENN DU VOR FREUDE WEINST, SCHMECKEN DEINE TRÄNEN SÜSS.
JA... ICH BIN DOCH EIGENTLICH HIER, UM RION ZU FINDEN.
ICH MUSS ES SCHAFFEN! ICH WERDE DIE LIZENZ KRIEGEN!
ROTZ
DING DANG DONG
OH!
FLAPP
ZU WELCHEM KURS MUSS ICH?

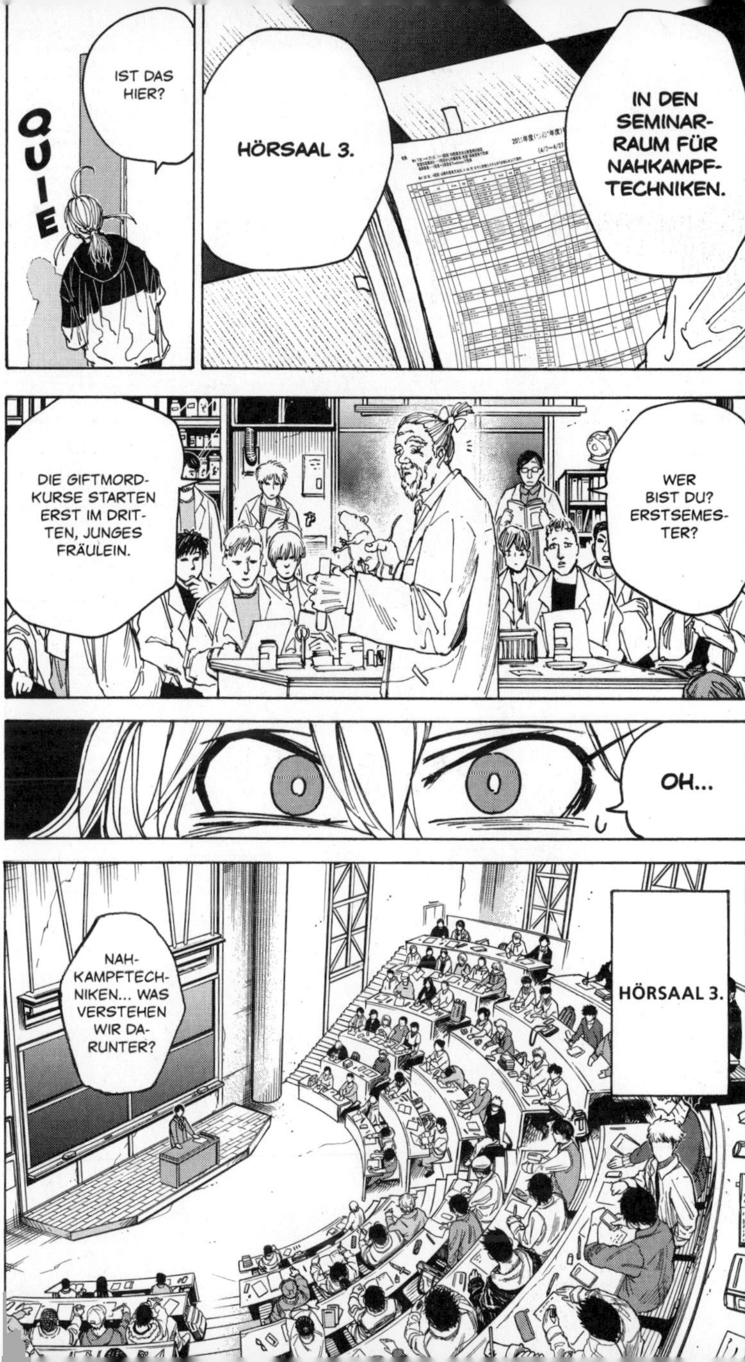
IN DEN SEMINARRAUM FÜR NAHKAMPFTECHNIKEN.
HÖRSAAL 3.
IST DAS HIER?
QUIE
WER BIST DU? ERSTSEMESTER?
DIE GIFTMORDKURSE STARTEN ERST IM DRITTEN, JUNGES FRÄULEIN.
OH...
HÖRSAAL 3.
NAHKAMPFTECHNIKEN... WAS VERSTEHEN WIR DARUNTER?

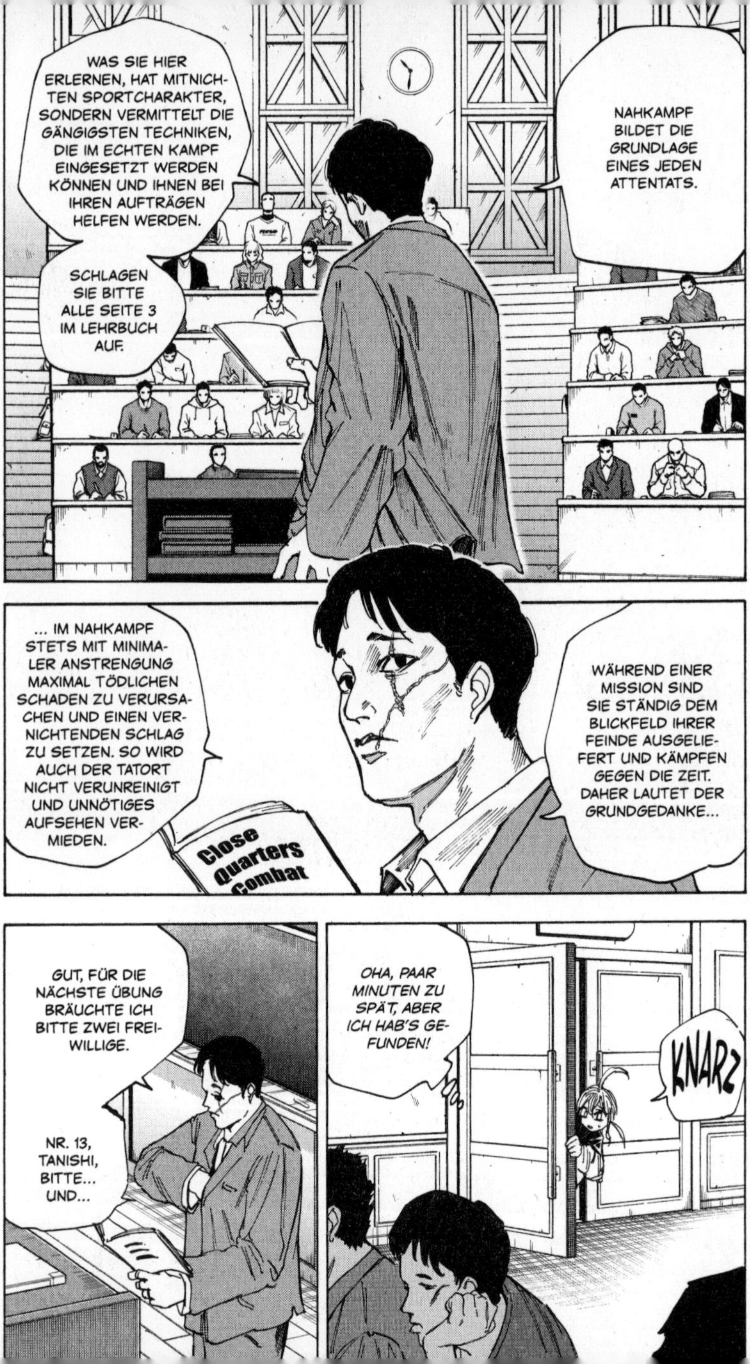
NAHKAMPF BILDET DIE GRUNDLAGE EINES JEDEN ATTENTATS.
WAS SIE HIER ERLERNEN, HAT MITNICHTEN SPORTCHARAKTER, SONDERN VERMITTELT DIE GÄNGIGSTEN TECHNIKEN, DIE IM ECHTEN KAMPF EINGESETZT WERDEN KÖNNEN UND IHNEN BEI IHREN AUFTRÄGEN HELFEN WERDEN.
SCHLAGEN SIE BITTE ALLE SEITE 3 IM LEHRBUCH AUF.
WÄHREND EINER MISSION SIND SIE STÄNDIG DEM BLICKFELD IHRER FEINDE AUSGELIEFERT UND KÄMPFEN GEGEN DIE ZEIT. DAHER LAUTET DER GRUNDGEDANKE...
... IM NAHKAMPF STETS MIT MINIMALER ANSTRENGUNG MAXIMAL TÖDLICHEN SCHADEN ZU VERURSACHEN UND EINEN VERNICHTENDEN SCHLAG ZU SETZEN. SO WIRD AUCH DER TATORT NICHT VERUNREINIGT UND UNNÖTIGES AUFSEHEN VERMIEDEN.
Close Quarters Combat
KNARZ
OHA, PAAR MINUTEN ZU SPÄT, ABER ICH HAB'S GEFUNDEN!
GUT, FÜR DIE NÄCHSTE ÜBUNG BRÄUCHTE ICH BITTE ZWEI FREIWILLIGE.
NR. 13, TANISHI, BITTE... UND...

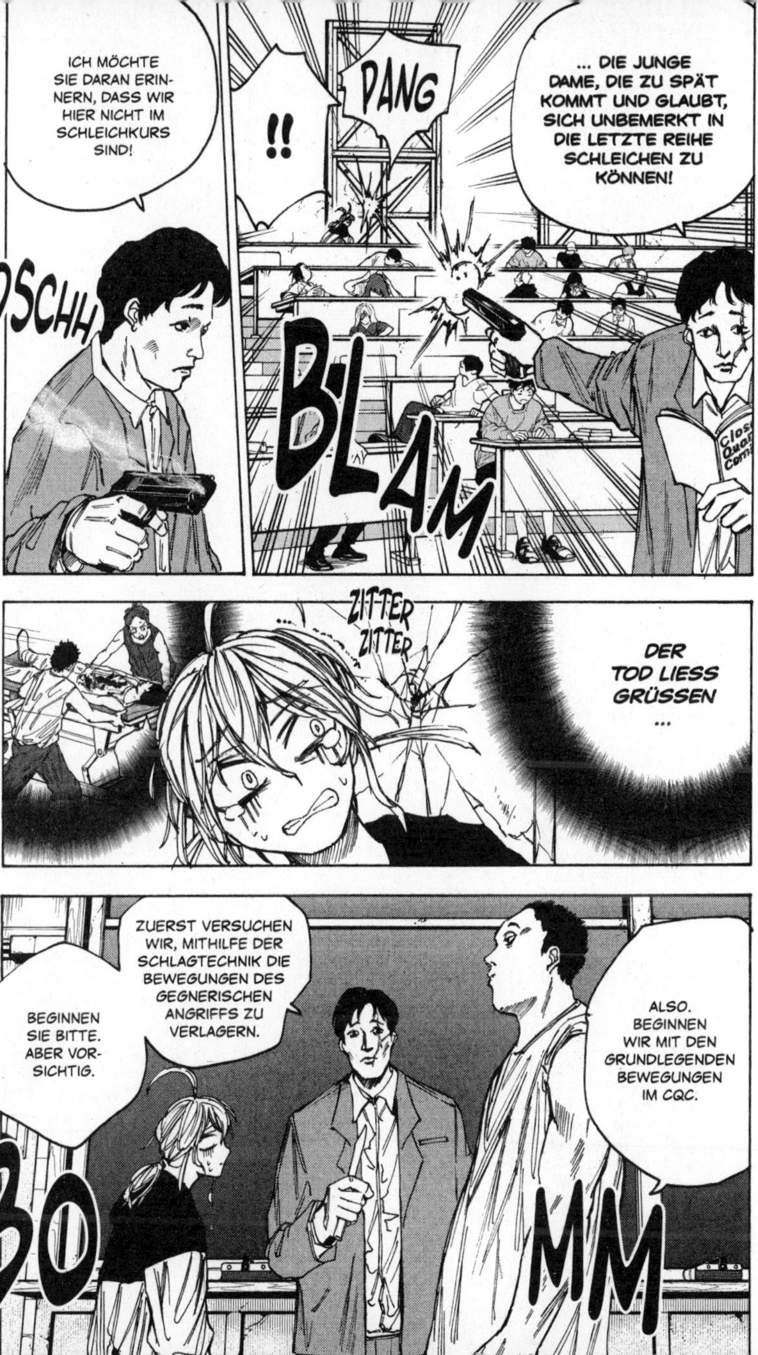
... DIE JUNGE DAME, DIE ZU SPÄT KOMMT UND GLAUBT, SICH UNBEMERKT IN DIE LETZTE REIHE SCHLEICHEN ZU KÖNNEN!
DANG
!!
BLAM
ICH MÖCHTE SIE DARAN ERINNERN, DASS WIR HIER NICHT IM SCHLEICHKURS SIND!
DSCHH
DER TOD LIESS GRÜSSEN ...
ZITTER ZITTER
...
ALSO. BEGINNEN WIR MIT DEN GRUNDLEGENDEN BEWEGUNGEN IM CQC.
ZUERST VERSUCHEN WIR, MITHILFE DER SCHLAGTECHNIK DIE BEWEGUNGEN DES GEGNERISCHEN ANGRIFFS ZU VERLAGERN.
BEGINNEN SIE BITTE. ABER VORSICHTIG.
BOMM

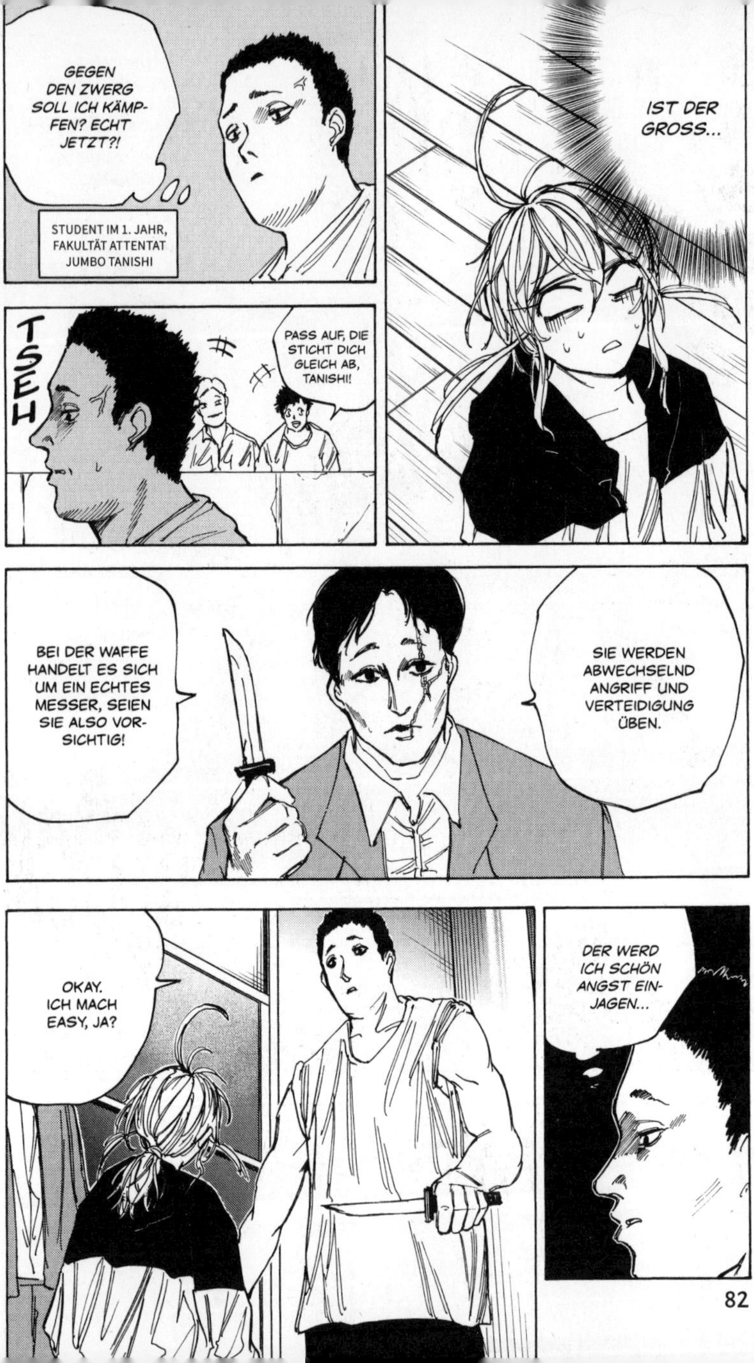
IST DER GROSS...
GEGEN DEN ZWERG SOLL ICH KÄMPFEN? ECHT JETZT?!
STUDENT IM 1. JAHR, FAKULTÄT ATTENTAT JUMBO TANISHI
PASS AUF, DIE STICHT DICH GLEICH AB, TANISHI!
TSEH
SIE WERDEN ABWECHSELND ANGRIFF UND VERTEIDIGUNG ÜBEN.
BEI DER WAFFE HANDELT ES SICH UM EIN ECHTES MESSER, SEIEN SIE ALSO VORSICHTIG!
DER WERD ICH SCHÖN ANGST EINJAGEN...
OKAY. ICH MACH EASY, JA?

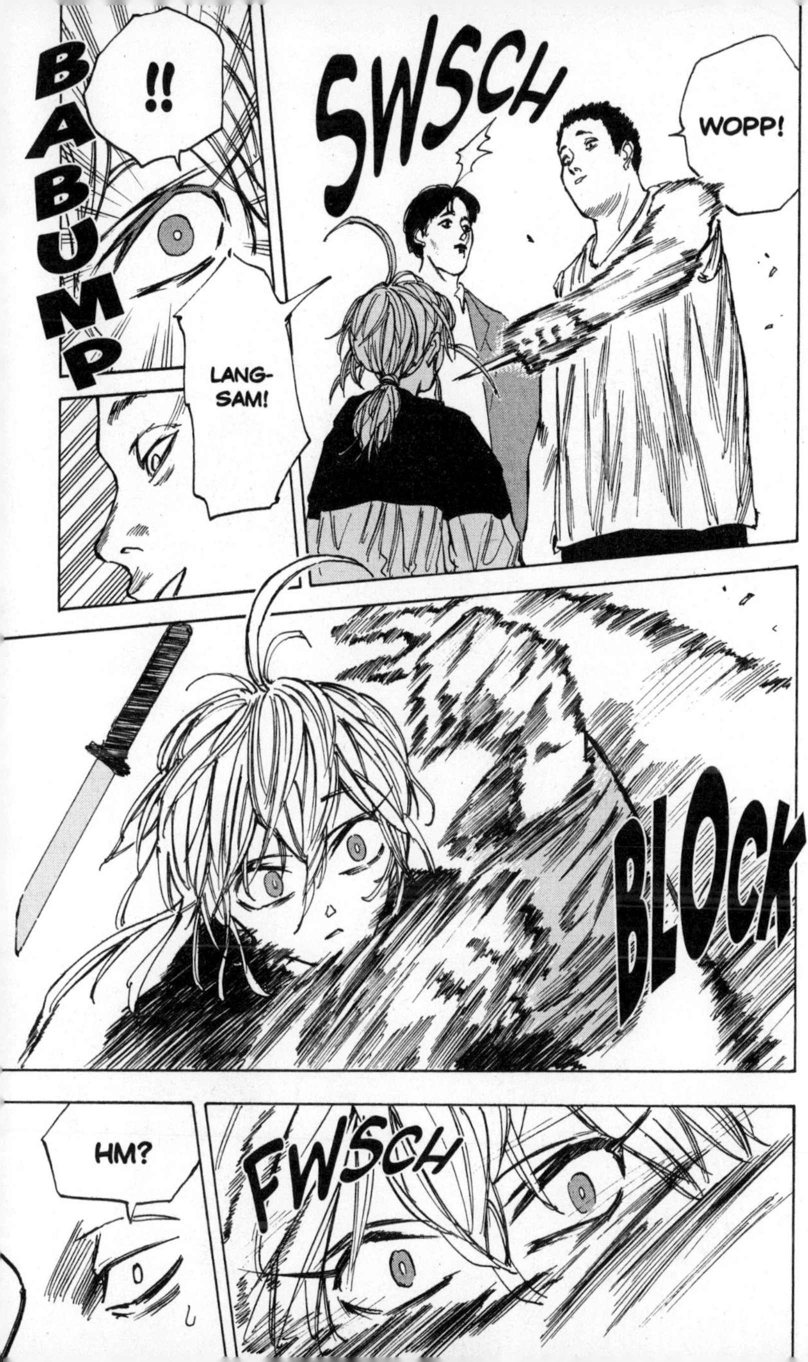
WOPP!
SWSCH
!!
BABUMP
LANG-
SAM!
BLOCK
FWSCH
HM?

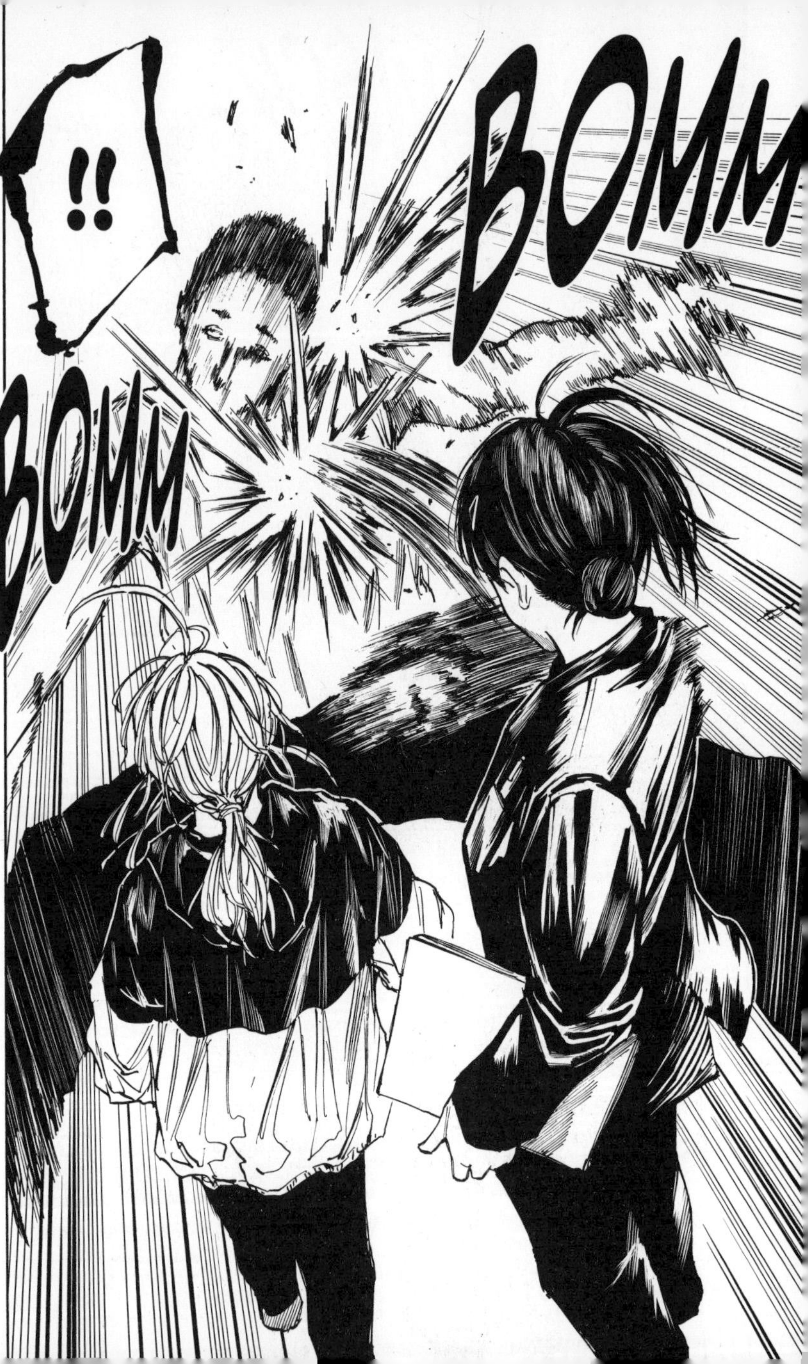
BOMM
!!
BOMM

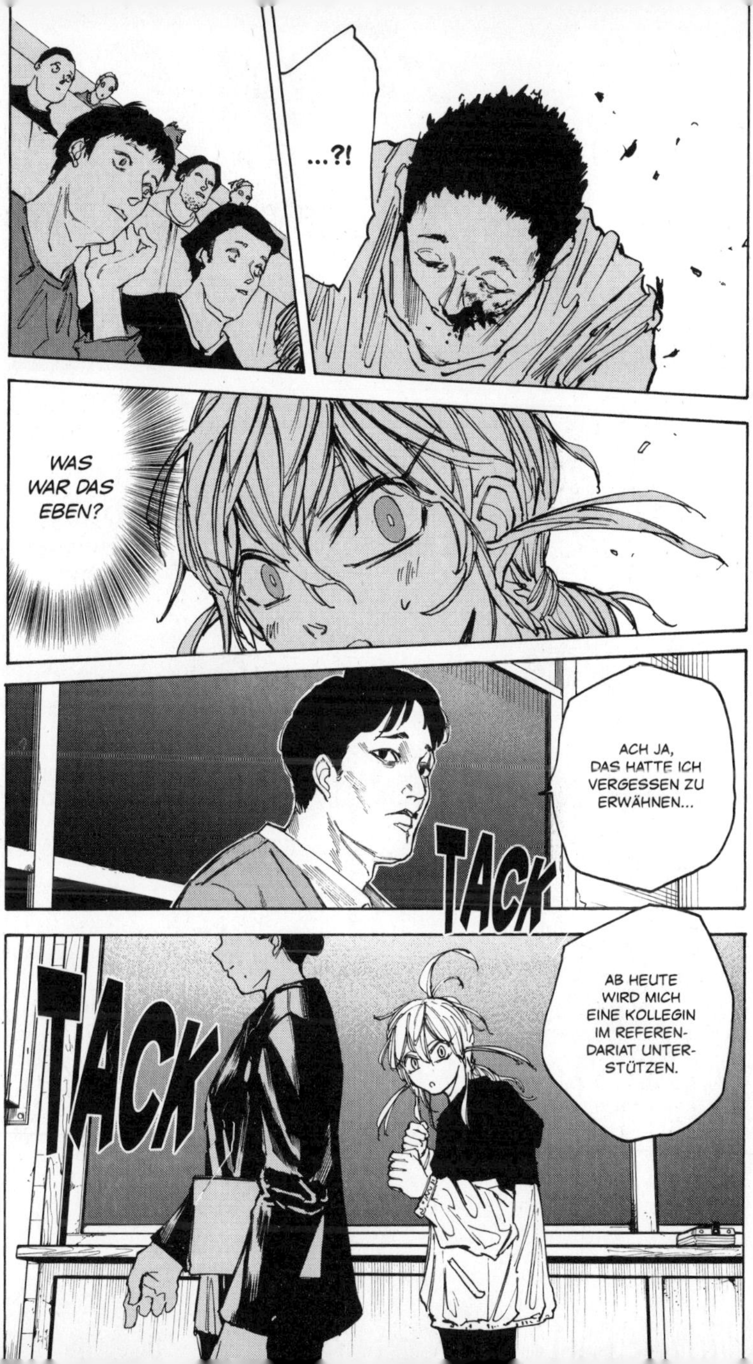
...?!
WAS WAR DAS EBEN?
ACH JA, DAS HATTE ICH VERGESSEN ZU ERWÄHNEN...
TACK
AB HEUTE WIRD MICH EINE KOLLEGIN IM REFEREN-DARIAT UNTER-STÜTZEN.
TACK

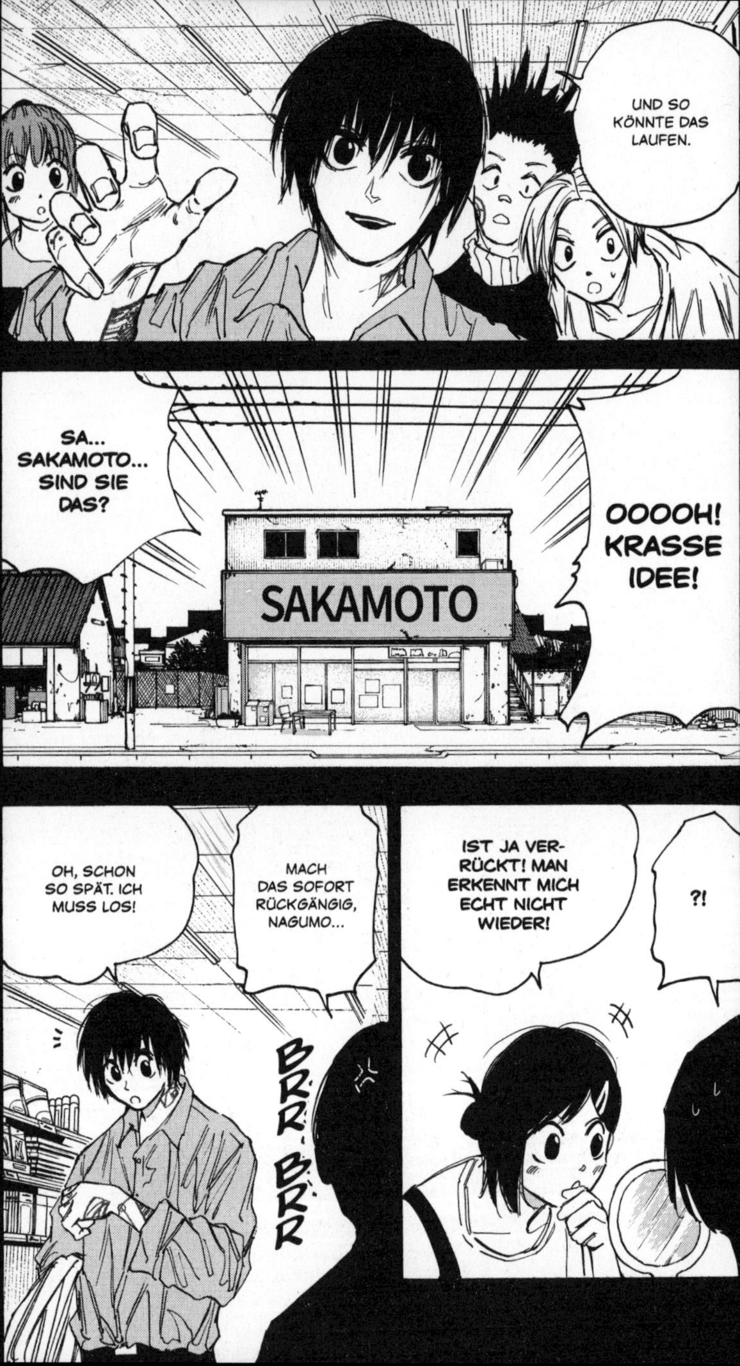
UND SO KÖNNTE DAS LAUFEN.
OOOOH! KRASSE IDEE!
SA... SAKAMOTO... SIND SIE DAS?
SAKAMOTO
?!
IST JA VERRÜCKT! MAN ERKENNT MICH ECHT NICHT WIEDER!
MACH DAS SOFORT RÜCKGÄNGIG, NAGUMO...
BRR BRR
OH, SCHON SO SPÄT. ICH MUSS LOS!

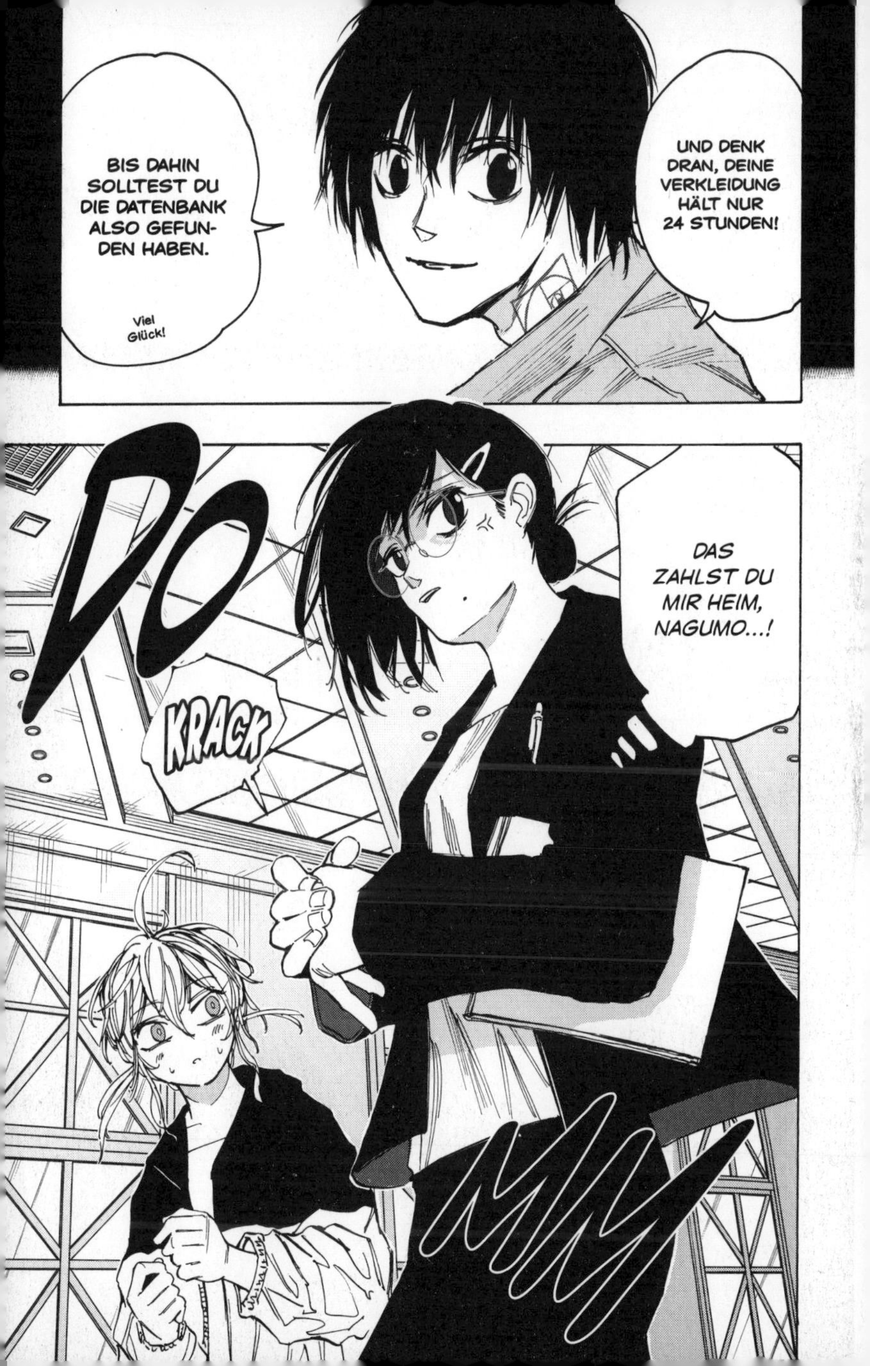
UND DENK DRAN, DEINE VERKLEIDUNG HÄLT NUR 24 STUNDEN!
BIS DAHIN SOLLTEST DU DIE DATENBANK ALSO GEFUN-DEN HABEN.
Viel Glück!
DAS ZAHLST DU MIR HEIM, NAGUMO...!
DO
KRACK

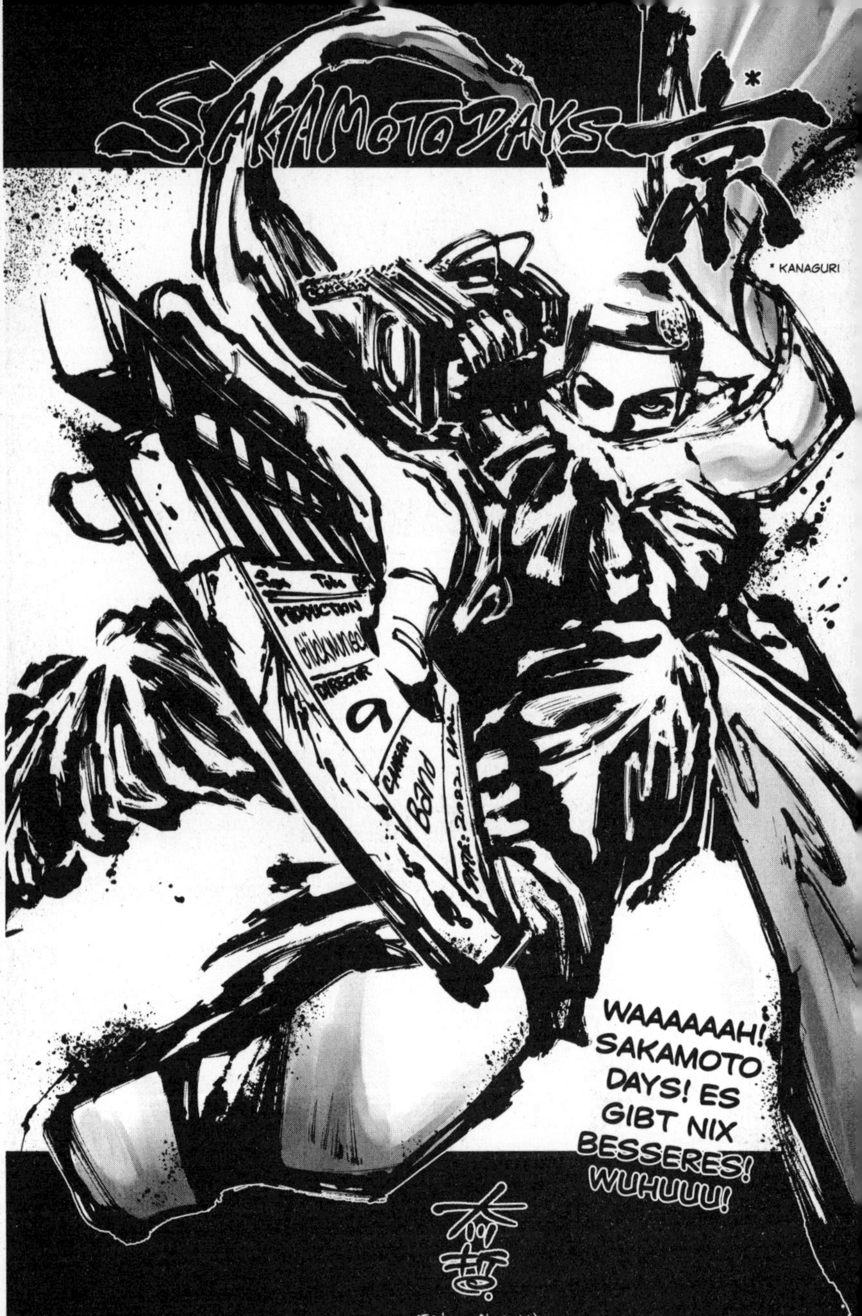
SAKAMOTO DAYS *
* KANAGURI
PRODUCTION
DIRECTOR
9
CAMERA
Band
WAAAAAAH! SAKAMOTO DAYS! ES GIBT NIX BESSERES! WUHUUU!
(Tetsu Okawa)

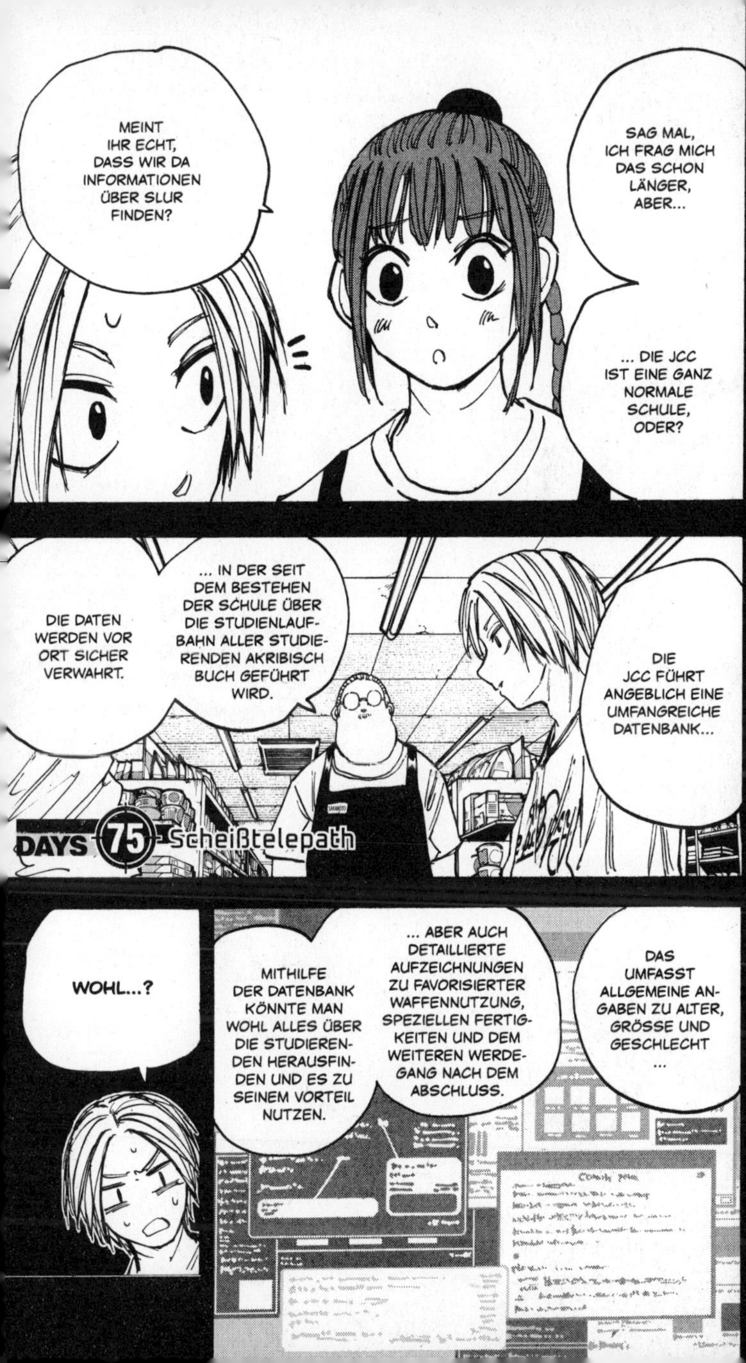
SAG MAL, ICH FRAG MICH DAS SCHON LÄNGER, ABER...
... DIE JCC IST EINE GANZ NORMALE SCHULE, ODER?
MEINT IHR ECHT, DASS WIR DA INFORMATIONEN ÜBER SLUR FINDEN?
DIE JCC FÜHRT ANGEBLICH EINE UMFANGREICHE DATENBANK...
... IN DER SEIT DEM BESTEHEN DER SCHULE ÜBER DIE STUDIENLAUFBAHN ALLER STUDIERENDEN AKRIBISCH BUCH GEFÜHRT WIRD.
DIE DATEN WERDEN VOR ORT SICHER VERWAHRT.
DAYS 75 Scheißtelepath
DAS UMFASST ALLGEMEINE ANGABEN ZU ALTER, GRÖSSE UND GESCHLECHT ...
... ABER AUCH DETAILLIERTE AUFZEICHNUNGEN ZU FAVORISIERTER WAFFENNUTZUNG, SPEZIELLEN FERTIGKEITEN UND DEM WEITEREN WERDEGANG NACH DEM ABSCHLUSS.
MITHILFE DER DATENBANK KÖNNTE MAN WOHL ALLES ÜBER DIE STUDIERENDEN HERAUSFINDEN UND ES ZU SEINEM VORTEIL NUTZEN.
WOHL...?

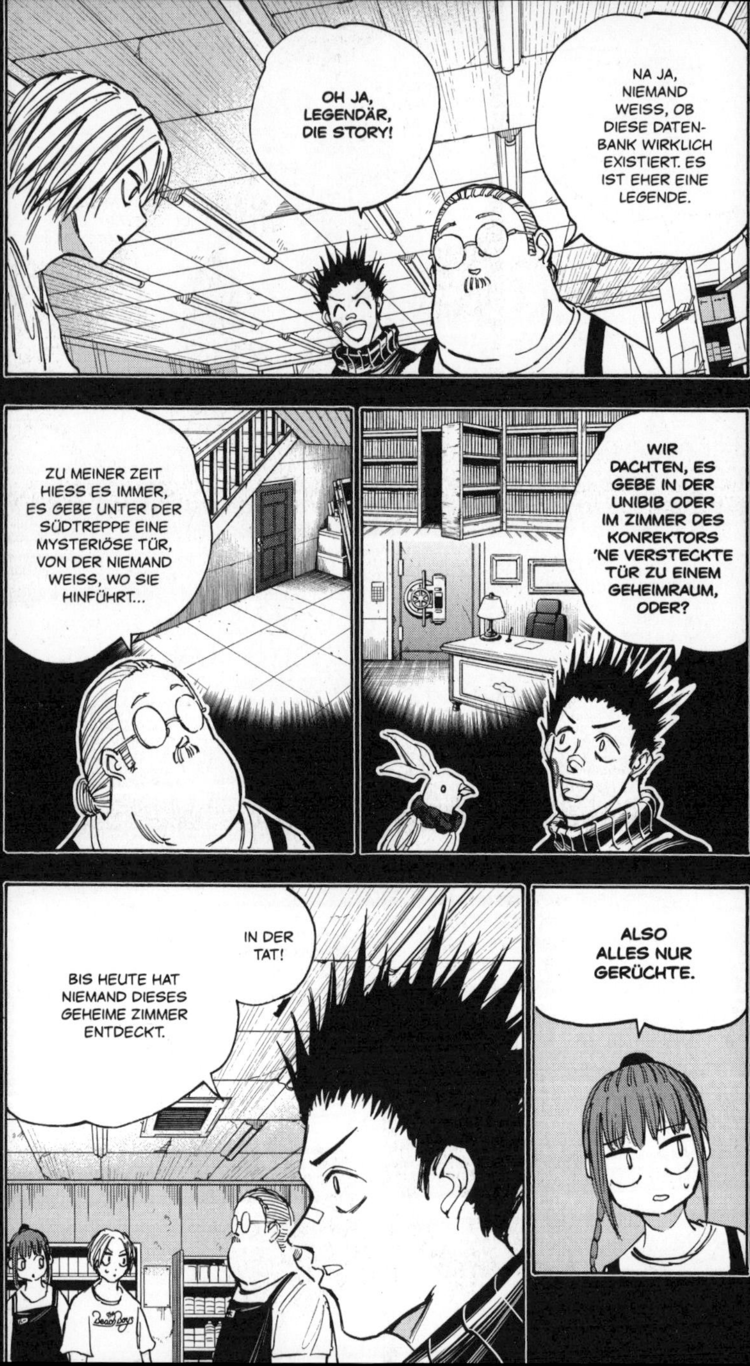
NA JA, NIEMAND WEISS, OB DIESE DATEN-BANK WIRKLICH EXISTIERT. ES IST EHER EINE LEGENDE.
OH JA, LEGENDÄR, DIE STORY!
WIR DACHTEN, ES GEBE IN DER UNIBIB ODER IM ZIMMER DES KONREKTORS 'NE VERSTECKTE TÜR ZU EINEM GEHEIMRAUM, ODER?
ZU MEINER ZEIT HIESS ES IMMER, ES GEBE UNTER DER SÜDTREPPE EINE MYSTERIÖSE TÜR, VON DER NIEMAND WEISS, WO SIE HINFÜHRT...
ALSO ALLES NUR GERÜCHTE.
IN DER TAT!
BIS HEUTE HAT NIEMAND DIESES GEHEIME ZIMMER ENTDECKT.

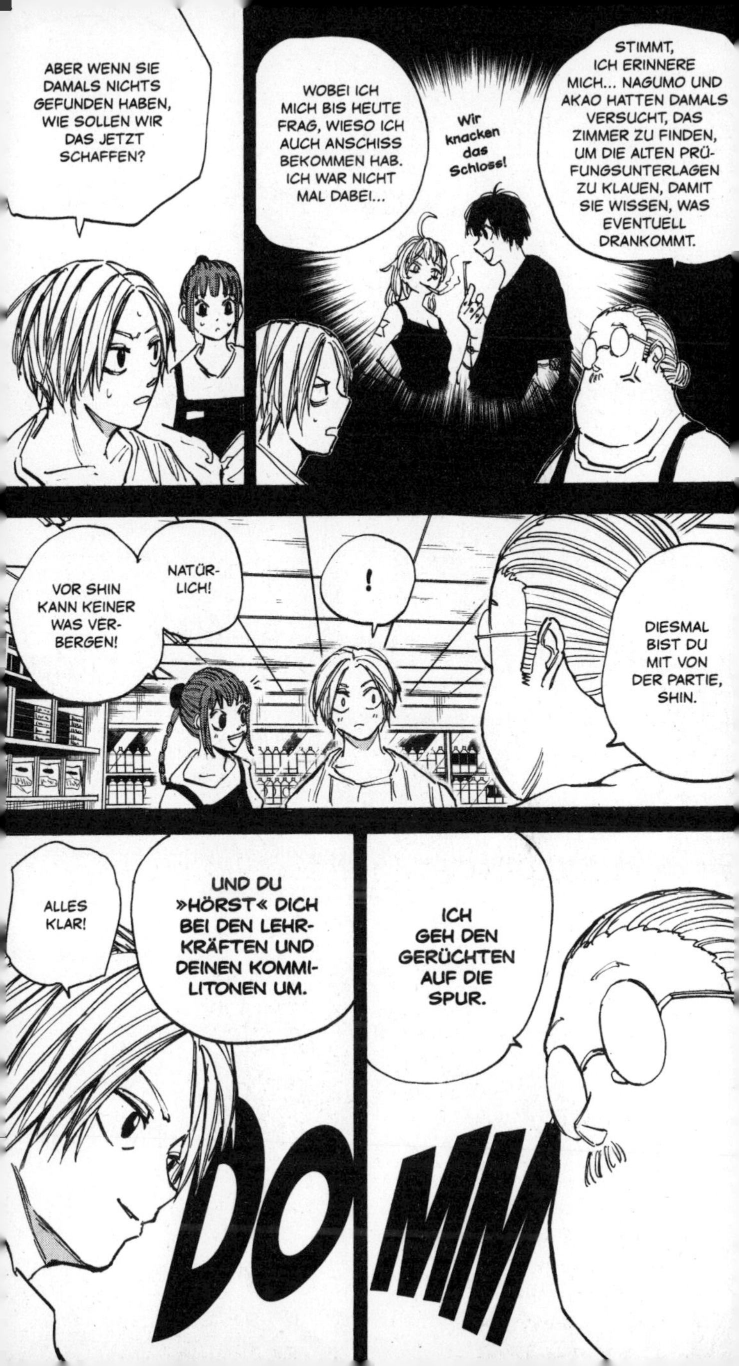
STIMMT, ICH ERINNERE MICH... NAGUMO UND AKAO HATTEN DAMALS VERSUCHT, DAS ZIMMER ZU FINDEN, UM DIE ALTEN PRÜFUNGSUNTERLAGEN ZU KLAUEN, DAMIT SIE WISSEN, WAS EVENTUELL DRANKOMMT.
Wir knacken das Schloss!
WOBEI ICH MICH BIS HEUTE FRAG, WIESO ICH AUCH ANSCHISS BEKOMMEN HAB. ICH WAR NICHT MAL DABEI...
ABER WENN SIE DAMALS NICHTS GEFUNDEN HABEN, WIE SOLLEN WIR DAS JETZT SCHAFFEN?
DIESMAL BIST DU MIT VON DER PARTIE, SHIN.
!
NATÜRLICH!
VOR SHIN KANN KEINER WAS VERBERGEN!
ICH GEH DEN GERÜCHTEN AUF DIE SPUR.
UND DU »HÖRST« DICH BEI DEN LEHRKRÄFTEN UND DEINEN KOMMILITONEN UM.
ALLES KLAR!
DOMM

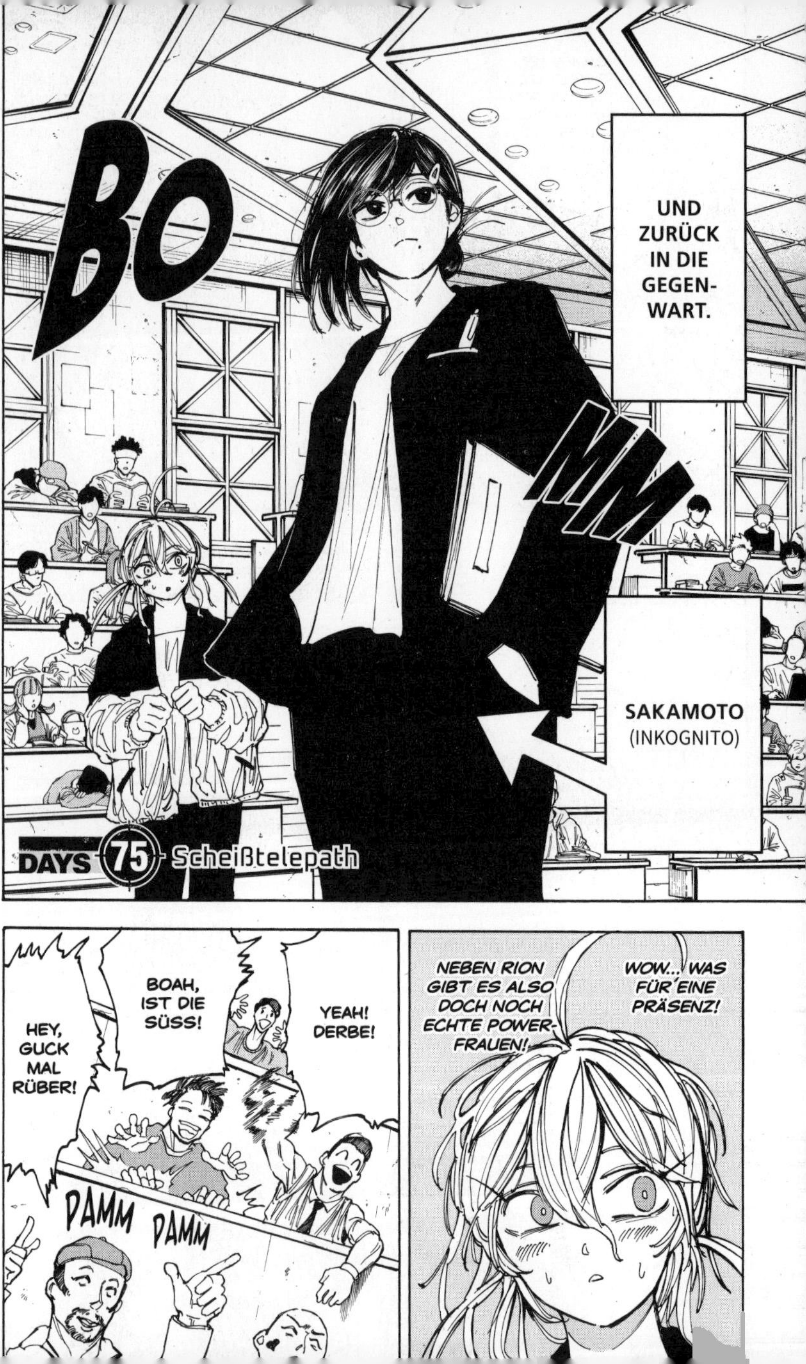
UND ZURÜCK IN DIE GEGEN-WART.
BOMM
SAKAMOTO (INKOGNITO)
DAYS 75 Scheißtelepath
WOW... WAS FÜR EINE PRÄSENZ!
NEBEN RION GIBT ES ALSO DOCH NOCH ECHTE POWER-FRAUEN!
YEAH! DERBE!
BOAH, IST DIE SÜSS!
HEY, GUCK MAL RÜBER!
DAMM DAMM

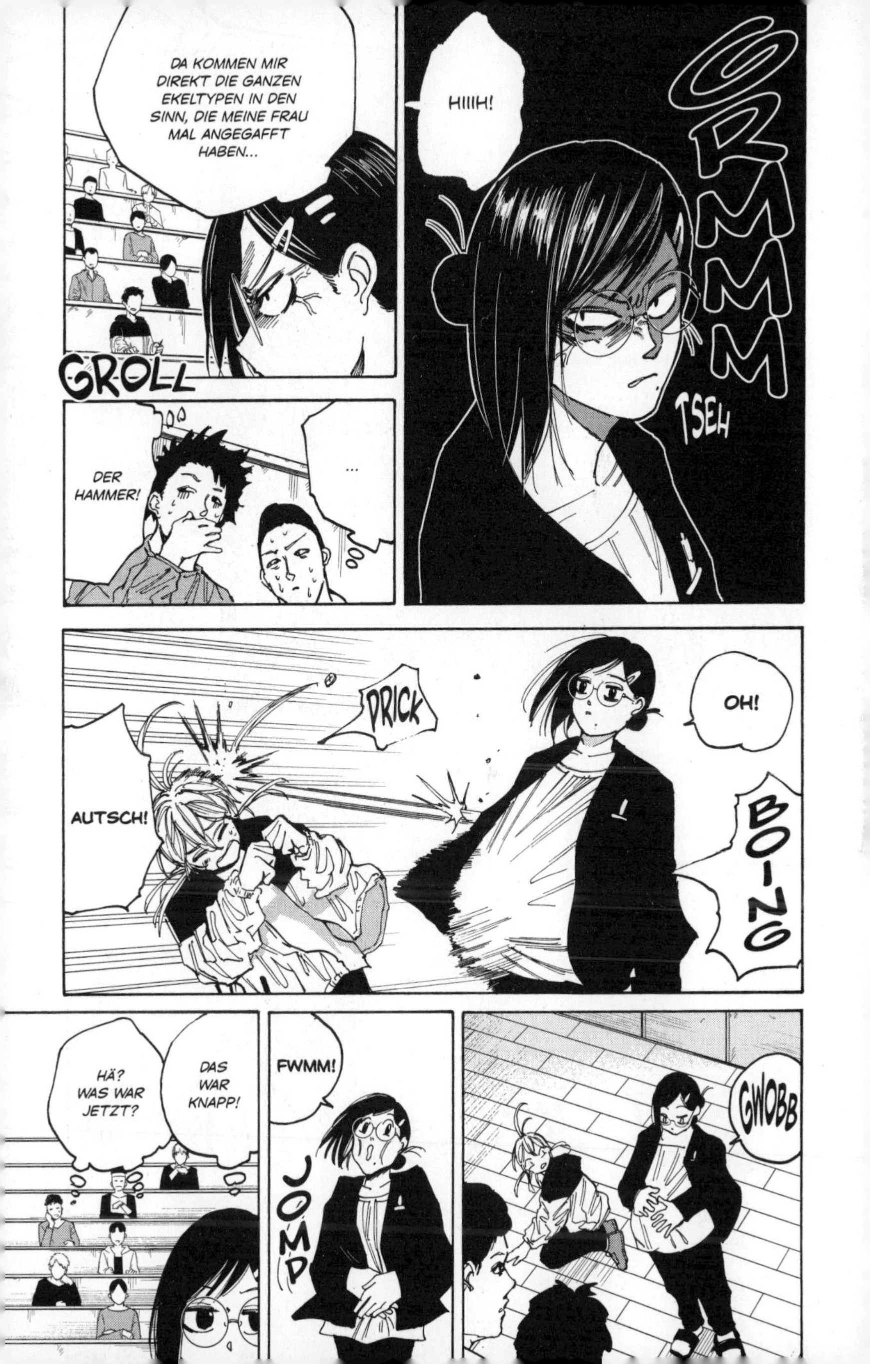

HIIIH!
GRMMMM
TSEH
DA KOMMEN MIR DIREKT DIE GANZEN EKELTYPEN IN DEN SINN, DIE MEINE FRAU MAL ANGEGAFFT HABEN...
GROLL
...
DER HAMMER!
OH!
BOING
DRICK
AUTSCH!
GWOBB
FWMM!
JOMP
DAS WAR KNAPP!
HÄ? WAS WAR JETZT?

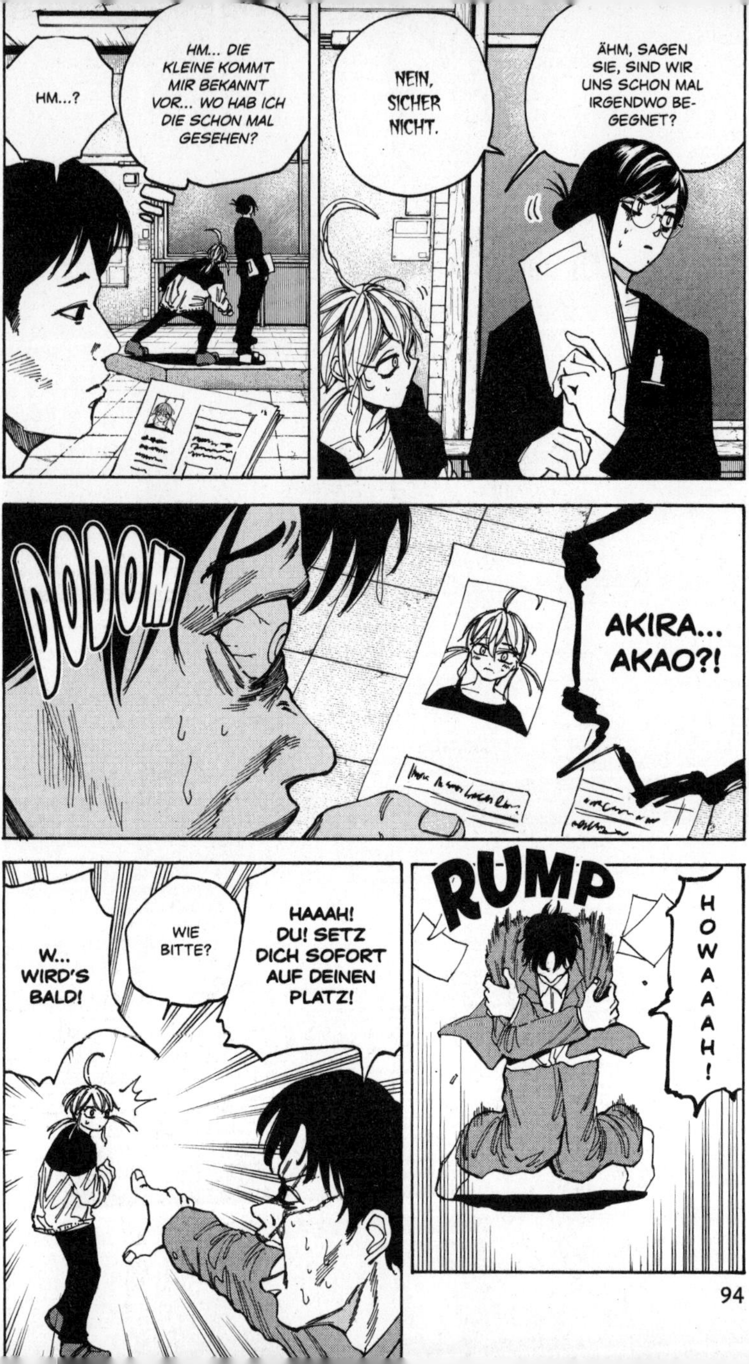
ÄHM, SAGEN SIE, SIND WIR UNS SCHON MAL IRGENDWO BEGEGNET?
NEIN, SICHER NICHT.
HM... DIE KLEINE KOMMT MIR BEKANNT VOR... WO HAB ICH DIE SCHON MAL GESEHEN?
HM...?
DODOM
AKIRA... AKAO?!
RUMP
HOWAAAAH!
HAAAH! DU! SETZ DICH SOFORT AUF DEINEN PLATZ!
WIE BITTE?
W... WIRD'S BALD!

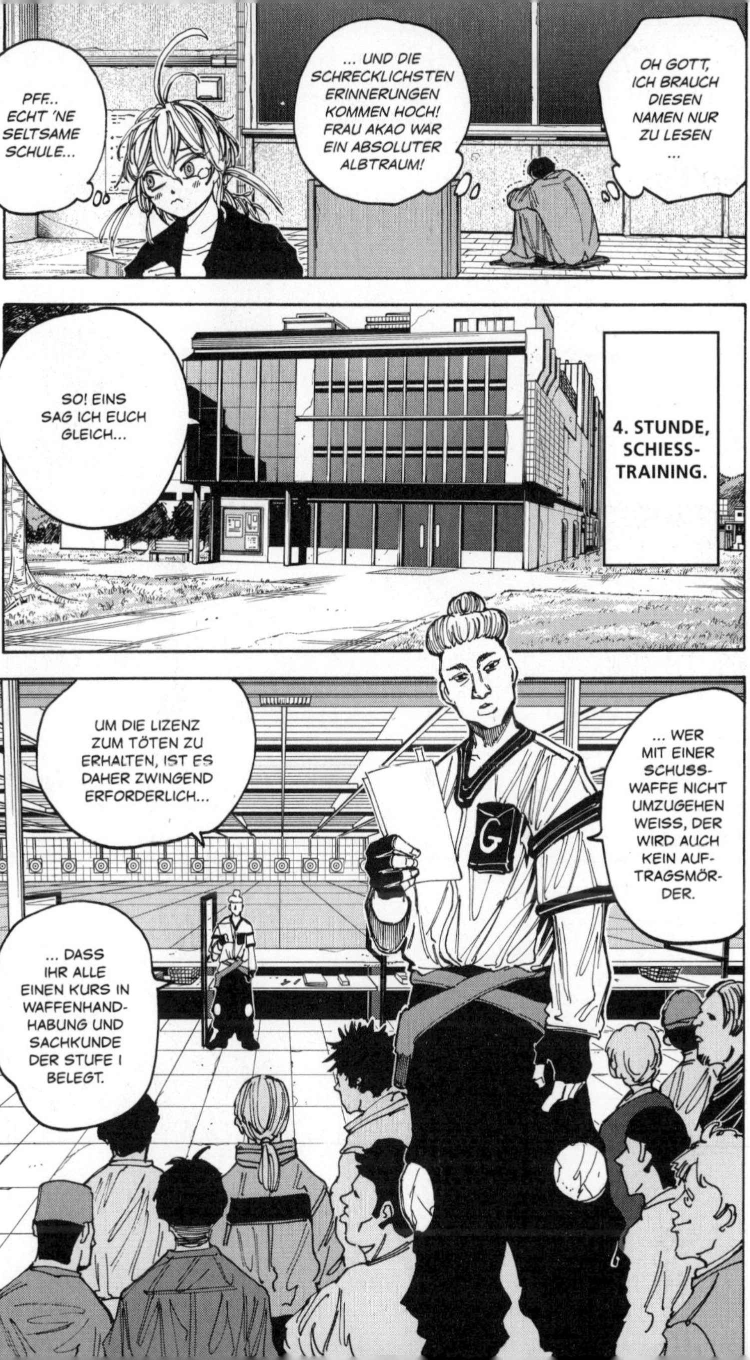
PFF... ECHT 'NE SELTSAME SCHULE...
... UND DIE SCHRECKLICHSTEN ERINNERUNGEN KOMMEN HOCH! FRAU AKAO WAR EIN ABSOLUTER ALBTRAUM!
OH GOTT, ICH BRAUCH DIESEN NAMEN NUR ZU LESEN ...
4. STUNDE, SCHIESS-TRAINING.
SO! EINS SAG ICH EUCH GLEICH...
UM DIE LIZENZ ZUM TÖTEN ZU ERHALTEN, IST ES DAHER ZWINGEND ERFORDERLICH...
... DASS IHR ALLE EINEN KURS IN WAFFENHAND-HABUNG UND SACHKUNDE DER STUFE I BELEGT.
... WER MIT EINER SCHUSS-WAFFE NICHT UMZUGEHEN WEISS, DER WIRD AUCH KEIN AUF-TRAGSMÖR-DER.

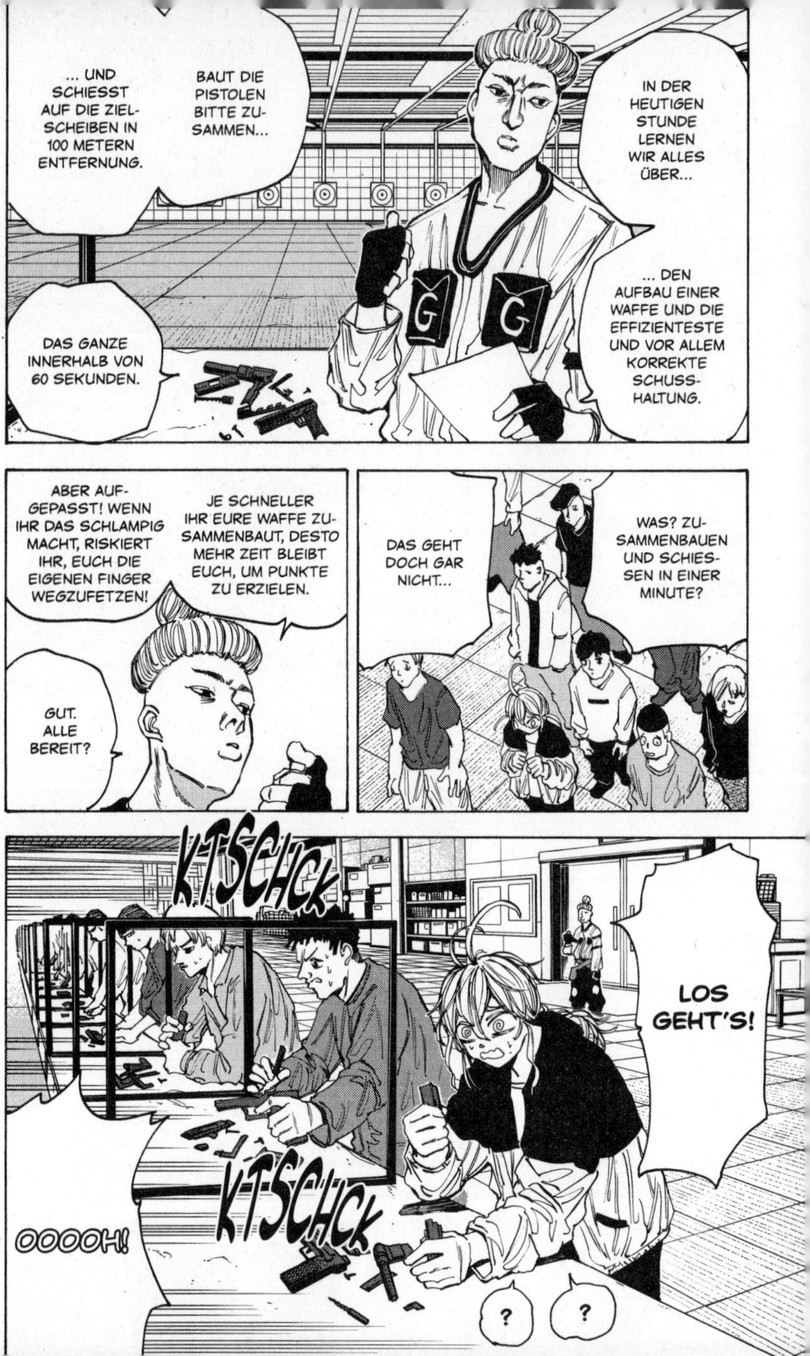
IN DER HEUTIGEN STUNDE LERNEN WIR ALLES ÜBER...
... DEN AUFBAU EINER WAFFE UND DIE EFFIZIENTESTE UND VOR ALLEM KORREKTE SCHUSSHALTUNG.
BAUT DIE PISTOLEN BITTE ZUSAMMEN...
... UND SCHIESST AUF DIE ZIELSCHEIBEN IN 100 METERN ENTFERNUNG.
DAS GANZE INNERHALB VON 60 SEKUNDEN.
WAS? ZUSAMMENBAUEN UND SCHIESSEN IN EINER MINUTE?
DAS GEHT DOCH GAR NICHT...
JE SCHNELLER IHR EURE WAFFE ZUSAMMENBAUT, DESTO MEHR ZEIT BLEIBT EUCH, UM PUNKTE ZU ERZIELEN.
ABER AUFGEPASST! WENN IHR DAS SCHLAMPIG MACHT, RISKIERT IHR, EUCH DIE EIGENEN FINGER WEGZUFETZEN!
GUT. ALLE BEREIT?
LOS GEHT'S!
KTSCHCK
KTSCHCK
OOOOH!
?
?

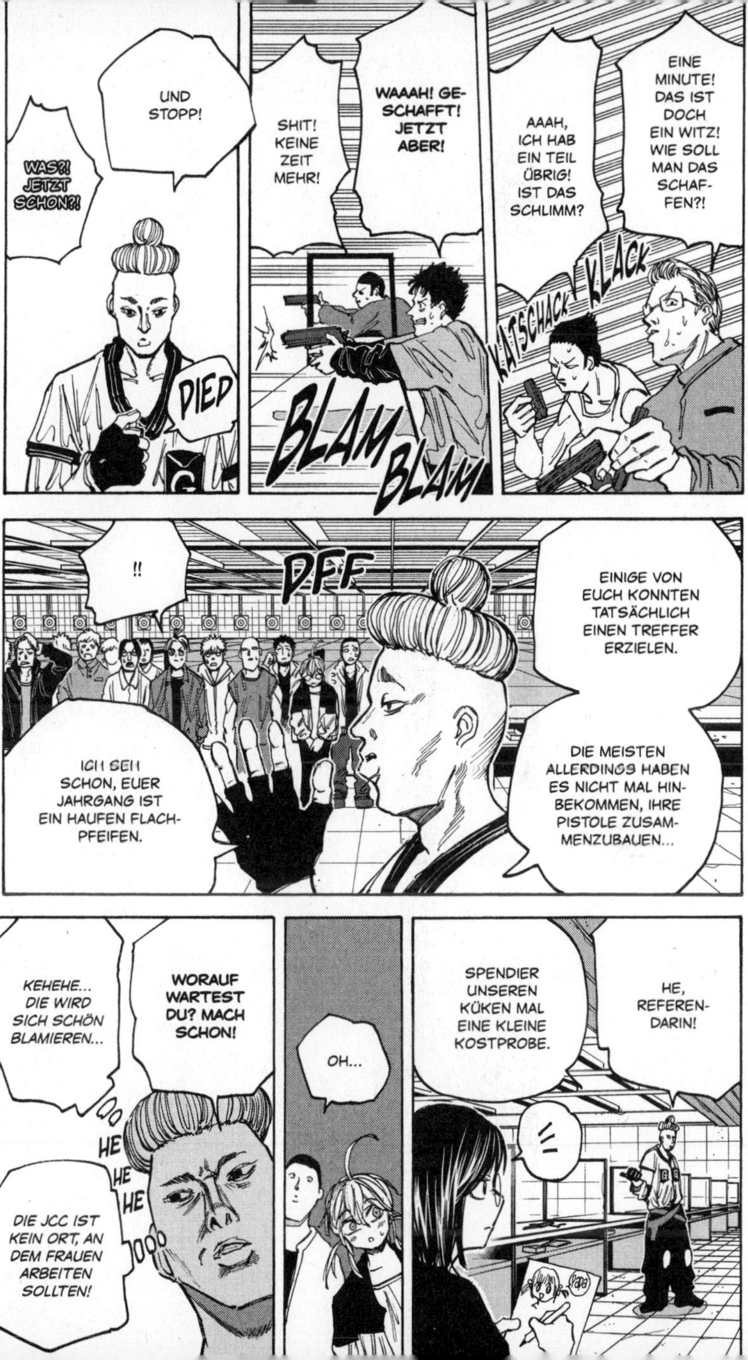
EINE MINUTE! DAS IST DOCH EIN WITZ! WIE SOLL MAN DAS SCHAFFEN?!
AAAH, ICH HAB EIN TEIL ÜBRIG! IST DAS SCHLIMM?
KLACK
KATSCHACK
WAAAH! GESCHAFFT! JETZT ABER!
SHIT! KEINE ZEIT MEHR!
BLAM
BLAM
UND STOPP!
WAS?! JETZT SCHON?!
PIEP
EINIGE VON EUCH KONNTEN TATSÄCHLICH EINEN TREFFER ERZIELEN.
DIE MEISTEN ALLERDINGS HABEN ES NICHT MAL HINBEKOMMEN, IHRE PISTOLE ZUSAMMENZUBAUEN...
DFF
!!
ICH SEH SCHON, EUER JAHRGANG IST EIN HAUFEN FLACHPFEIFEN.
HE, REFERENDARIN!
SPENDIER UNSEREN KÜKEN MAL EINE KLEINE KOSTPROBE.
OH...
WORAUF WARTEST DU? MACH SCHON!
KEHEHE... DIE WIRD SICH SCHÖN BLAMIEREN...
HE HE HE
DIE JCC IST KEIN ORT, AN DEM FRAUEN ARBEITEN SOLLTEN!

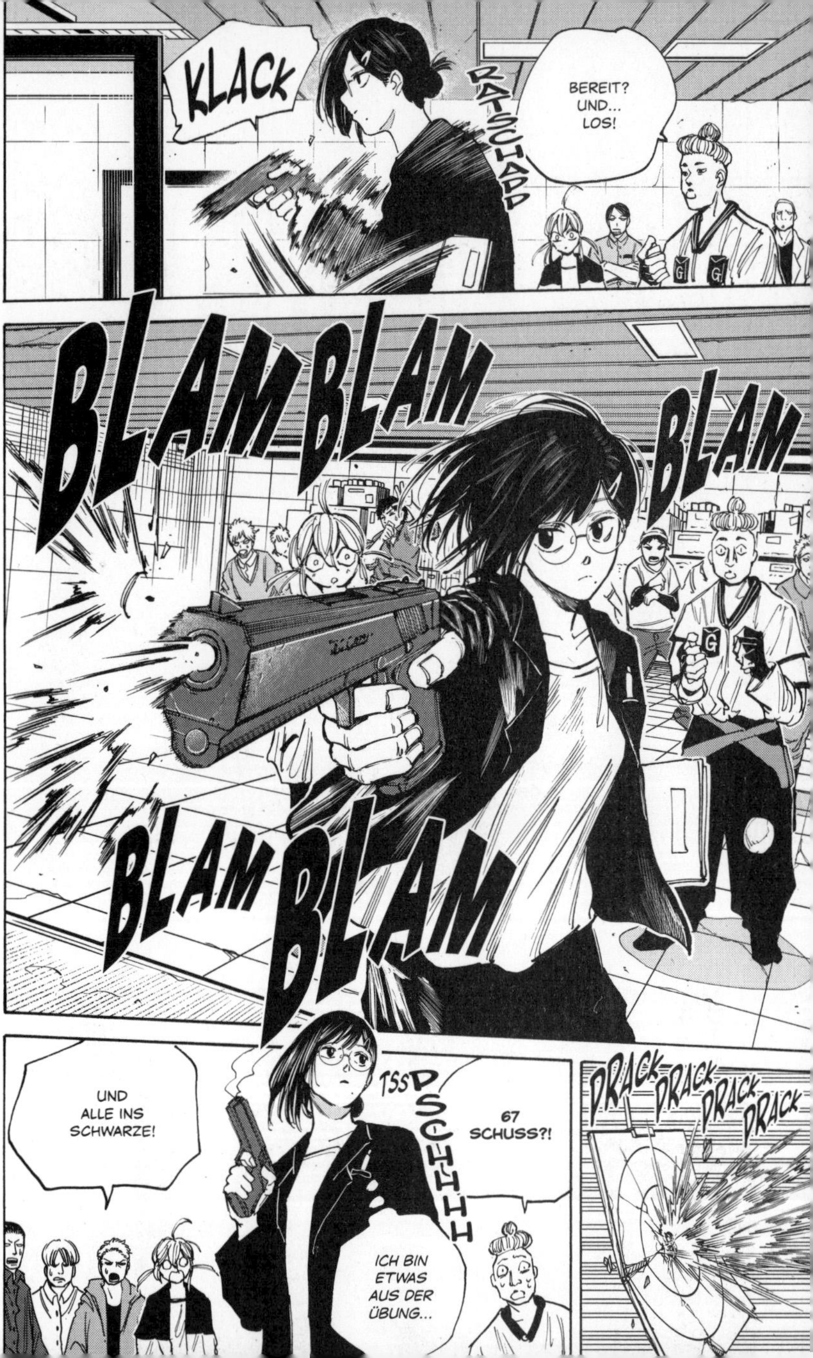

BEREIT? UND... LOS!
RATSCHADD
KLACK
BLAM
BLAM
BLAM
BLAM
BLAM
DRACK DRACK DRACK DRACK
67 SCHUSS?!
TSS
PSCHHHHHH
ICH BIN ETWAS AUS DER ÜBUNG...
UND ALLE INS SCHWARZE!

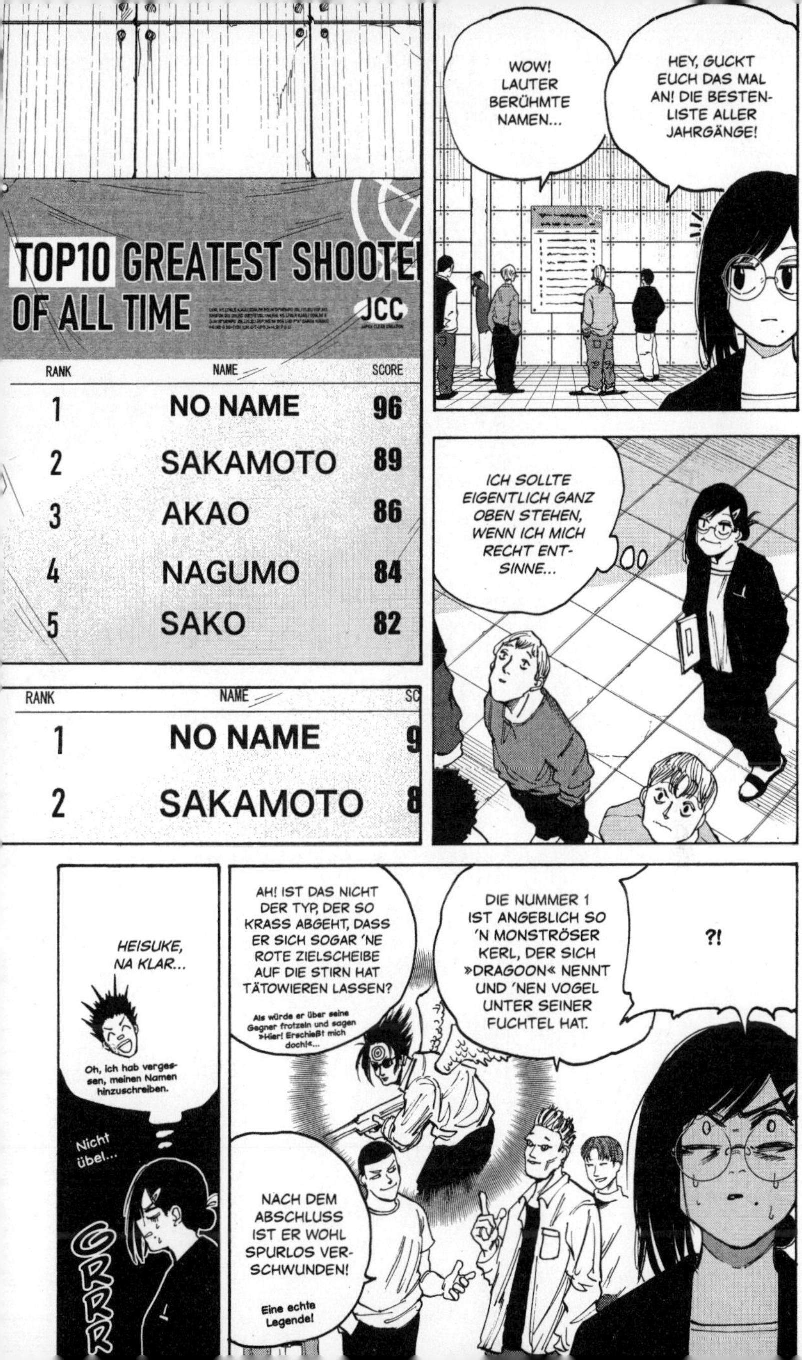
HEY, GUCKT EUCH DAS MAL AN! DIE BESTEN-LISTE ALLER JAHRGÄNGE!
WOW! LAUTER BERÜHMTE NAMEN…
TOP10 GREATEST SHOOTE
OF ALL TIME
JCC
RANK NAME SCORE
1 NO NAME 96
2 SAKAMOTO 89
3 AKAO 86
4 NAGUMO 84
5 SAKO 82
ICH SOLLTE EIGENTLICH GANZ OBEN STEHEN, WENN ICH MICH RECHT ENTSINNE…
RANK NAME
1 NO NAME
2 SAKAMOTO
?!
DIE NUMMER 1 IST ANGEBLICH SO ’N MONSTRÖSER KERL, DER SICH »DRAGOON« NENNT UND ’NEN VOGEL UNTER SEINER FUCHTEL HAT.
AH! IST DAS NICHT DER TYP, DER SO KRASS ABGEHT, DASS ER SICH SOGAR ’NE ROTE ZIELSCHEIBE AUF DIE STIRN HAT TÄTOWIEREN LASSEN?
Als würde er über seine Gegner frotzeln und sagen »Hier! Erschießt mich doch!«…
NACH DEM ABSCHLUSS IST ER WOHL SPURLOS VERSCHWUNDEN!
Eine echte Legende!
HEISUKE, NA KLAR…
Oh, ich hab vergessen, meinen Namen hinzuschreiben.
Nicht übel…
GRRRR

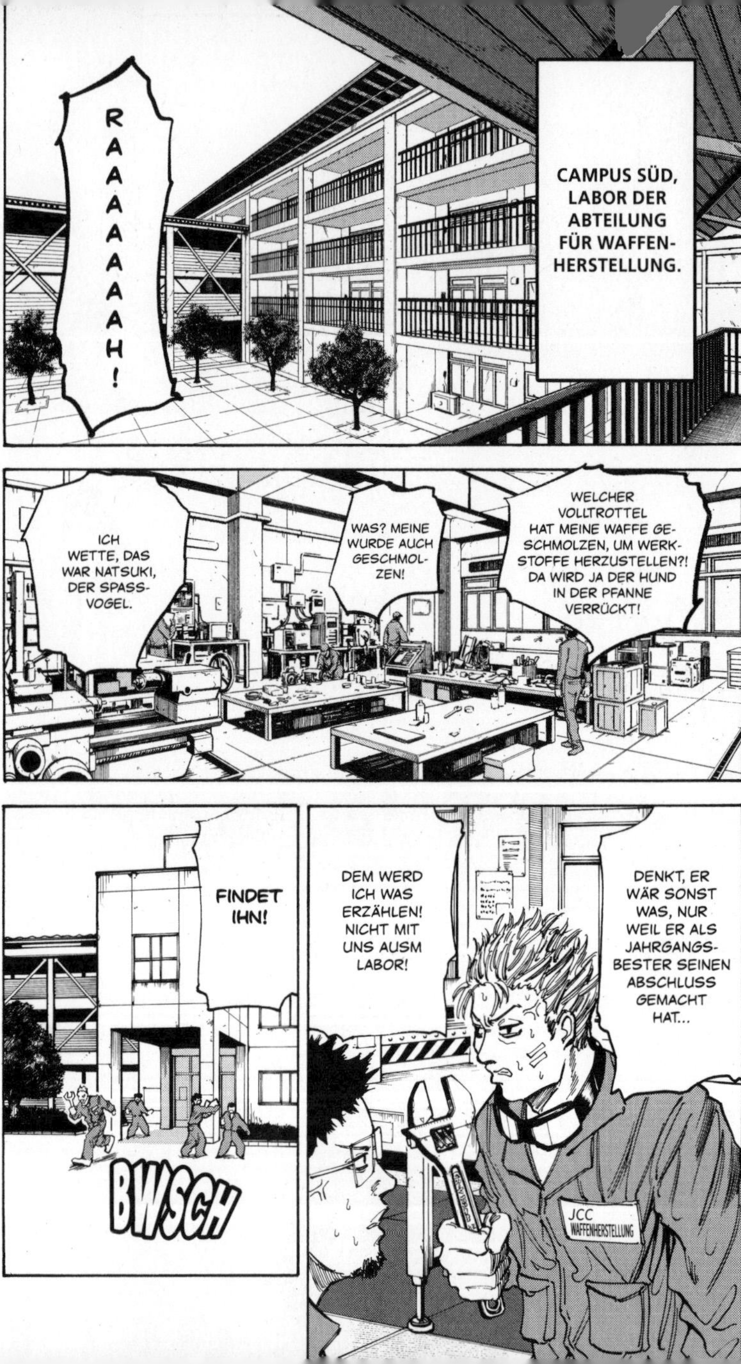

CAMPUS SÜD, LABOR DER ABTEILUNG FÜR WAFFEN-HERSTELLUNG.
RAAAAAAAH!
WELCHER VOLLTROTTEL HAT MEINE WAFFE GESCHMOLZEN, UM WERKSTOFFE HERZUSTELLEN?! DA WIRD JA DER HUND IN DER PFANNE VERRÜCKT!
WAS? MEINE WURDE AUCH GESCHMOLZEN!
ICH WETTE, DAS WAR NATSUKI, DER SPASSVOGEL.
DENKT, ER WÄR SONST WAS, NUR WEIL ER ALS JAHRGANGSBESTER SEINEN ABSCHLUSS GEMACHT HAT...
DEM WERD ICH WAS ERZÄHLEN! NICHT MIT UNS AUSM LABOR!
JCC
WAFFENHERSTELLUNG
FINDET IHN!
BWSCH

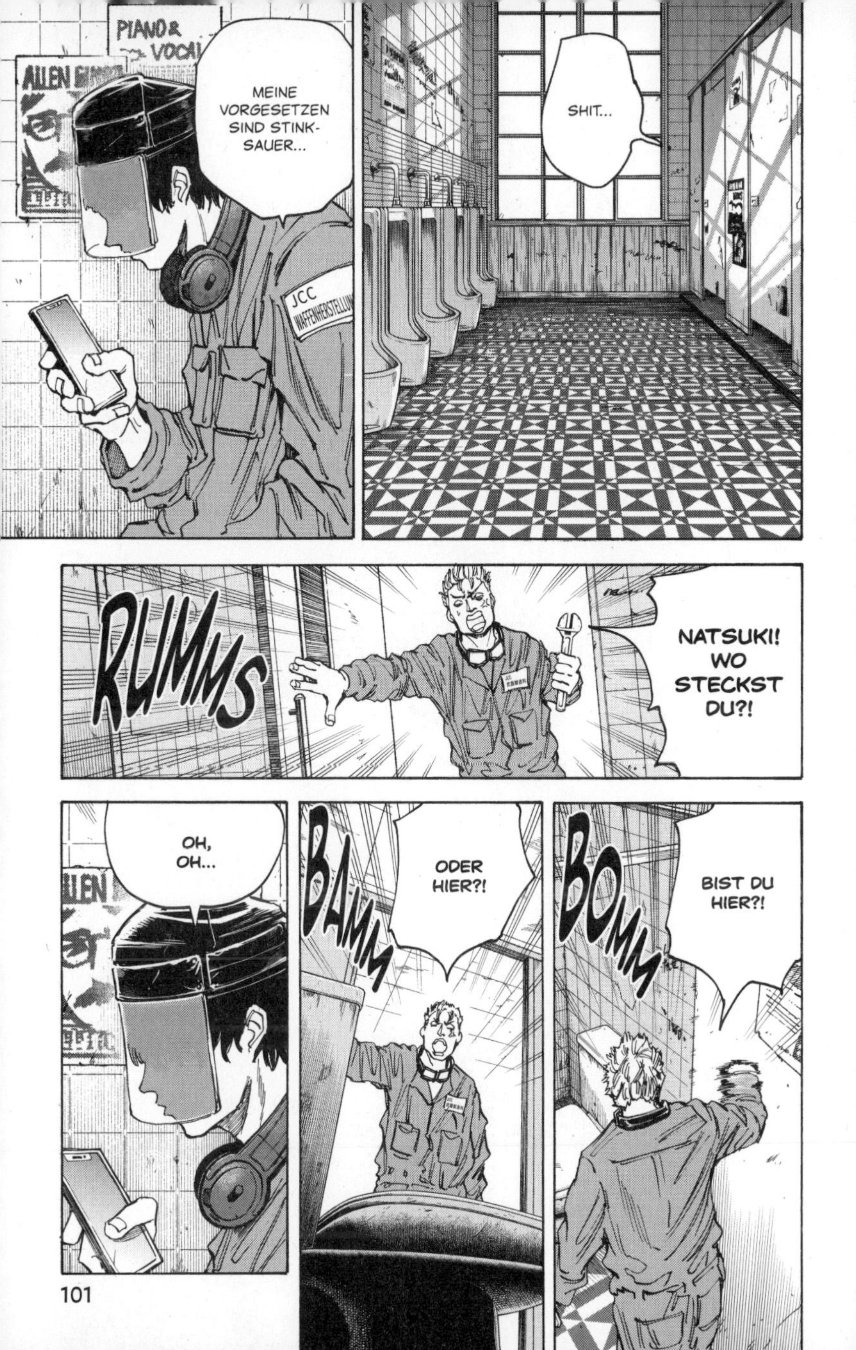
SHIT...
MEINE VORGESETZEN SIND STINK-SAUER...
PIANO & VOCAL
JCC
RUMMS
NATSUKI! WO STECKST DU?!
BOMM
BIST DU HIER?!
BAMM
ODER HIER?!
OH, OH...

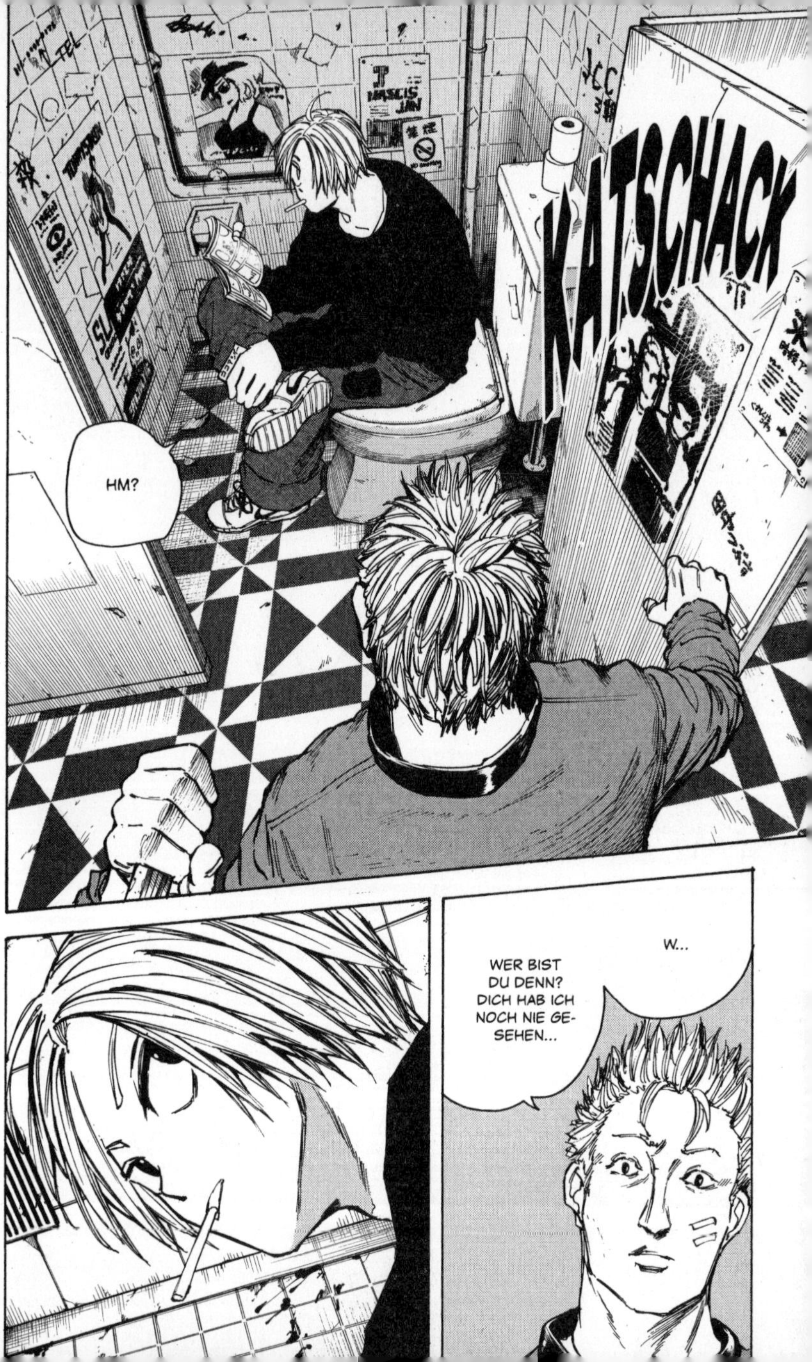
KATSCHACK
HM?
W...
WER BIST DU DENN? DICH HAB ICH NOCH NIE GESEHEN...

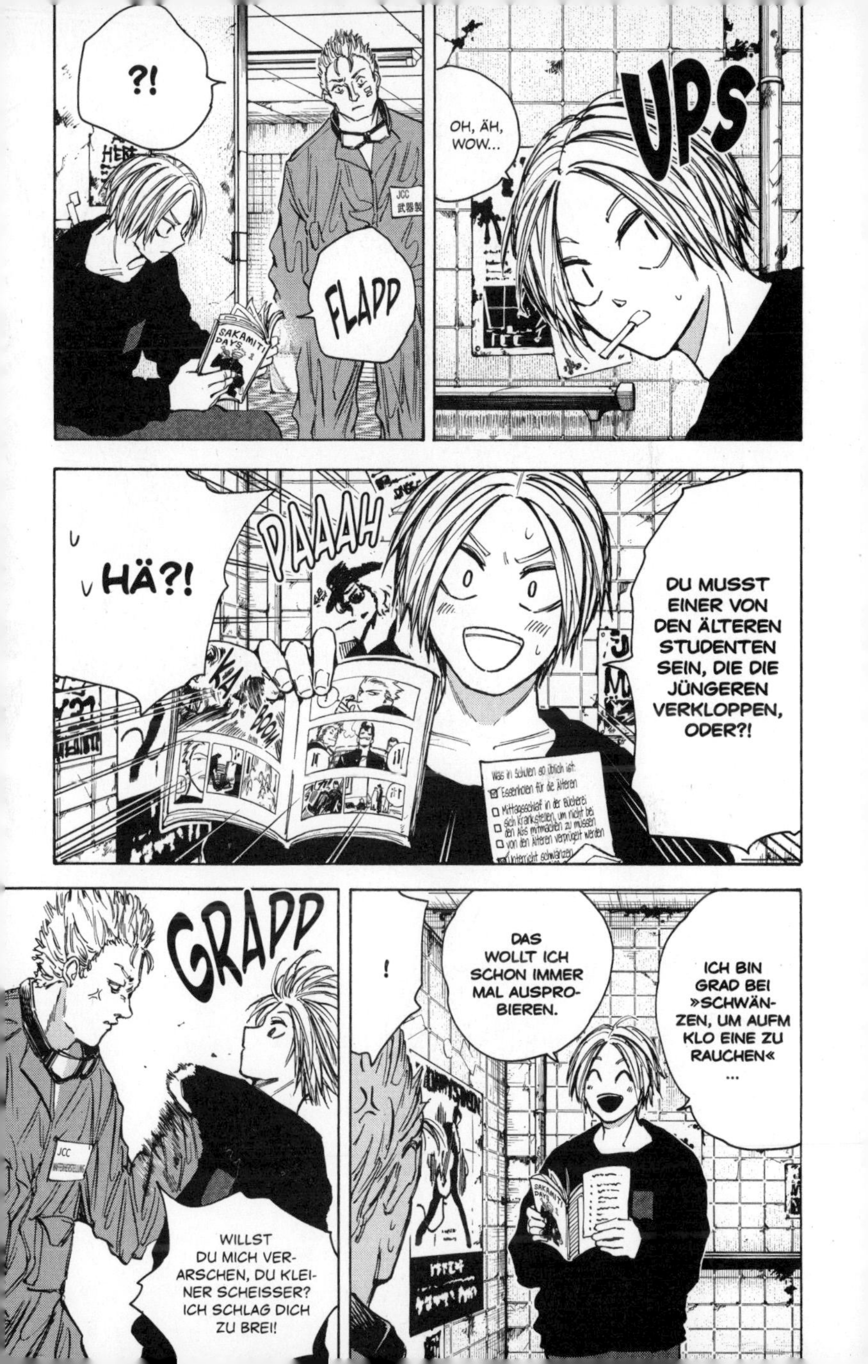
UPS
OH, ÄH, WOW...
FLAPP
?!
DU MUSST EINER VON DEN ÄLTEREN STUDENTEN SEIN, DIE DIE JÜNGEREN VERKLOPPEN, ODER?!
PAAAH
HÄ?!
Was in Schulen so üblich ist:
Essenholen für die Älteren
Mittagsschlaf in der Bücherei
Sich krankstellen, um nicht bei den AGs mitmachen zu müssen
Von den Älteren verprügelt werden
Unterricht schwänzen
ICH BIN GRAD BEI »SCHWÄNZEN, UM AUFM KLO EINE ZU RAUCHEN« ...
DAS WOLLT ICH SCHON IMMER MAL AUSPROBIEREN.
!
GRAPP
WILLST DU MICH VERARSCHEN, DU KLEINER SCHEISSER? ICH SCHLAG DICH ZU BREI!

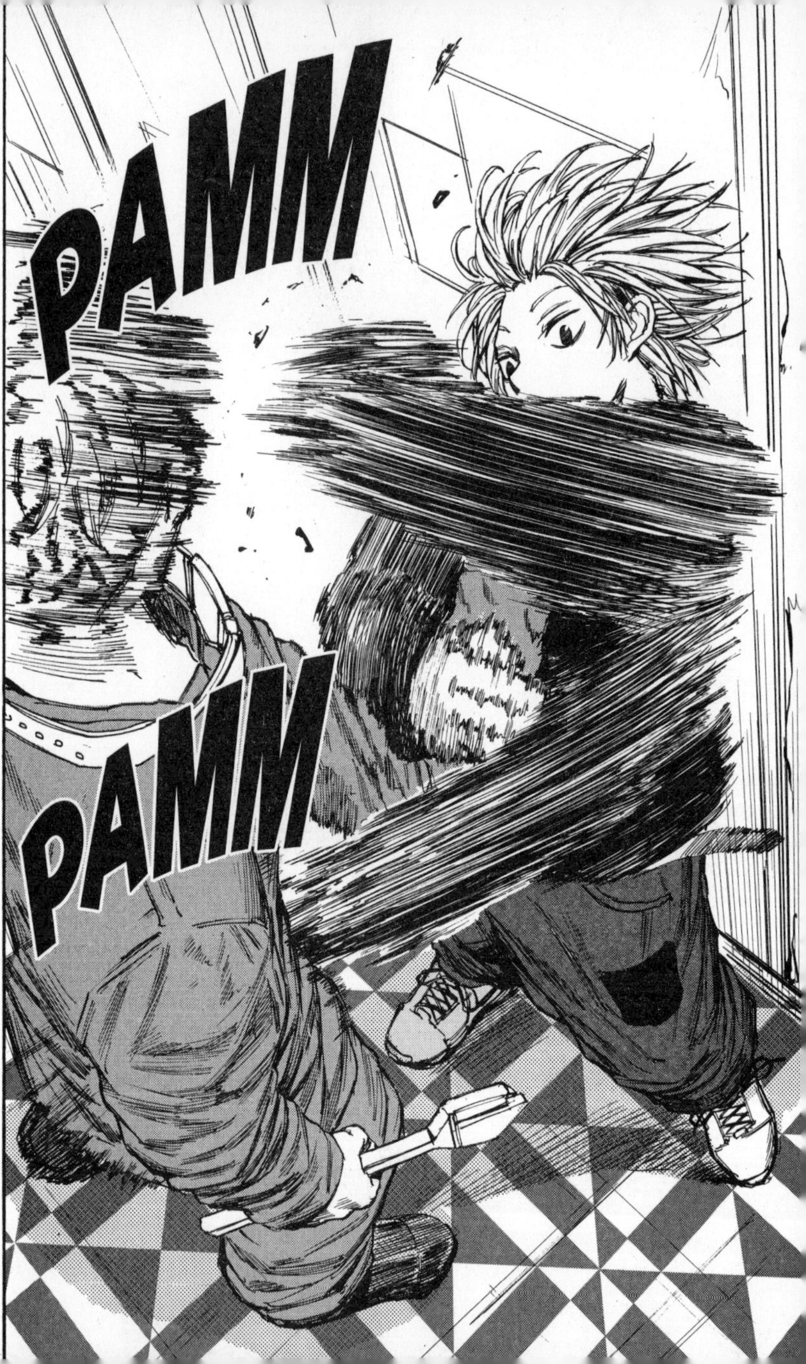
PAMM
PAMM

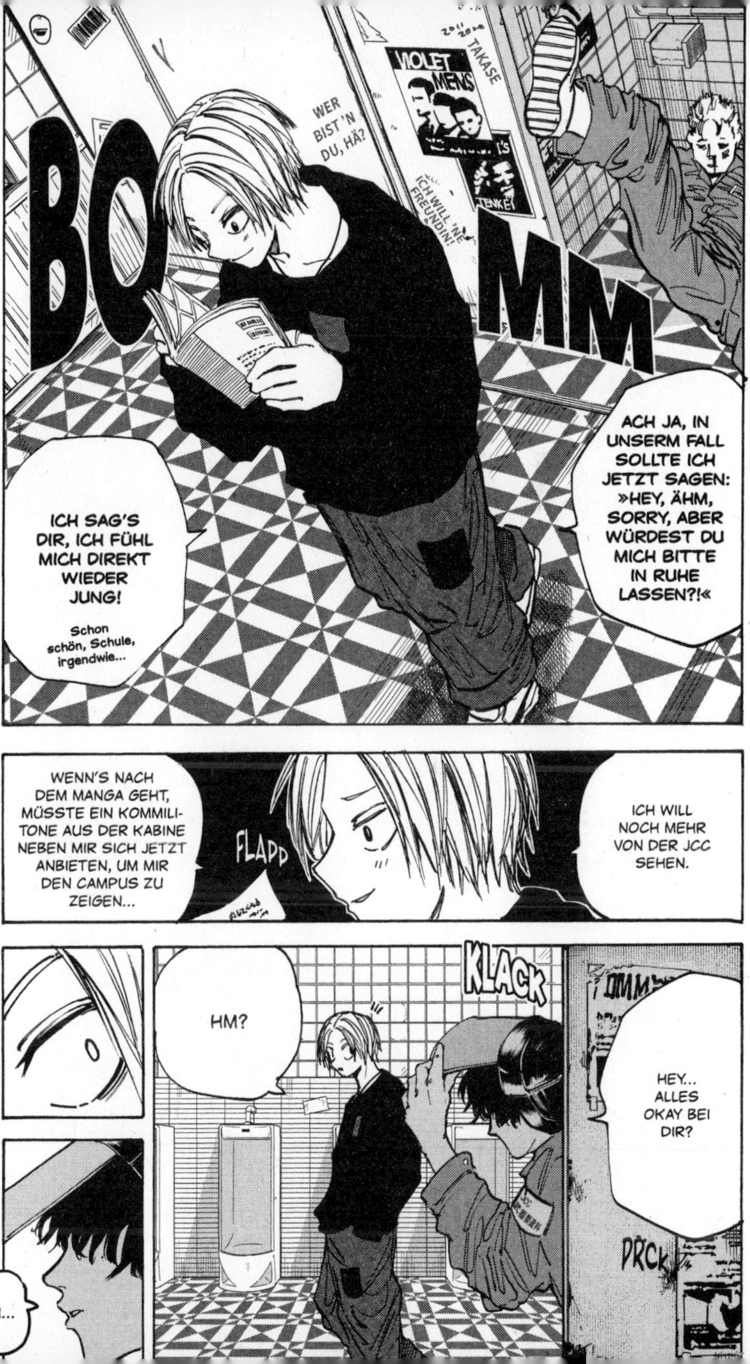
VIOLET MENS
TAKASE
WER BIST 'N DU, HÄ?
ICH WILL 'NE FREUNDIN!
TENKEI
BOMM
ACH JA, IN UNSERM FALL SOLLTE ICH JETZT SAGEN: »HEY, ÄHM, SORRY, ABER WÜRDEST DU MICH BITTE IN RUHE LASSEN?!«
ICH SAG'S DIR, ICH FÜHL MICH DIREKT WIEDER JUNG!
Schon schön, Schule, irgendwie...
ICH WILL NOCH MEHR VON DER JCC SEHEN.
FLAPP
WENN'S NACH DEM MANGA GEHT, MÜSSTE EIN KOMMILITONE AUS DER KABINE NEBEN MIR SICH JETZT ANBIETEN, UM MIR DEN CAMPUS ZU ZEIGEN...
KLACK
HEY... ALLES OKAY BEI DIR?
DRCK
HM?
KH...

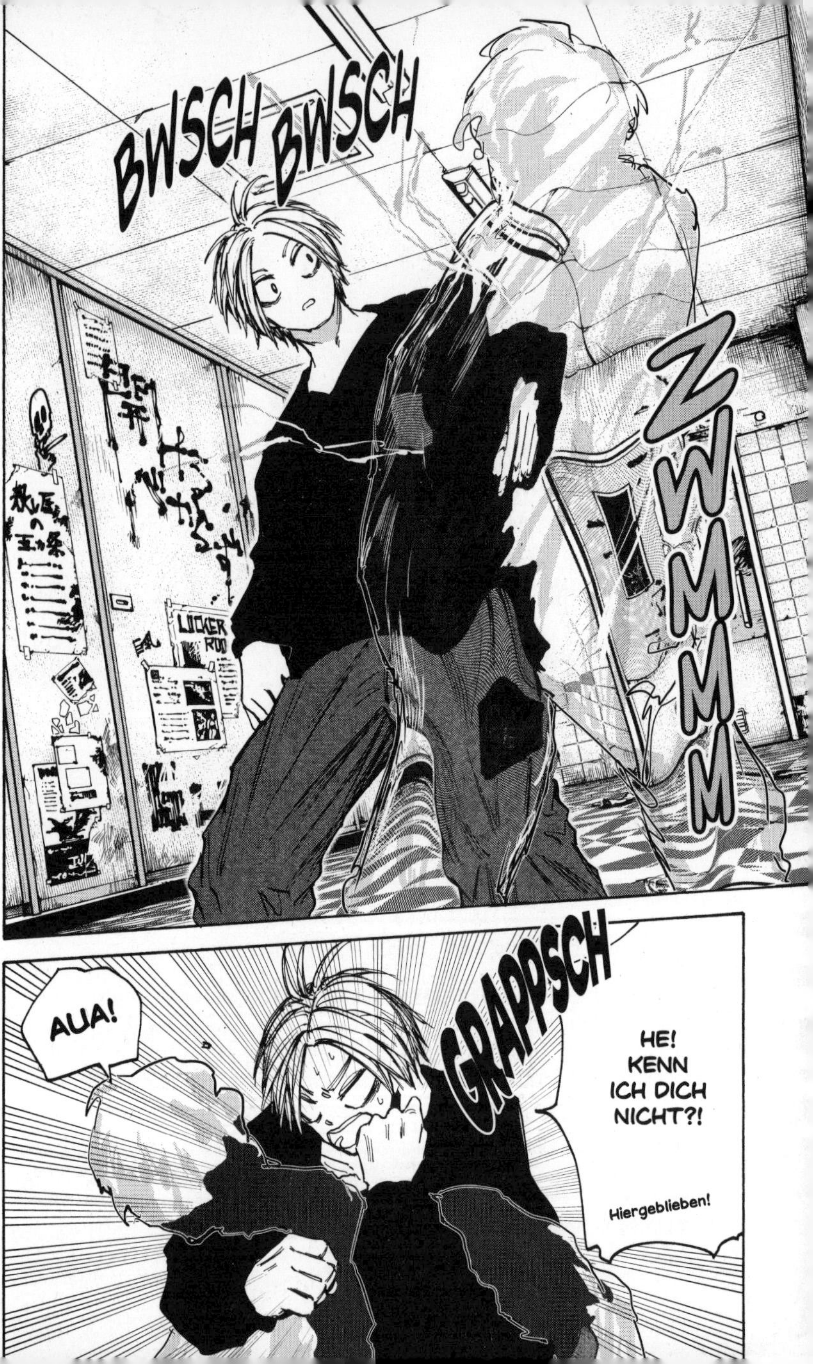
BWSCH BWSCH
ZWMMMM
AUA!
GRAPPSCH
HE! KENN ICH DICH NICHT?!
Hiergeblieben!

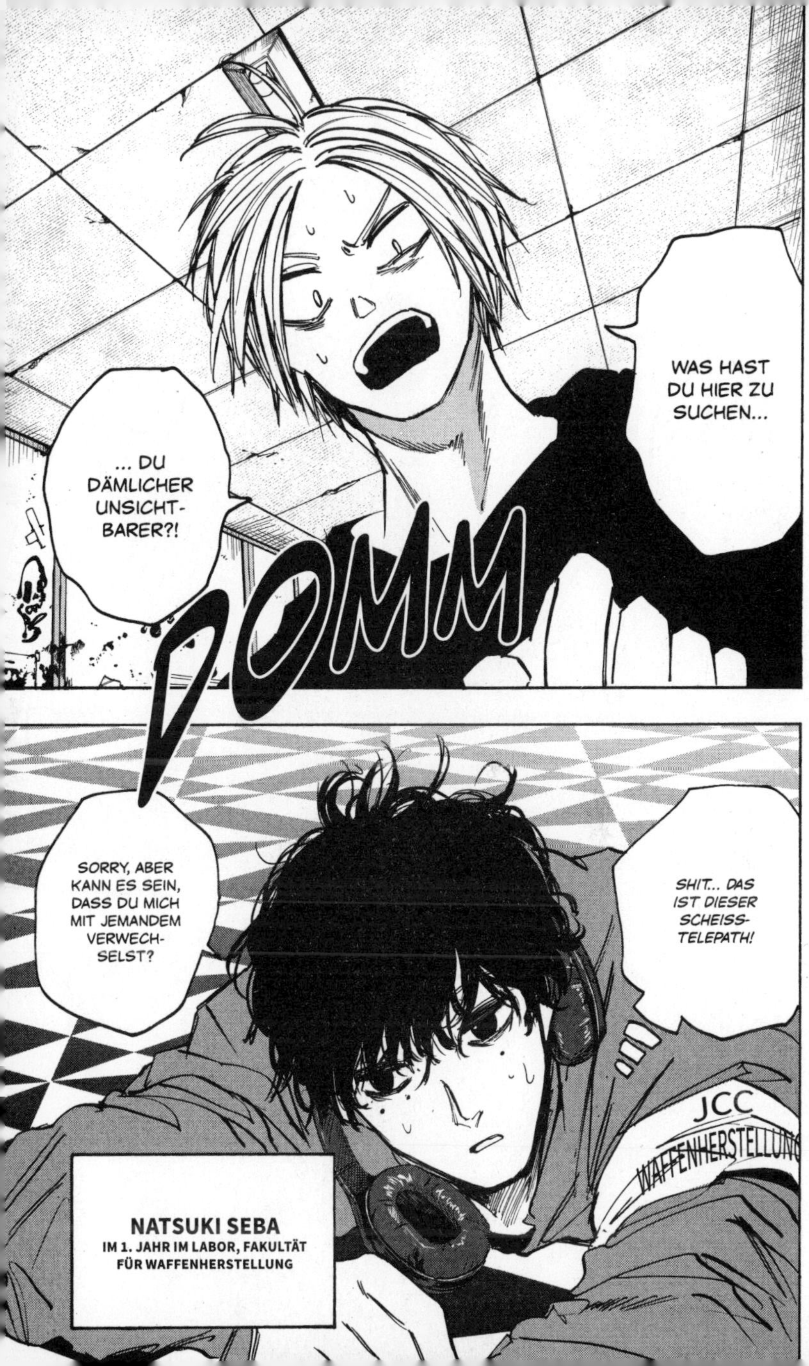
WAS HAST DU HIER ZU SUCHEN...
... DU DÄMLICHER UNSICHT-BARER?!
DOMM
SHIT... DAS IST DIESER SCHEISS-TELEPATH!
SORRY, ABER KANN ES SEIN, DASS DU MICH MIT JEMANDEM VERWECH-SELST?
JCC
WAFFENHERSTELLUNG
NATSUKI SEBA
IM 1. JAHR IM LABOR, FAKULTÄT FÜR WAFFENHERSTELLUNG

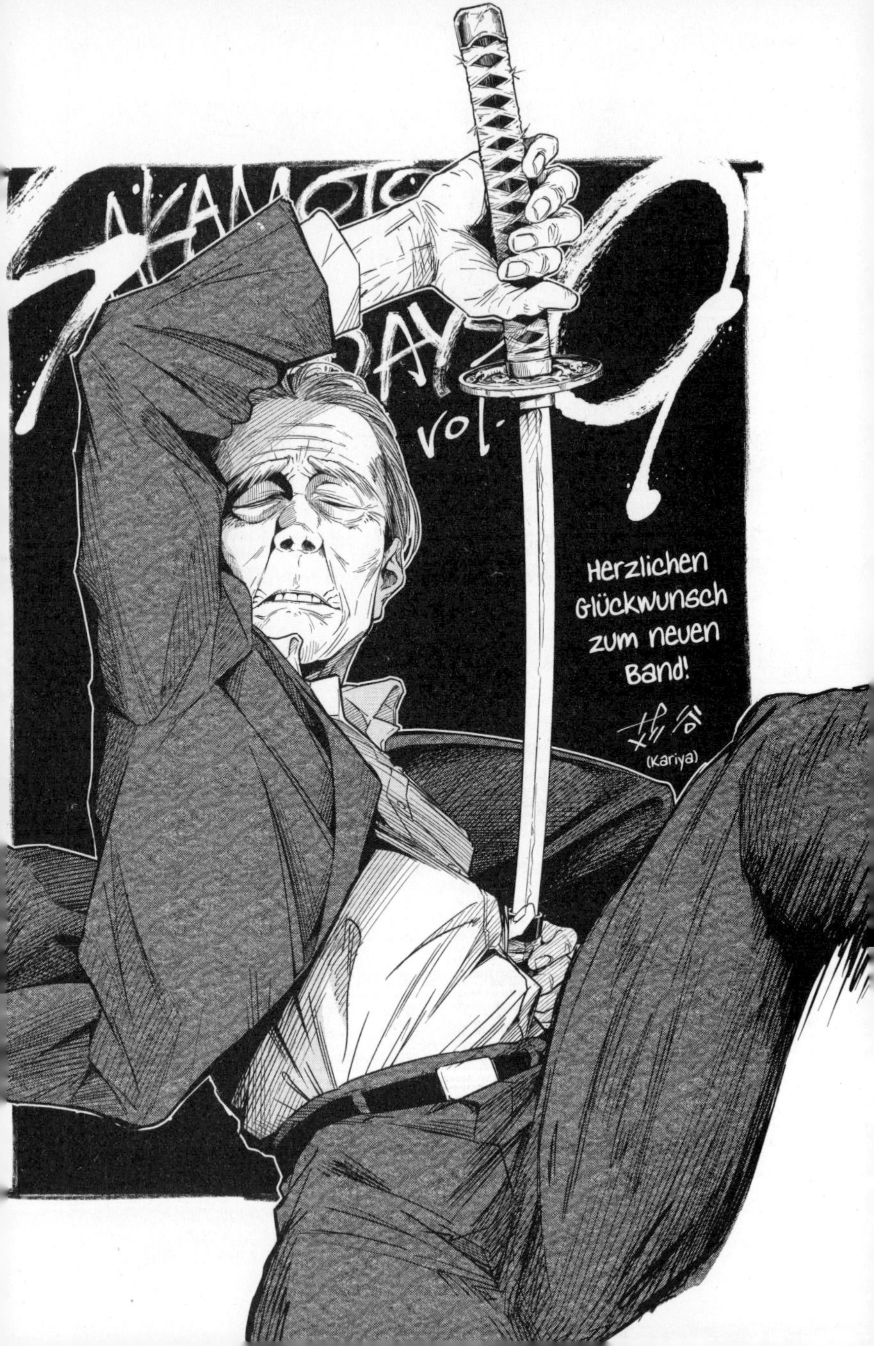

SAKAMOTO DAYS vol. 9
Herzlichen Glückwunsch zum neuen Band!
(Kariya)

DAYS 76 Einem jeden sein Auftrag

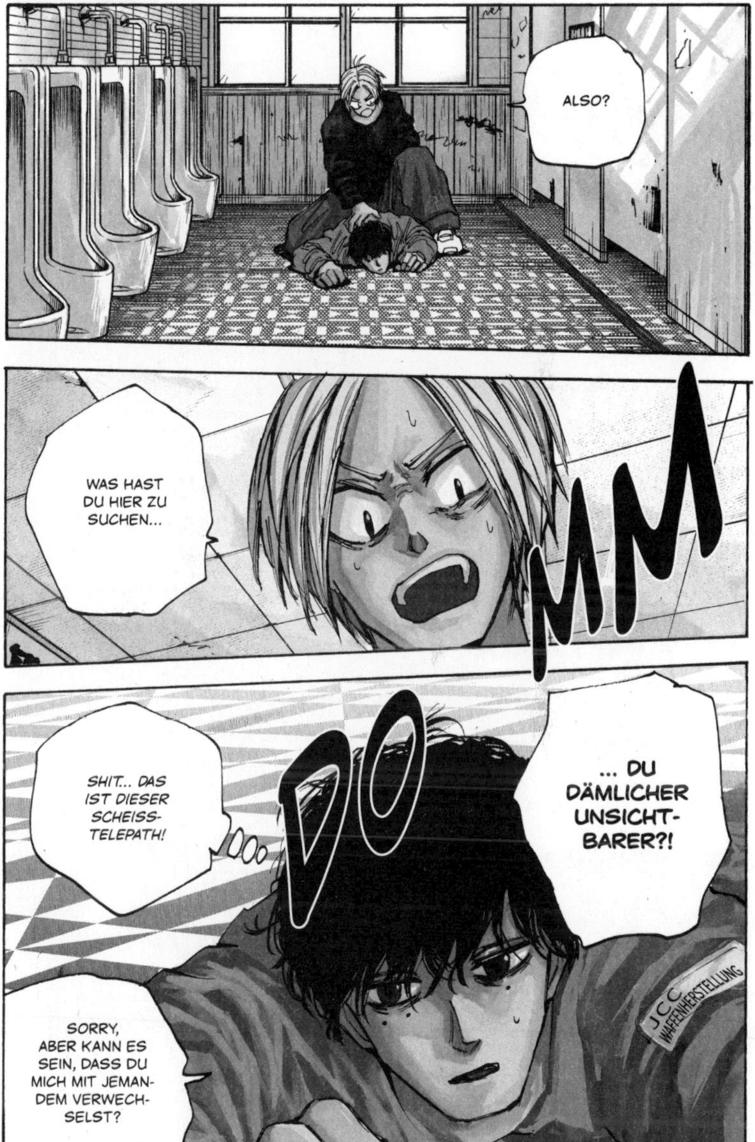

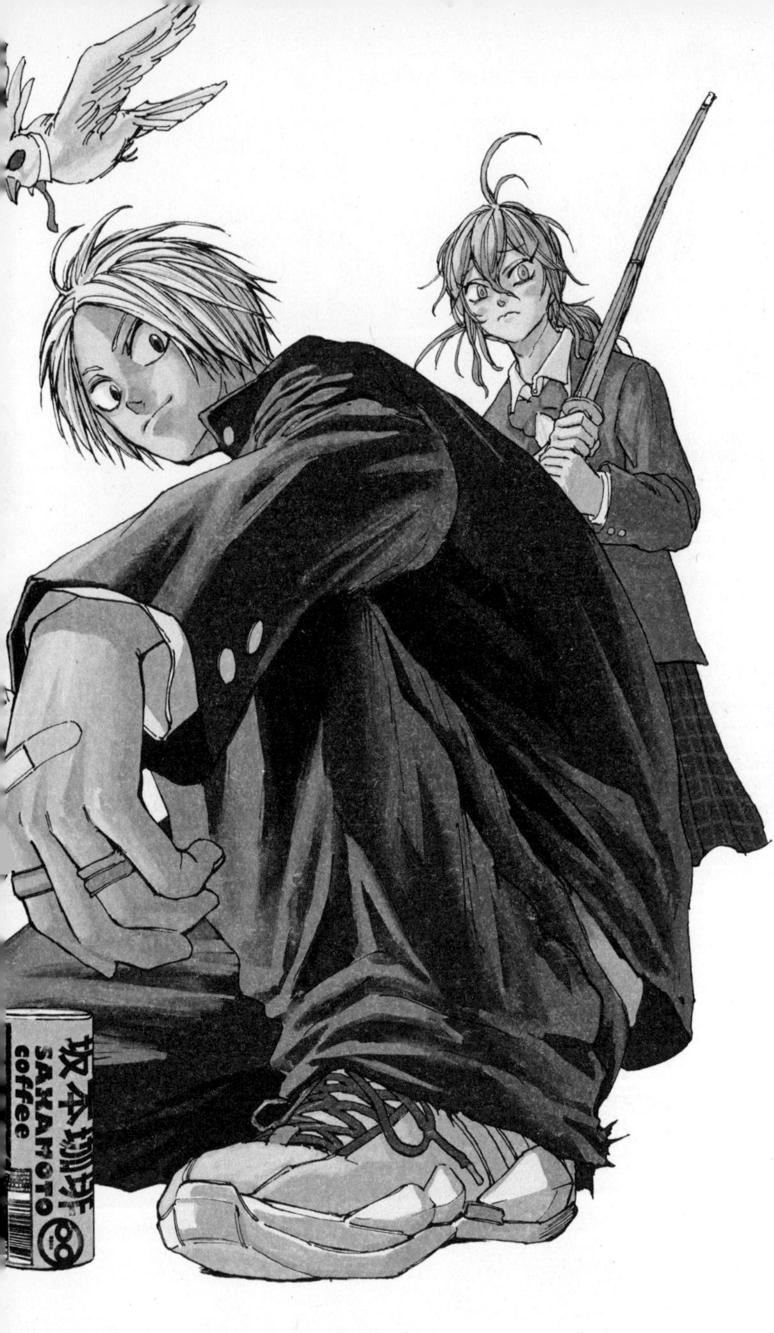
坂本珈琲
SAKAMOTO
coffee

DAYS 76 Einem jeden sein Auftrag

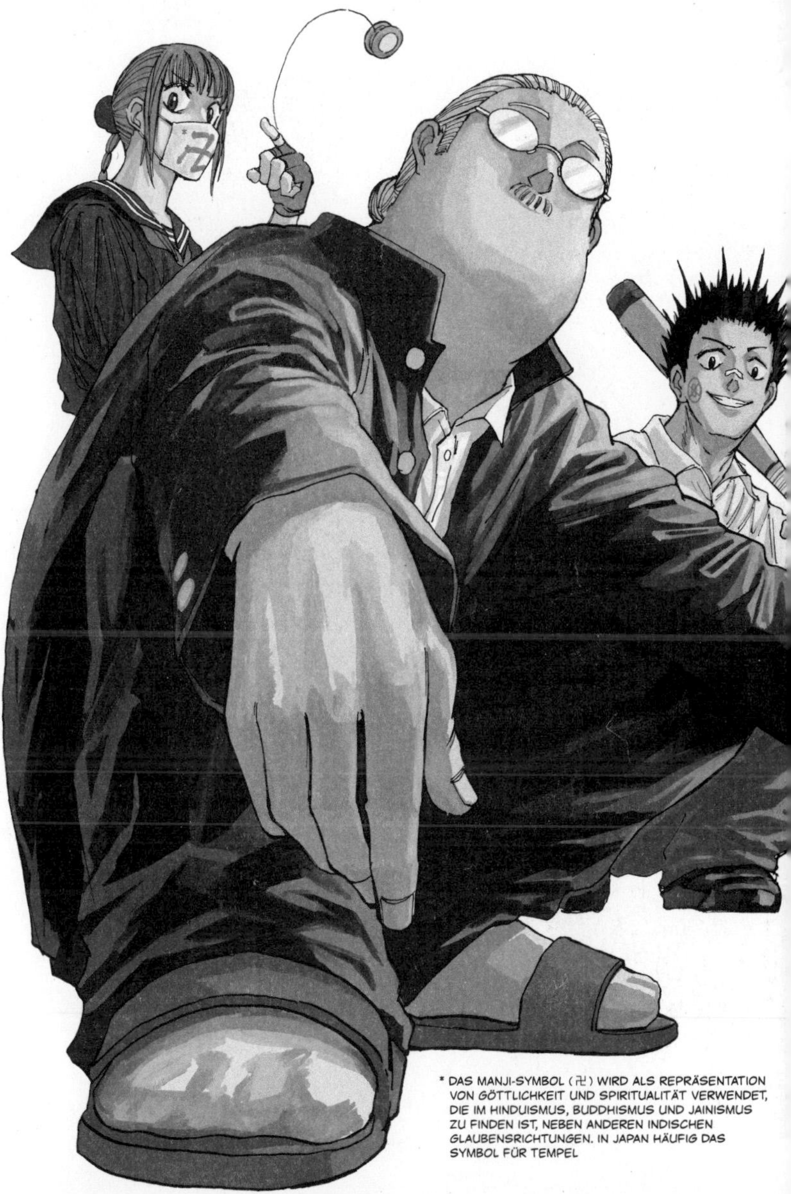

* DAS MANJI-SYMBOL (卍) WIRD ALS REPRÄSENTATION VON GÖTTLICHKEIT UND SPIRITUALITÄT VERWENDET, DIE IM HINDUISMUS, BUDDHISMUS UND JAINISMUS ZU FINDEN IST, NEBEN ANDEREN INDISCHEN GLAUBENSRICHTUNGEN. IN JAPAN HÄUFIG DAS SYMBOL FÜR TEMPEL

SAKAMOTO DAYS

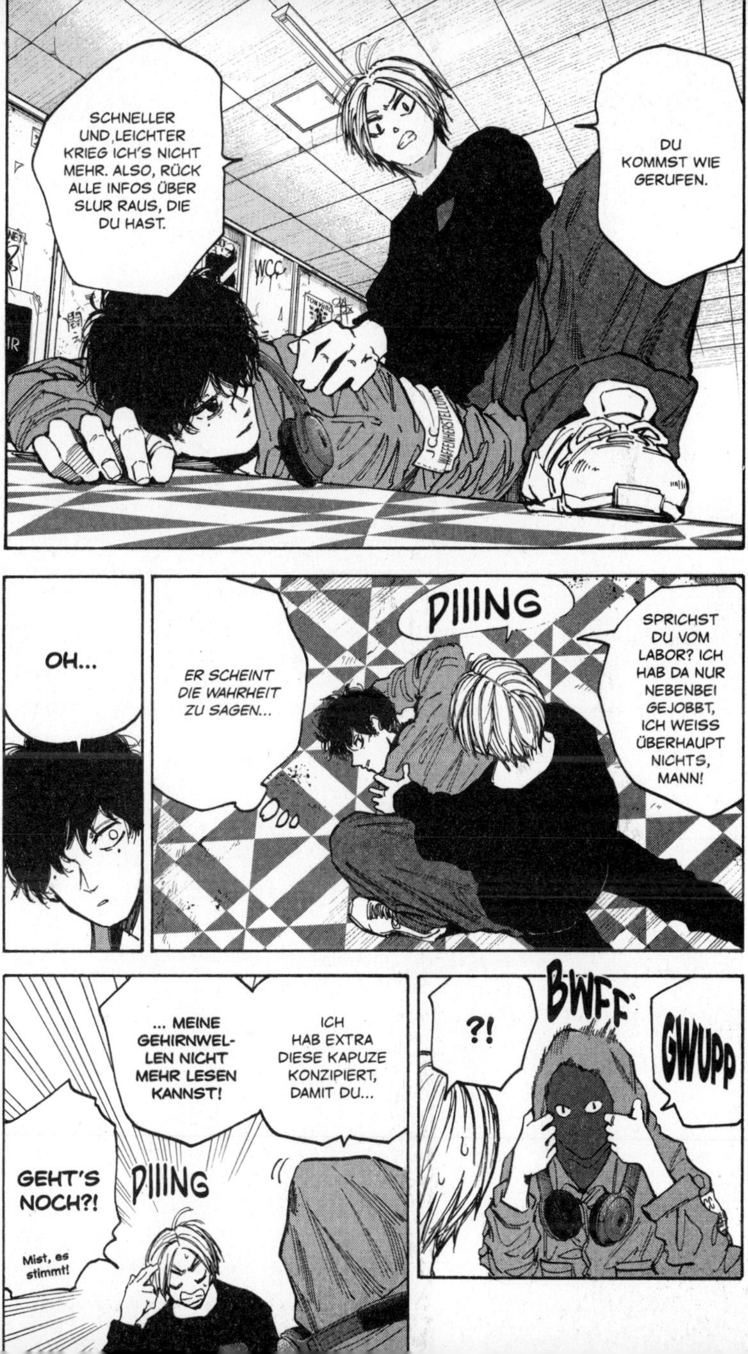
DU KOMMST WIE GERUFEN.
SCHNELLER UND LEICHTER KRIEG ICH'S NICHT MEHR. ALSO, RÜCK ALLE INFOS ÜBER SLUR RAUS, DIE DU HAST.
JCC WAFFENHERSTELLUNG
SPRICHST DU VOM LABOR? ICH HAB DA NUR NEBENBEI GEJOBBT, ICH WEISS ÜBERHAUPT NICHTS, MANN!
DIIING
ER SCHEINT DIE WAHRHEIT ZU SAGEN...
OH...
GWUPP
BWFF
?!
ICH HAB EXTRA DIESE KAPUZE KONZIPIERT, DAMIT DU...
... MEINE GEHIRNWELLEN NICHT MEHR LESEN KANNST!
DIIING
GEHT'S NOCH?!
Mist, es stimmt!

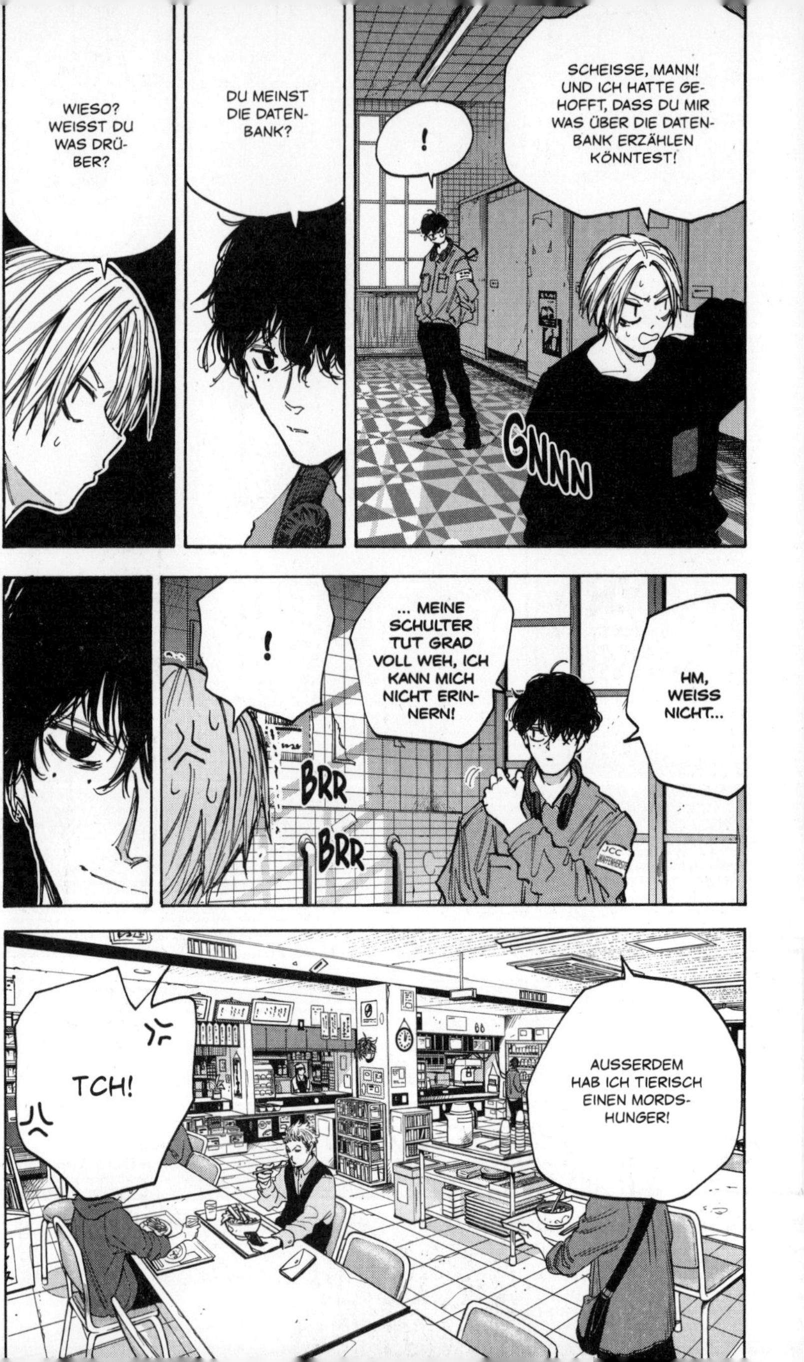
SCHEISSE, MANN! UND ICH HATTE GE-HOFFT, DASS DU MIR WAS ÜBER DIE DATEN-BANK ERZÄHLEN KÖNNTEST!
!
GNNN
DU MEINST DIE DATEN-BANK?
WIESO? WEISST DU WAS DRÜ-BER?
HM, WEISS NICHT...
... MEINE SCHULTER TUT GRAD VOLL WEH, ICH KANN MICH NICHT ERIN-NERN!
!
BRR
BRR
AUSSERDEM HAB ICH TIERISCH EINEN MORDS-HUNGER!
TCH!

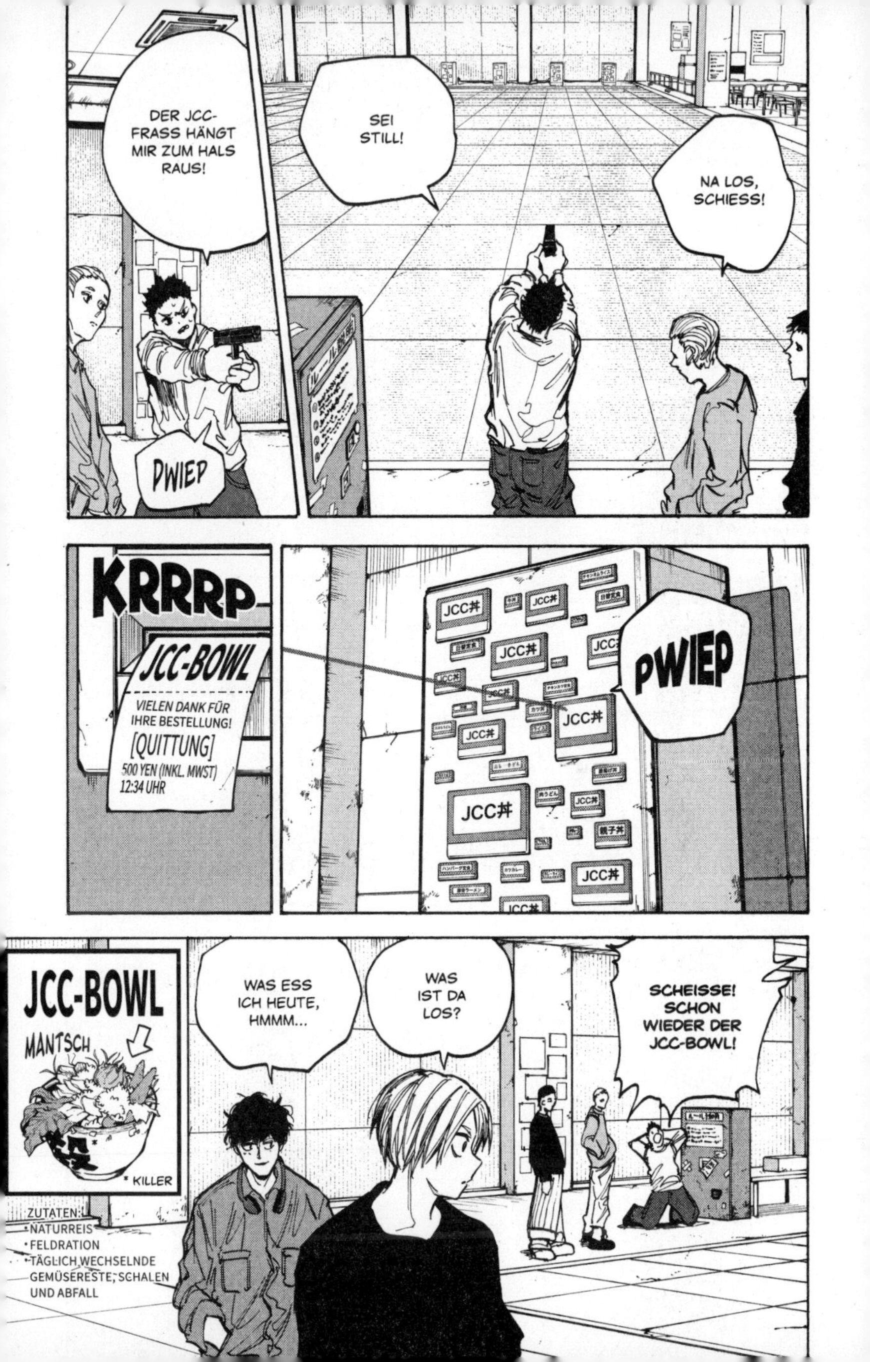
NA LOS, SCHIESS!
SEI STILL!
DER JCC-FRASS HÄNGT MIR ZUM HALS RAUS!
PWIEP
PWIEP
KRRRP
JCC-BOWL
VIELEN DANK FÜR IHRE BESTELLUNG!
[QUITTUNG]
500 YEN (INKL. MWST)
12:34 UHR
SCHEISSE! SCHON WIEDER DER JCC-BOWL!
WAS IST DA LOS?
WAS ESS ICH HEUTE, HMMM...
JCC-BOWL
MANTSCH
* KILLER
ZUTATEN:
• NATURREIS
• FELDRATION
• TÄGLICH WECHSELNDE GEMÜSERESTE, SCHALEN UND ABFALL

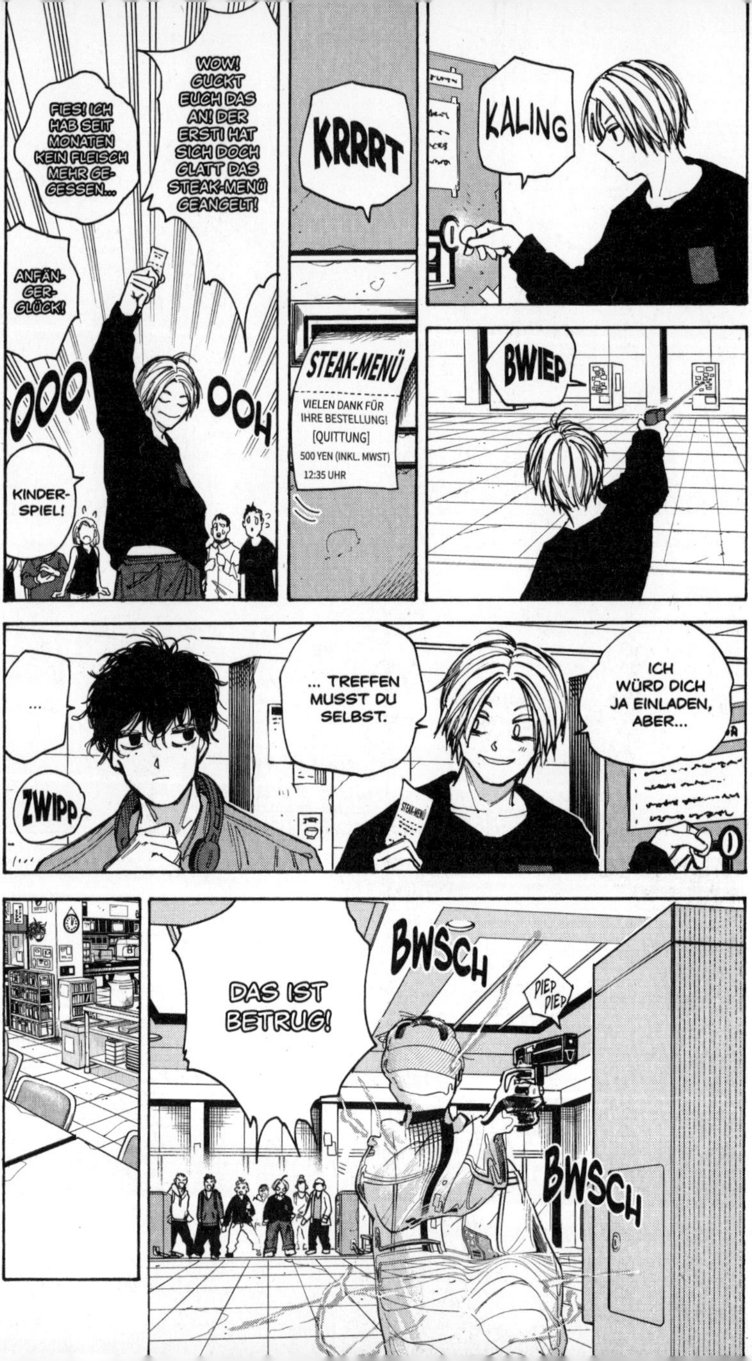
KALING
KRRRT
WOW! GUCKT EUCH DAS AN! DER ERSTI HAT SICH DOCH GLATT DAS STEAK-MENÜ GEANGELT!
FIES! ICH HAB SEIT MONATEN KEIN FLEISCH MEHR GEGESSEN...
ANFÄNGER-GLÜCK!
OOOOOH
KINDERSPIEL!
STEAK-MENÜ
VIELEN DANK FÜR IHRE BESTELLUNG!
[QUITTUNG]
500 YEN (INKL. MWST)
12:35 UHR
BWIEP
ICH WÜRD DICH JA EINLADEN, ABER...
... TREFFEN MUSST DU SELBST.
...
ZWIPP
BWSCH
DIEP DIEP
DAS IST BETRUG!
BWSCH

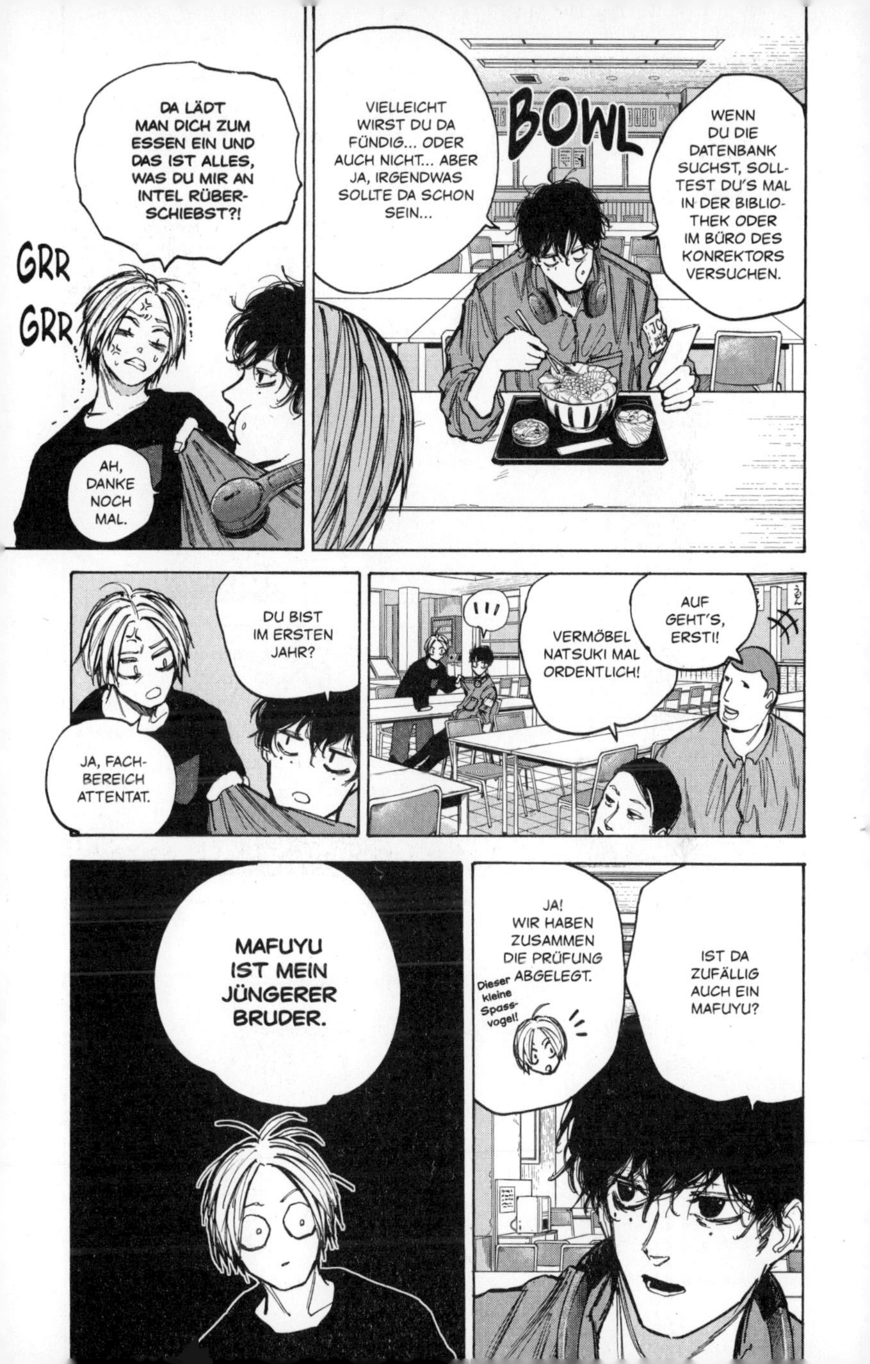

WENN DU DIE DATENBANK SUCHST, SOLLTEST DU'S MAL IN DER BIBLIOTHEK ODER IM BÜRO DES KONREKTORS VERSUCHEN.
BOWL
VIELLEICHT WIRST DU DA FÜNDIG... ODER AUCH NICHT... ABER JA, IRGENDWAS SOLLTE DA SCHON SEIN...
DA LÄDT MAN DICH ZUM ESSEN EIN UND DAS IST ALLES, WAS DU MIR AN INTEL RÜBERSCHIEBST?!
GRR GRR
AH, DANKE NOCH MAL.
AUF GEHT'S, ERSTI!
VERMÖBEL NATSUKI MAL ORDENTLICH!
!!!
DU BIST IM ERSTEN JAHR?
JA, FACHBEREICH ATTENTAT.
IST DA ZUFÄLLIG AUCH EIN MAFUYU?
JA! WIR HABEN ZUSAMMEN DIE PRÜFUNG ABGELEGT.
Dieser kleine Spassvogel!
MAFUYU IST MEIN JÜNGERER BRUDER.

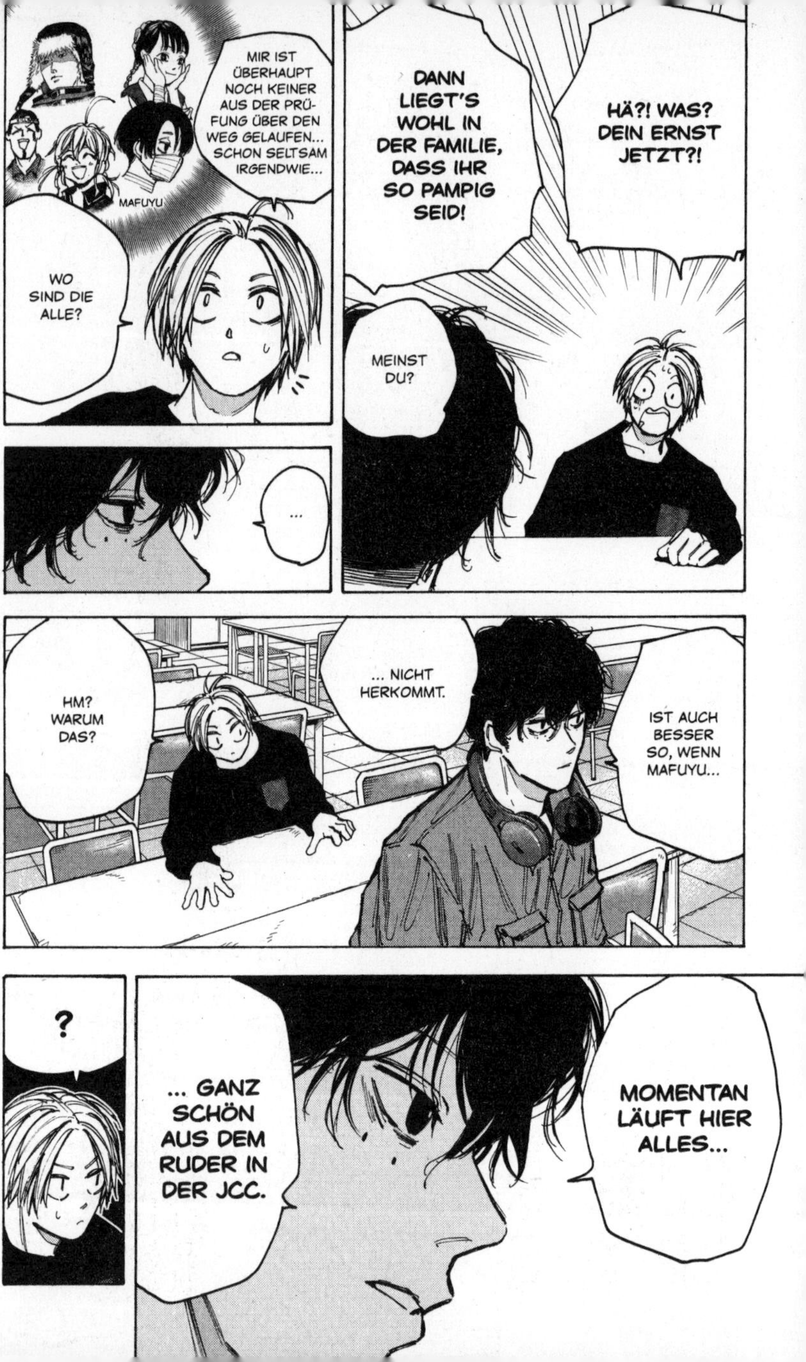
DANN LIEGT'S WOHL IN DER FAMILIE, DASS IHR SO PAMPIG SEID!
HÄ?! WAS? DEIN ERNST JETZT?!
MEINST DU?
MIR IST ÜBERHAUPT NOCH KEINER AUS DER PRÜFUNG ÜBER DEN WEG GELAUFEN... SCHON SELTSAM IRGENDWIE...
MAFUYU
WO SIND DIE ALLE?
...
IST AUCH BESSER SO, WENN MAFUYU...
... NICHT HERKOMMT.
HM? WARUM DAS?
MOMENTAN LÄUFT HIER ALLES...
... GANZ SCHÖN AUS DEM RUDER IN DER JCC.
?

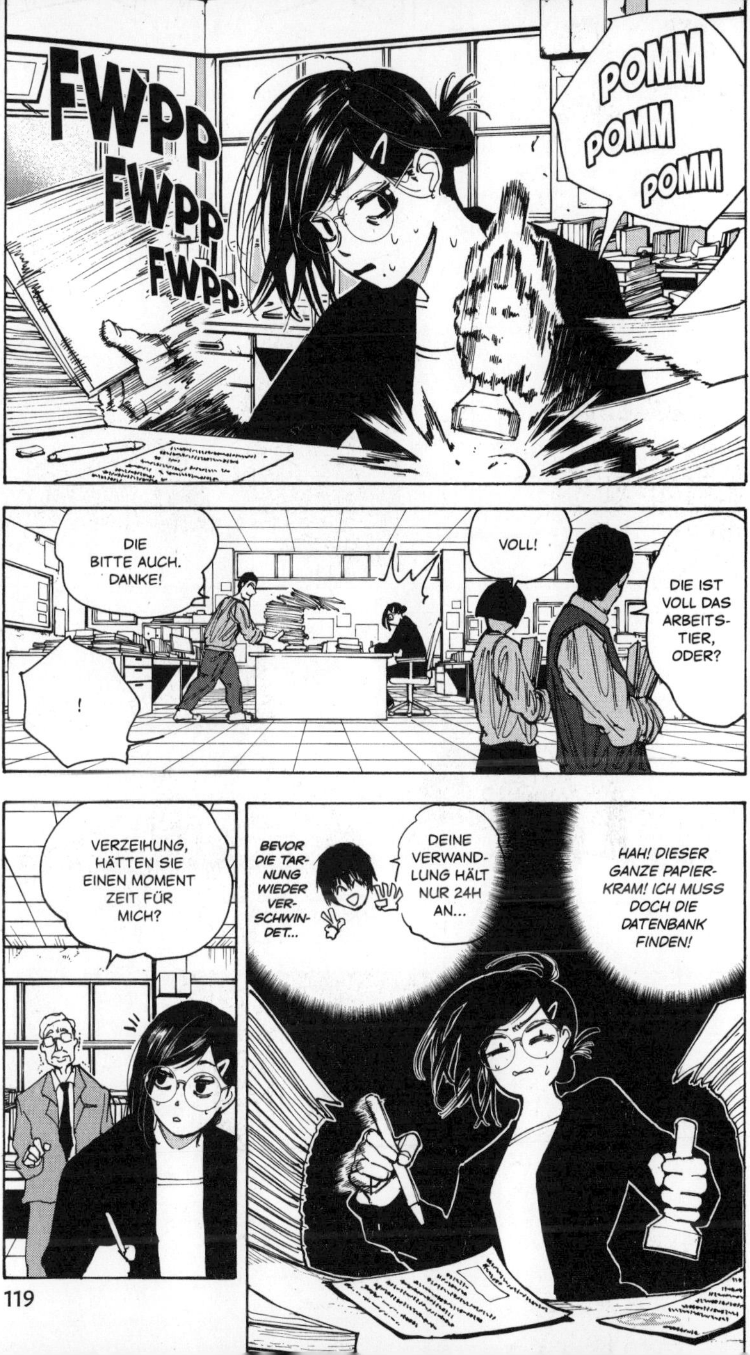

POMM POMM POMM
FWPP FWPP FWPP
DIE IST VOLL DAS ARBEITS-TIER, ODER?
VOLL!
DIE BITTE AUCH. DANKE!
!
HAH! DIESER GANZE PAPIER-KRAM! ICH MUSS DOCH DIE DATENBANK FINDEN!
DEINE VERWANDLUNG HÄLT NUR 24H AN...
BEVOR DIE TARNUNG WIEDER VERSCHWINDET...
VERZEIHUNG, HÄTTEN SIE EINEN MOMENT ZEIT FÜR MICH?

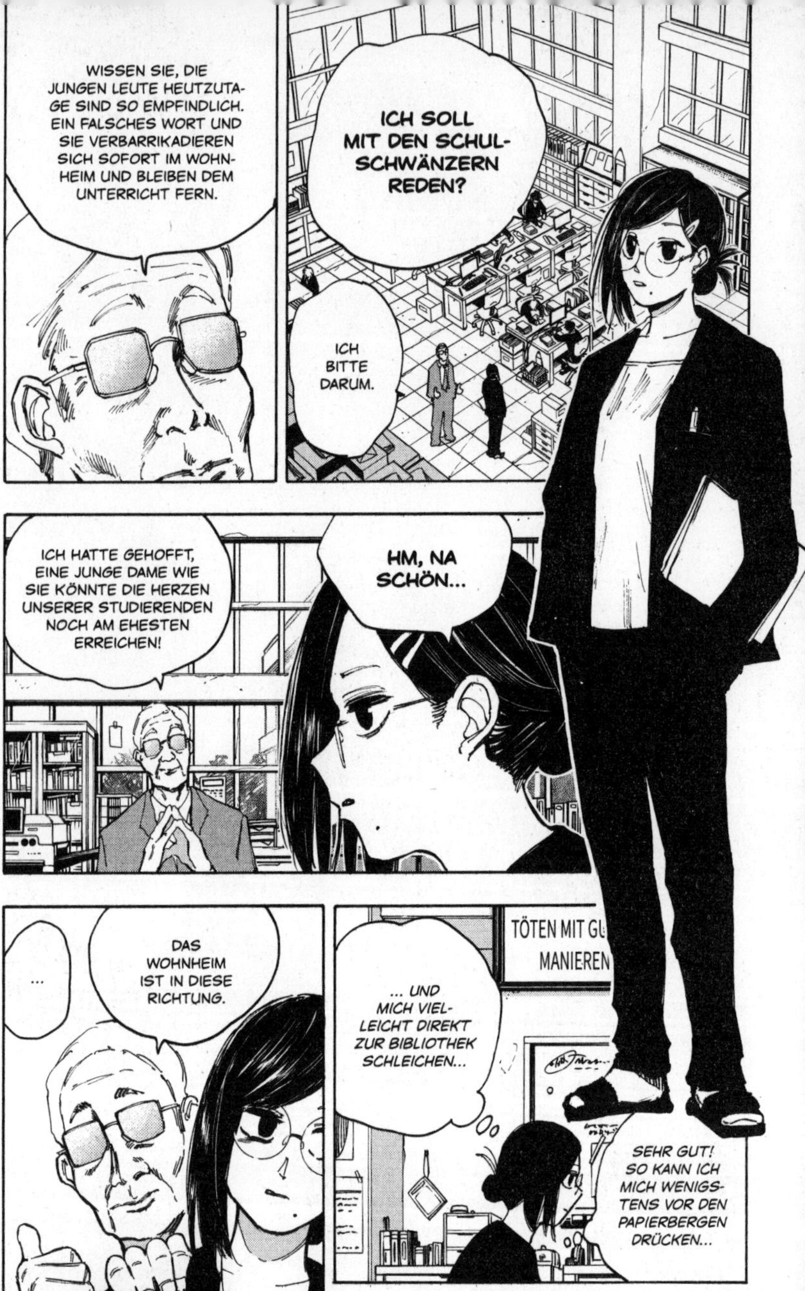
WISSEN SIE, DIE JUNGEN LEUTE HEUTZUTAGE SIND SO EMPFINDLICH. EIN FALSCHES WORT UND SIE VERBARRIKADIEREN SICH SOFORT IM WOHNHEIM UND BLEIBEN DEM UNTERRICHT FERN.
ICH SOLL MIT DEN SCHULSCHWÄNZERN REDEN?
ICH BITTE DARUM.
ICH HATTE GEHOFFT, EINE JUNGE DAME WIE SIE KÖNNTE DIE HERZEN UNSERER STUDIERENDEN NOCH AM EHESTEN ERREICHEN!
HM, NA SCHÖN...
...
DAS WOHNHEIM IST IN DIESE RICHTUNG.
TÖTEN MIT GU
MANIEREN
... UND MICH VIELLEICHT DIREKT ZUR BIBLIOTHEK SCHLEICHEN...
SEHR GUT! SO KANN ICH MICH WENIGSTENS VOR DEN PAPIERBERGEN DRÜCKEN...

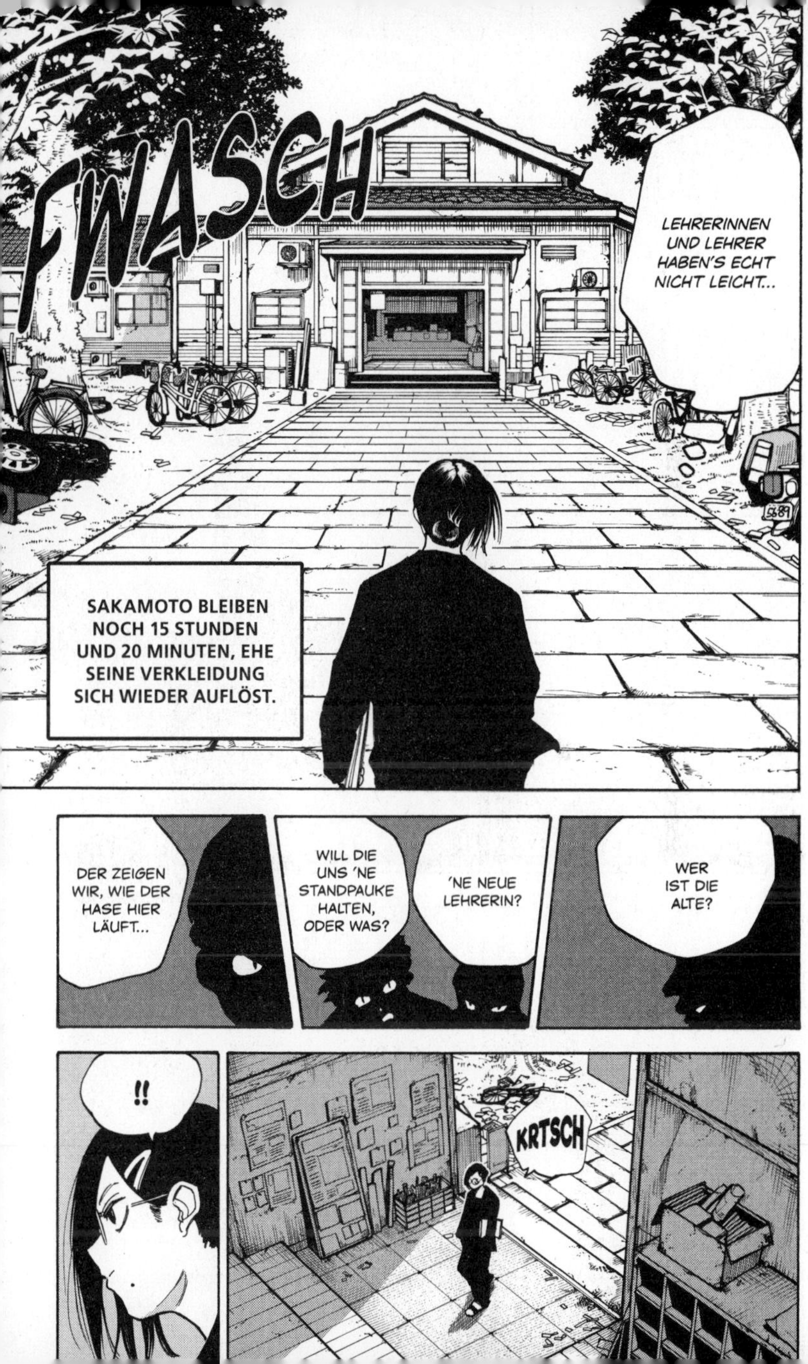
FWASCH
LEHRERINNEN UND LEHRER HABEN'S ECHT NICHT LEICHT...
SAKAMOTO BLEIBEN NOCH 15 STUNDEN UND 20 MINUTEN, EHE SEINE VERKLEIDUNG SICH WIEDER AUFLÖST.
WER IST DIE ALTE?
'NE NEUE LEHRERIN?
WILL DIE UNS 'NE STANDPAUKE HALTEN, ODER WAS?
DER ZEIGEN WIR, WIE DER HASE HIER LÄUFT...
KRTSCH
!!

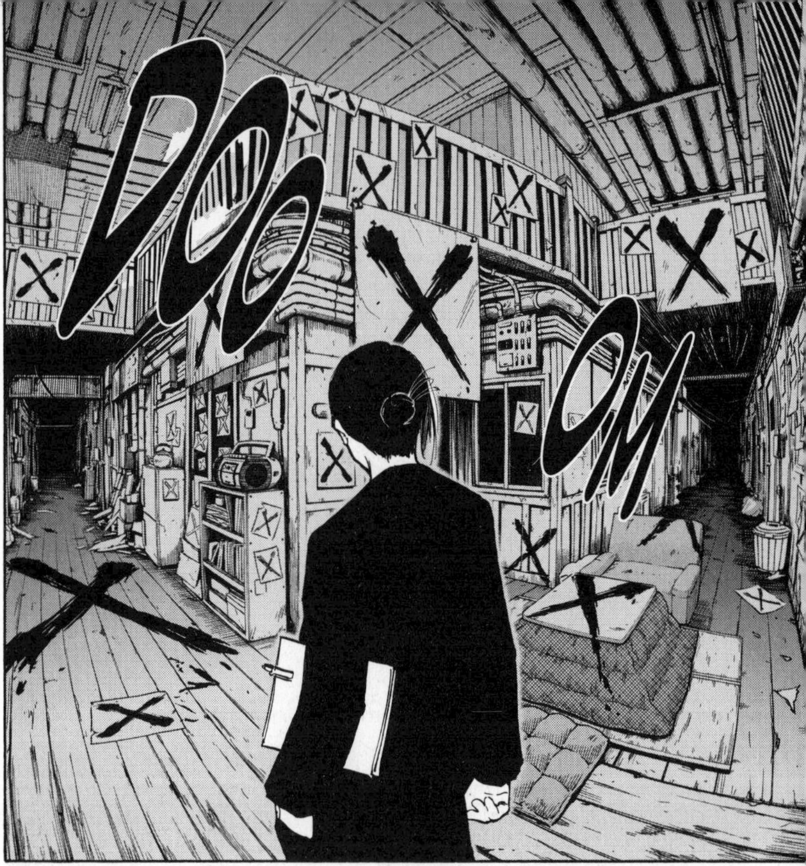
DOOOM

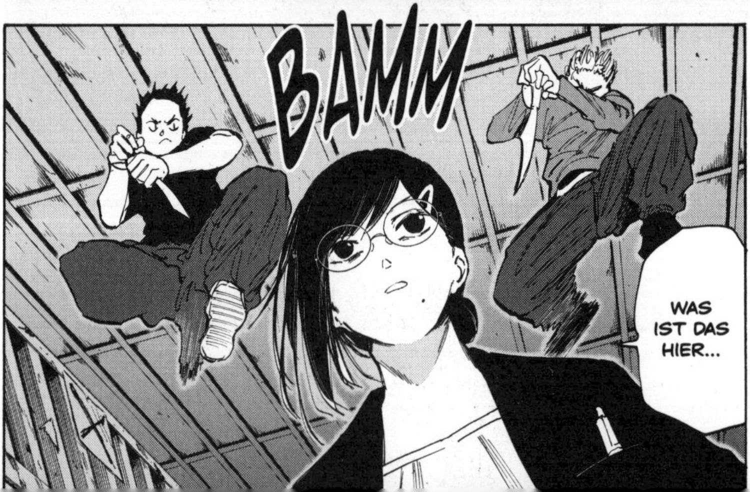
BAMM
WAS IST DAS HIER...

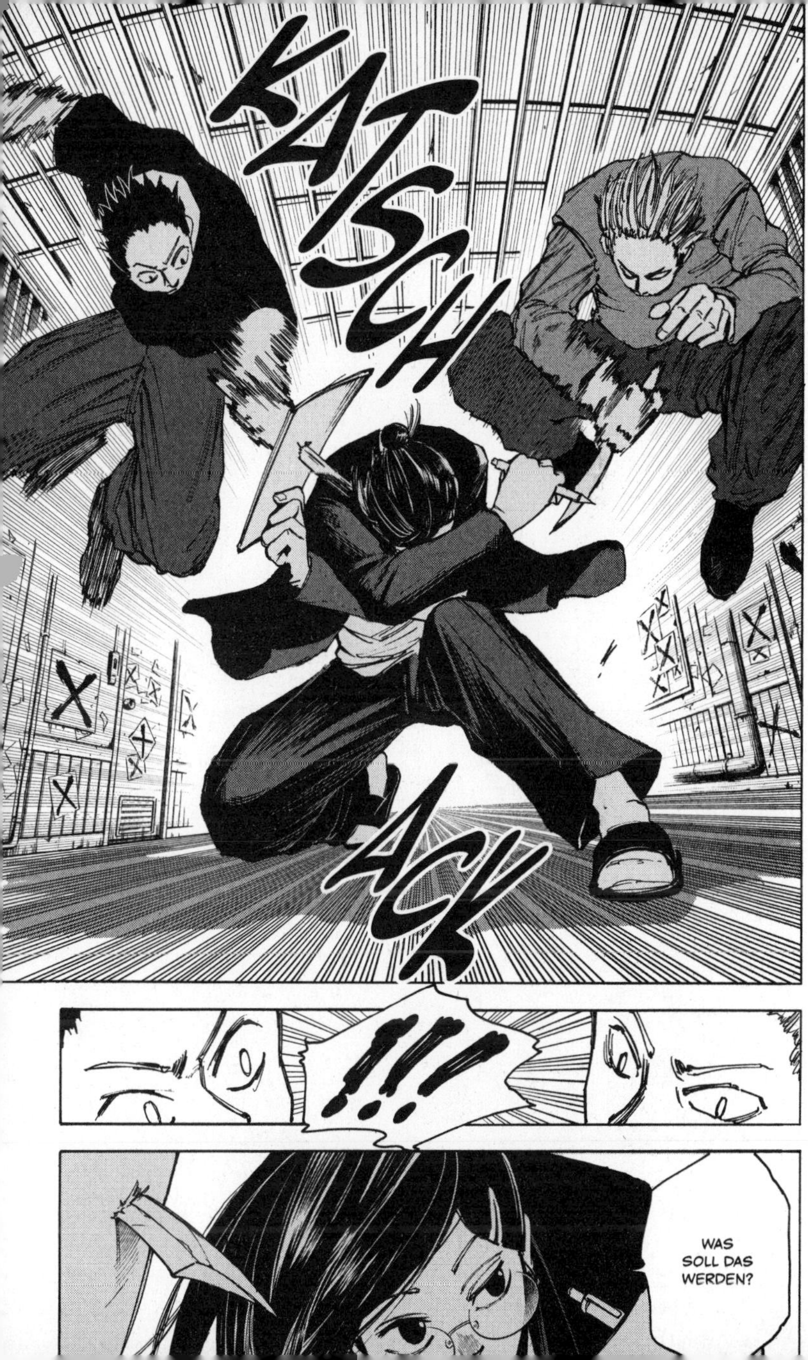
KATSCH
ZACK
!!!
WAS SOLL DAS WERDEN?

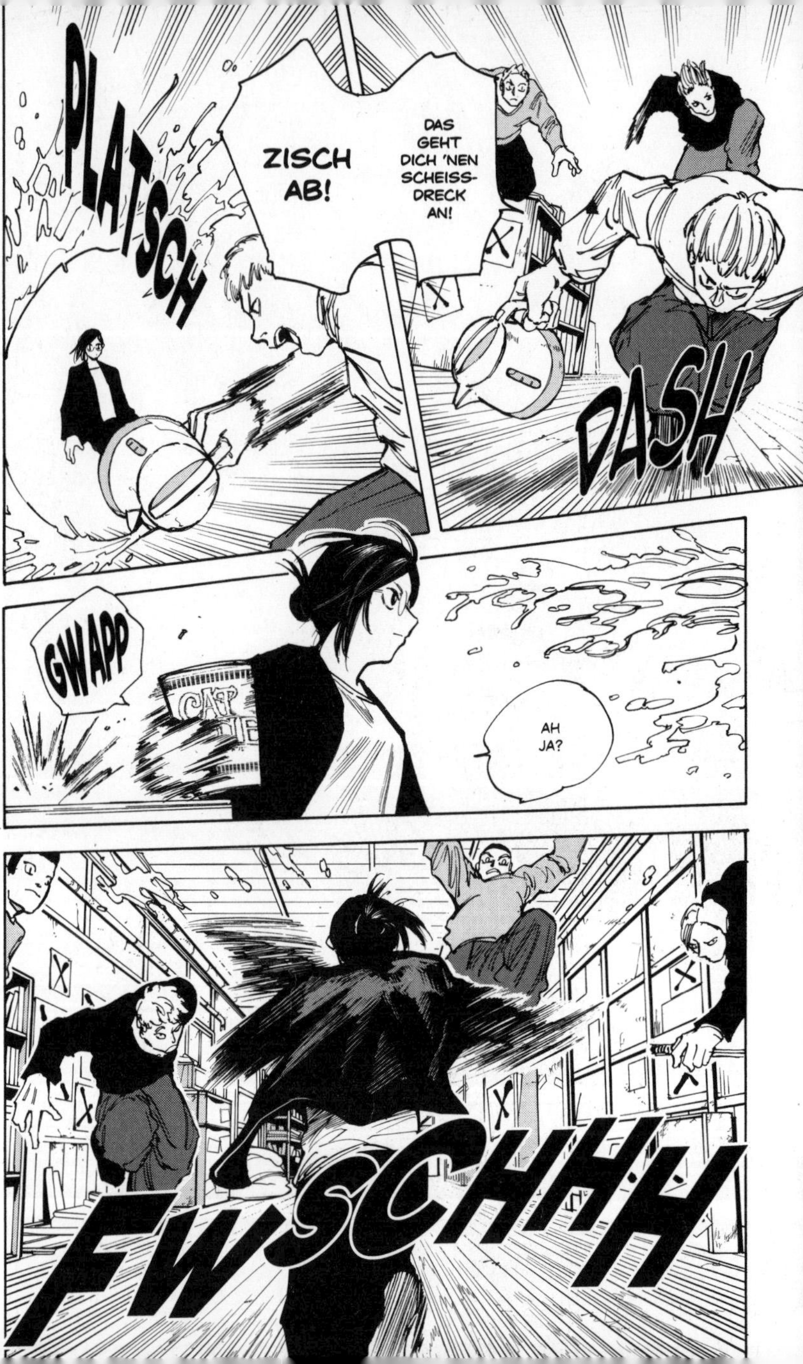
PLATSCH
DAS GEHT DICH 'NEN SCHEISS-DRECK AN!
ZISCH AB!
DASH
GWAPP
AH JA?
FWSCHHH

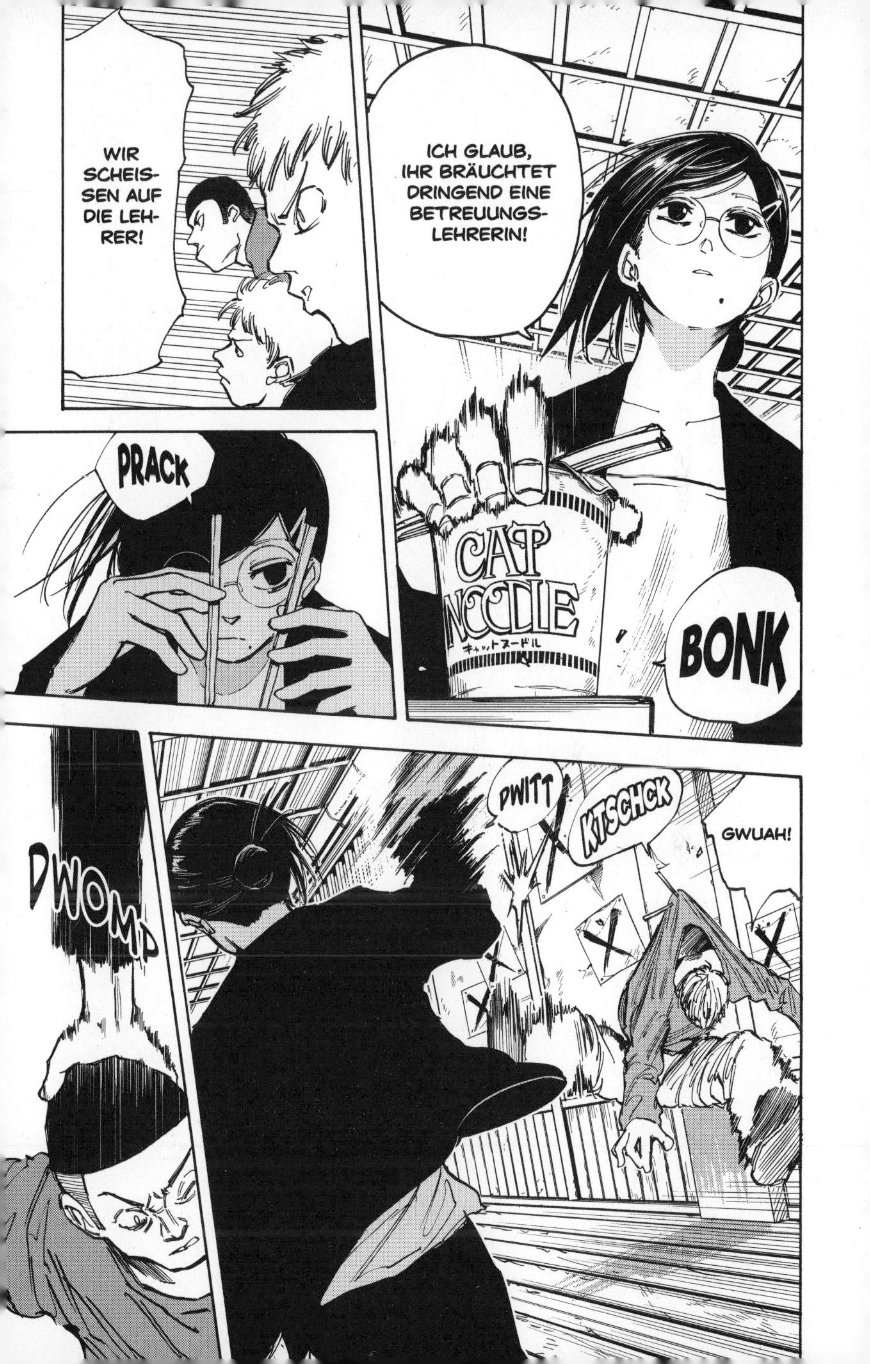
ICH GLAUB, IHR BRÄUCHTET DRINGEND EINE BETREUUNGS-LEHRERIN!
WIR SCHEIS-SEN AUF DIE LEH-RER!
BONK
CAT NOODLE
キャットヌードル
PRACK
GWUAH!
KTSCHCK
DWITT
DWOMP

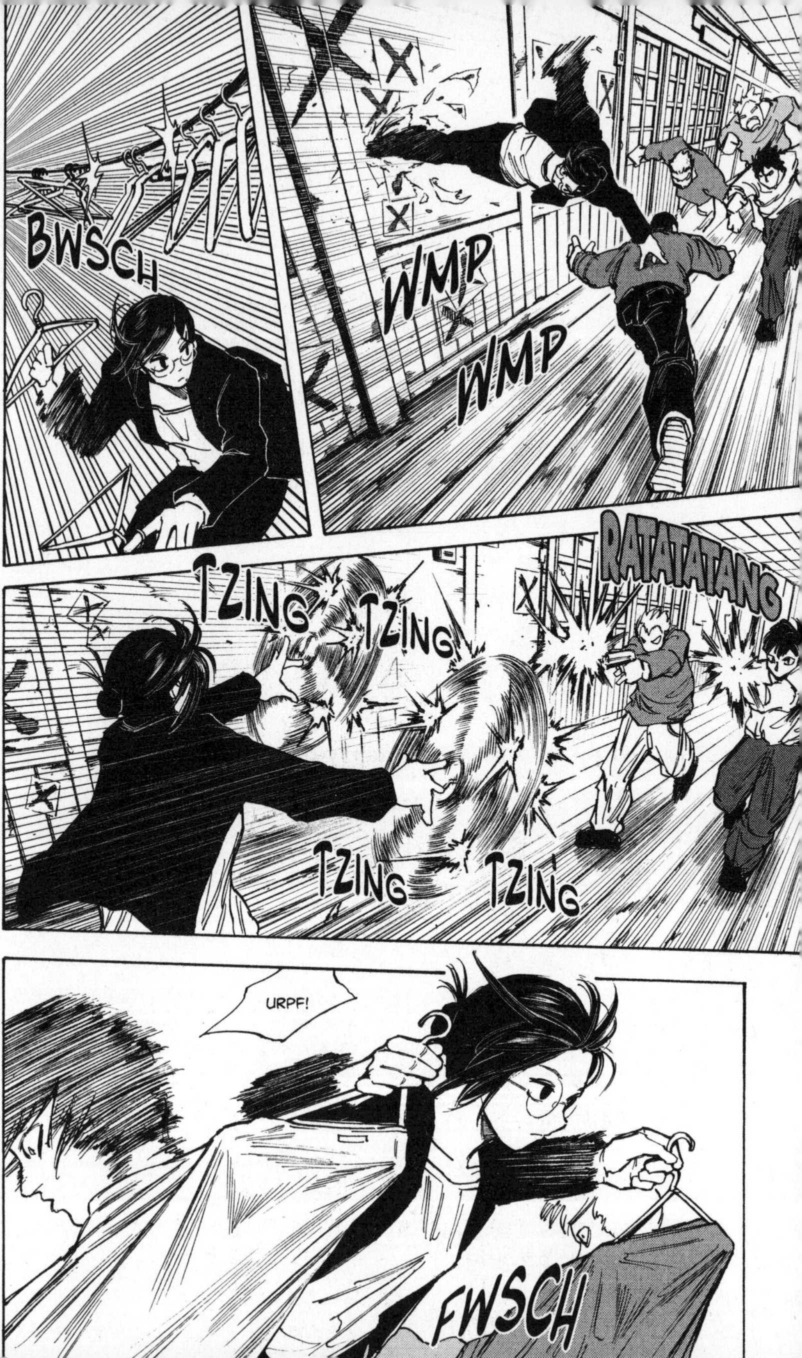
WMP
WMP
BWSCH
RATATATANG
TZING
TZING
TZING
TZING
URPF!
FWSCH

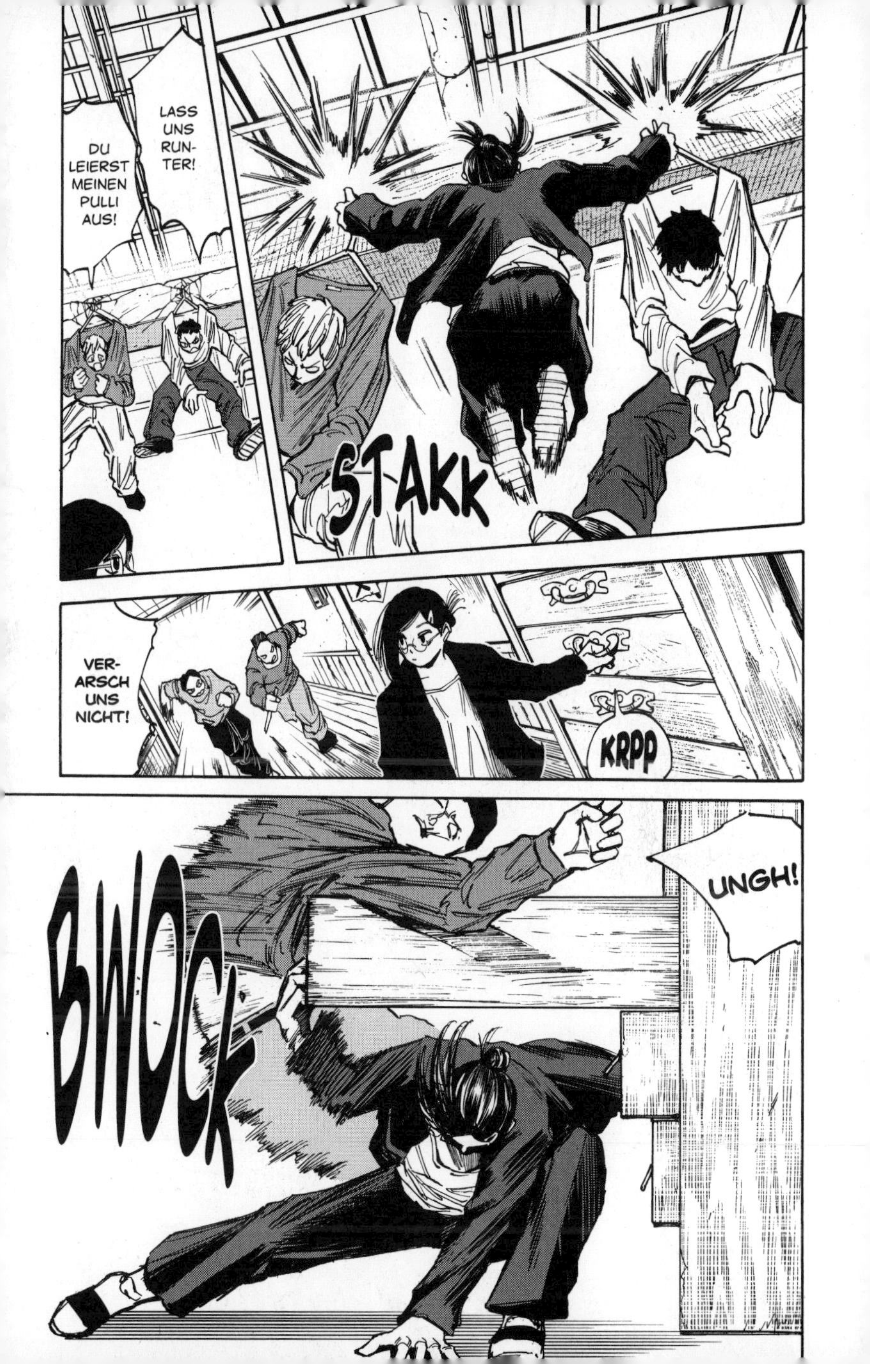
LASS UNS RUN-TER!
DU LEIERST MEINEN PULLI AUS!
STAKK
KRPP
VER-ARSCH UNS NICHT!
UNGH!
BWOCK

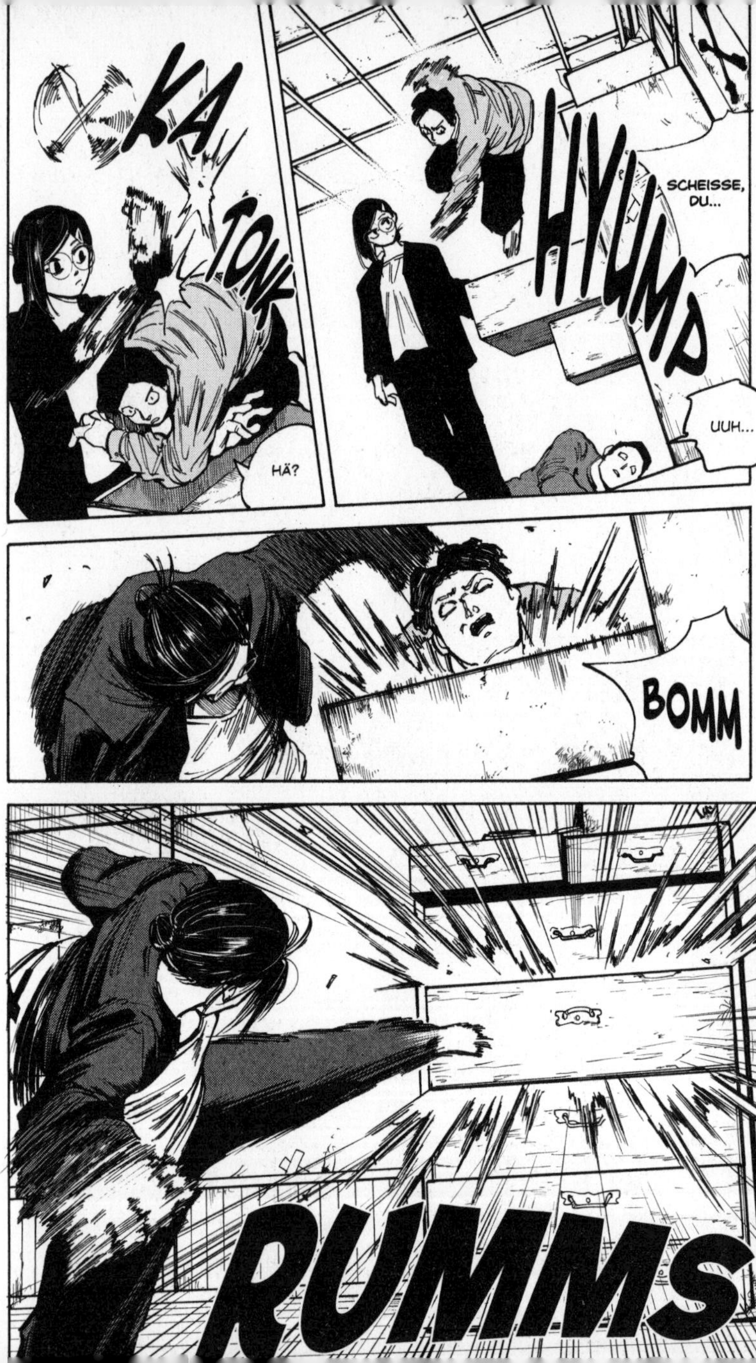
SCHEISSE, DU...
HYUMP
UUH...
KA TONK
HÄ?
BOMM
RUMMS

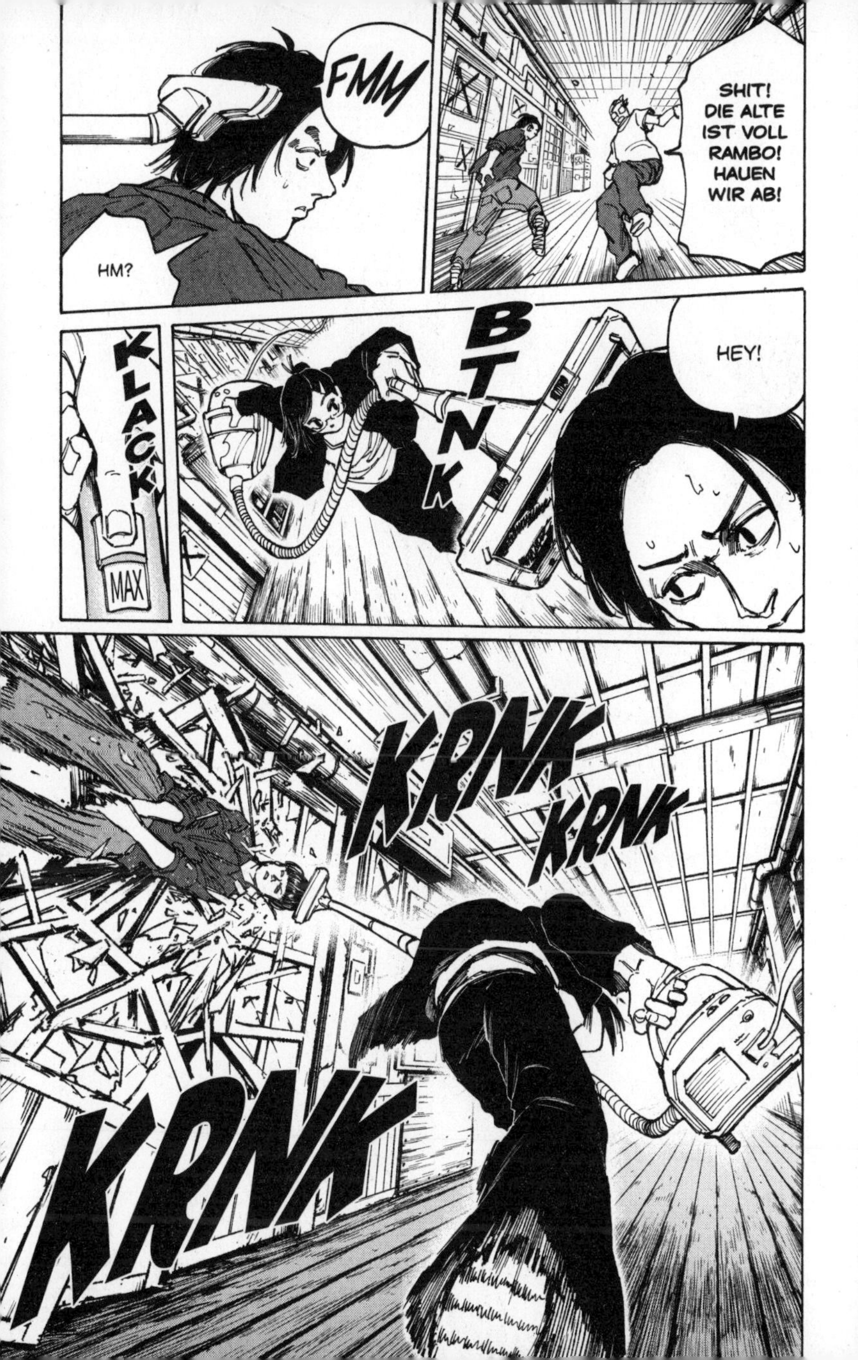
SHIT! DIE ALTE IST VOLL RAMBO! HAUEN WIR AB!
FMM
HM?
HEY!
BTNK
KLACK
MAX
KRNK
KRNK
KRNK

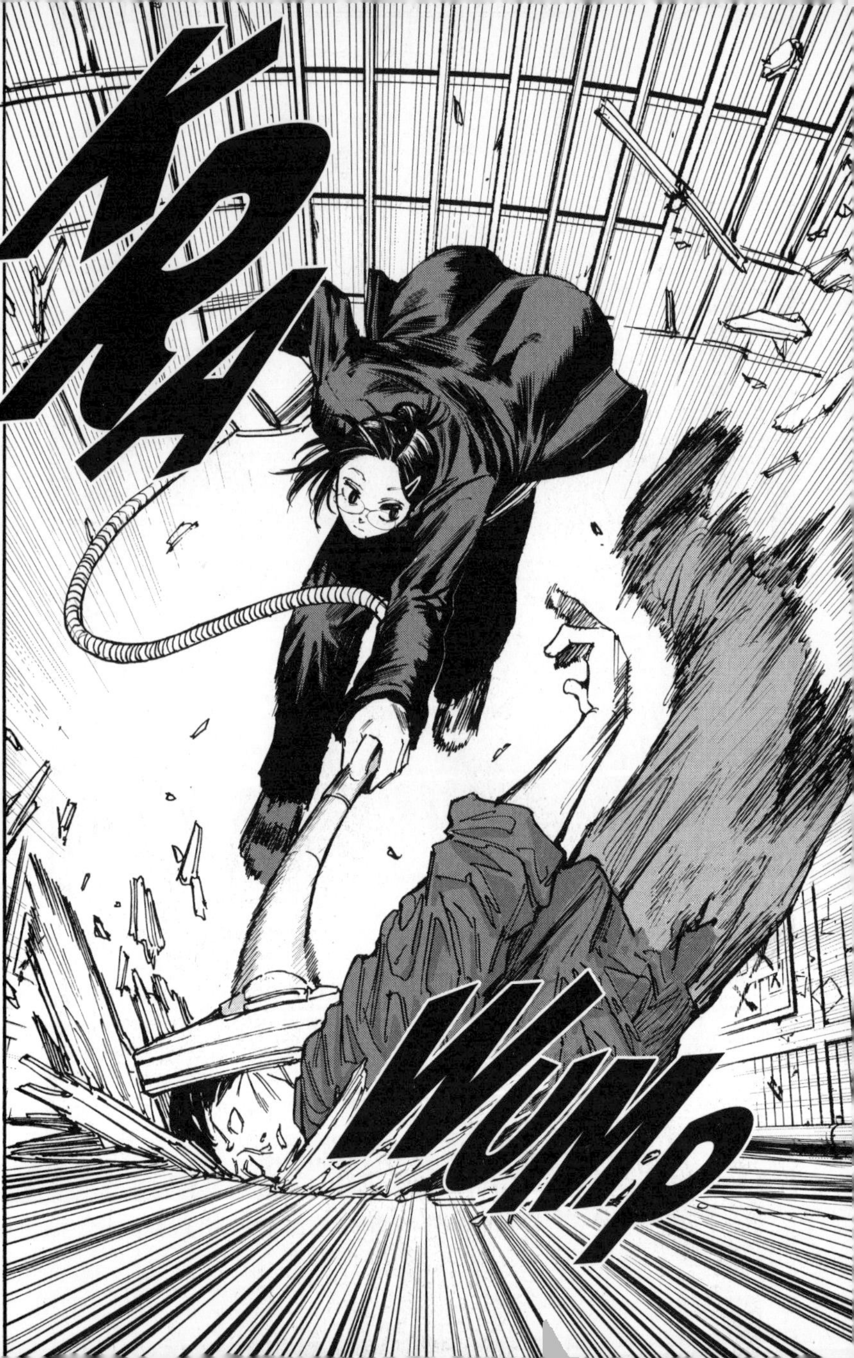
WUMP

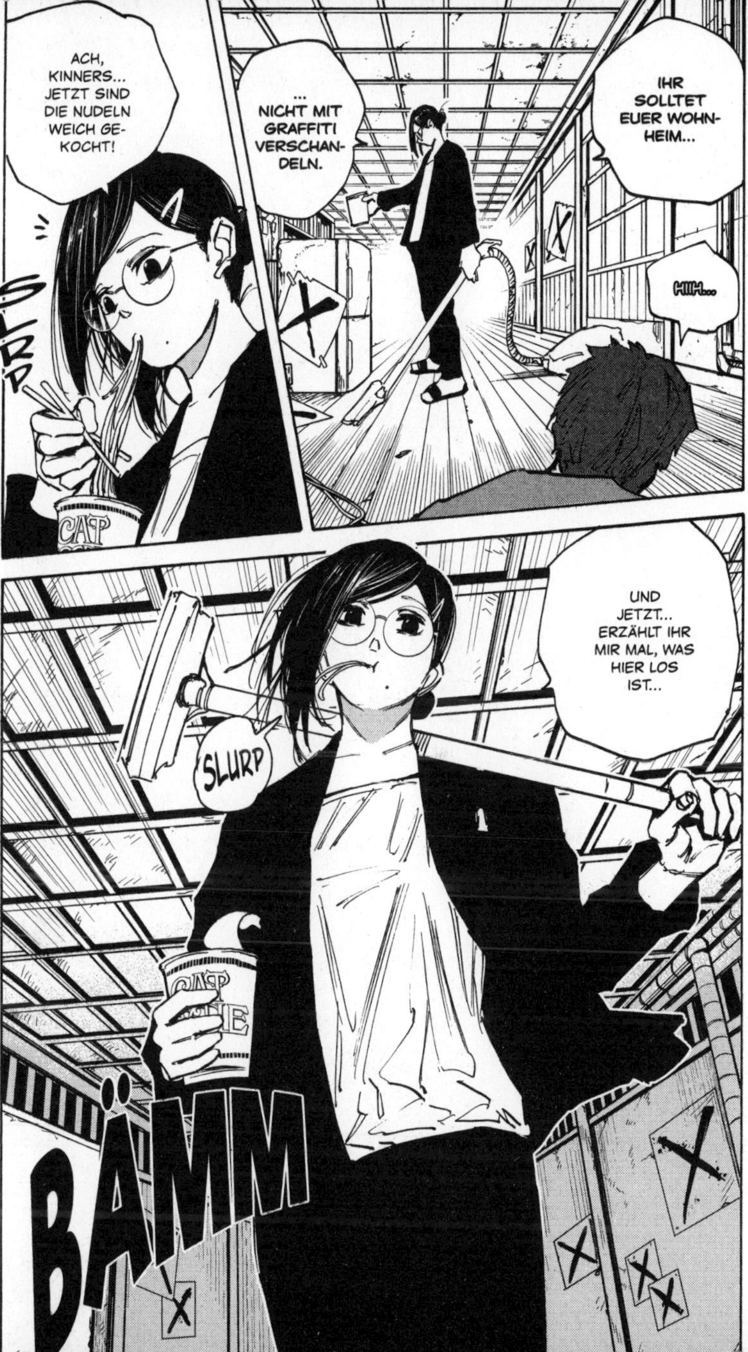

IHR SOLLTET EUER WOHN-HEIM...
HIIH...
... NICHT MIT GRAFFITI VERSCHAN-DELN.
ACH, KINNERS... JETZT SIND DIE NUDELN WEICH GE-KOCHT!
SLURP
CAT
UND JETZT... ERZÄHLT IHR MIR MAL, WAS HIER LOS IST...
SLURP
BÄMM

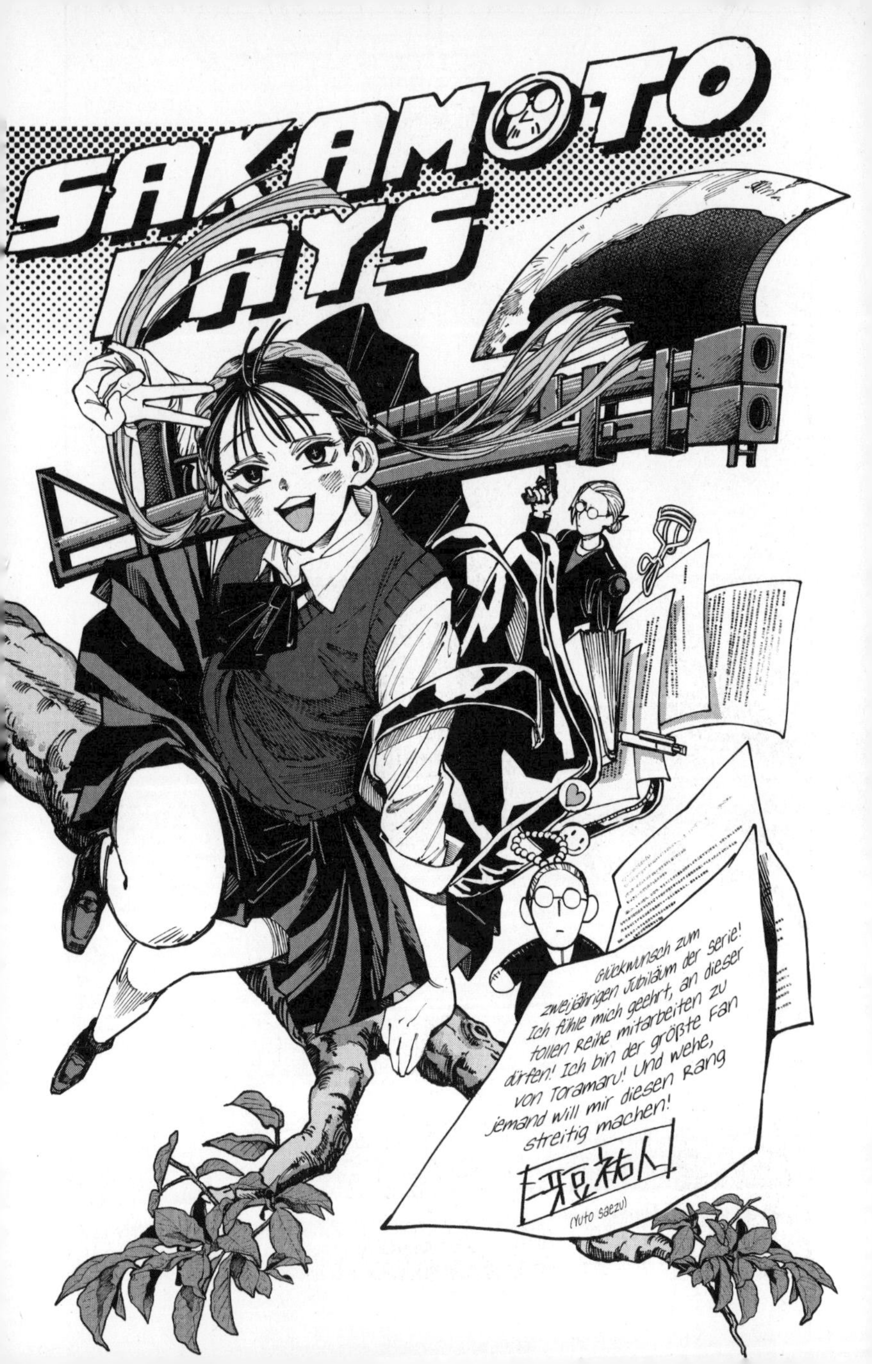
SAKAMOTO DAYS
Glückwunsch zum zweijährigen Jubiläum der Serie! Ich fühle mich geehrt, an dieser tollen Reihe mitarbeiten zu dürfen! Ich bin der größte Fan von Toramaru! Und wehe, jemand will mir diesen Rang streitig machen!
(Yuto Saezu)

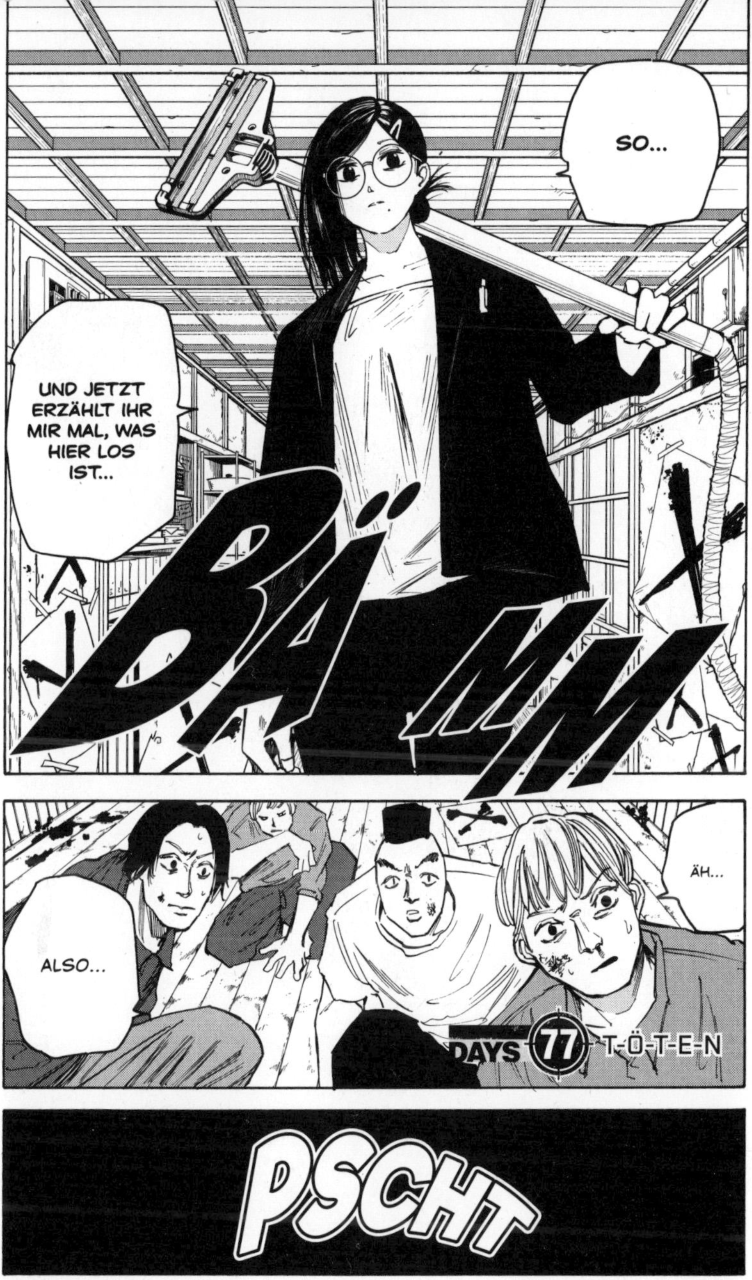
SO...
UND JETZT ERZÄHLT IHR MIR MAL, WAS HIER LOS IST...
BÄMM
ÄH...
ALSO...
DAYS 77 T-Ö-T-E-N
PSCHT

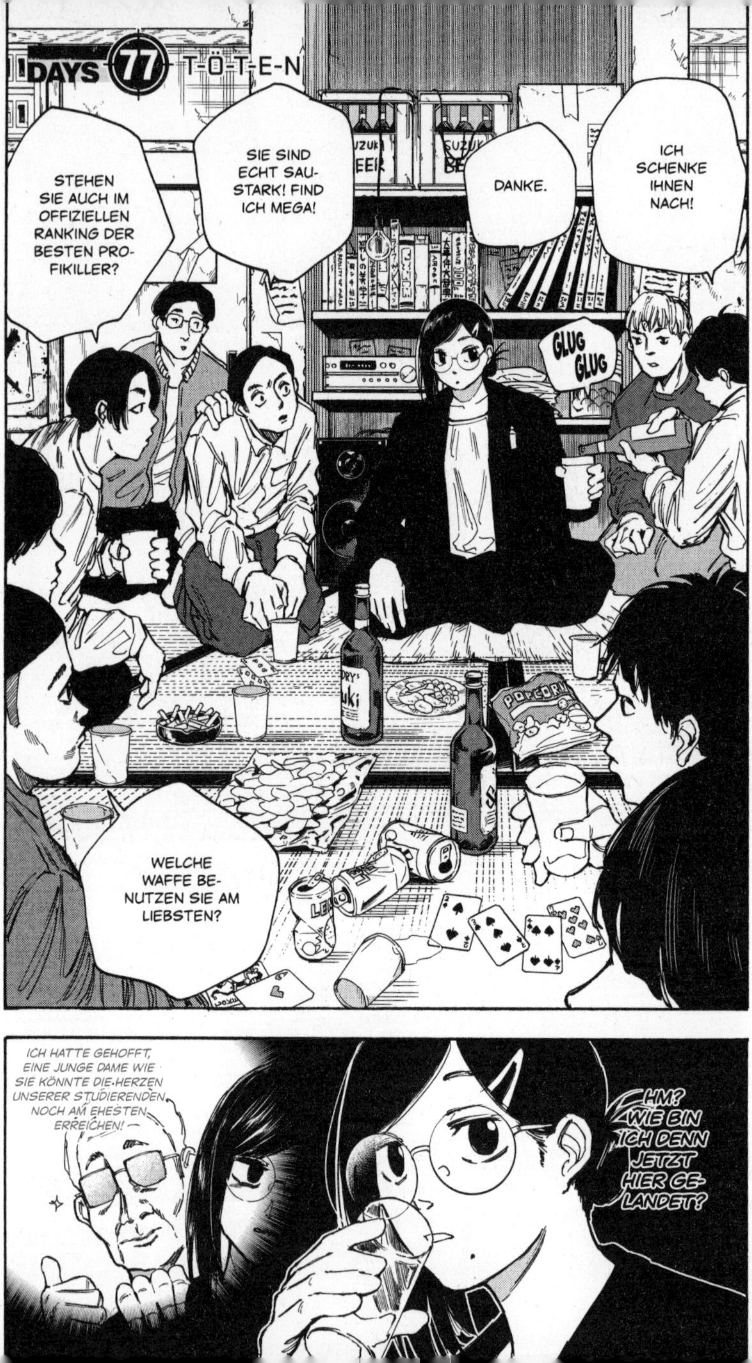
DAYS 77 T-Ö-T-E-N
ICH SCHENKE IHNEN NACH!
DANKE.
SIE SIND ECHT SAU-STARK! FIND ICH MEGA!
STEHEN SIE AUCH IM OFFIZIELLEN RANKING DER BESTEN PRO-FIKILLER?
GLUG GLUG
WELCHE WAFFE BE-NUTZEN SIE AM LIEBSTEN?
HM? WIE BIN ICH DENN JETZT HIER GE-LANDET?
ICH HATTE GEHOFFT, EINE JUNGE DAME WIE SIE KÖNNTE DIE HERZEN UNSERER STUDIERENDEN NOCH AM EHESTEN ERREICHEN!

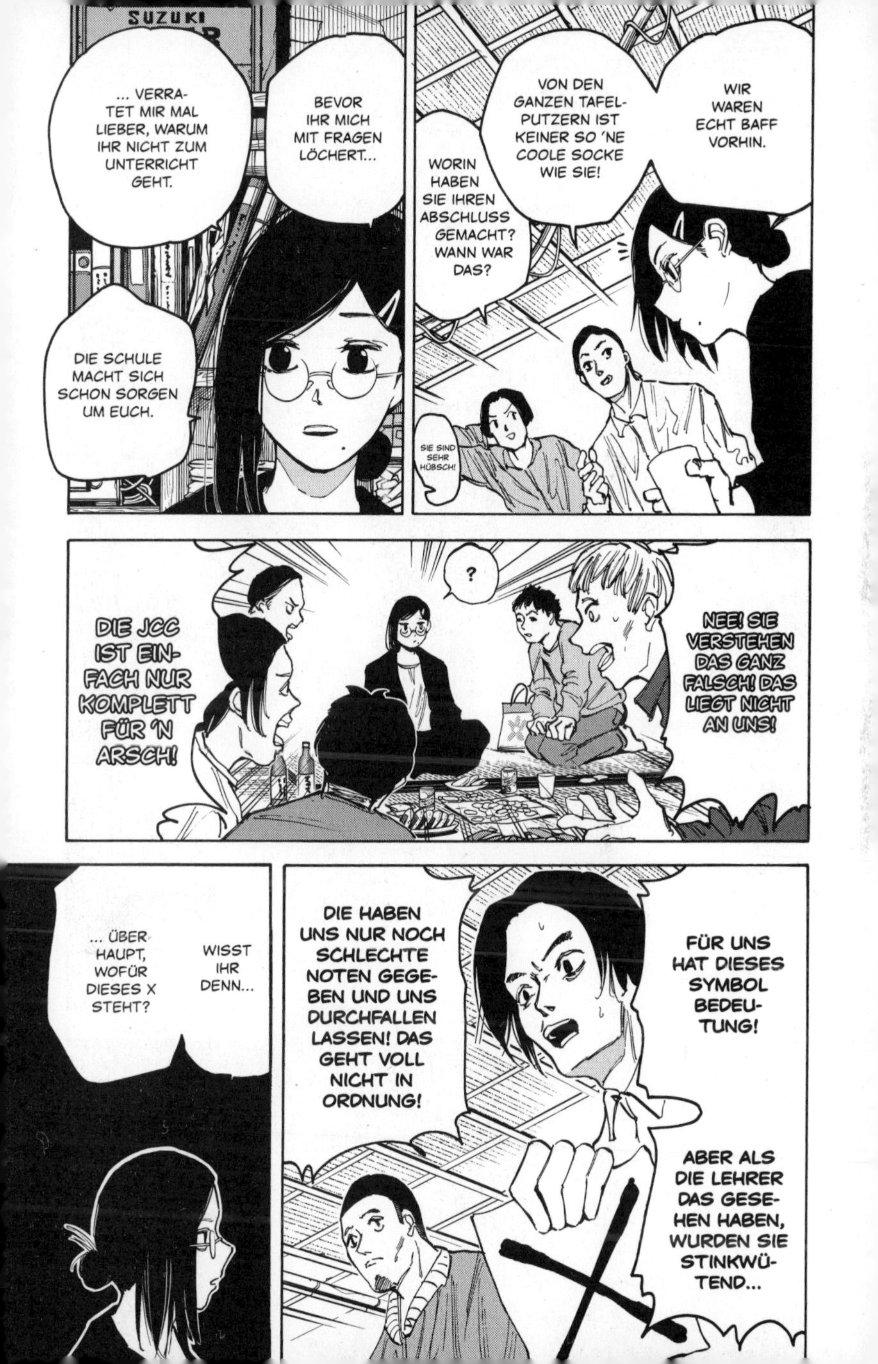
SUZUKI
WIR WAREN ECHT BAFF VORHIN.
VON DEN GANZEN TAFELPUTZERN IST KEINER SO 'NE COOLE SOCKE WIE SIE!
WORIN HABEN SIE IHREN ABSCHLUSS GEMACHT? WANN WAR DAS?
SIE SIND SEHR HÜBSCH!
BEVOR IHR MICH MIT FRAGEN LÖCHERT...
... VERRATET MIR MAL LIEBER, WARUM IHR NICHT ZUM UNTERRICHT GEHT.
DIE SCHULE MACHT SICH SCHON SORGEN UM EUCH.
NEE! SIE VERSTEHEN DAS GANZ FALSCH! DAS LIEGT NICHT AN UNS!
?
DIE JCC IST EINFACH NUR KOMPLETT FÜR 'N ARSCH!
FÜR UNS HAT DIESES SYMBOL BEDEUTUNG!
DIE HABEN UNS NUR NOCH SCHLECHTE NOTEN GEGEBEN UND UNS DURCHFALLEN LASSEN! DAS GEHT VOLL NICHT IN ORDNUNG!
ABER ALS DIE LEHRER DAS GESEHEN HABEN, WURDEN SIE STINKWÜTEND...
WISST IHR DENN...
... ÜBERHAUPT, WOFÜR DIESES X STEHT?

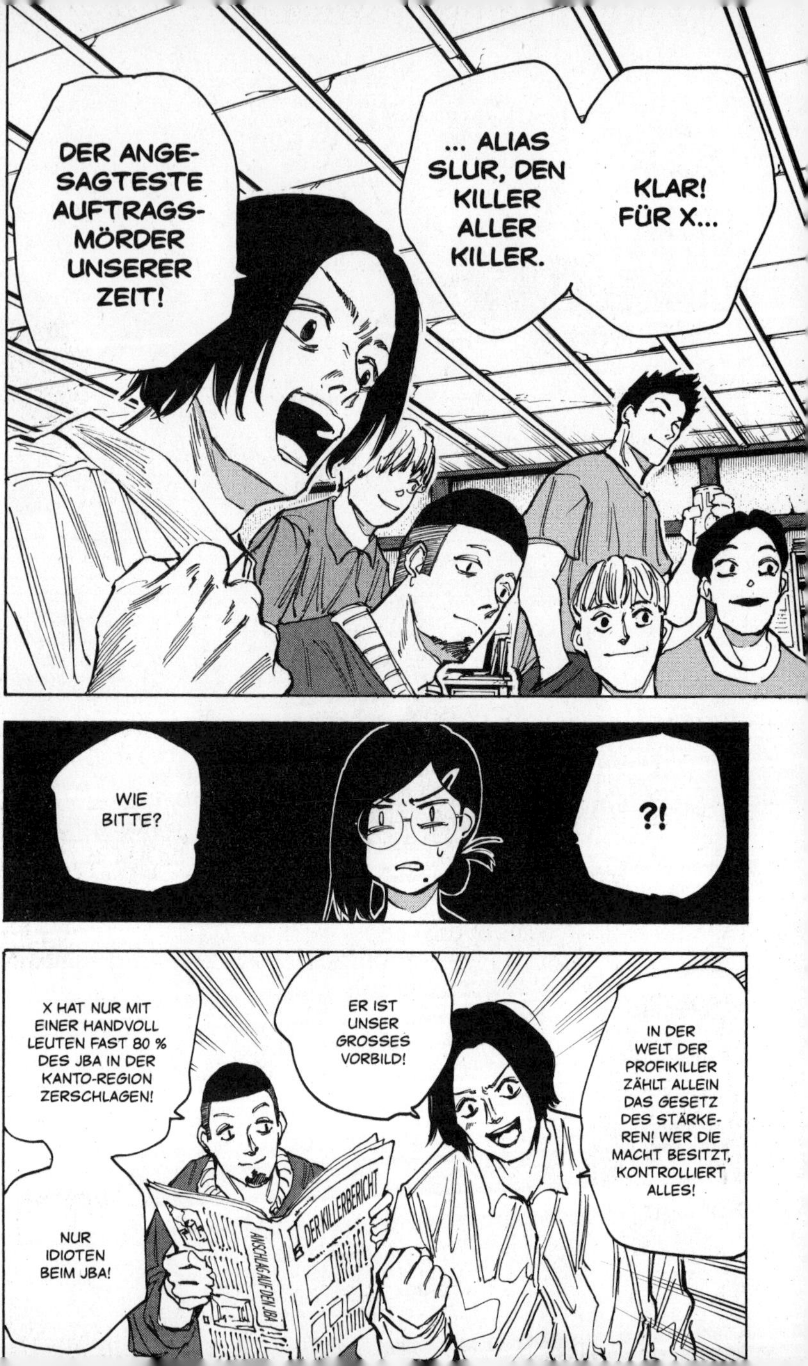
KLAR! FÜR X...
... ALIAS SLUR, DEN KILLER ALLER KILLER.
DER ANGE-SAGTESTE AUFTRAGS-MÖRDER UNSERER ZEIT!
?!
WIE BITTE?
IN DER WELT DER PROFIKILLER ZÄHLT ALLEIN DAS GESETZ DES STÄRKE-REN! WER DIE MACHT BESITZT, KONTROLLIERT ALLES!
ER IST UNSER GROSSES VORBILD!
X HAT NUR MIT EINER HANDVOLL LEUTEN FAST 80 % DES JBA IN DER KANTO-REGION ZERSCHLAGEN!
DER KILLERBERICHT
ANSCHLAG AUF DEN JBA
NUR IDIOTEN BEIM JBA!

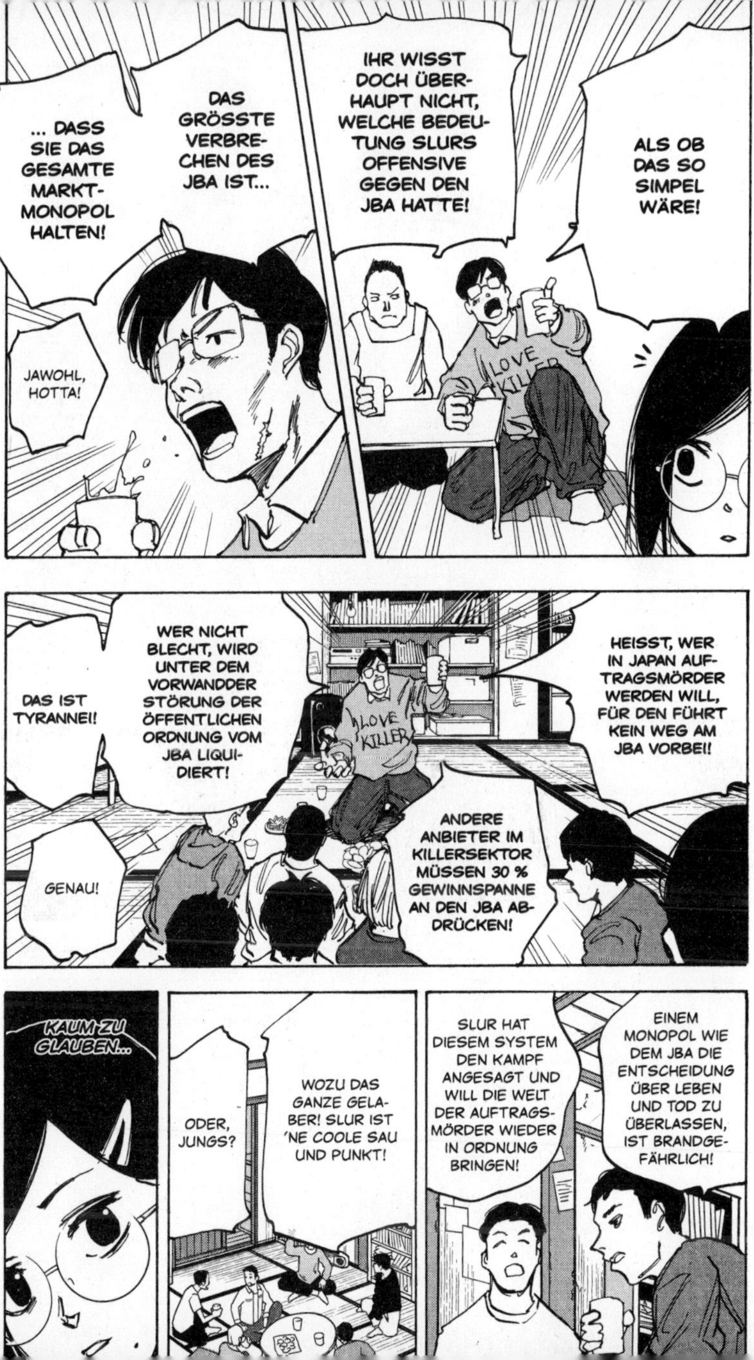
ALS OB DAS SO SIMPEL WÄRE!
IHR WISST DOCH ÜBERHAUPT NICHT, WELCHE BEDEUTUNG SLURS OFFENSIVE GEGEN DEN JBA HATTE!
DAS GRÖSSTE VERBRECHEN DES JBA IST...
... DASS SIE DAS GESAMTE MARKTMONOPOL HALTEN!
JAWOHL, HOTTA!
HEISST, WER IN JAPAN AUFTRAGSMÖRDER WERDEN WILL, FÜR DEN FÜHRT KEIN WEG AM JBA VORBEI!
ANDERE ANBIETER IM KILLERSEKTOR MÜSSEN 30 % GEWINNSPANNE AN DEN JBA ABDRÜCKEN!
WER NICHT BLECHT, WIRD UNTER DEM VORWANDDER STÖRUNG DER ÖFFENTLICHEN ORDNUNG VOM JBA LIQUIDIERT!
DAS IST TYRANNEI!
GENAU!
EINEM MONOPOL WIE DEM JBA DIE ENTSCHEIDUNG ÜBER LEBEN UND TOD ZU ÜBERLASSEN, IST BRANDGEFÄHRLICH!
SLUR HAT DIESEM SYSTEM DEN KAMPF ANGESAGT UND WILL DIE WELT DER AUFTRAGSMÖRDER WIEDER IN ORDNUNG BRINGEN!
WOZU DAS GANZE GELABER! SLUR IST 'NE COOLE SAU UND PUNKT!
ODER, JUNGS?
KAUM ZU GLAUBEN...

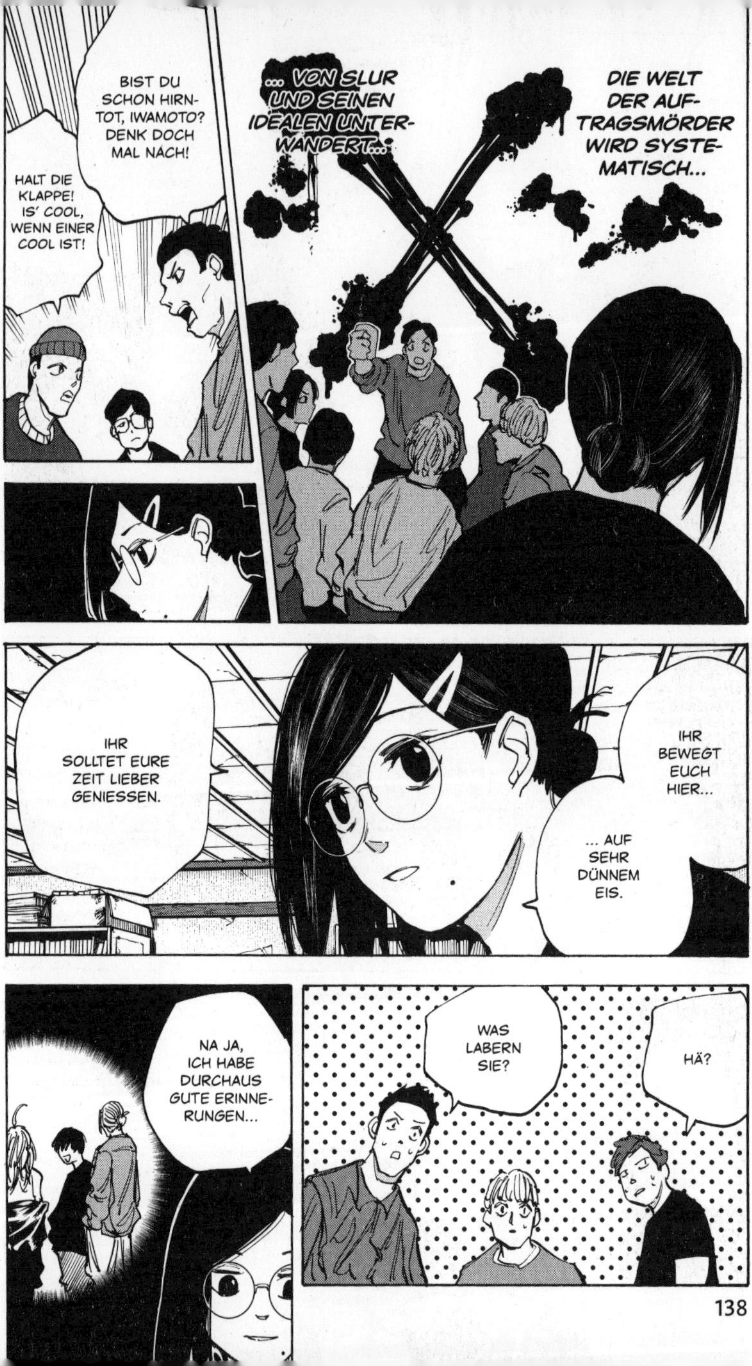
DIE WELT DER AUFTRAGSMÖRDER WIRD SYSTEMATISCH...
... VON SLUR UND SEINEN IDEALEN UNTERWANDERT...
BIST DU SCHON HIRNTOT, IWAMOTO? DENK DOCH MAL NACH!
HALT DIE KLAPPE! IS' COOL, WENN EINER COOL IST!
IHR BEWEGT EUCH HIER...
... AUF SEHR DÜNNEM EIS.
IHR SOLLTET EURE ZEIT LIEBER GENIESSEN.
HÄ?
WAS LABERN SIE?
NA JA, ICH HABE DURCHAUS GUTE ERINNERUNGEN...

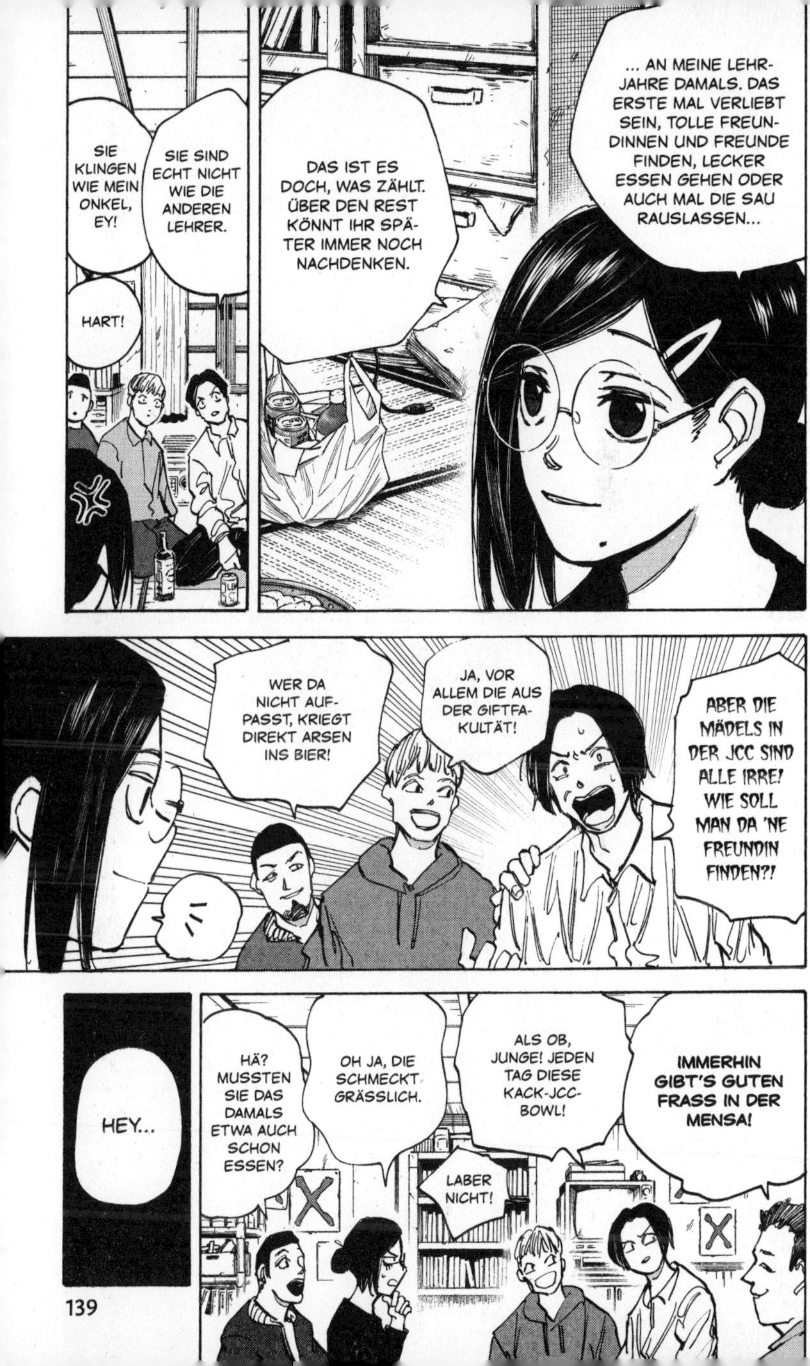
... AN MEINE LEHRJAHRE DAMALS. DAS ERSTE MAL VERLIEBT SEIN, TOLLE FREUNDINNEN UND FREUNDE FINDEN, LECKER ESSEN GEHEN ODER AUCH MAL DIE SAU RAUSLASSEN...
DAS IST ES DOCH, WAS ZÄHLT. ÜBER DEN REST KÖNNT IHR SPÄTER IMMER NOCH NACHDENKEN.
SIE SIND ECHT NICHT WIE DIE ANDEREN LEHRER.
SIE KLINGEN WIE MEIN ONKEL, EY!
HART!
ABER DIE MÄDELS IN DER JCC SIND ALLE IRRE! WIE SOLL MAN DA 'NE FREUNDIN FINDEN?!
JA, VOR ALLEM DIE AUS DER GIFTFAKULTÄT!
WER DA NICHT AUFPASST, KRIEGT DIREKT ARSEN INS BIER!
IMMERHIN GIBT'S GUTEN FRASS IN DER MENSA!
ALS OB, JUNGE! JEDEN TAG DIESE KACK-JCC-BOWL!
LABER NICHT!
OH JA, DIE SCHMECKT GRÄSSLICH.
HÄ? MUSSTEN SIE DAS DAMALS ETWA AUCH SCHON ESSEN?
HEY...

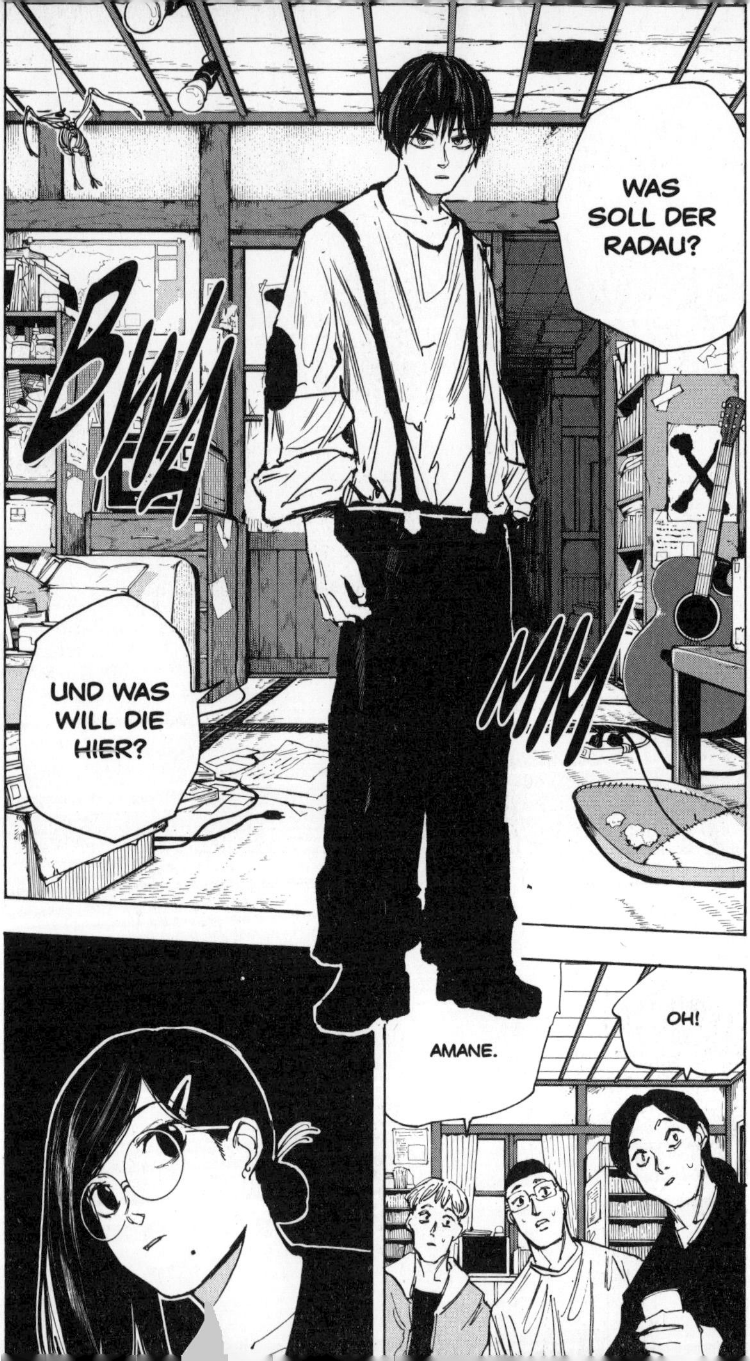
WAS SOLL DER RADAU?
BWA
MM
UND WAS WILL DIE HIER?
OH!
AMANE.

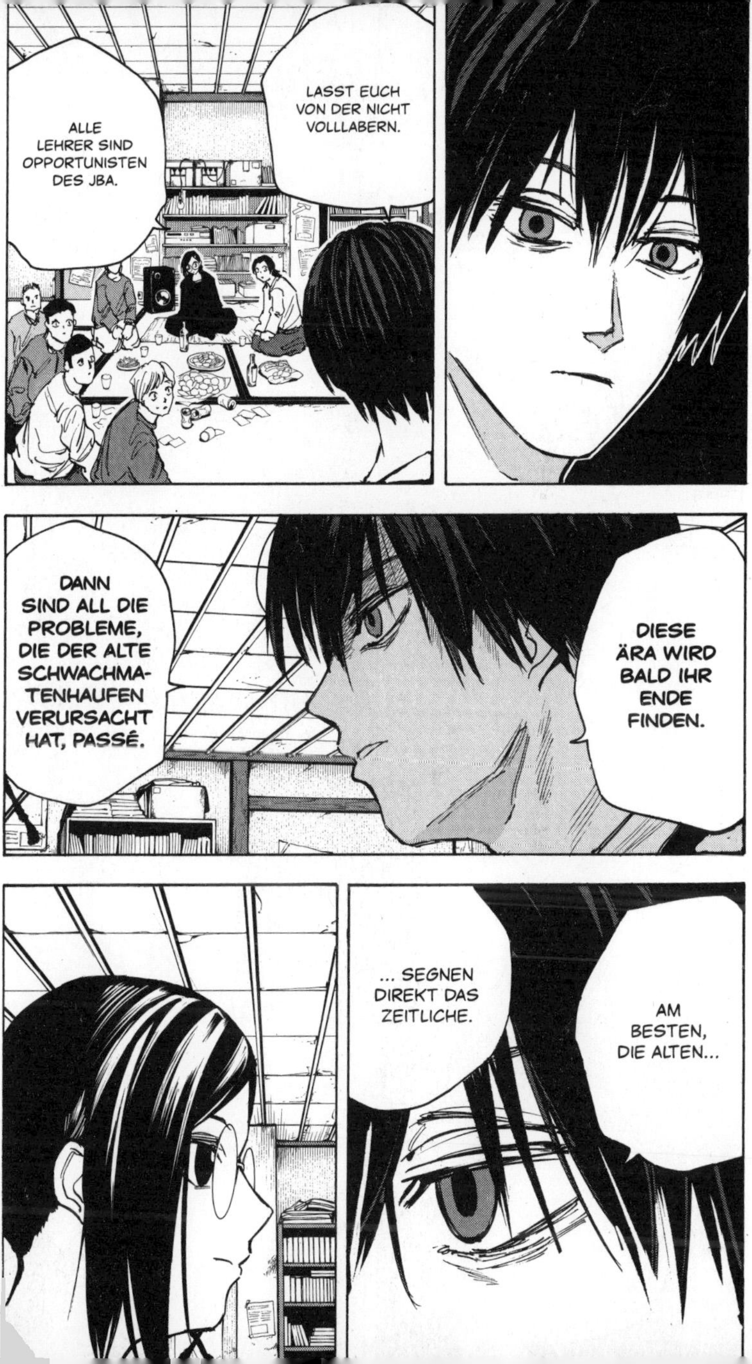
LASST EUCH VON DER NICHT VOLLLABERN.
ALLE LEHRER SIND OPPORTUNISTEN DES JBA.
DIESE ÄRA WIRD BALD IHR ENDE FINDEN.
DANN SIND ALL DIE PROBLEME, DIE DER ALTE SCHWACHMATENHAUFEN VERURSACHT HAT, PASSÉ.
AM BESTEN, DIE ALTEN...
... SEGNEN DIREKT DAS ZEITLICHE.

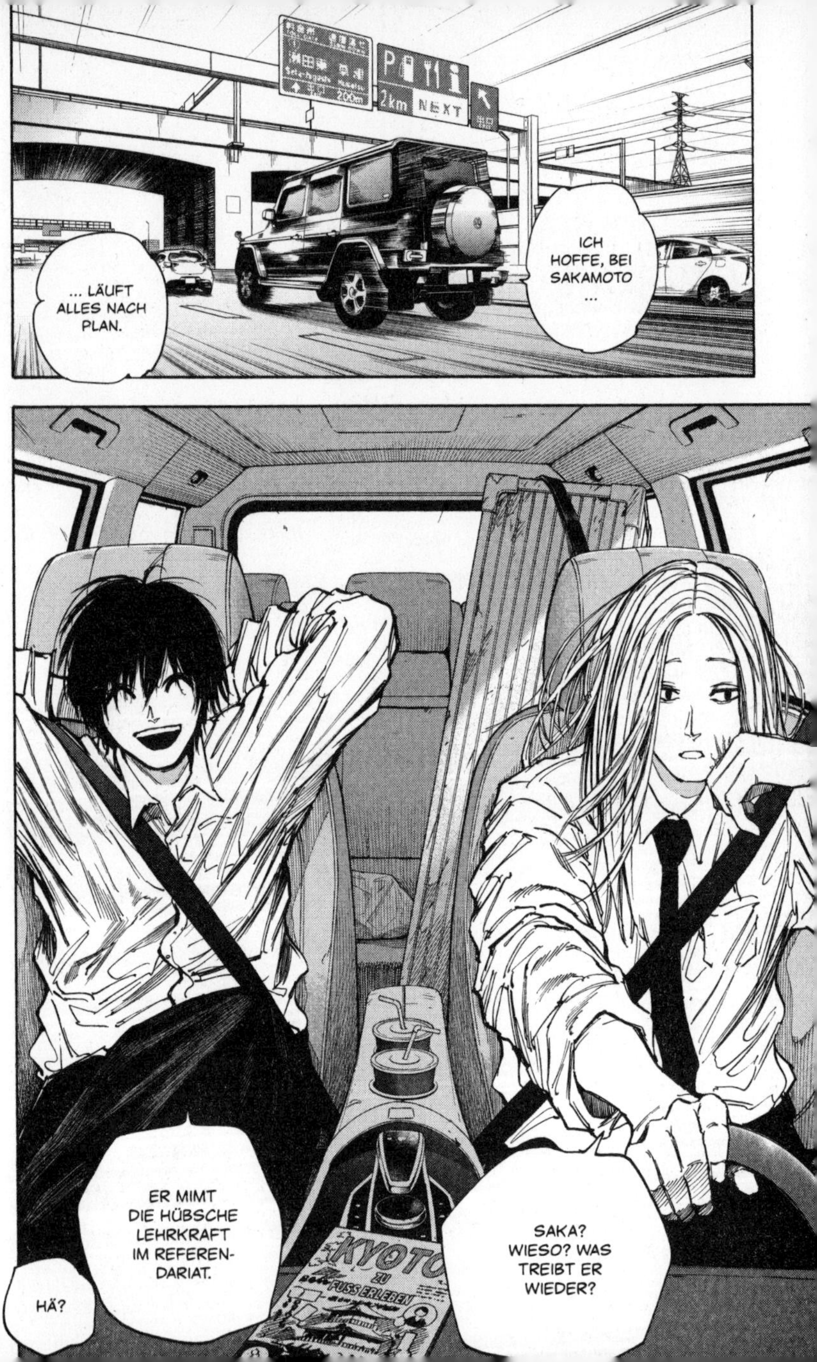
2km NEXT
ICH HOFFE, BEI SAKAMOTO ...
... LÄUFT ALLES NACH PLAN.
SAKA? WIESO? WAS TREIBT ER WIEDER?
ER MIMT DIE HÜBSCHE LEHRKRAFT IM REFEREN-DARIAT.
HÄ?
KYOTO ZU FUSS ERLEBEN

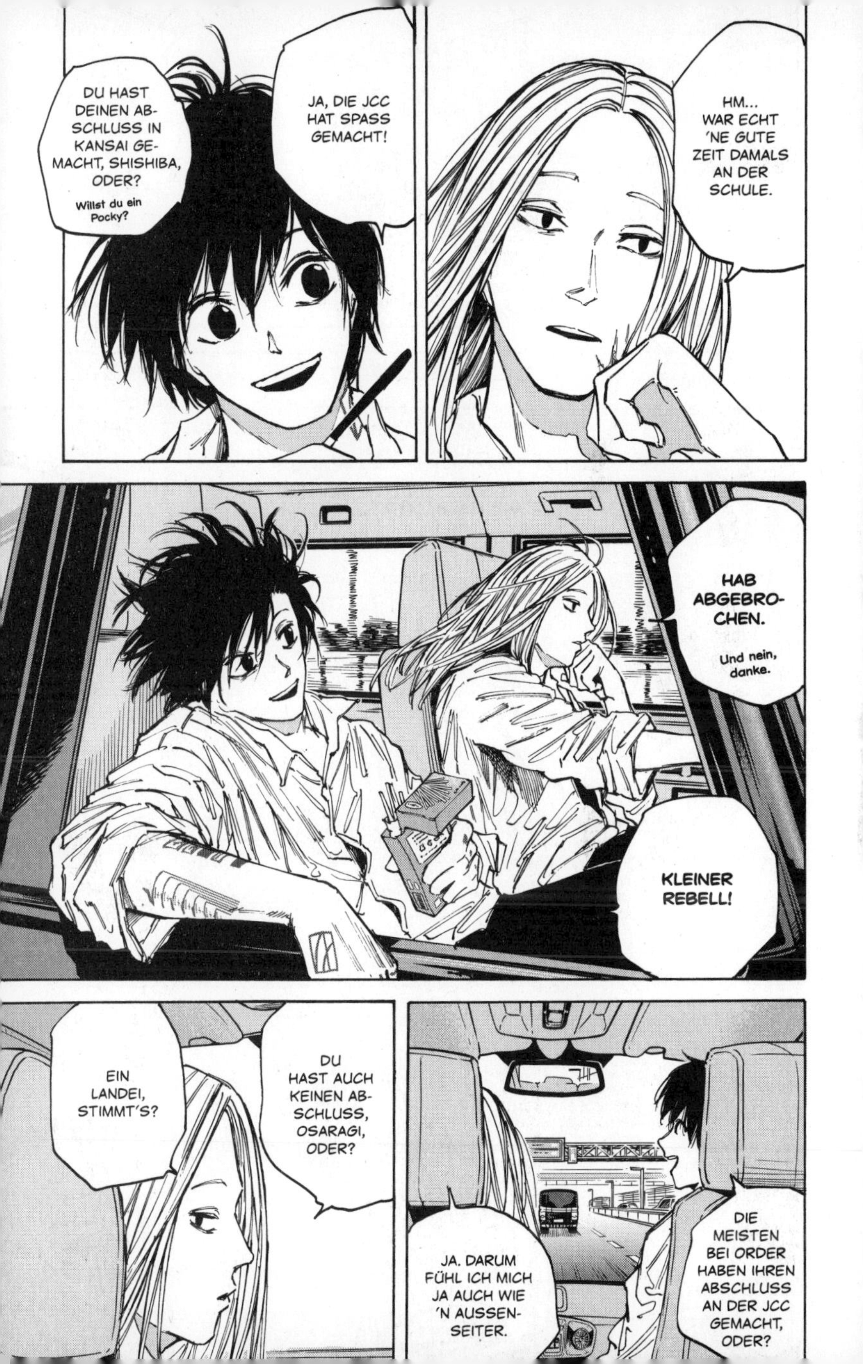
HM... WAR ECHT 'NE GUTE ZEIT DAMALS AN DER SCHULE.
JA, DIE JCC HAT SPASS GEMACHT!
DU HAST DEINEN ABSCHLUSS IN KANSAI GEMACHT, SHISHIBA, ODER?
Willst du ein Pocky?
HAB ABGEBROCHEN.
Und nein, danke.
KLEINER REBELL!
DIE MEISTEN BEI ORDER HABEN IHREN ABSCHLUSS AN DER JCC GEMACHT, ODER?
JA. DARUM FÜHL ICH MICH JA AUCH WIE 'N AUSSENSEITER.
DU HAST AUCH KEINEN ABSCHLUSS, OSARAGI, ODER?
EIN LANDEI, STIMMT'S?

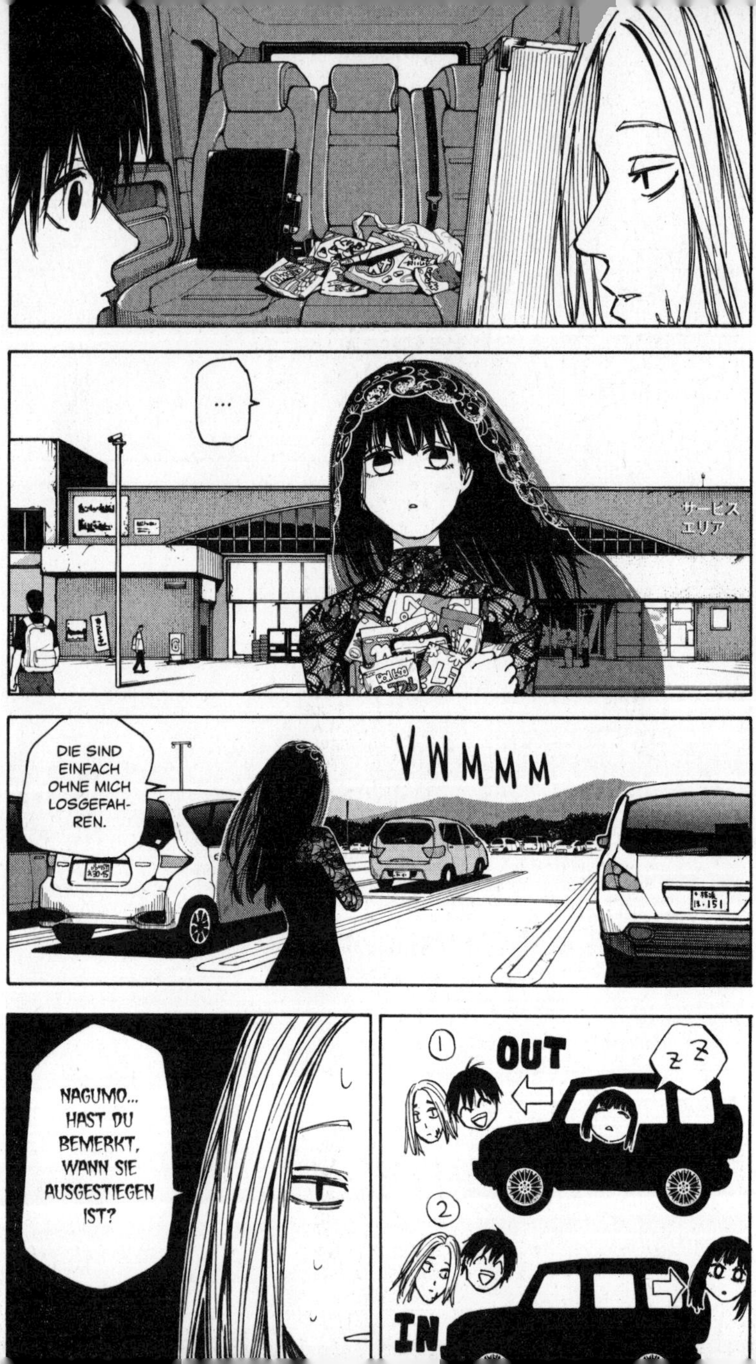
...
サービス
エリア
VWMMM
DIE SIND EINFACH OHNE MICH LOSGEFAHREN.
OUT
Z Z
NAGUMO... HAST DU BEMERKT, WANN SIE AUSGESTIEGEN IST?
IN

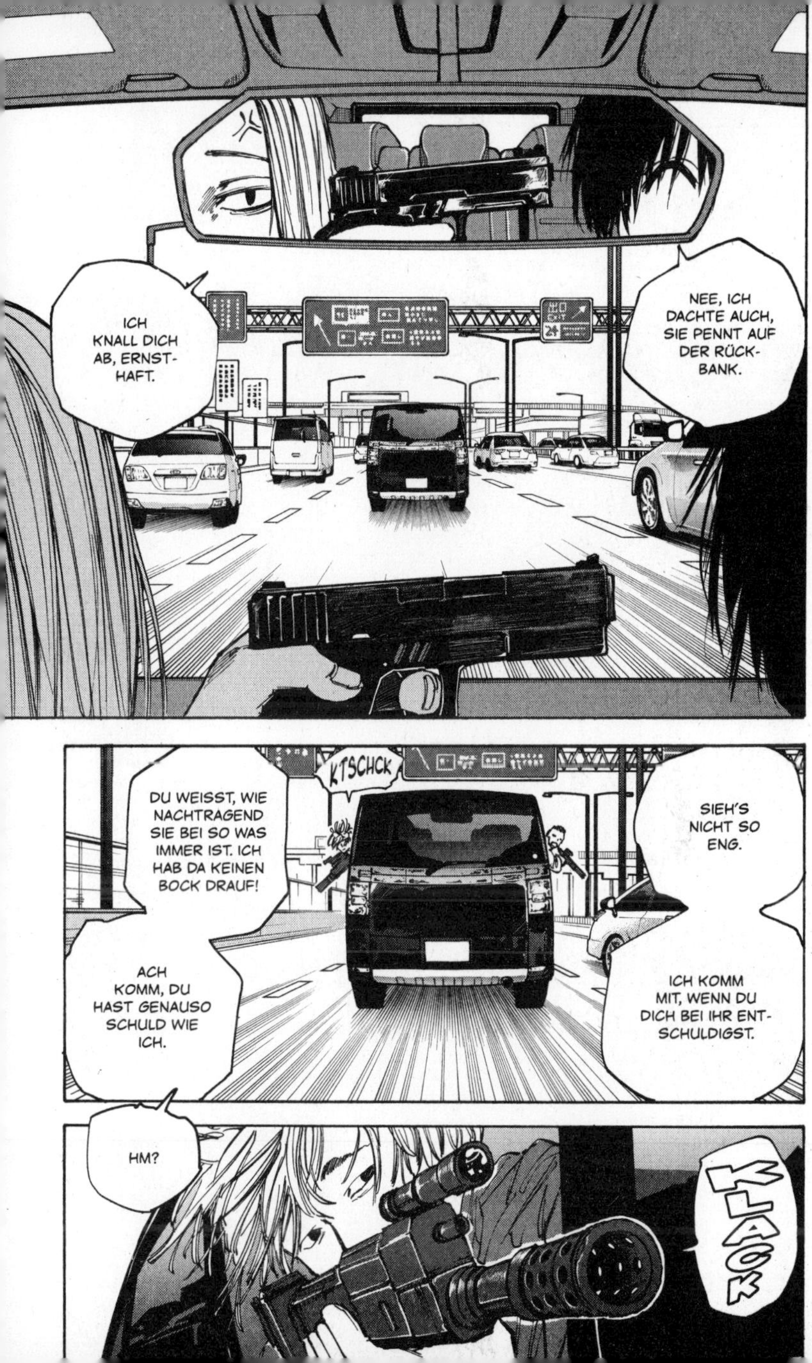
NEE, ICH DACHTE AUCH, SIE PENNT AUF DER RÜCK-BANK.
ICH KNALL DICH AB, ERNST-HAFT.
SIEH'S NICHT SO ENG.
DU WEISST, WIE NACHTRAGEND SIE BEI SO WAS IMMER IST. ICH HAB DA KEINEN BOCK DRAUF!
KTSCHCK
ICH KOMM MIT, WENN DU DICH BEI IHR ENT-SCHULDIGST.
ACH KOMM, DU HAST GENAUSO SCHULD WIE ICH.
KLACK
HM?

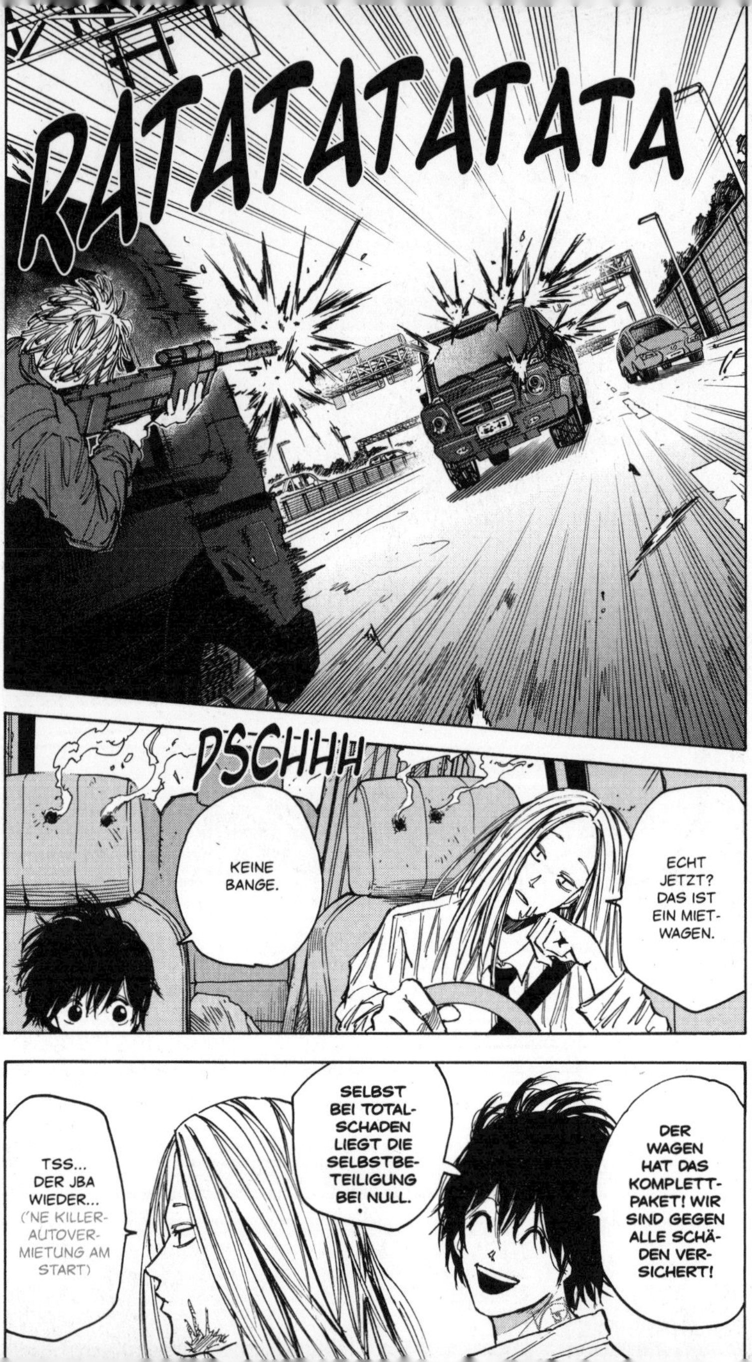
RATATATATATA
PSCHHH
ECHT JETZT? DAS IST EIN MIETWAGEN.
KEINE BANGE.
DER WAGEN HAT DAS KOMPLETTPAKET! WIR SIND GEGEN ALLE SCHÄDEN VERSICHERT!
SELBST BEI TOTALSCHADEN LIEGT DIE SELBSTBETEILIGUNG BEI NULL.
TSS... DER JBA WIEDER... ('NE KILLER-AUTOVERMIETUNG AM START)

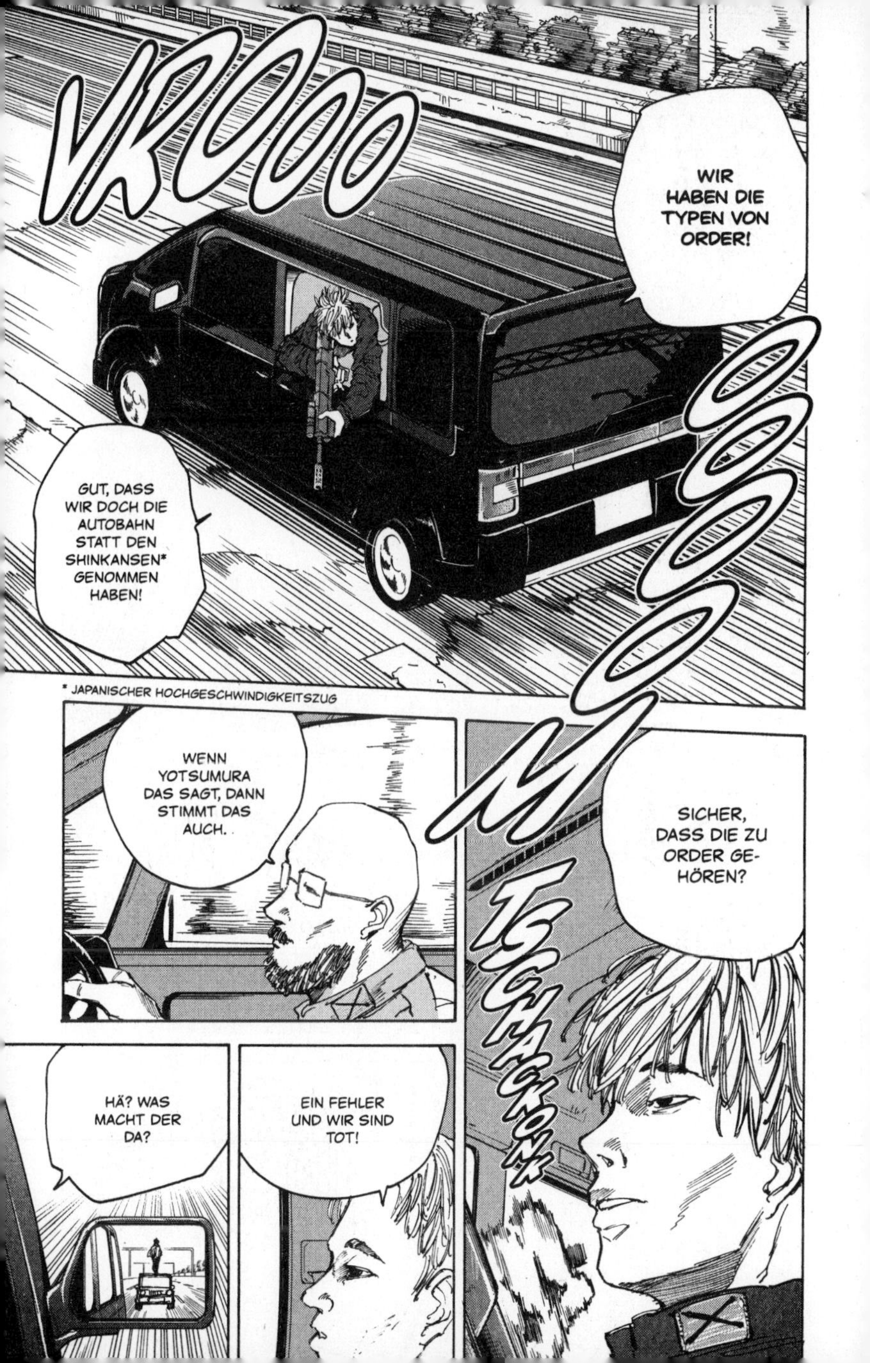

* JAPANISCHER HOCHGESCHWINDIGKEITSZUG

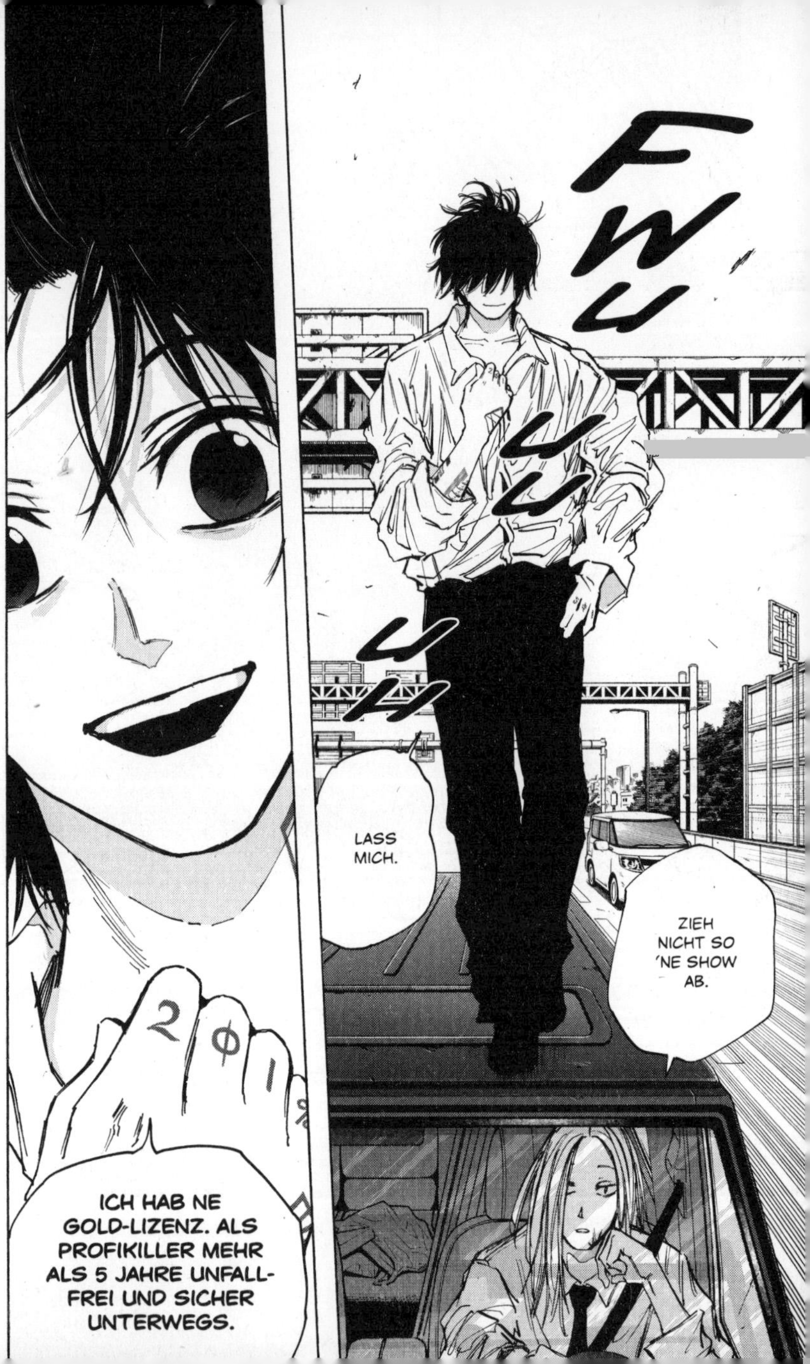
FWUUUUUH
ZIEH NICHT SO 'NE SHOW AB.
LASS MICH.
ICH HAB NE GOLD-LIZENZ. ALS PROFIKILLER MEHR ALS 5 JAHRE UNFALL-FREI UND SICHER UNTERWEGS.
2 0 1 %

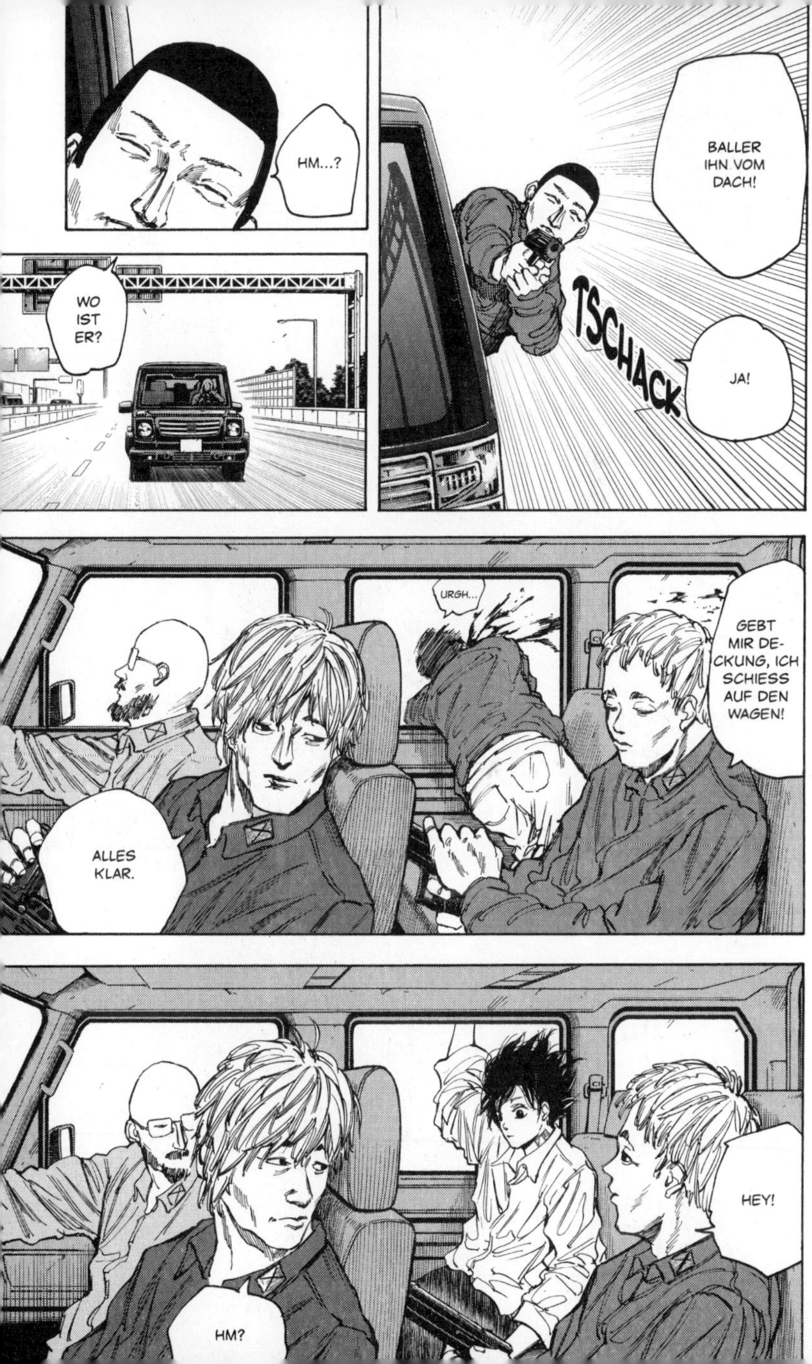
BALLER IHN VOM DACH!
TSCHACK
JA!
HM...?
WO IST ER?
GEBT MIR DE-CKUNG, ICH SCHIESS AUF DEN WAGEN!
URGH...
ALLES KLAR.
HEY!
HM?

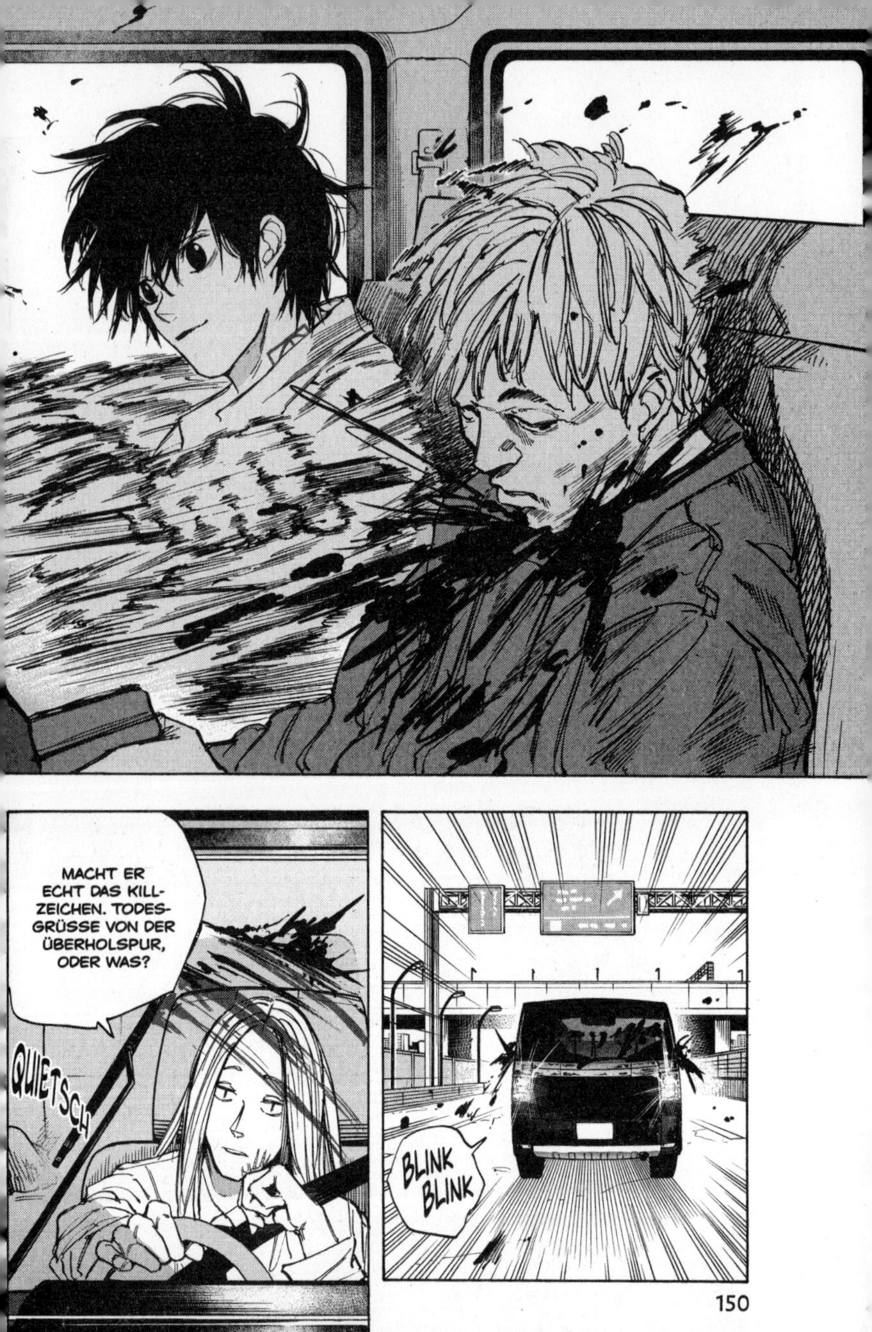
MACHT ER ECHT DAS KILL-ZEICHEN. TODES-GRÜSSE VON DER ÜBERHOLSPUR, ODER WAS?
QUIETSCH
BLINK BLINK

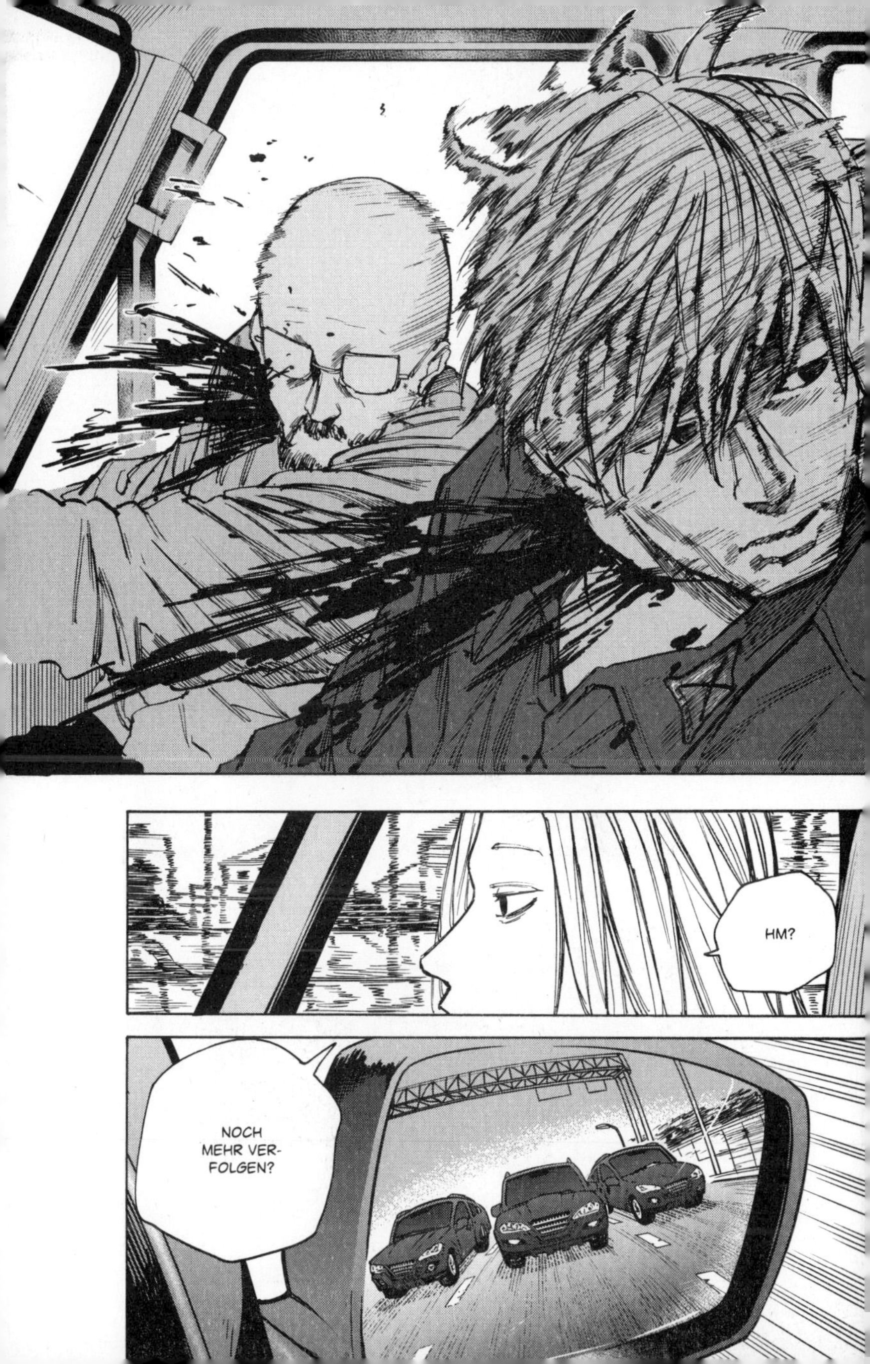
HM?
NOCH
MEHR VER-
FOLGEN?

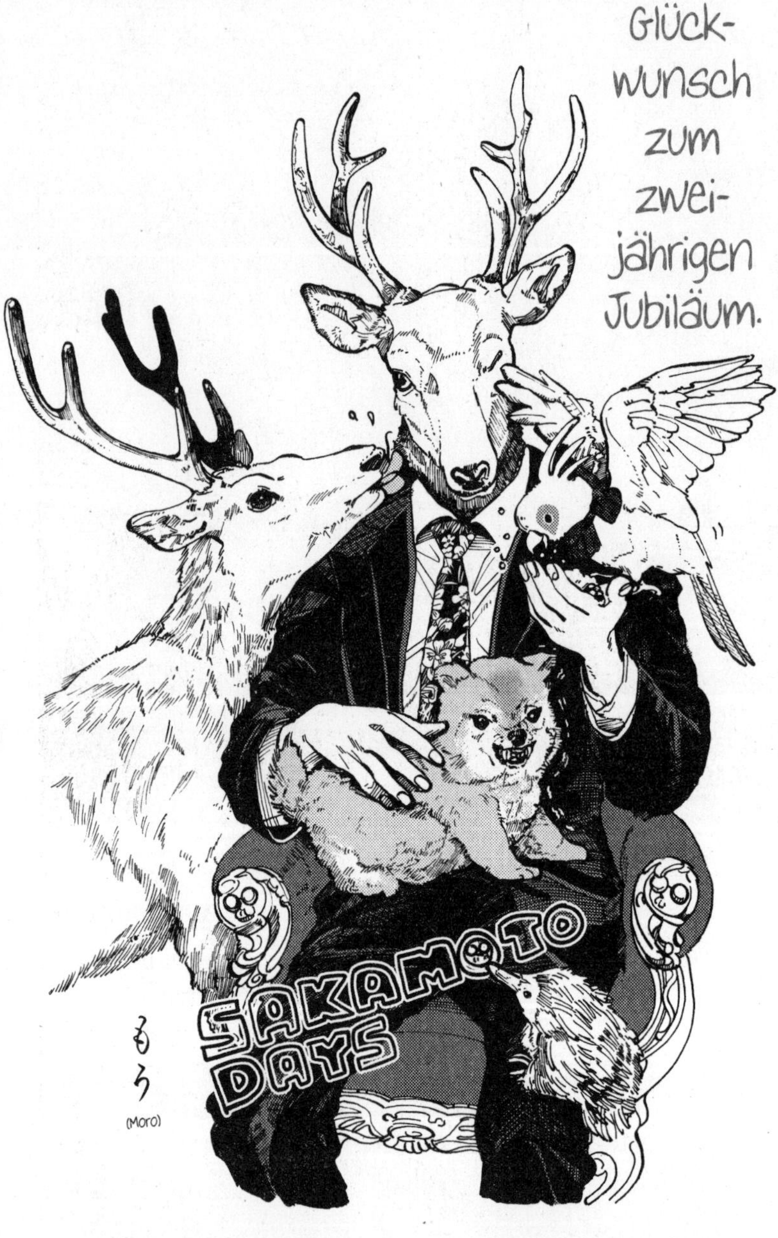
Glück-
wunsch
zum
zwei-
jährigen
Jubiläum.
SAKAMOTO DAYS
もろ
(Moro)

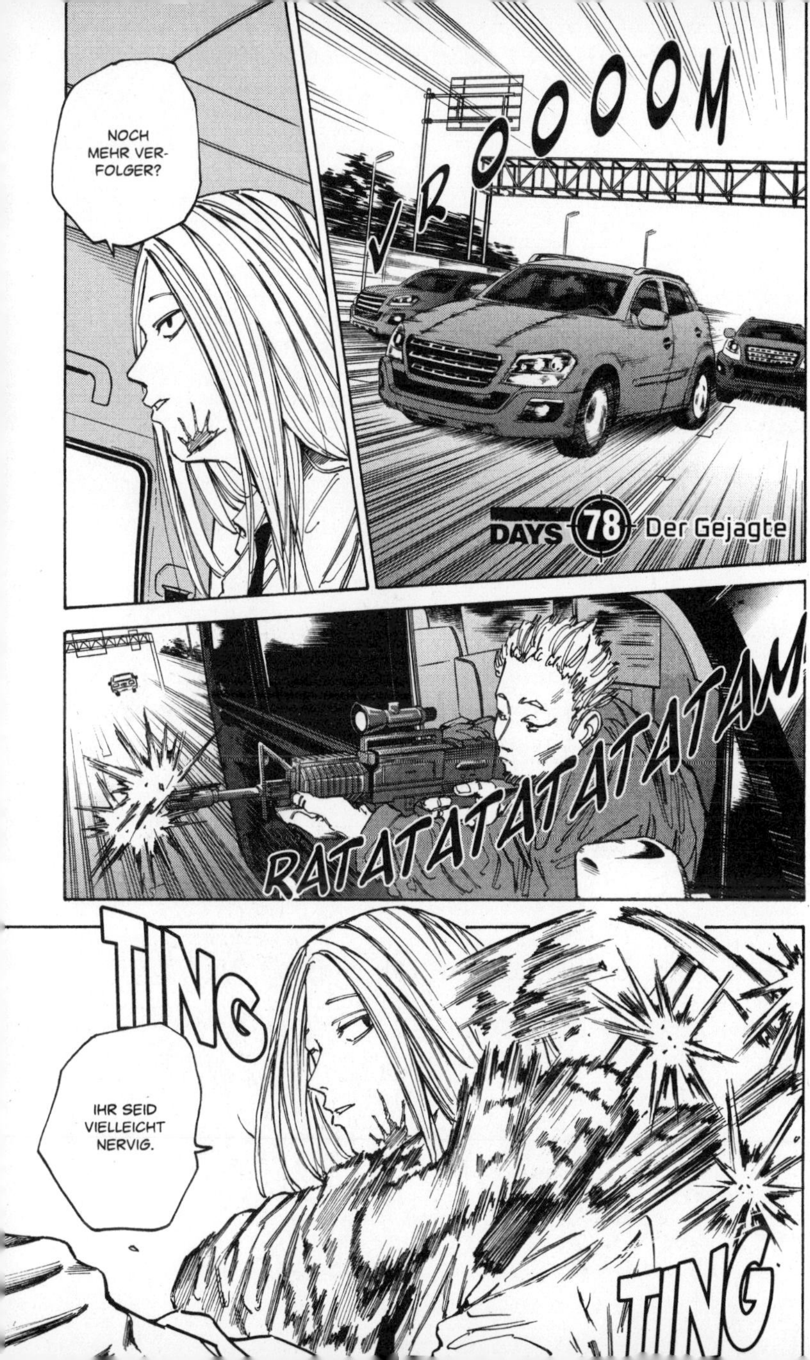
VROOOOM
DAYS 78 Der Gejagte
NOCH MEHR VERFOLGER?
RATATATATATATAM
TING
IHR SEID VIELLEICHT NERVIG.
TING

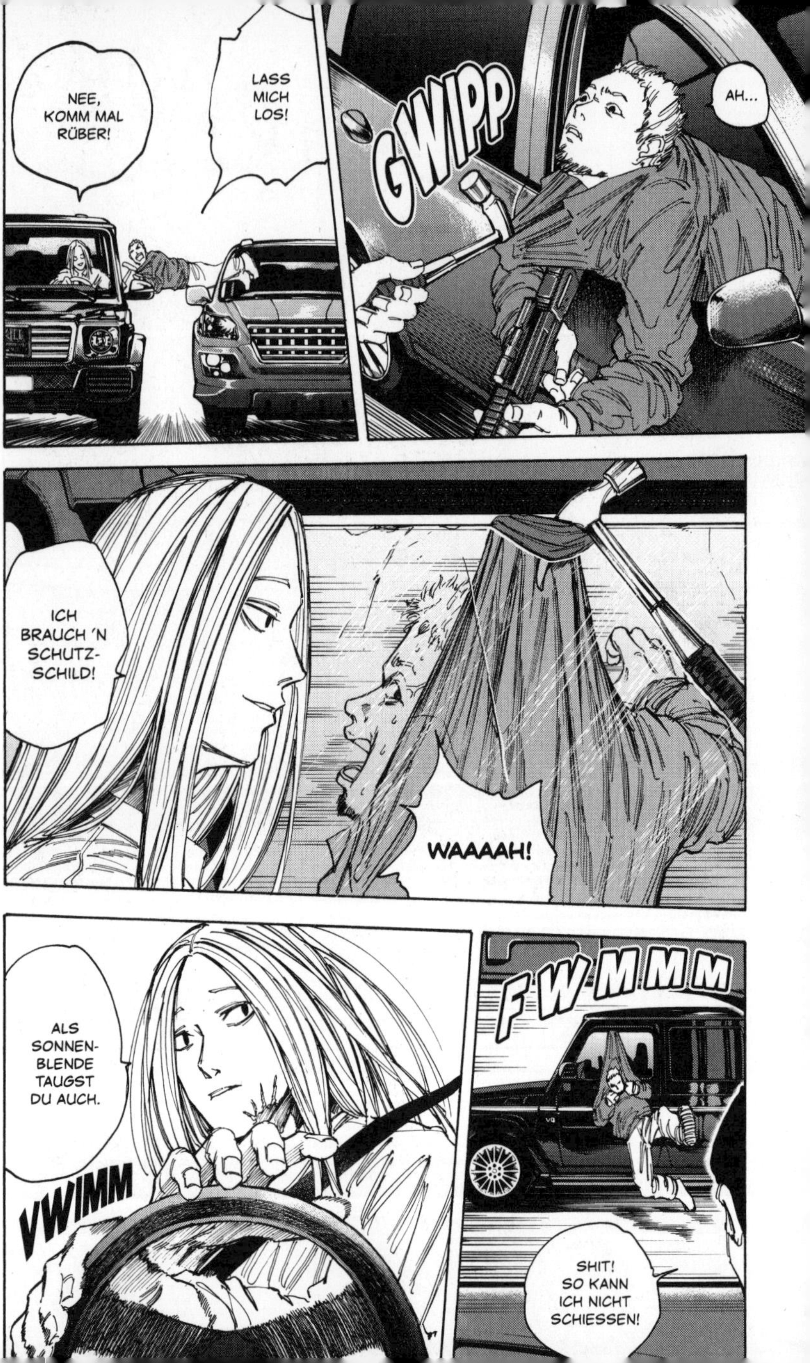
AH...
GWIPP
LASS MICH LOS!
NEE, KOMM MAL RÜBER!
ICH BRAUCH 'N SCHUTZ-SCHILD!
WAAAAH!
FWMMMM
SHIT! SO KANN ICH NICHT SCHIESSEN!
ALS SONNEN-BLENDE TAUGST DU AUCH.
VWIMM

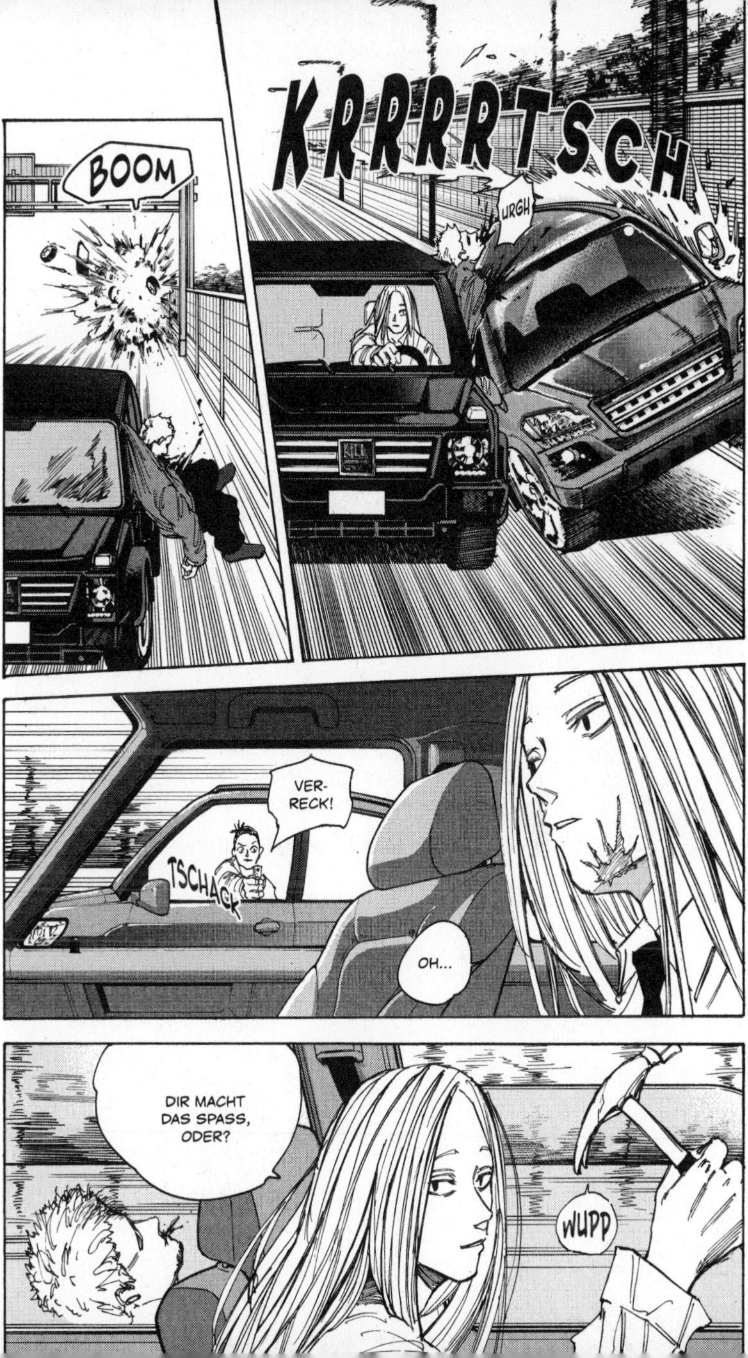
KRRRRRTSCH
URGH
BOOM
VER-
RECK!
TSCHACK
OH...
WUPP
DIR MACHT
DAS SPASS,
ODER?

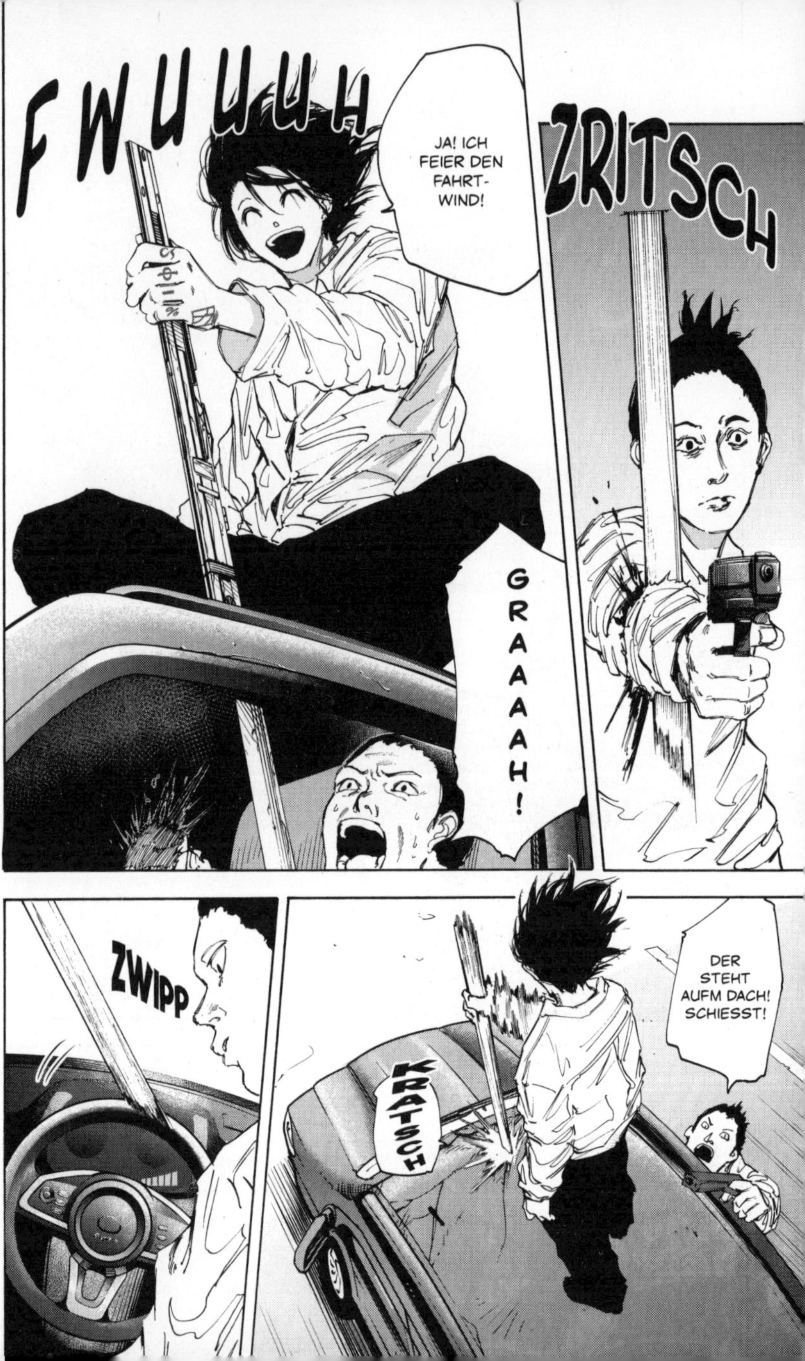
ZRITSCH
FWUUUUH
JA! ICH FEIER DEN FAHRT-WIND!
GRAAAAAH!
DER STEHT AUFM DACH! SCHIESST!
KRATSCH
ZWIPP

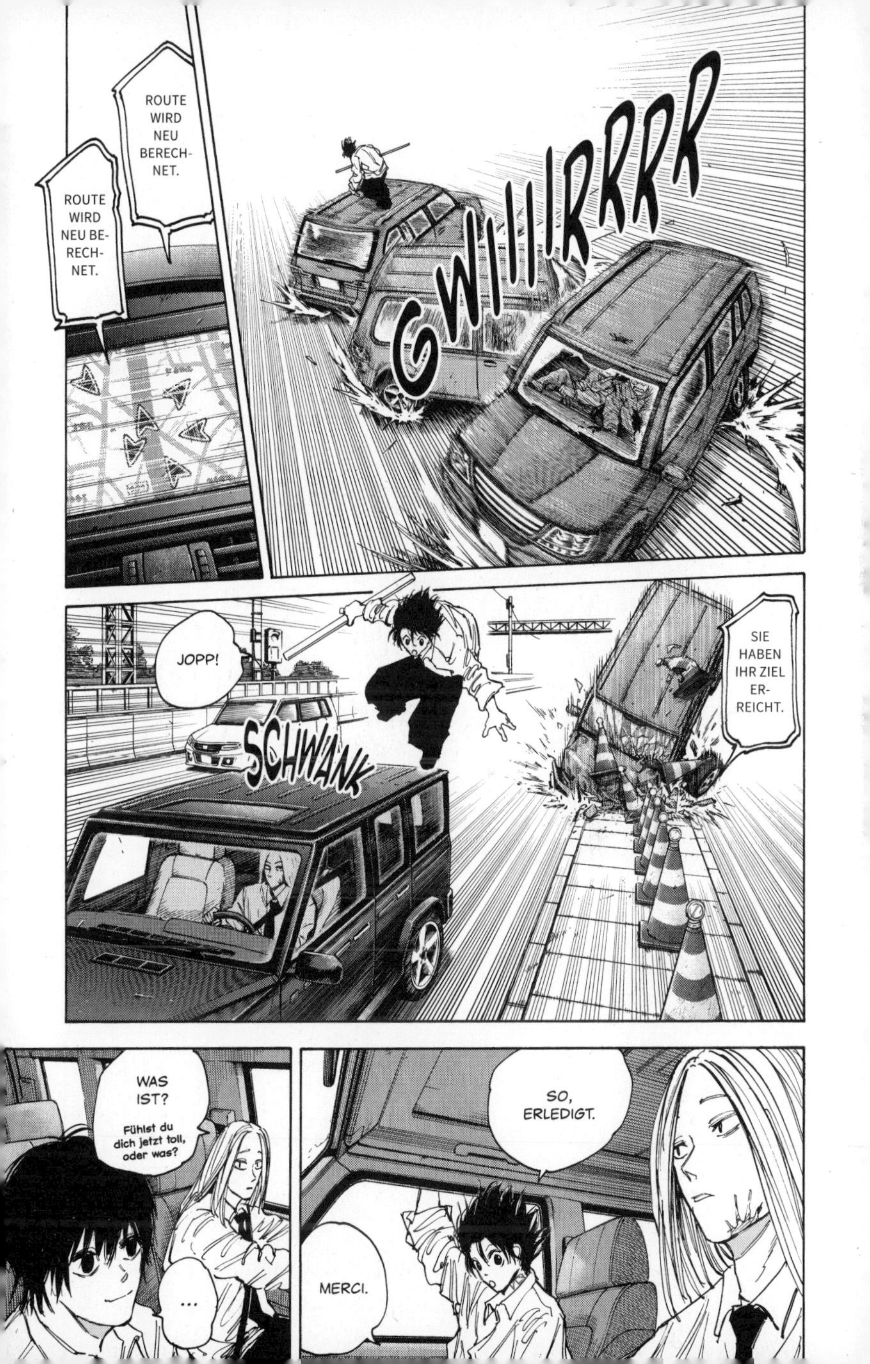
GWIIIRRRRR
ROUTE WIRD NEU BERECHNET.
ROUTE WIRD NEU BERECHNET.
SIE HABEN IHR ZIEL ERREICHT.
SCHWANK
JOPP!
SO, ERLEDIGT.
MERCI.
WAS IST?
Fühlst du dich jetzt toll, oder was?
...

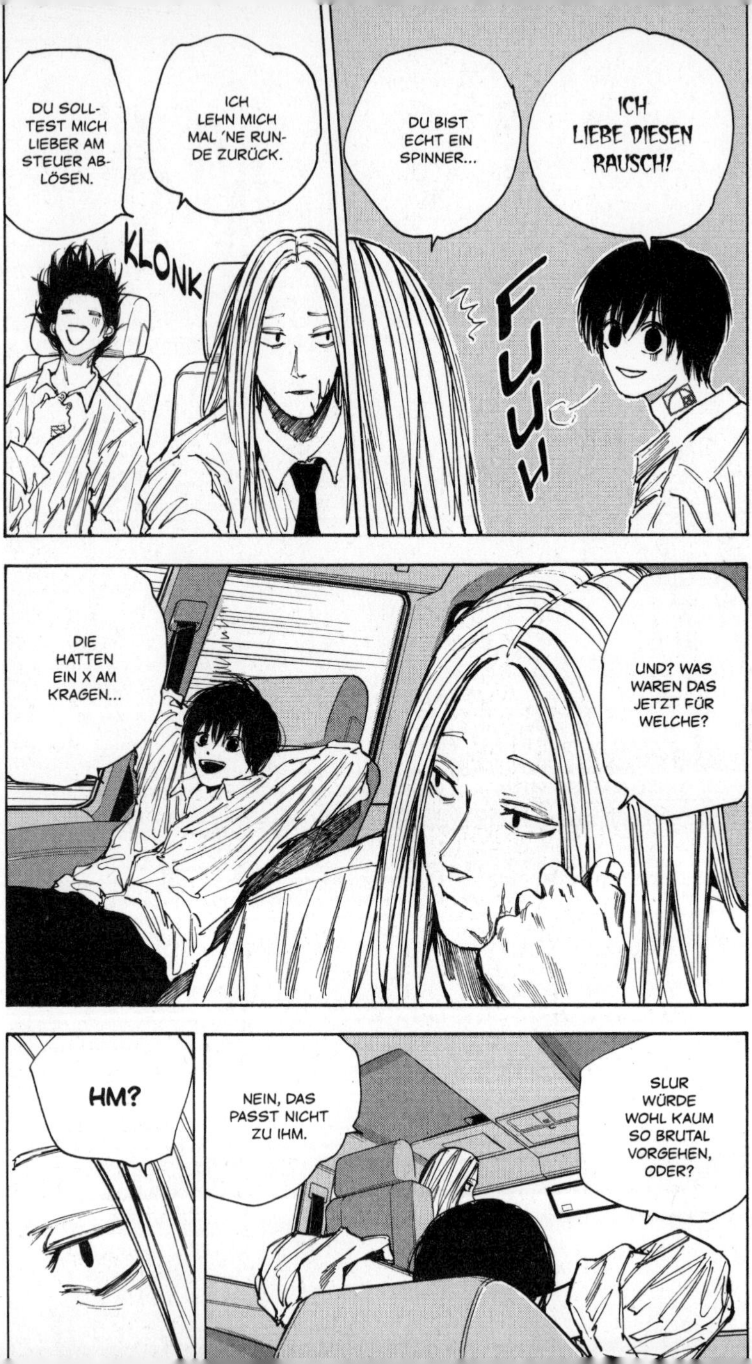
ICH LIEBE DIESEN RAUSCH!
FUUUH
DU BIST ECHT EIN SPINNER...
ICH LEHN MICH MAL ´NE RUNDE ZURÜCK.
KLONK
DU SOLLTEST MICH LIEBER AM STEUER ABLÖSEN.
UND? WAS WAREN DAS JETZT FÜR WELCHE?
DIE HATTEN EIN X AM KRAGEN...
SLUR WÜRDE WOHL KAUM SO BRUTAL VORGEHEN, ODER?
NEIN, DAS PASST NICHT ZU IHM.
HM?

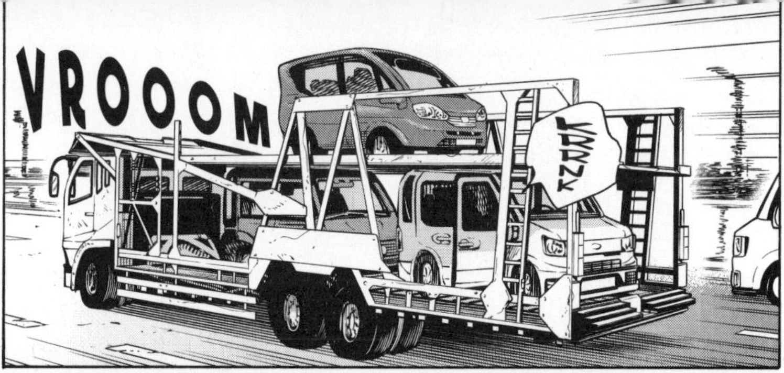
VROOOM

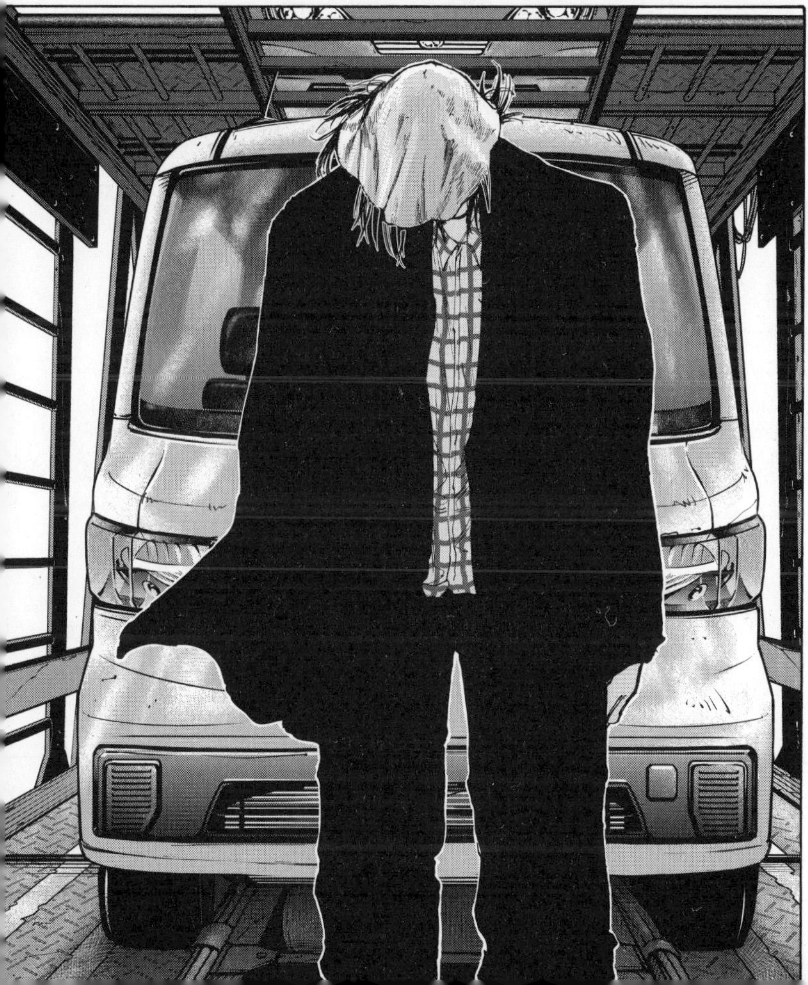

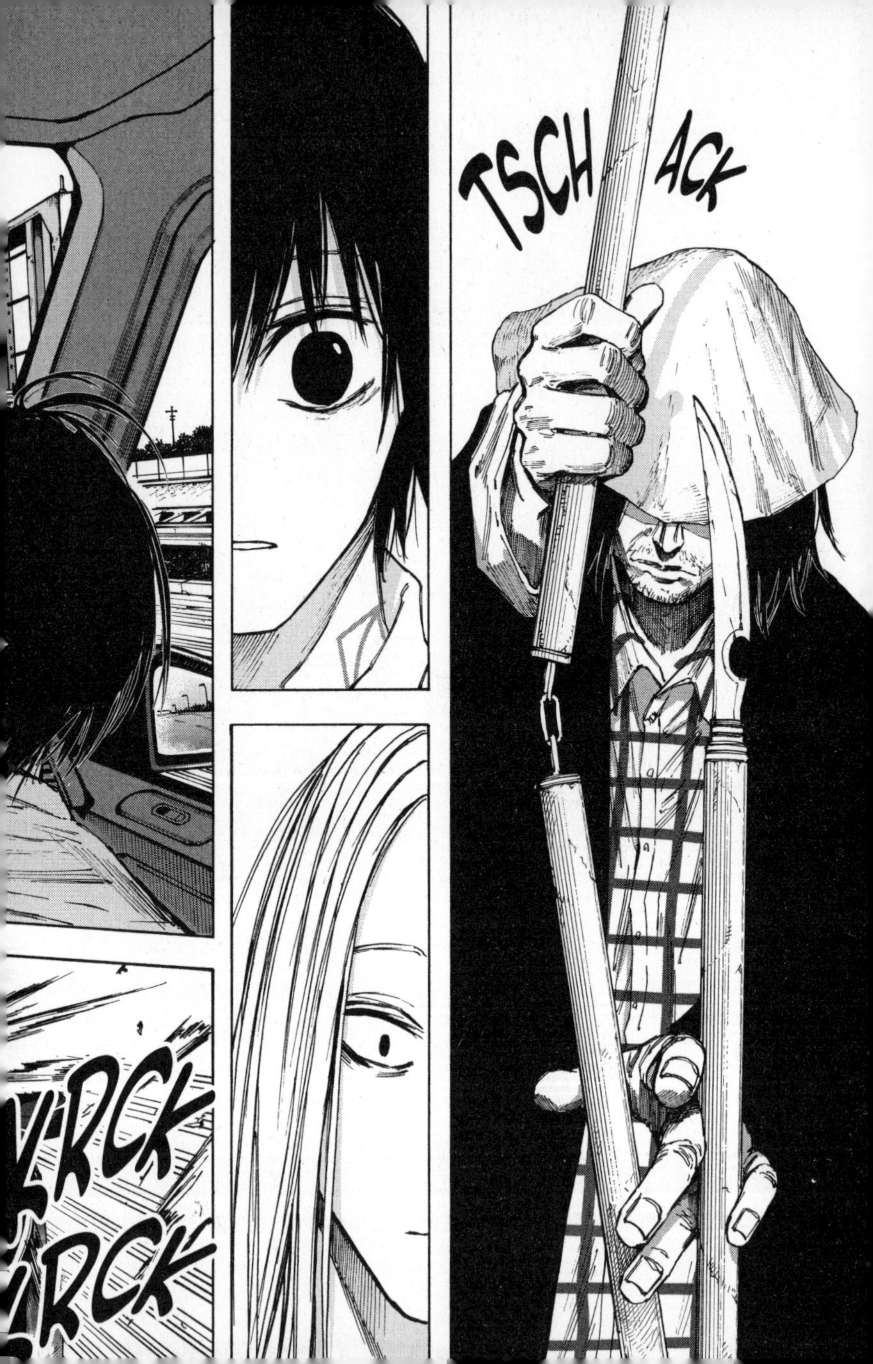
TSCH ACK

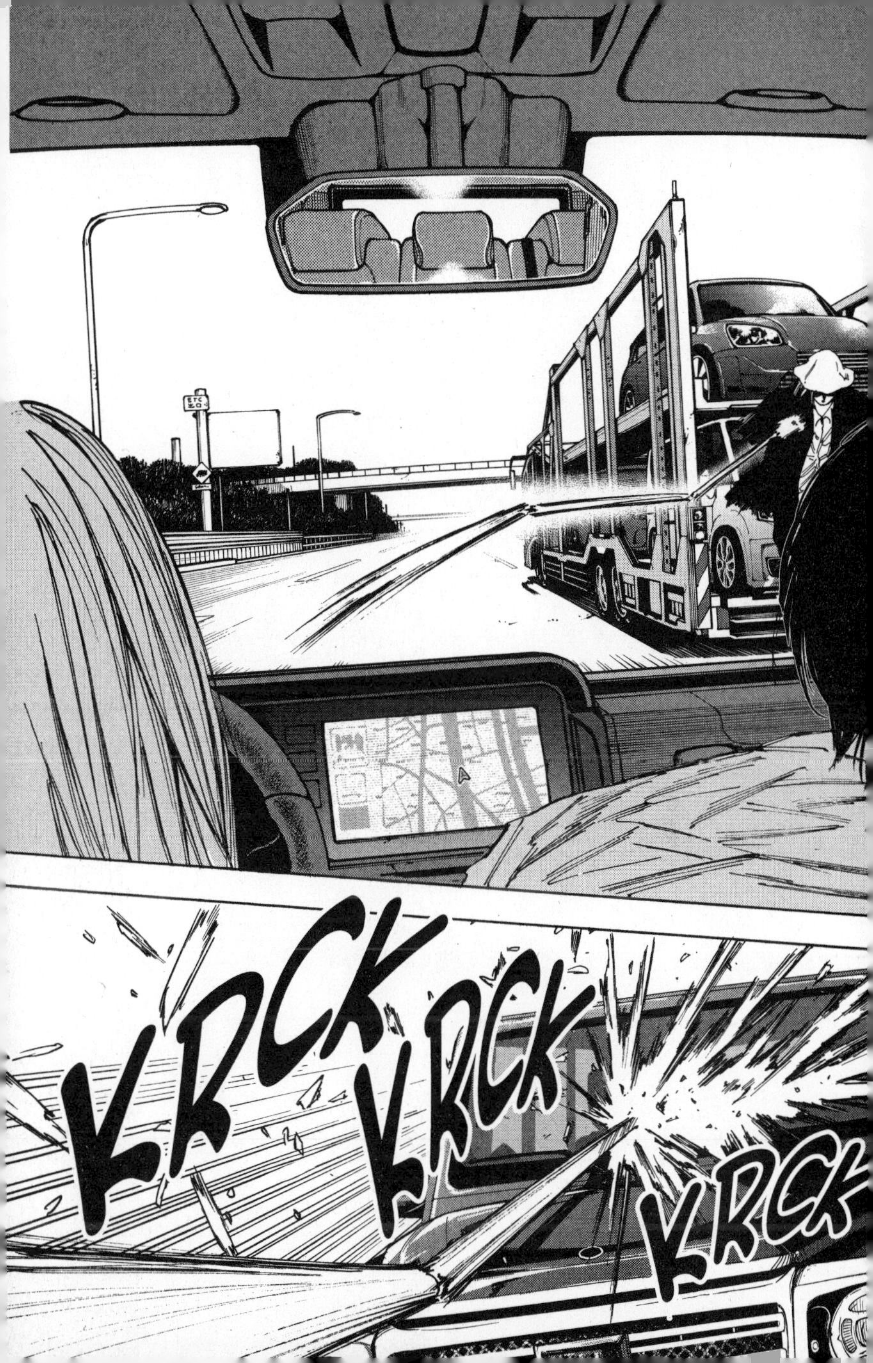
KRCK
KRCK
KRCK

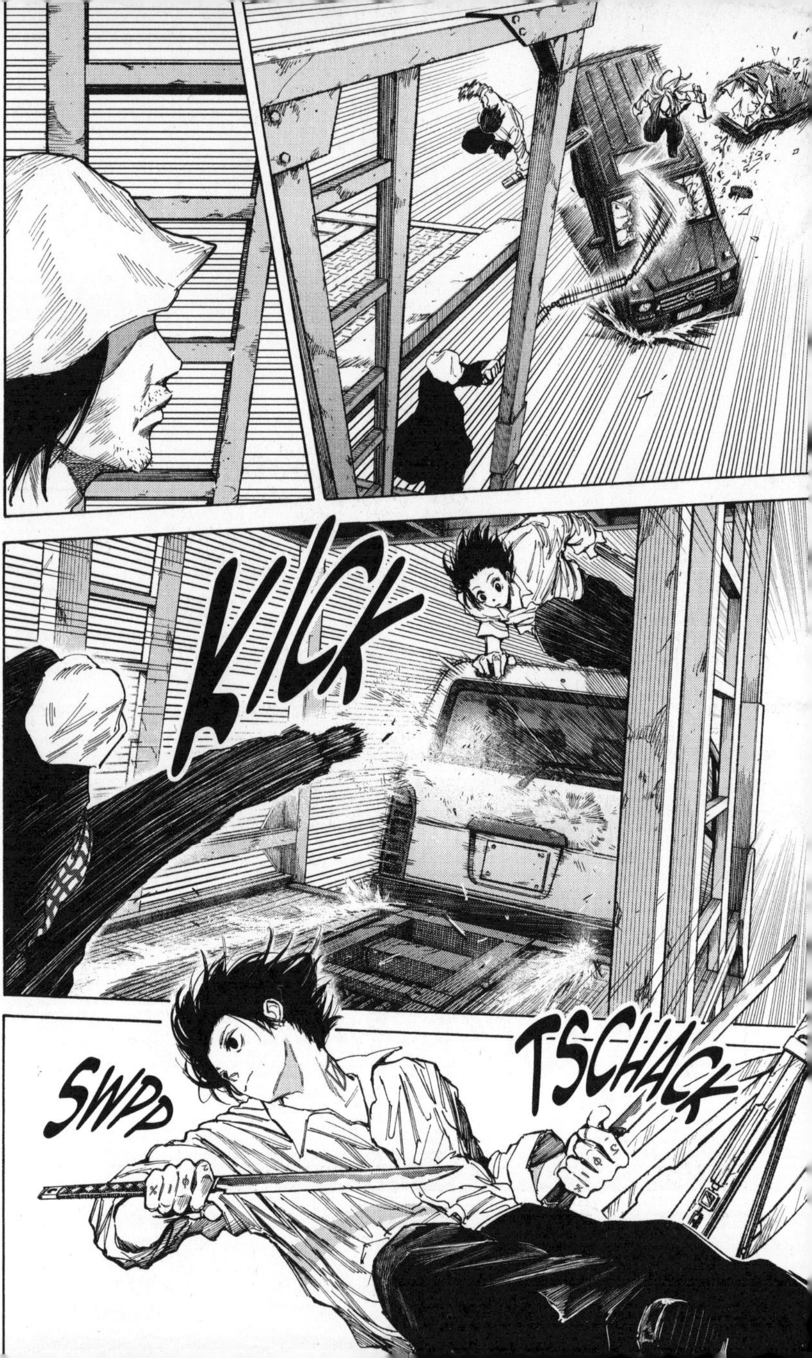
KICK
TSCHACK
SWPP

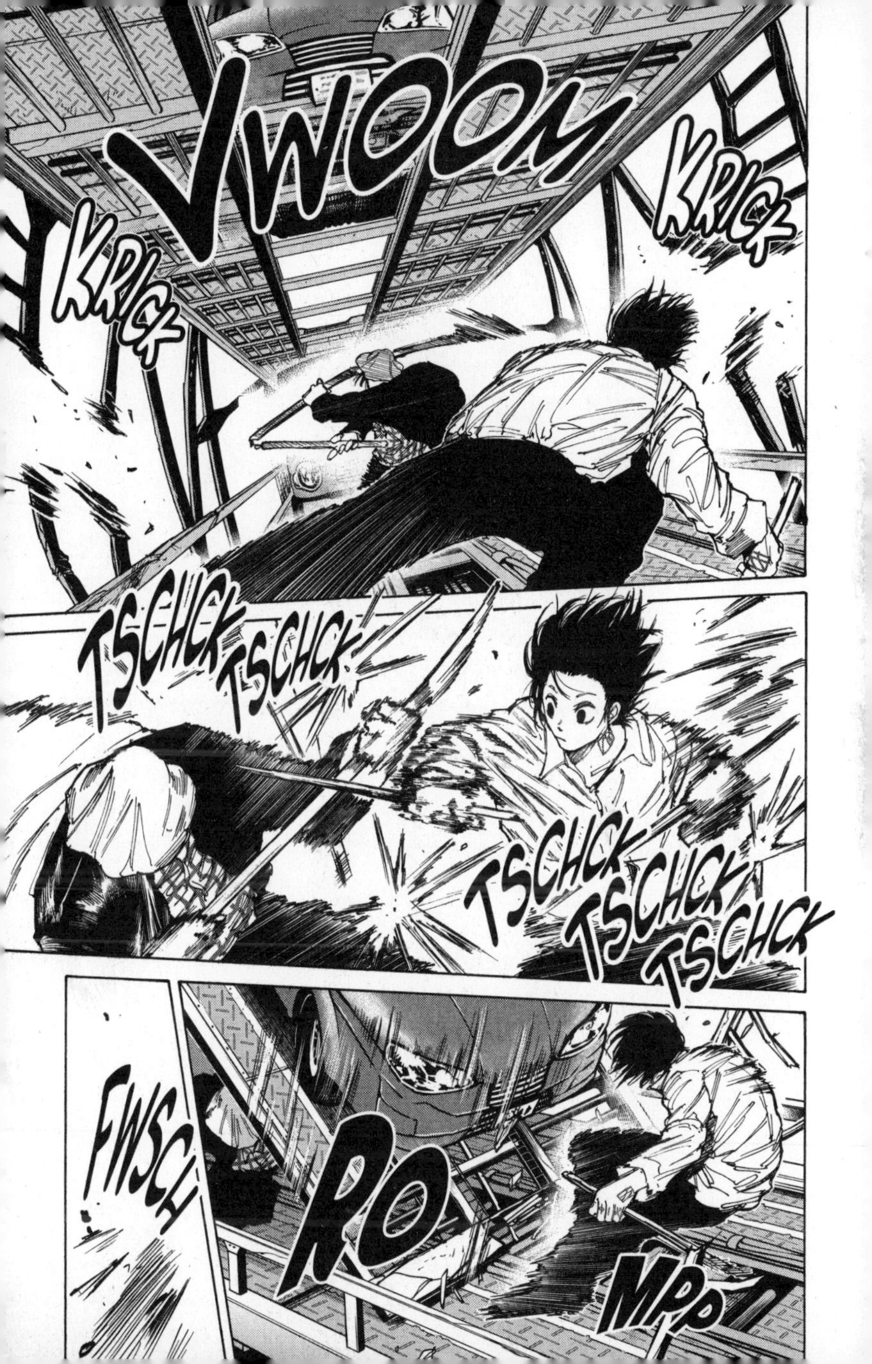
VWOOM
KRICK
KRICK
TSCHCK TSCHCK
TSCHCK TSCHCK TSCHCK
FWSCH
POMPP

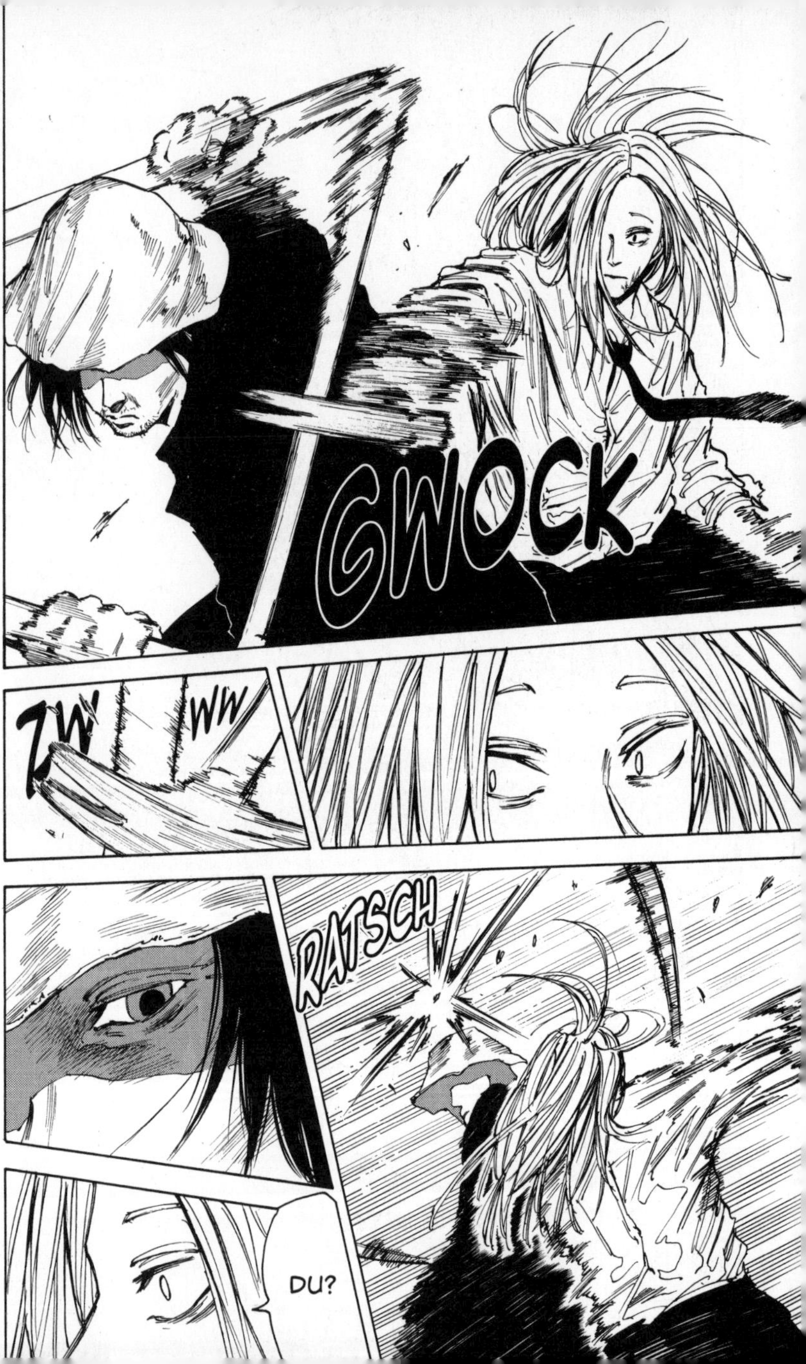
GWOCK
ZWWW
RATSCH
DU?

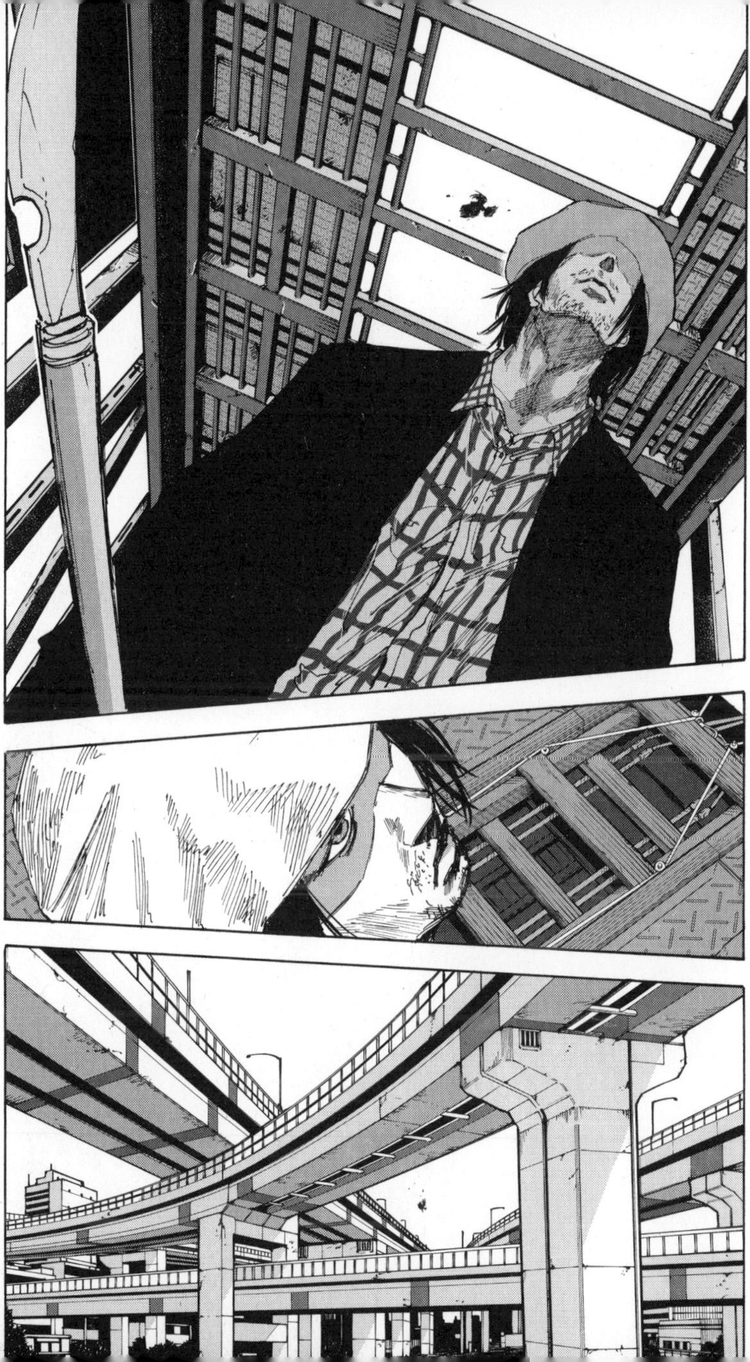

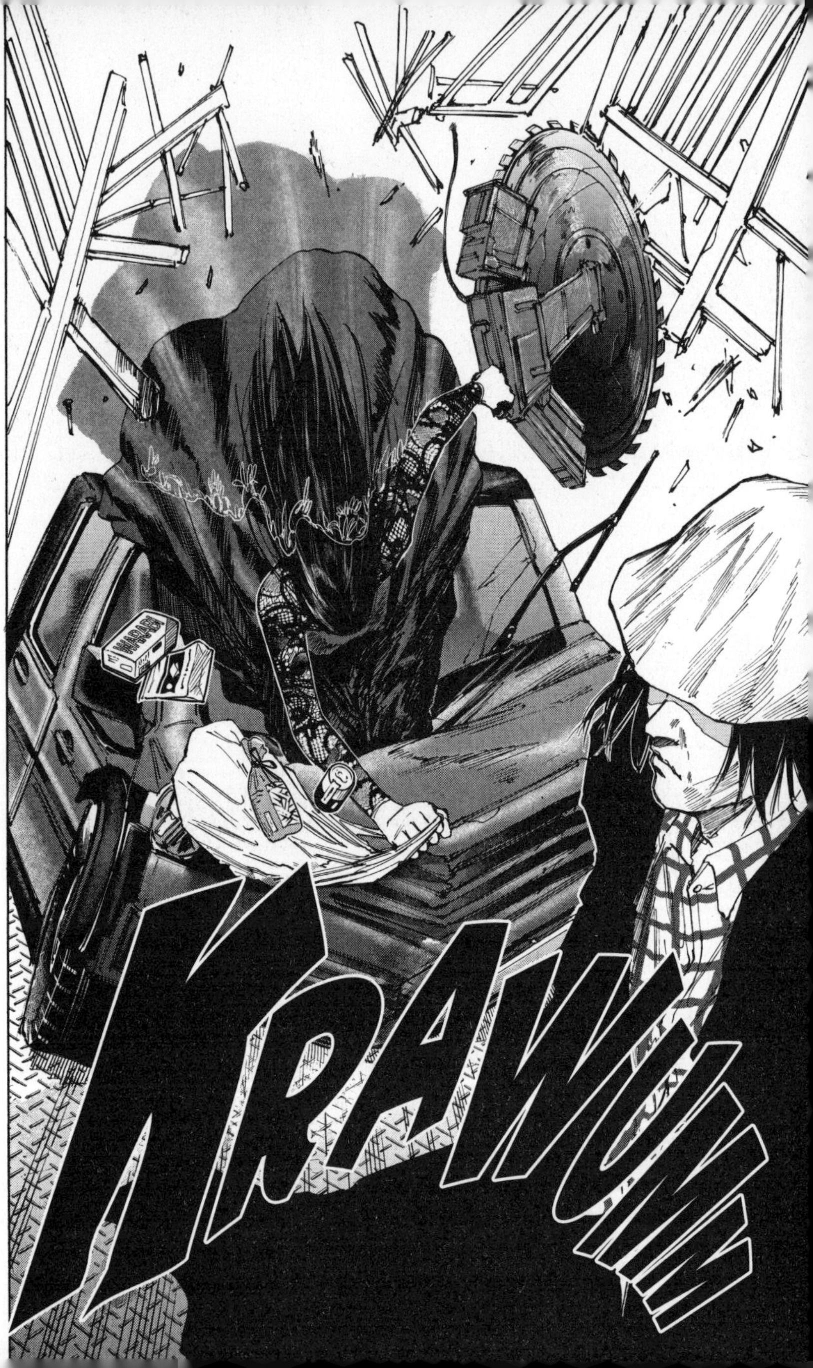
WARABI
KRAWUMM

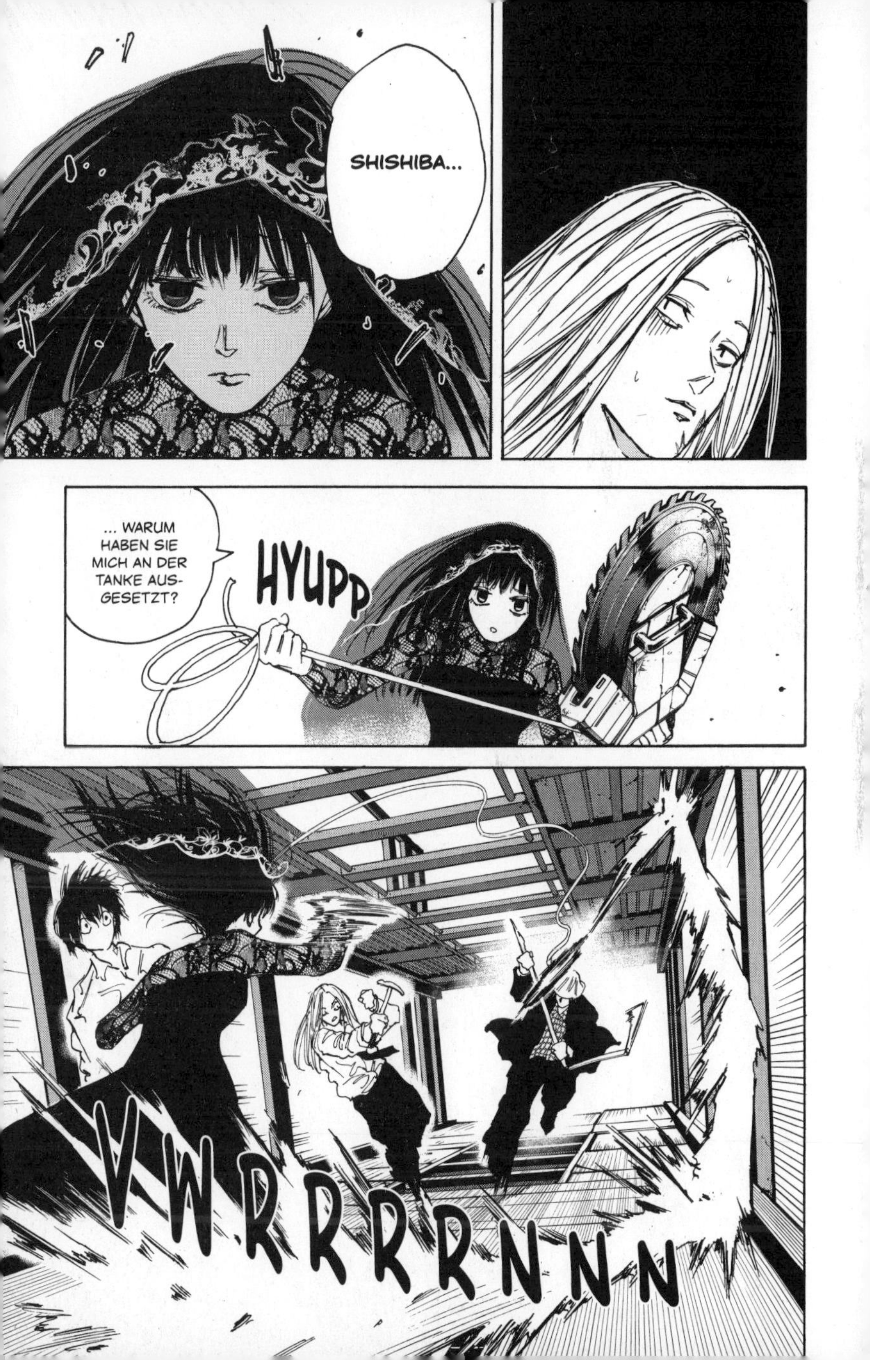
SHISHIBA...
... WARUM HABEN SIE MICH AN DER TANKE AUS-GESETZT?
HYUPP
VWRRRRRNNN

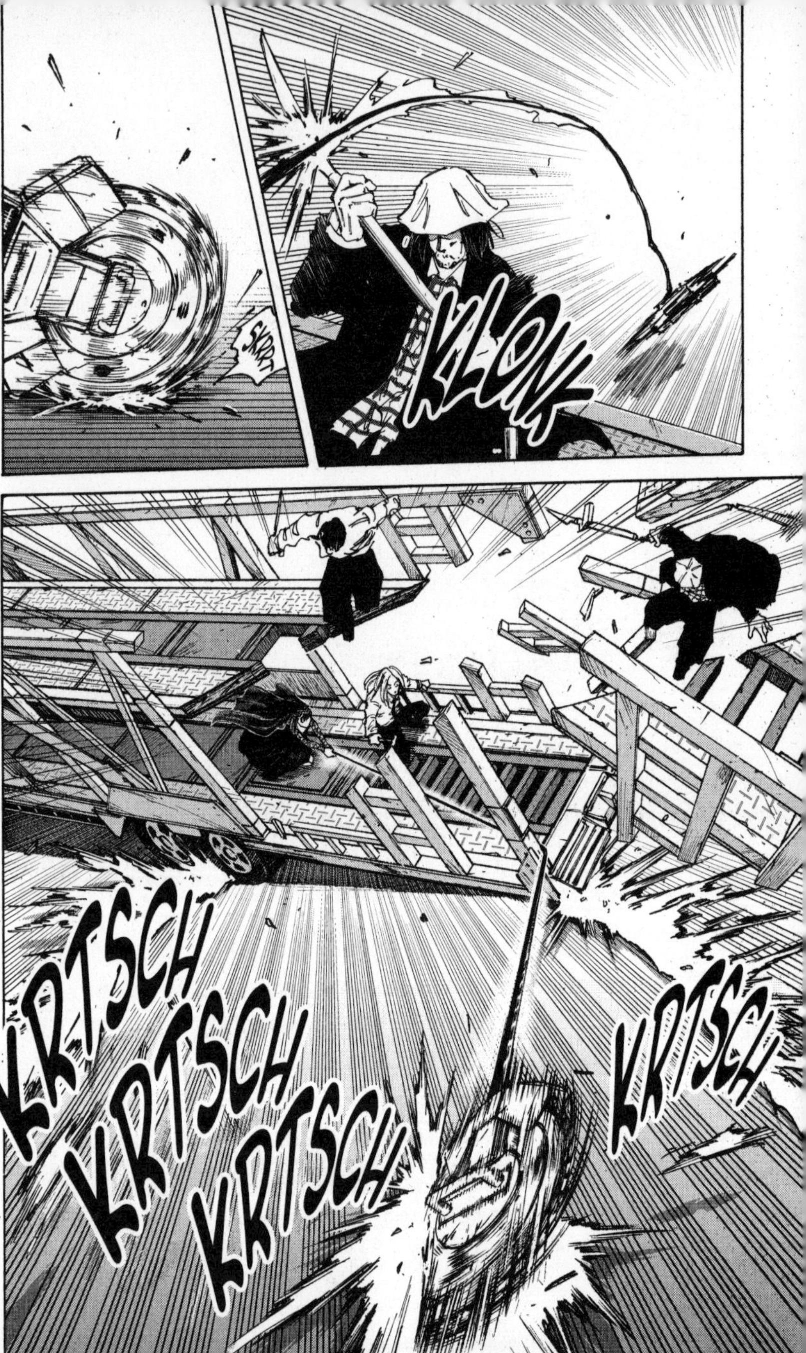
KLONK
SKRRT
KRTSCH
KRTSCH
KRTSCH
KRTSCH

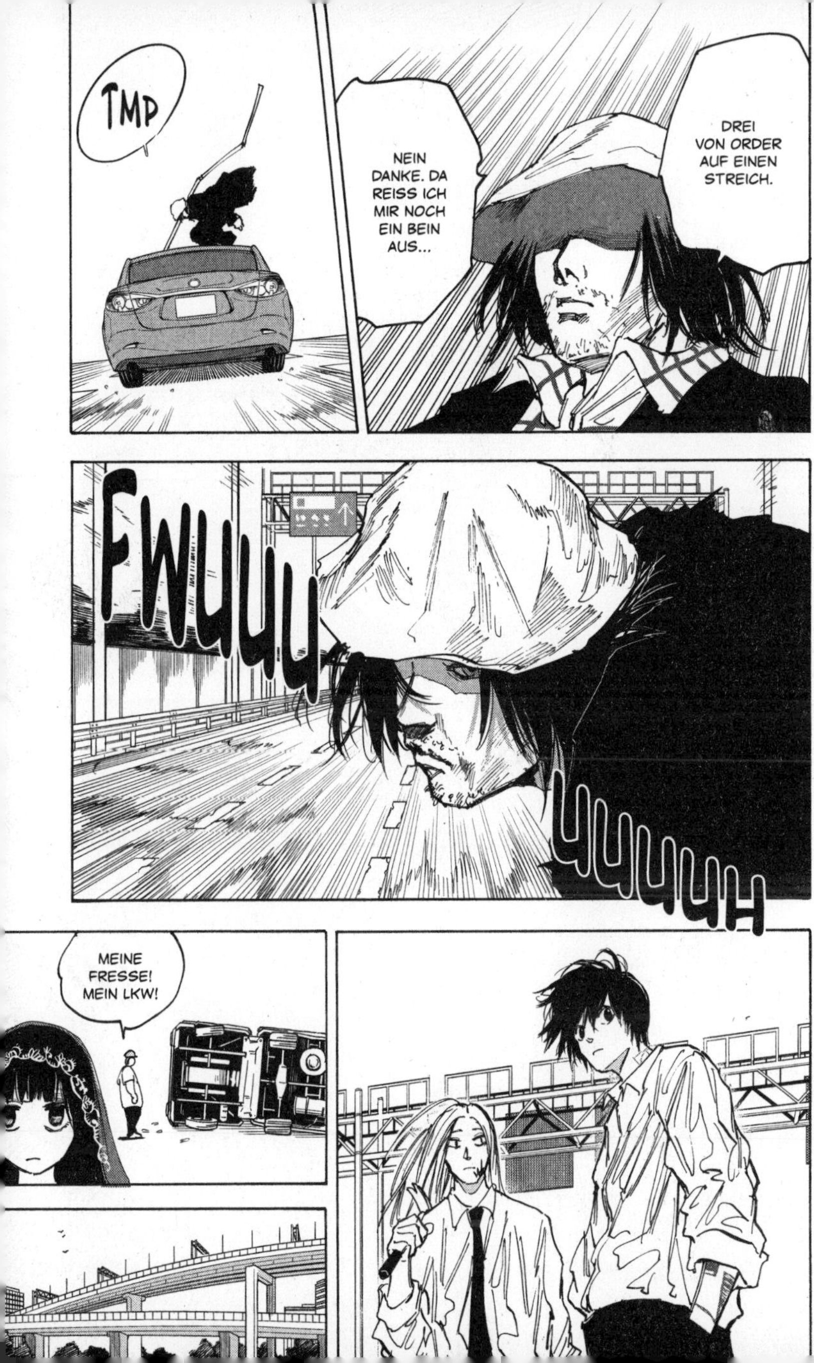
DREI VON ORDER AUF EINEN STREICH.
NEIN DANKE. DA REISS ICH MIR NOCH EIN BEIN AUS...
TMP
FWUUUUUUUUUH
MEINE FRESSE! MEIN LKW!

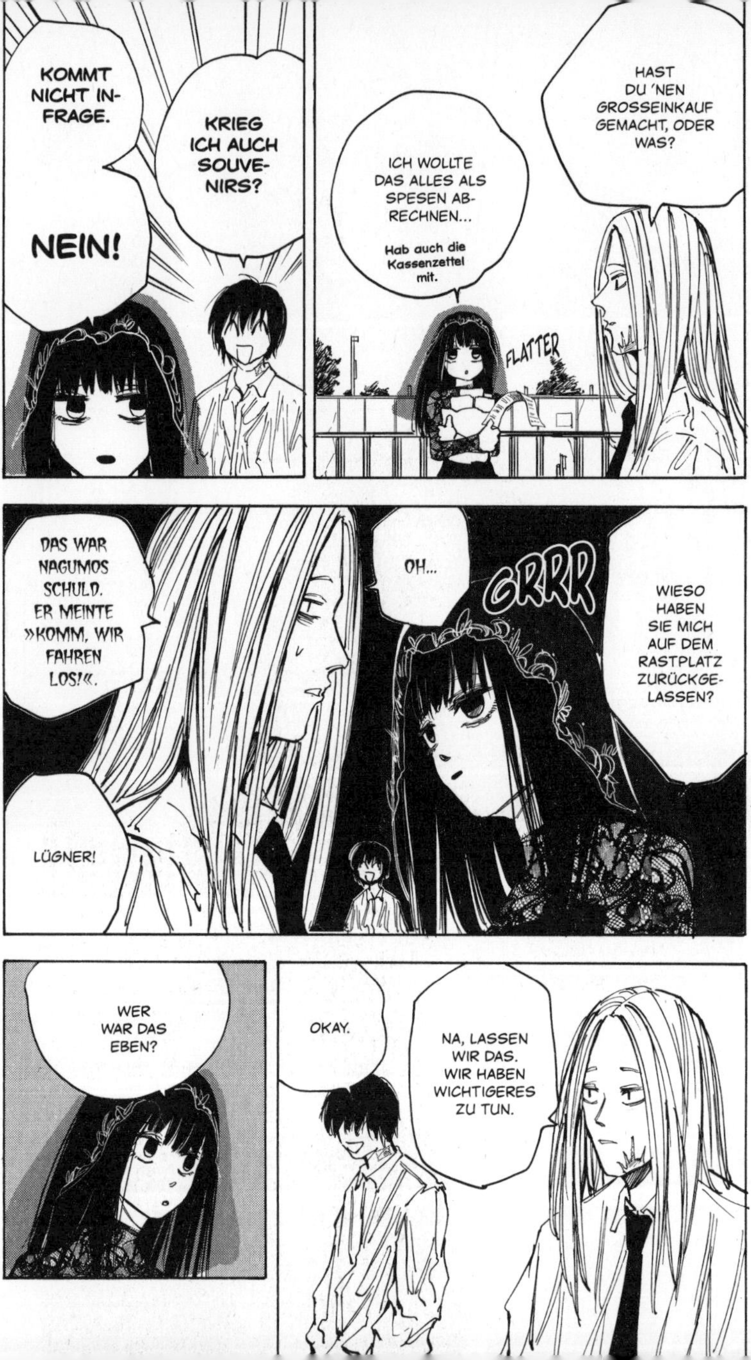
HAST DU 'NEN GROSSEINKAUF GEMACHT, ODER WAS?
ICH WOLLTE DAS ALLES ALS SPESEN ABRECHNEN...
Hab auch die Kassenzettel mit.
FLATTER
KRIEG ICH AUCH SOUVENIRS?
KOMMT NICHT IN-FRAGE.
NEIN!
WIESO HABEN SIE MICH AUF DEM RASTPLATZ ZURÜCKGELASSEN?
GRRR
OH...
DAS WAR NAGUMOS SCHULD. ER MEINTE »KOMM, WIR FAHREN LOS!«.
LÜGNER!
NA, LASSEN WIR DAS. WIR HABEN WICHTIGERES ZU TUN.
OKAY.
WER WAR DAS EBEN?

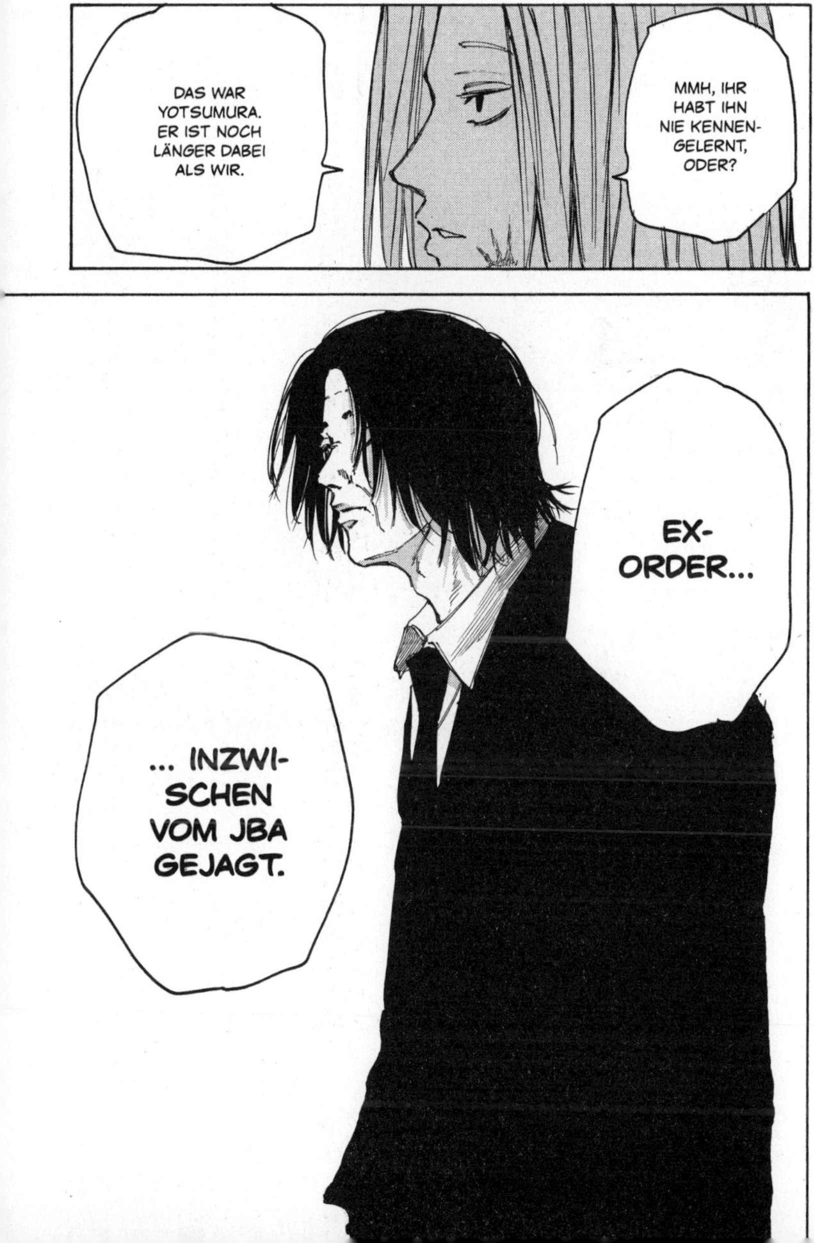
MMH, IHR HABT IHN NIE KENNEN-GELERNT, ODER?
DAS WAR YOTSUMURA. ER IST NOCH LÄNGER DABEI ALS WIR.
EX-ORDER...
... INZWI-SCHEN VOM JBA GEJAGT.

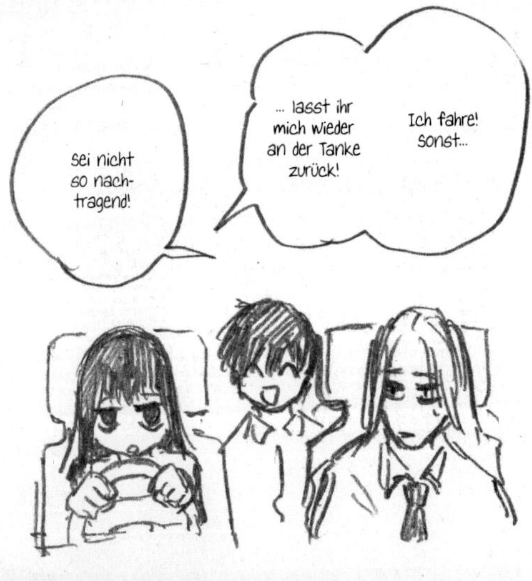
Ich fahre! sonst...
... lasst ihr mich wieder an der Tanke zurück!
sei nicht so nach-tragend!

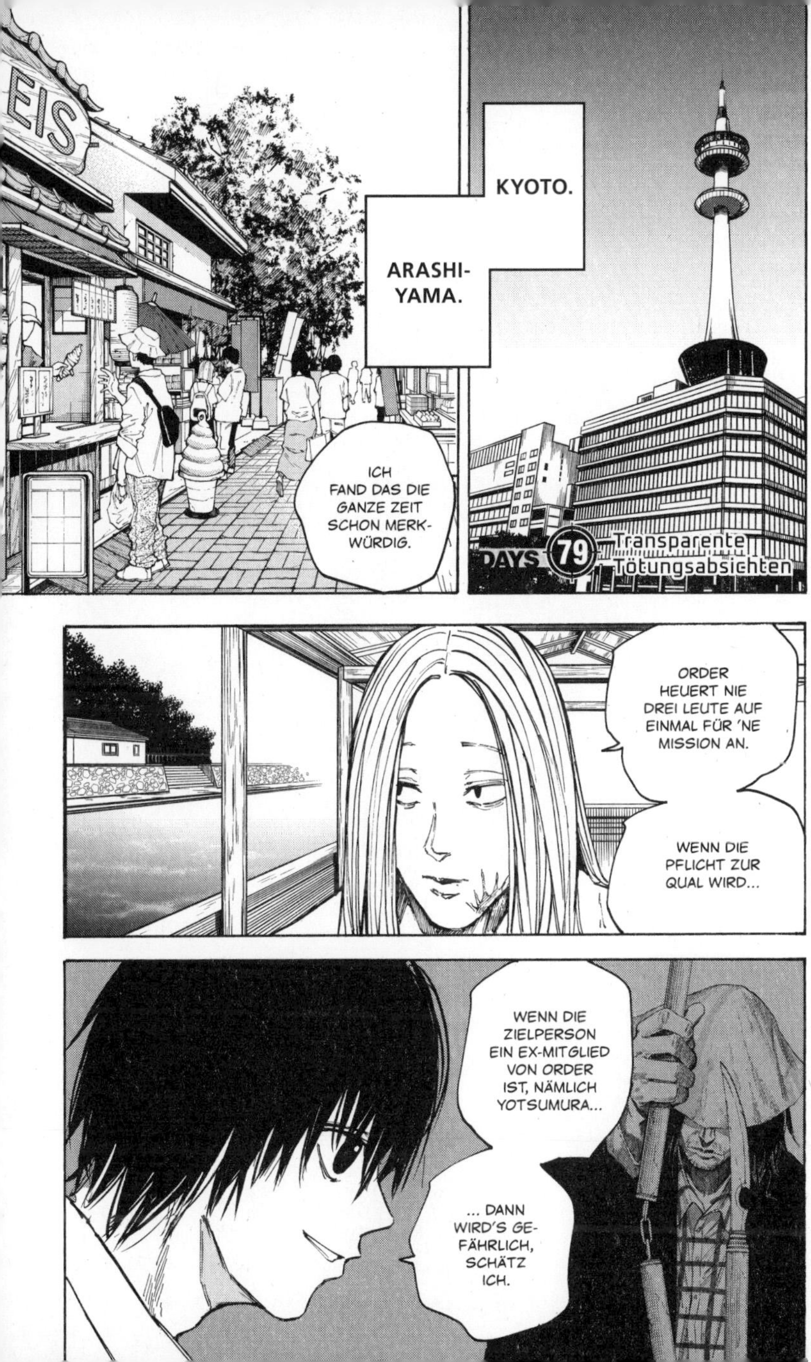
KYOTO.
DAYS 79 Transparente Tötungsabsichten
ARASHI-YAMA.
ICH FAND DAS DIE GANZE ZEIT SCHON MERK-WÜRDIG.
ORDER HEUERT NIE DREI LEUTE AUF EINMAL FÜR 'NE MISSION AN.
WENN DIE PFLICHT ZUR QUAL WIRD...
WENN DIE ZIELPERSON EIN EX-MITGLIED VON ORDER IST, NÄMLICH YOTSUMURA...
... DANN WIRD'S GE-FÄHRLICH, SCHÄTZ ICH.

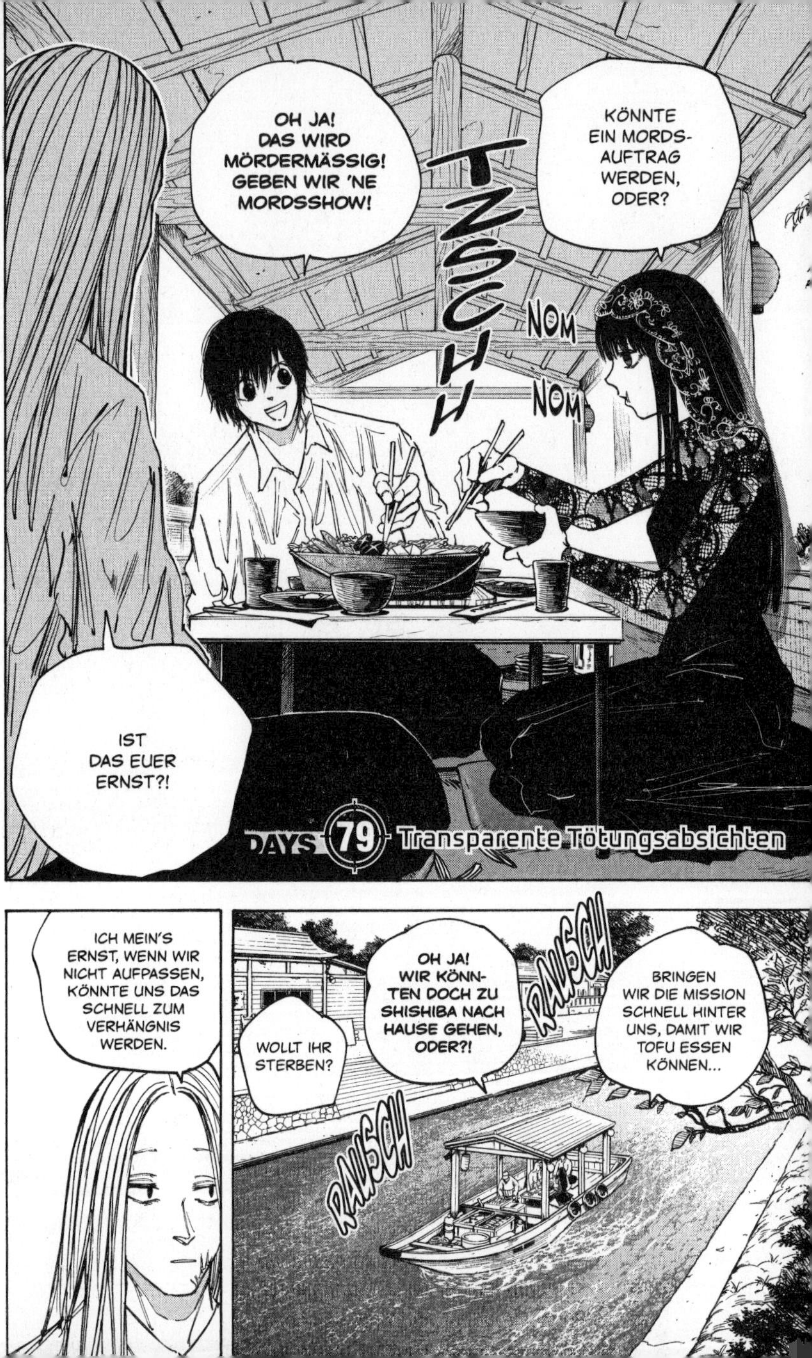

KÖNNTE EIN MORDS-AUFTRAG WERDEN, ODER?
OH JA! DAS WIRD MÖRDERMÄSSIG! GEBEN WIR 'NE MORDSSHOW!
TZSCHHH
NOM NOM
IST DAS EUER ERNST?!
DAYS 79 Transparente Tötungsabsichten
BRINGEN WIR DIE MISSION SCHNELL HINTER UNS, DAMIT WIR TOFU ESSEN KÖNNEN…
RAUSCH
OH JA! WIR KÖNNTEN DOCH ZU SHISHIBA NACH HAUSE GEHEN, ODER?!
WOLLT IHR STERBEN?
RAUSCH
ICH MEIN'S ERNST, WENN WIR NICHT AUFPASSEN, KÖNNTE UNS DAS SCHNELL ZUM VERHÄNGNIS WERDEN.

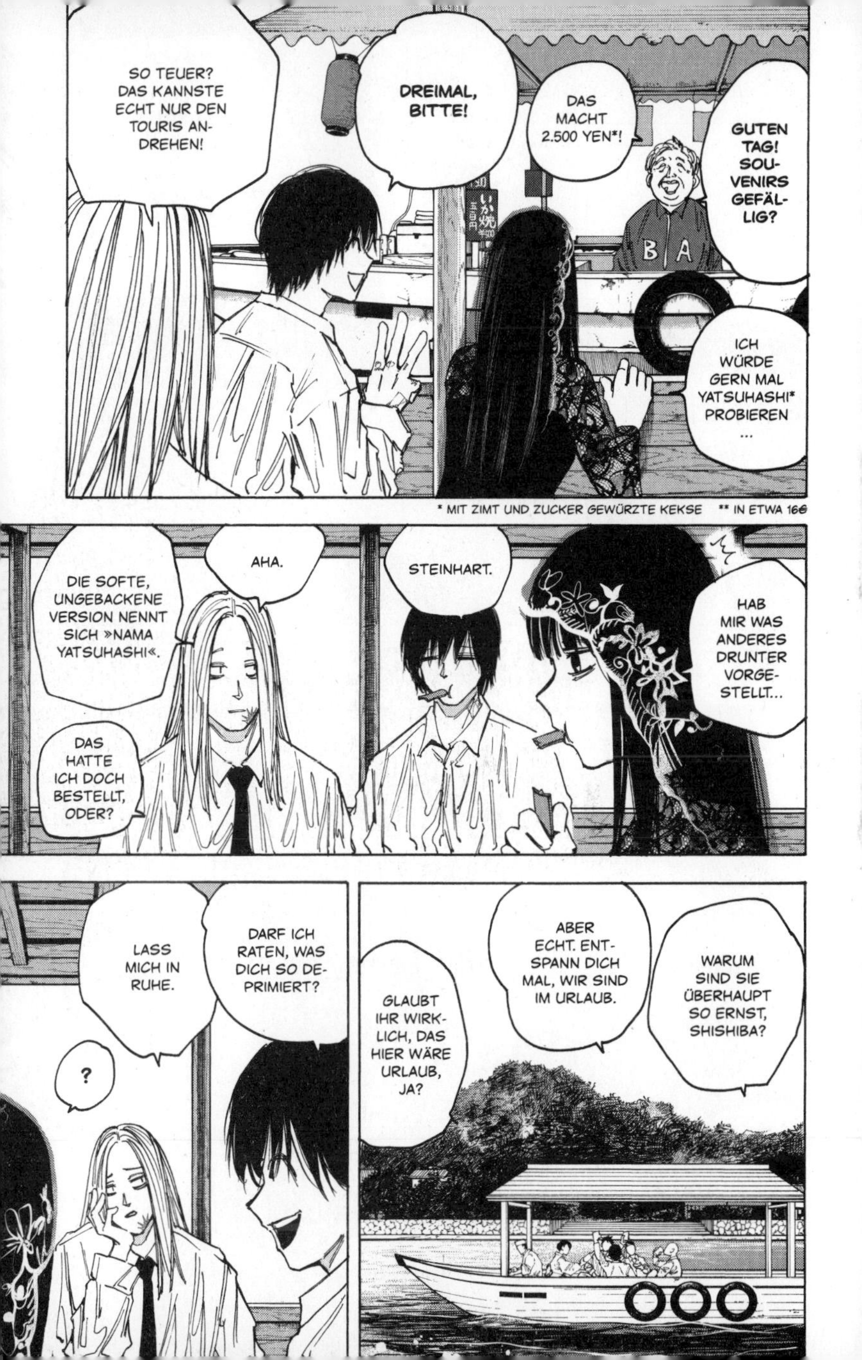
GUTEN TAG! SOUVENIRS GEFÄLLIG?
ICH WÜRDE GERN MAL YATSUHASHI* PROBIEREN …
DAS MACHT 2.500 YEN*!
DREIMAL, BITTE!
SO TEUER? DAS KANNSTE ECHT NUR DEN TOURIS ANDREHEN!
* MIT ZIMT UND ZUCKER GEWÜRZTE KEKSE ** IN ETWA 16€
HAB MIR WAS ANDERES DRUNTER VORGESTELLT…
STEINHART.
AHA.
DIE SOFTE, UNGEBACKENE VERSION NENNT SICH »NAMA YATSUHASHI«.
DAS HATTE ICH DOCH BESTELLT, ODER?
WARUM SIND SIE ÜBERHAUPT SO ERNST, SHISHIBA?
ABER ECHT. ENTSPANN DICH MAL, WIR SIND IM URLAUB.
GLAUBT IHR WIRKLICH, DAS HIER WÄRE URLAUB, JA?
DARF ICH RATEN, WAS DICH SO DEPRIMIERT?
LASS MICH IN RUHE.
?

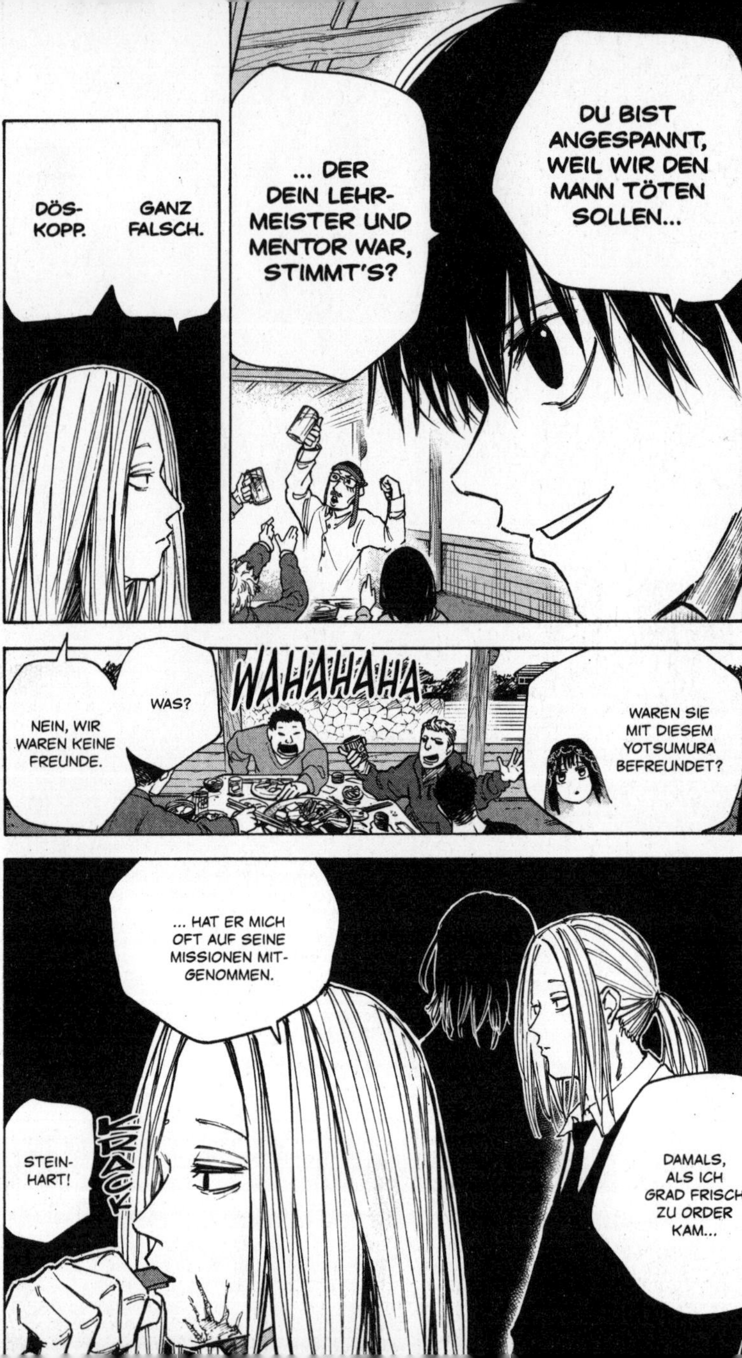
DU BIST ANGESPANNT, WEIL WIR DEN MANN TÖTEN SOLLEN...
... DER DEIN LEHR-MEISTER UND MENTOR WAR, STIMMT'S?
GANZ FALSCH.
DÖS-KOPP.
WAREN SIE MIT DIESEM YOTSUMURA BEFREUNDET?
WAHAHAHA
WAS?
NEIN, WIR WAREN KEINE FREUNDE.
DAMALS, ALS ICH GRAD FRISCH ZU ORDER KAM...
... HAT ER MICH OFT AUF SEINE MISSIONEN MIT-GENOMMEN.
KRACK
STEIN-HART!

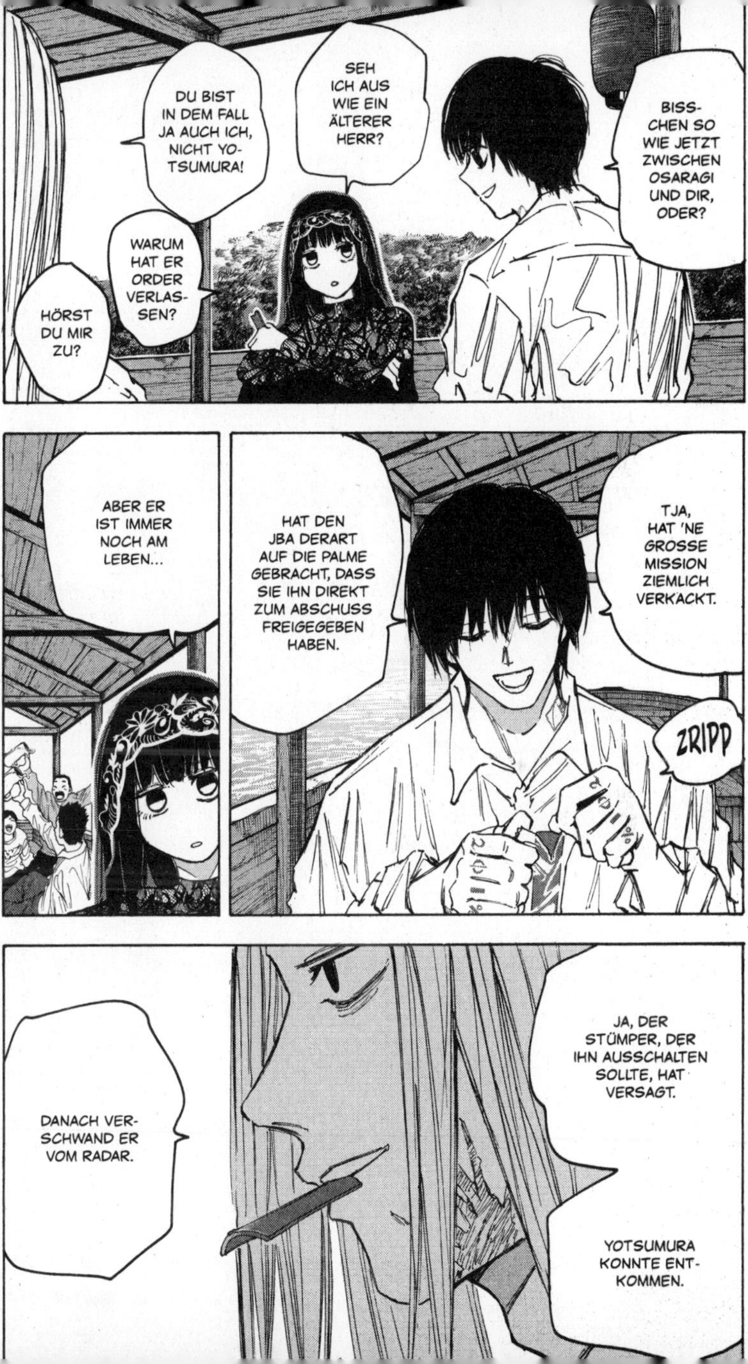
BISS-CHEN SO WIE JETZT ZWISCHEN OSARAGI UND DIR, ODER?
SEH ICH AUS WIE EIN ÄLTERER HERR?
DU BIST IN DEM FALL JA AUCH ICH, NICHT YO-TSUMURA!
WARUM HAT ER ORDER VERLAS-SEN?
HÖRST DU MIR ZU?
TJA, HAT 'NE GROSSE MISSION ZIEMLICH VERKACKT.
ZRIPP
HAT DEN JBA DERART AUF DIE PALME GEBRACHT, DASS SIE IHN DIREKT ZUM ABSCHUSS FREIGEGEBEN HABEN.
ABER ER IST IMMER NOCH AM LEBEN...
JA, DER STÜMPER, DER IHN AUSSCHALTEN SOLLTE, HAT VERSAGT.
YOTSUMURA KONNTE ENT-KOMMEN.
DANACH VER-SCHWAND ER VOM RADAR.

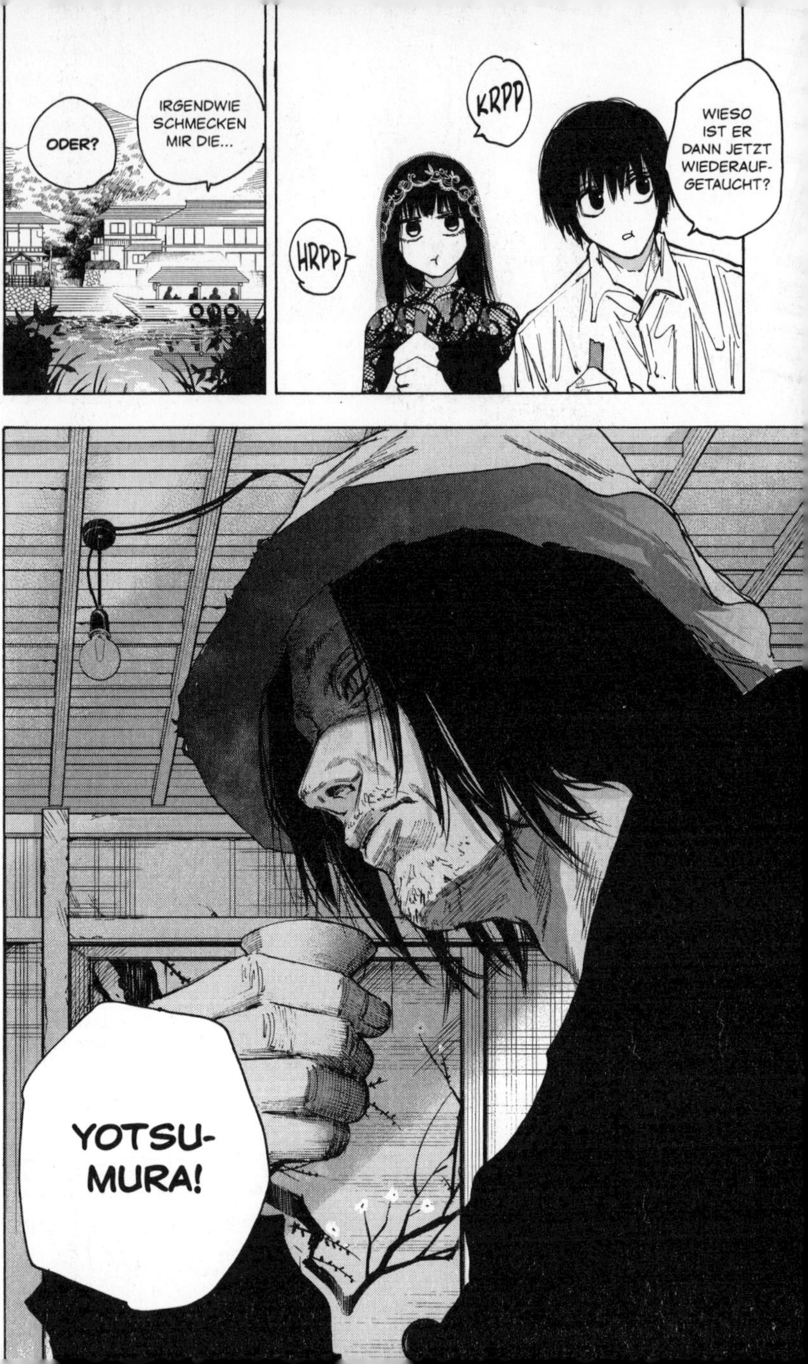
WIESO IST ER DANN JETZT WIEDERAUF-GETAUCHT?
KRPP
HRPP
IRGENDWIE SCHMECKEN MIR DIE...
ODER?
YOTSU-MURA!

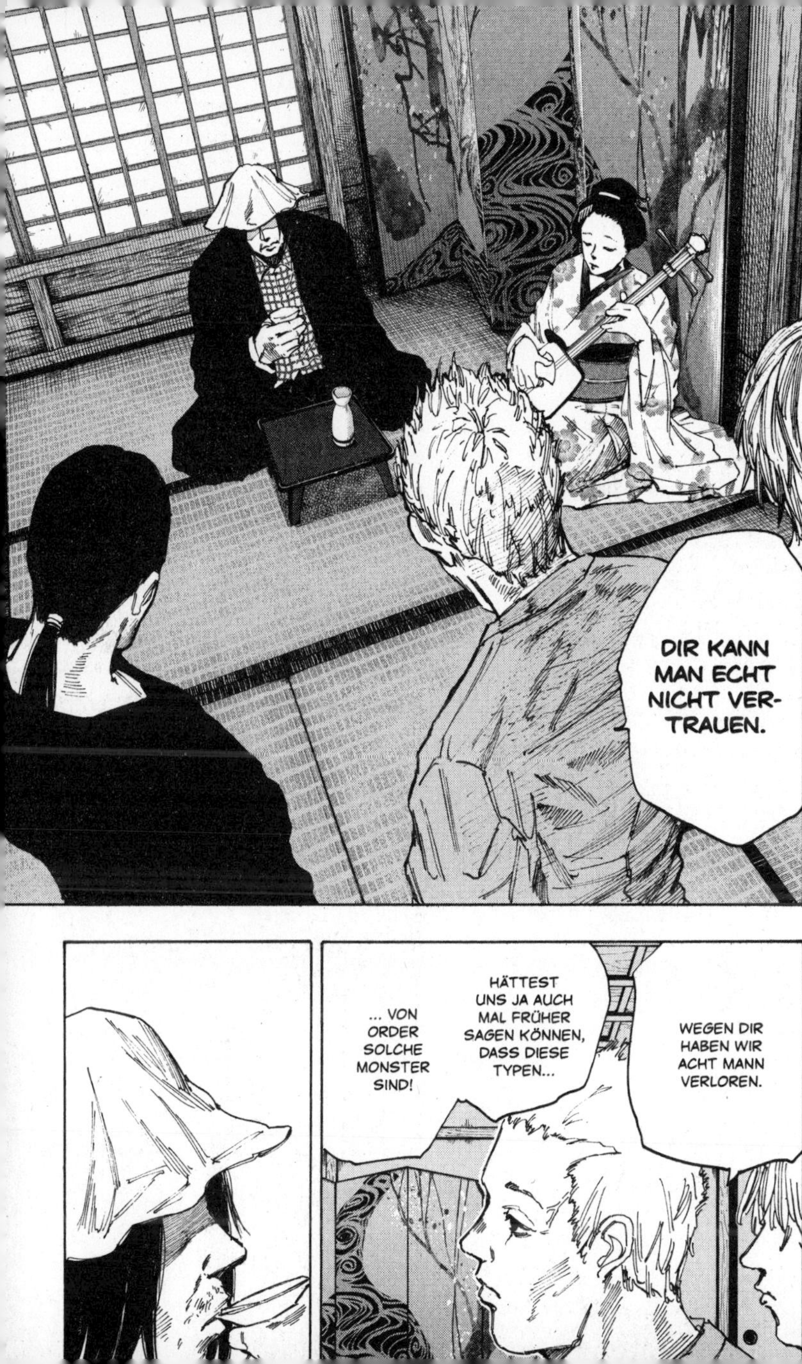
DIR KANN MAN ECHT NICHT VERTRAUEN.
WEGEN DIR HABEN WIR ACHT MANN VERLOREN.
HÄTTEST UNS JA AUCH MAL FRÜHER SAGEN KÖNNEN, DASS DIESE TYPEN...
... VON ORDER SOLCHE MONSTER SIND!

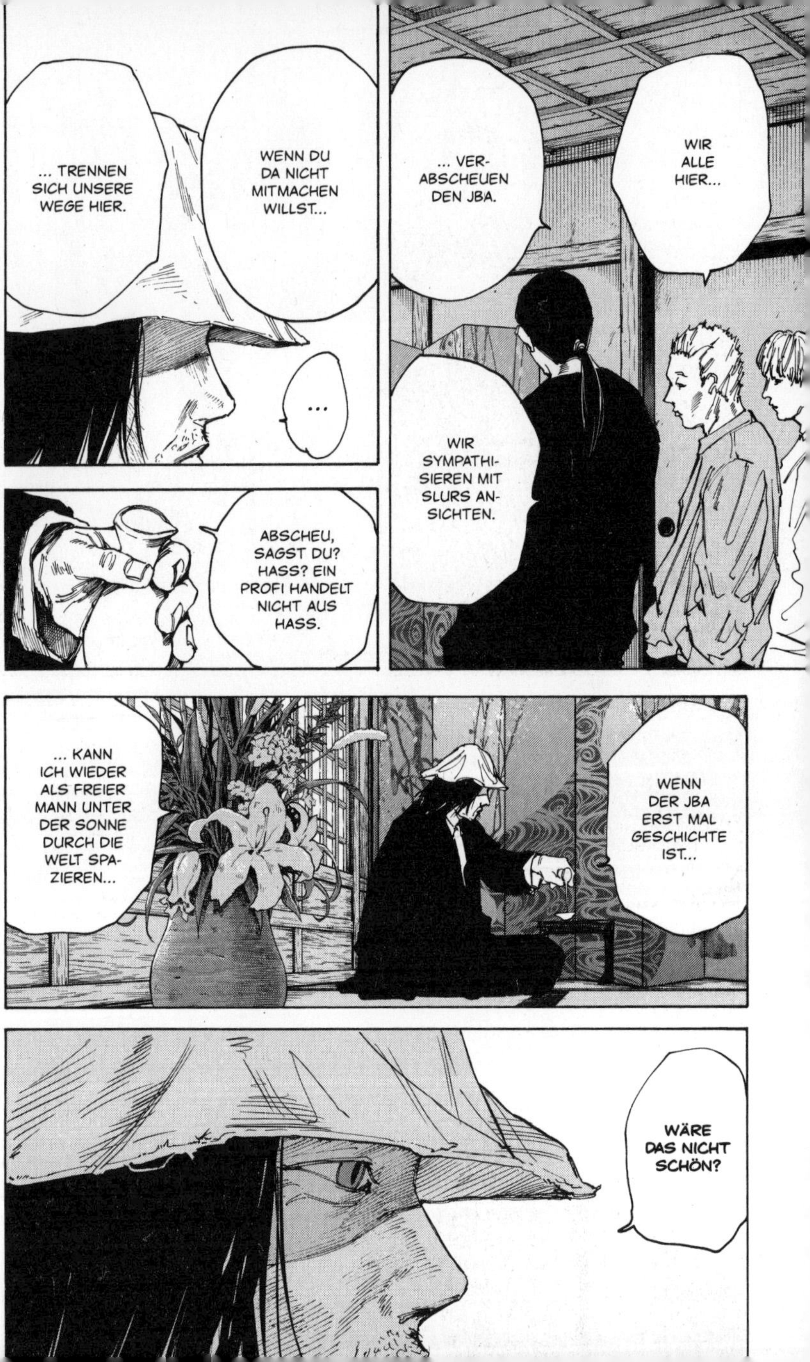
WIR ALLE HIER...
... VERABSCHEUEN DEN JBA.
WIR SYMPATHISIEREN MIT SLURS ANSICHTEN.
WENN DU DA NICHT MITMACHEN WILLST...
... TRENNEN SICH UNSERE WEGE HIER.
...
ABSCHEU, SAGST DU? HASS? EIN PROFI HANDELT NICHT AUS HASS.
WENN DER JBA ERST MAL GESCHICHTE IST...
... KANN ICH WIEDER ALS FREIER MANN UNTER DER SONNE DURCH DIE WELT SPAZIEREN...
WÄRE DAS NICHT SCHÖN?

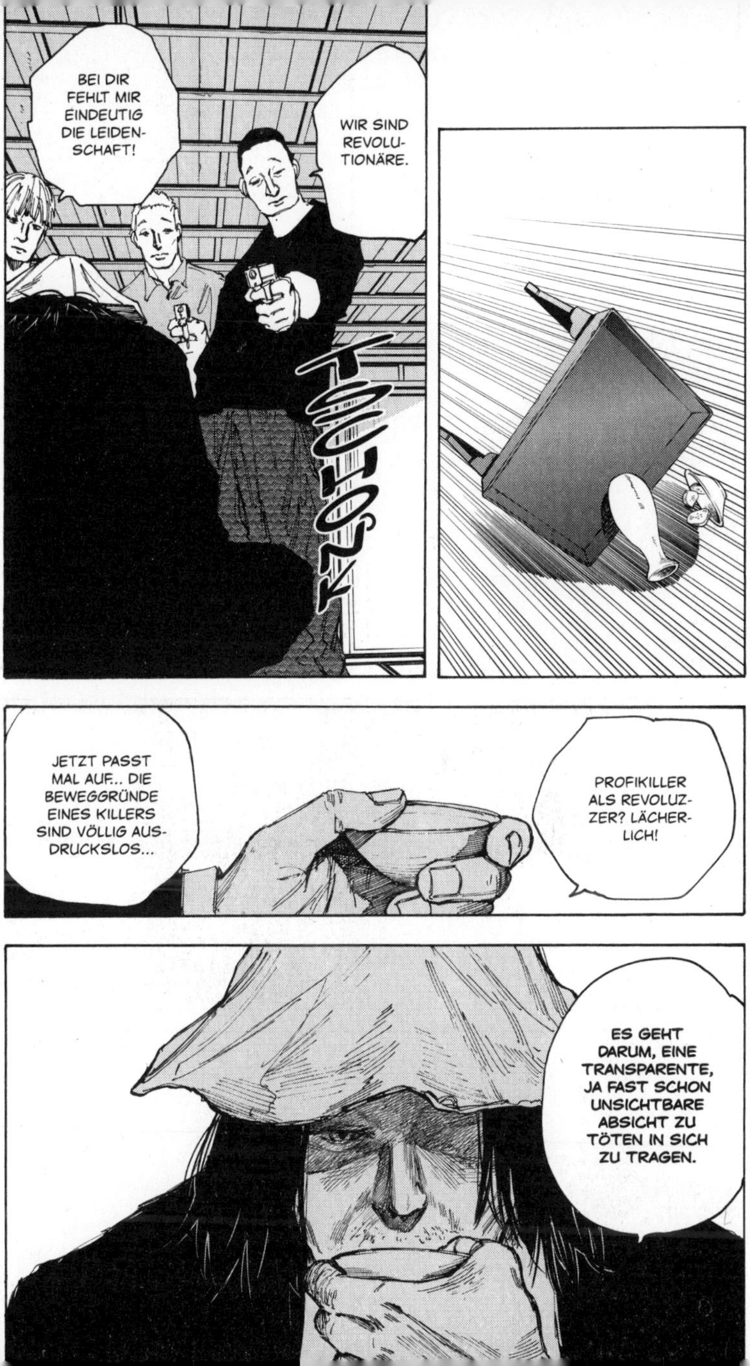
WIR SIND REVOLUTIONÄRE.
BEI DIR FEHLT MIR EINDEUTIG DIE LEIDENSCHAFT!
PROFIKILLER ALS REVOLUZZER? LÄCHERLICH!
JETZT PASST MAL AUF.. DIE BEWEGGRÜNDE EINES KILLERS SIND VÖLLIG AUSDRUCKSLOS...
ES GEHT DARUM, EINE TRANSPARENTE, JA FAST SCHON UNSICHTBARE ABSICHT ZU TÖTEN IN SICH ZU TRAGEN.

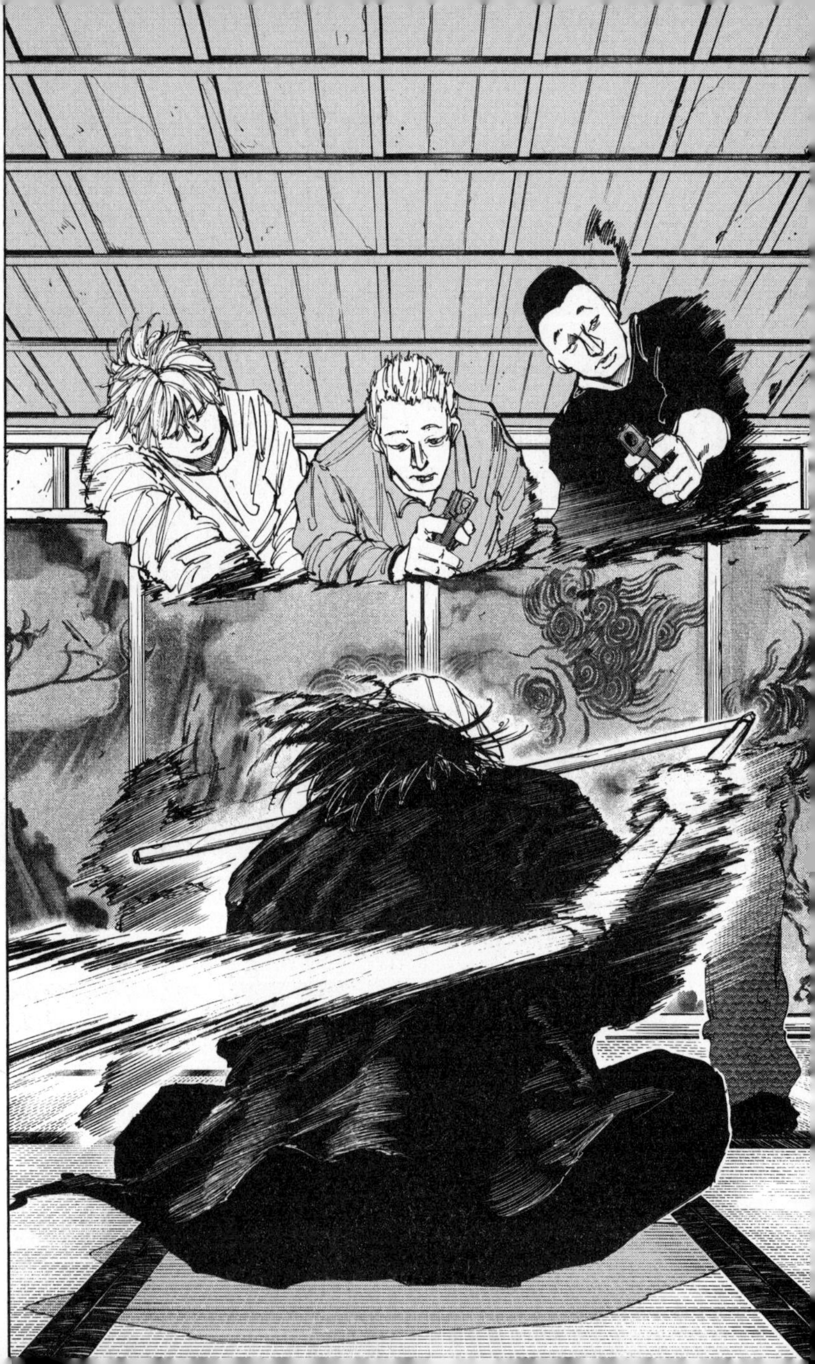

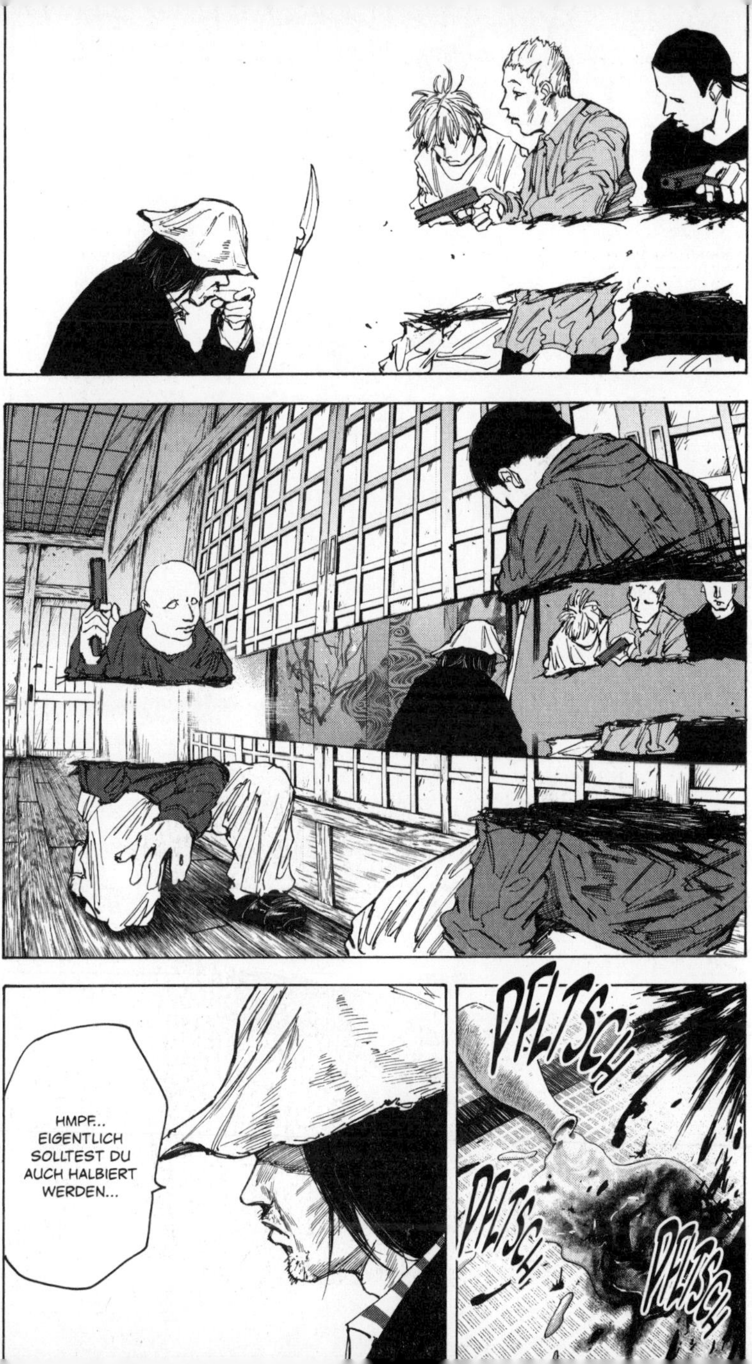
HMPF... EIGENTLICH SOLLTEST DU AUCH HALBIERT WERDEN...
PFLTSCH
PFLTSCH
PFLTSCH

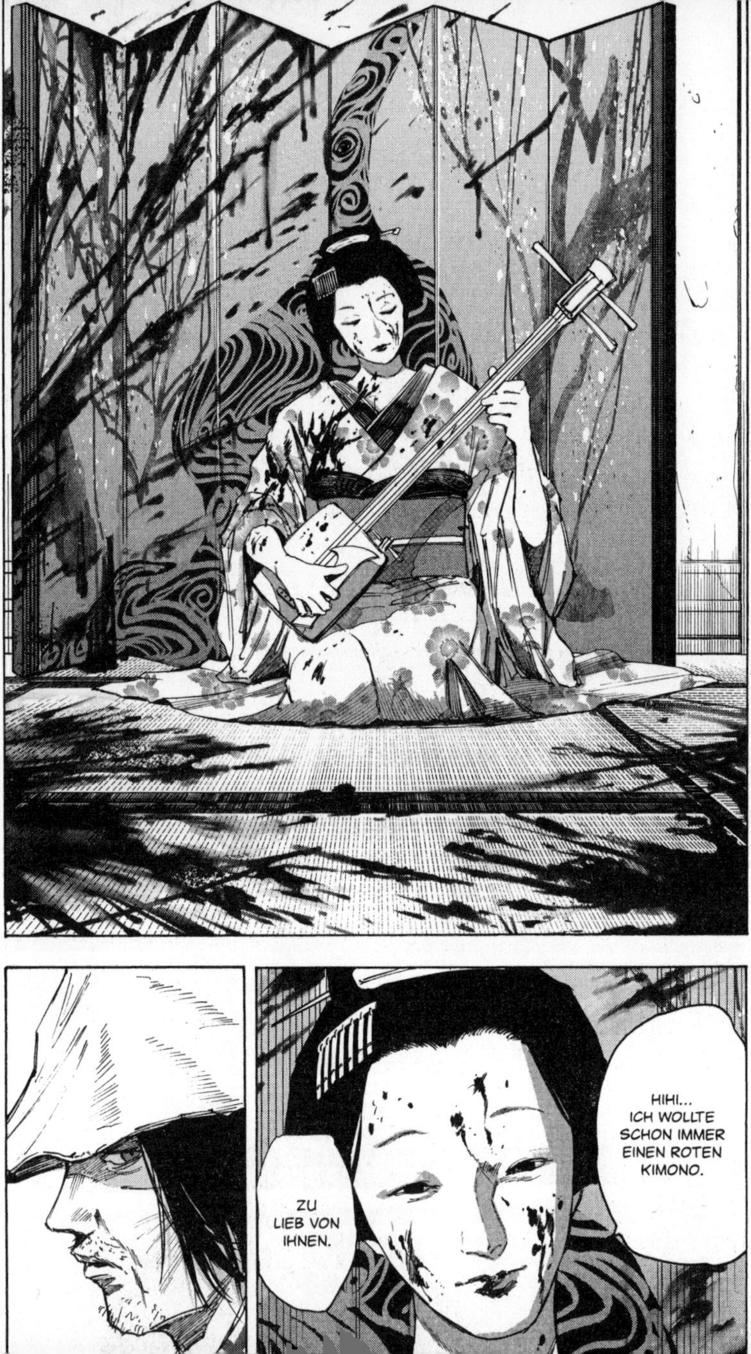
HIHI... ICH WOLLTE SCHON IMMER EINEN ROTEN KIMONO.
ZU LIEB VON IHNEN.

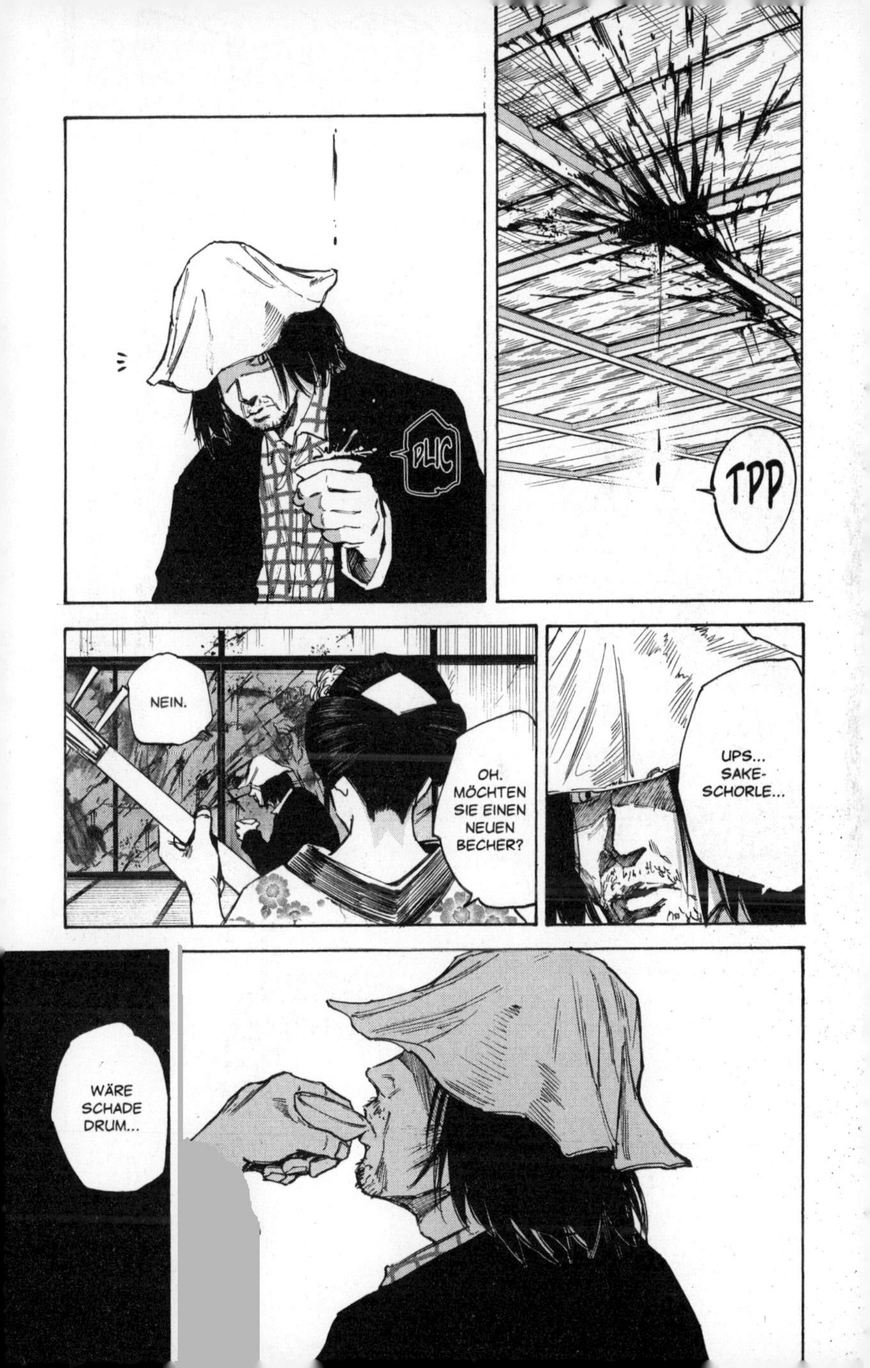
TPP
DLIC
UPS... SAKE-SCHORLE...
OH. MÖCHTEN SIE EINEN NEUEN BECHER?
NEIN.
WÄRE SCHADE DRUM...

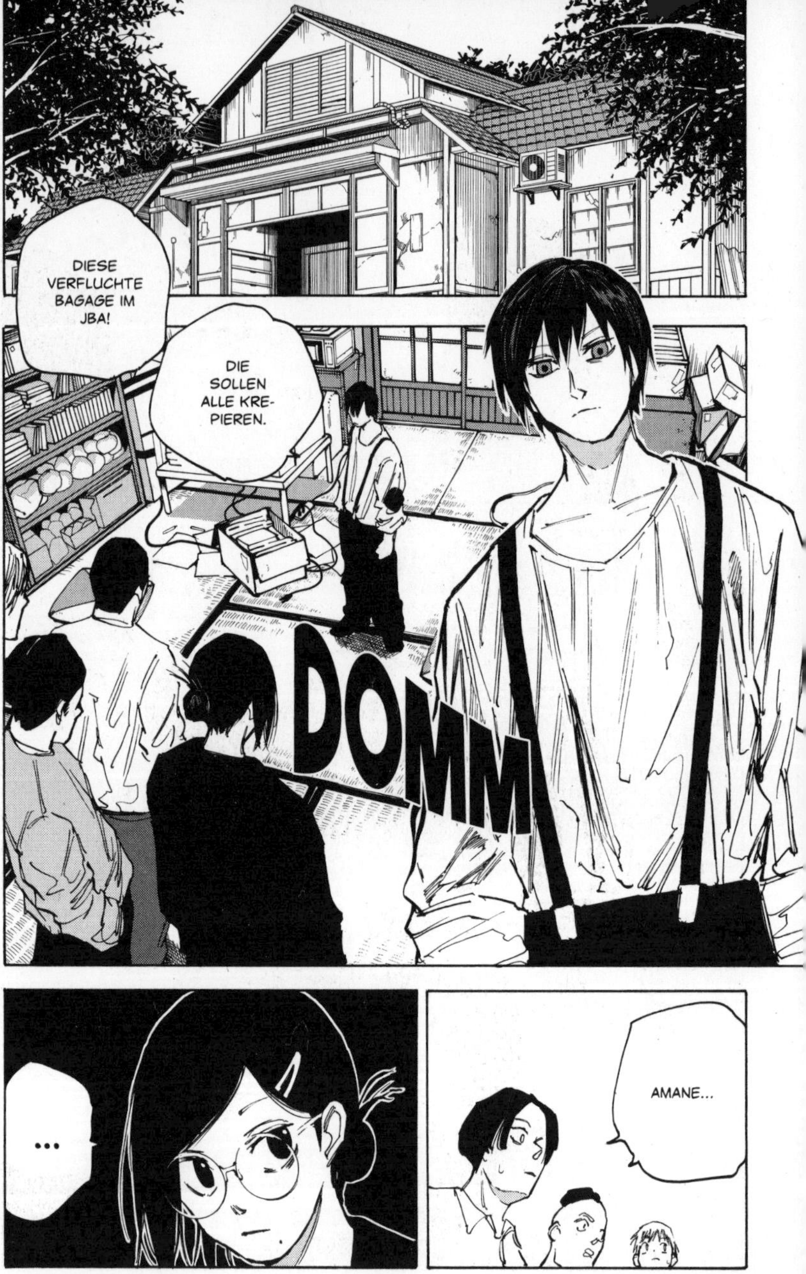
DIESE VERFLUCHTE BAGAGE IM JBA!
DIE SOLLEN ALLE KRE-PIEREN.
DOMM
AMANE...
...

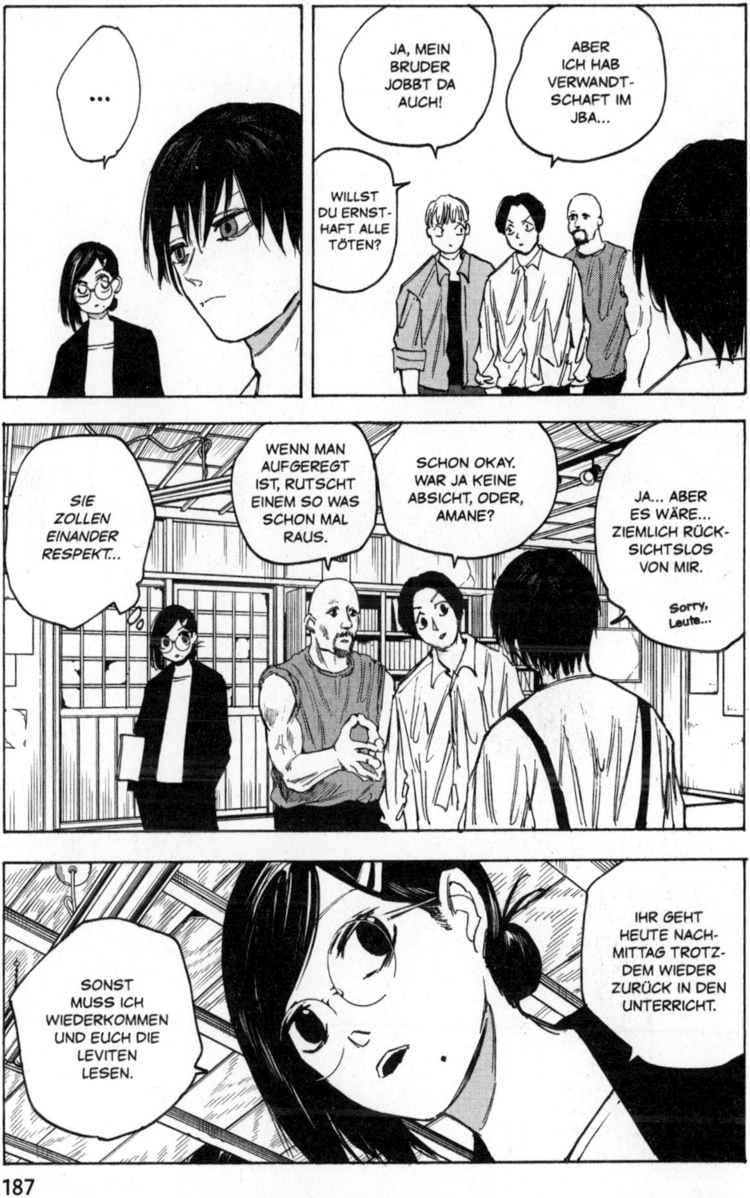

ABER ICH HAB VERWANDTSCHAFT IM JBA...
JA, MEIN BRUDER JOBBT DA AUCH!
WILLST DU ERNSTHAFT ALLE TÖTEN?
...
JA... ABER ES WÄRE... ZIEMLICH RÜCKSICHTSLOS VON MIR.
Sorry, Leute...
SCHON OKAY. WAR JA KEINE ABSICHT, ODER, AMANE?
WENN MAN AUFGEREGT IST, RUTSCHT EINEM SO WAS SCHON MAL RAUS.
SIE ZOLLEN EINANDER RESPEKT...
IHR GEHT HEUTE NACHMITTAG TROTZDEM WIEDER ZURÜCK IN DEN UNTERRICHT.
SONST MUSS ICH WIEDERKOMMEN UND EUCH DIE LEVITEN LESEN.

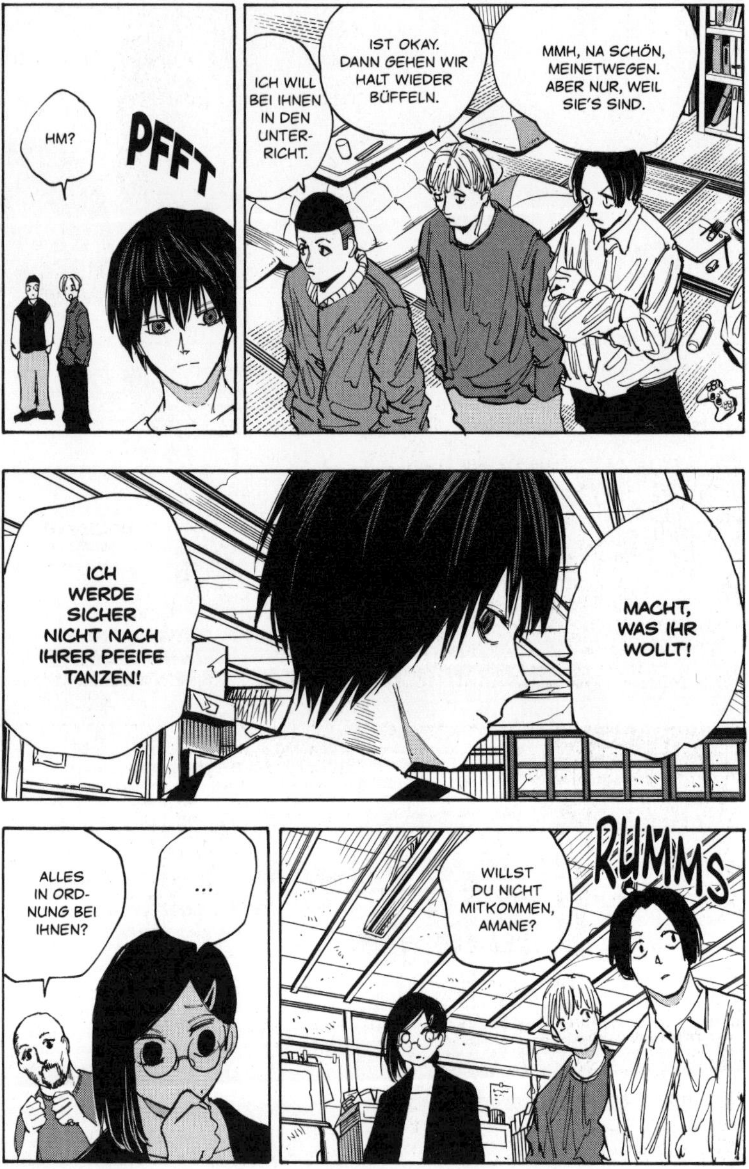
MMH, NA SCHÖN, MEINETWEGEN. ABER NUR, WEIL SIE'S SIND.
IST OKAY. DANN GEHEN WIR HALT WIEDER BÜFFELN.
ICH WILL BEI IHNEN IN DEN UNTERRICHT.
PFFT
HM?
MACHT, WAS IHR WOLLT!
ICH WERDE SICHER NICHT NACH IHRER PFEIFE TANZEN!
RUMMS
WILLST DU NICHT MITKOMMEN, AMANE?
...
ALLES IN ORDNUNG BEI IHNEN?

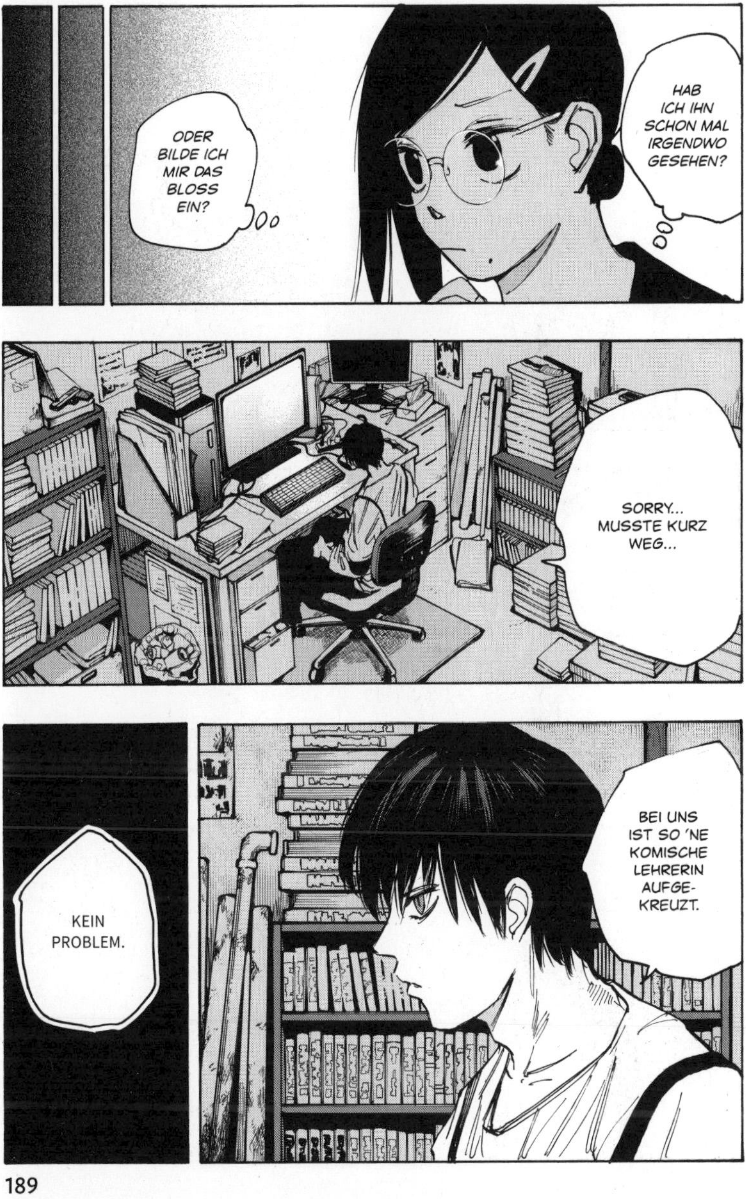
HAB ICH IHN SCHON MAL IRGENDWO GESEHEN?
ODER BILDE ICH MIR DAS BLOSS EIN?
SORRY... MUSSTE KURZ WEG...
BEI UNS IST SO 'NE KOMISCHE LEHRERIN AUFGE-KREUZT.
KEIN PROBLEM.

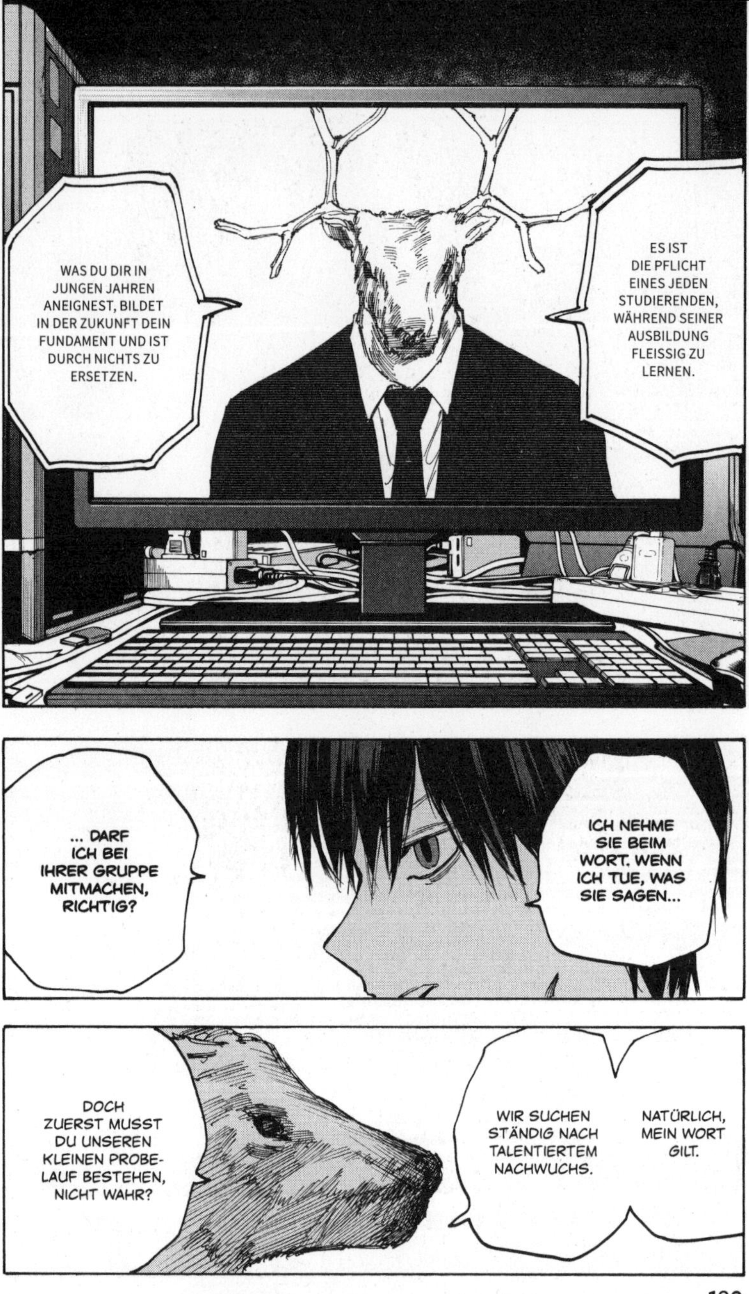
ES IST DIE PFLICHT EINES JEDEN STUDIERENDEN, WÄHREND SEINER AUSBILDUNG FLEISSIG ZU LERNEN.
WAS DU DIR IN JUNGEN JAHREN ANEIGNEST, BILDET IN DER ZUKUNFT DEIN FUNDAMENT UND IST DURCH NICHTS ZU ERSETZEN.
ICH NEHME SIE BEIM WORT. WENN ICH TUE, WAS SIE SAGEN...
... DARF ICH BEI IHRER GRUPPE MITMACHEN, RICHTIG?
NATÜRLICH, MEIN WORT GILT.
WIR SUCHEN STÄNDIG NACH TALENTIERTEM NACHWUCHS.
DOCH ZUERST MUSST DU UNSEREN KLEINEN PROBE-LAUF BESTEHEN, NICHT WAHR?

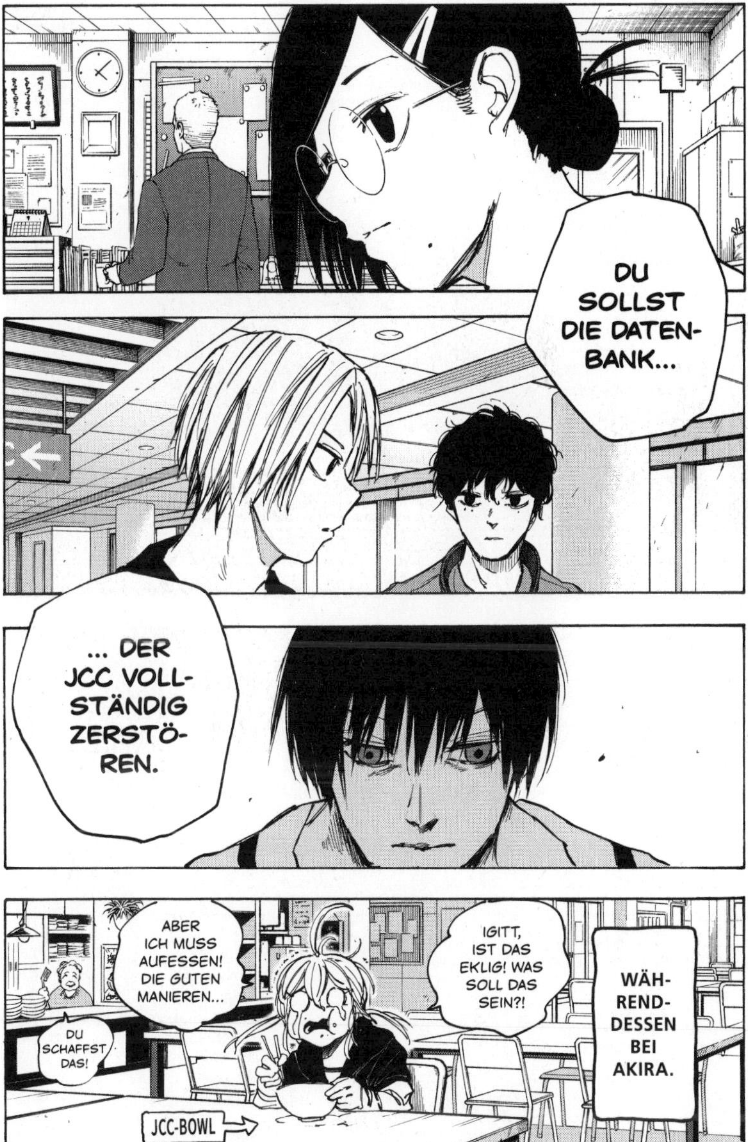

Band 9 – Hard Mode (Fin)

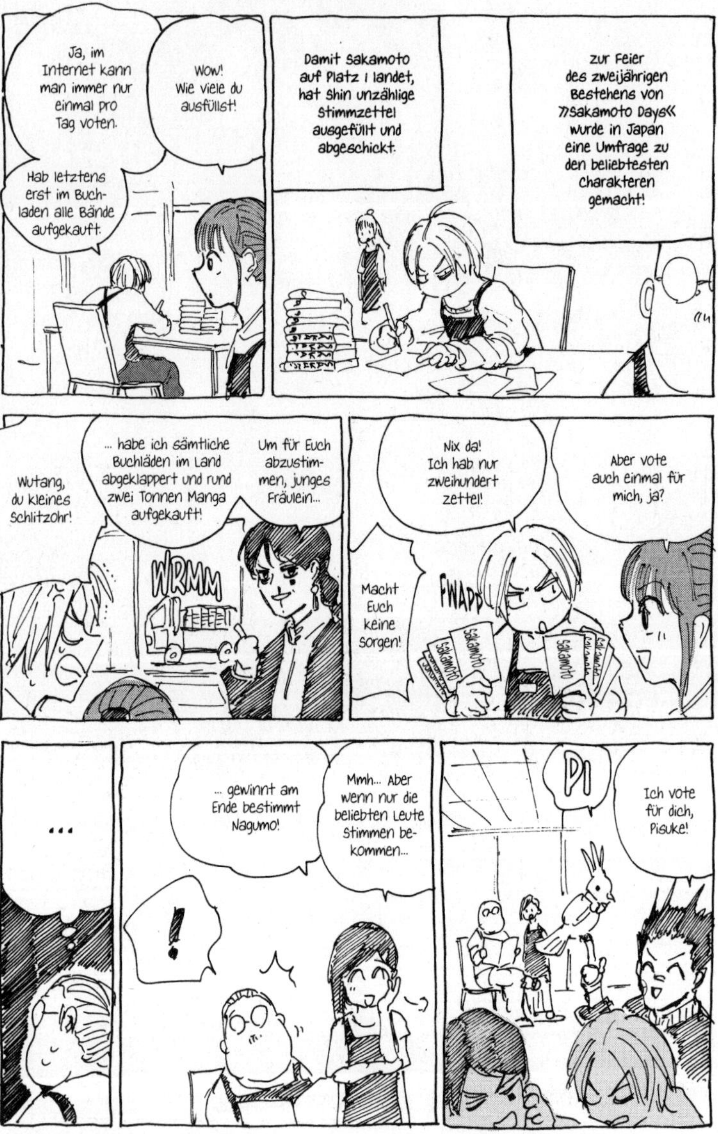

* In jedem Manga befindet sich ein Zettel, auf dem man abstimmen kann.

★ Letztes Jahr zum Valentinstag musste Osaragi gegen Nagumo beim Voting eine dicke Niederlage kassieren! Wie wird es diesmal ausgehen?

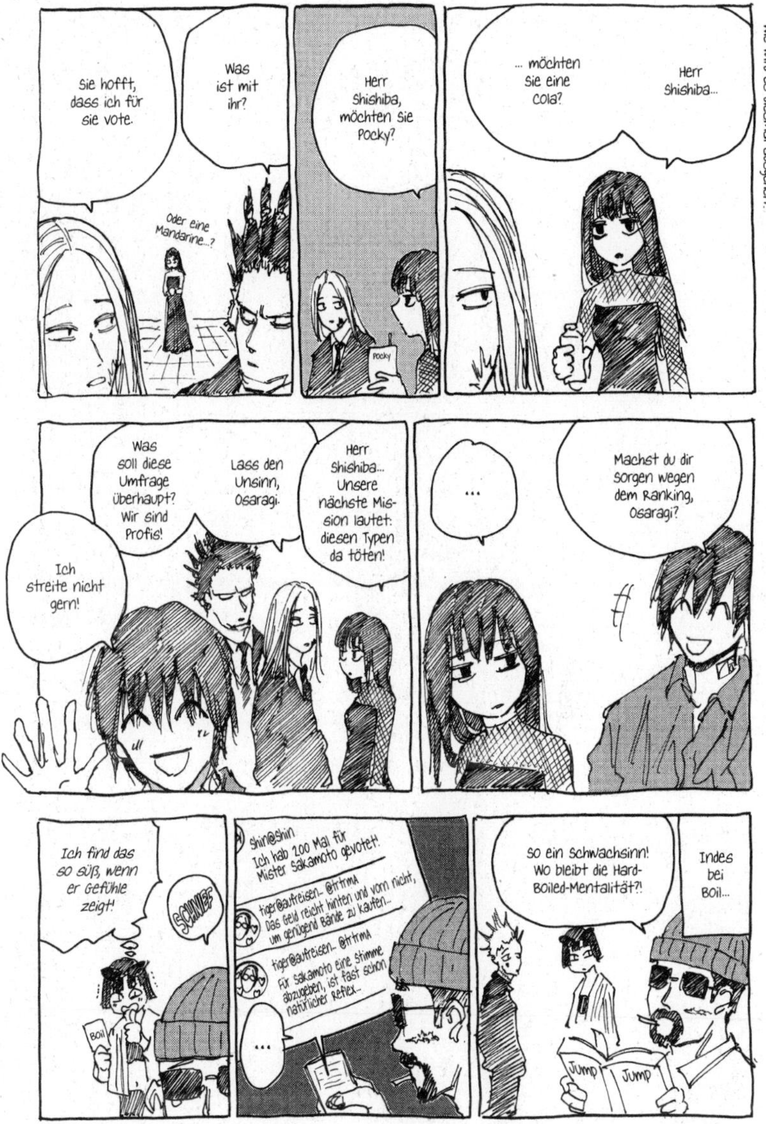

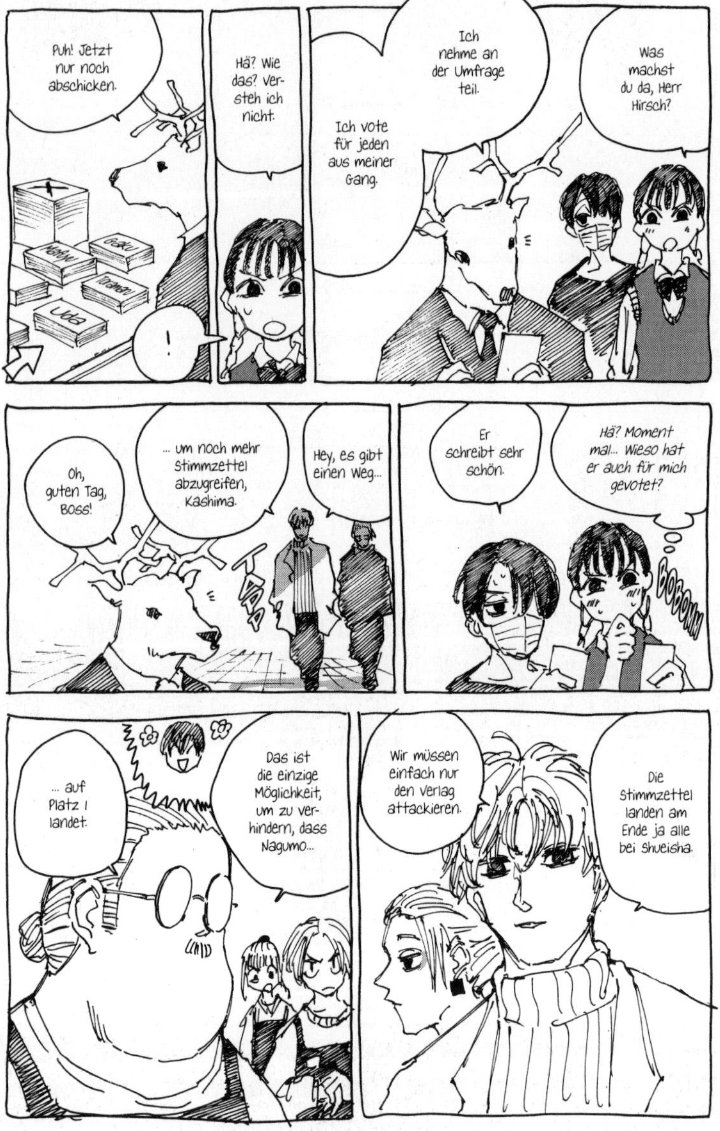
Was machst du da, Herr Hirsch?
Ich nehme an der Umfrage teil.
Ich vote für jeden aus meiner Gang.
Hä? Wie das? Versteh ich nicht.
!
Puh! Jetzt nur noch abschicken.
Hä? Moment mal... Wieso hat er auch für mich gevotet?
Er schreibt sehr schön.
Hey, es gibt einen Weg...
... um noch mehr Stimmzettel abzugreifen, Kashima.
Oh, guten Tag, Boss!
Die Stimmzettel landen am Ende ja alle bei Shueisha.
Wir müssen einfach nur den Verlag attackieren.
Das ist die einzige Möglichkeit, um zu verhindern, dass Nagumo...
... auf Platz 1 landet.

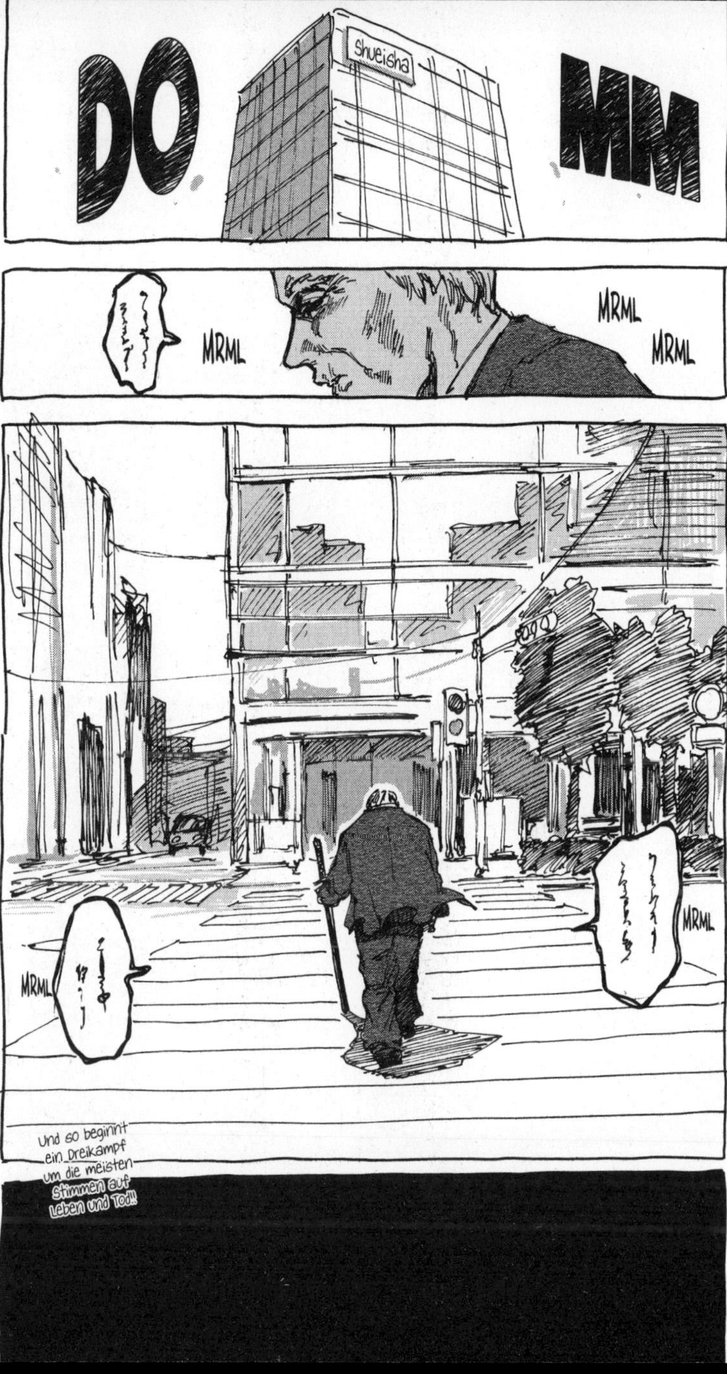

Und so beginnt ein Dreikampf um die meisten Stimmen auf Leben und Tod!!

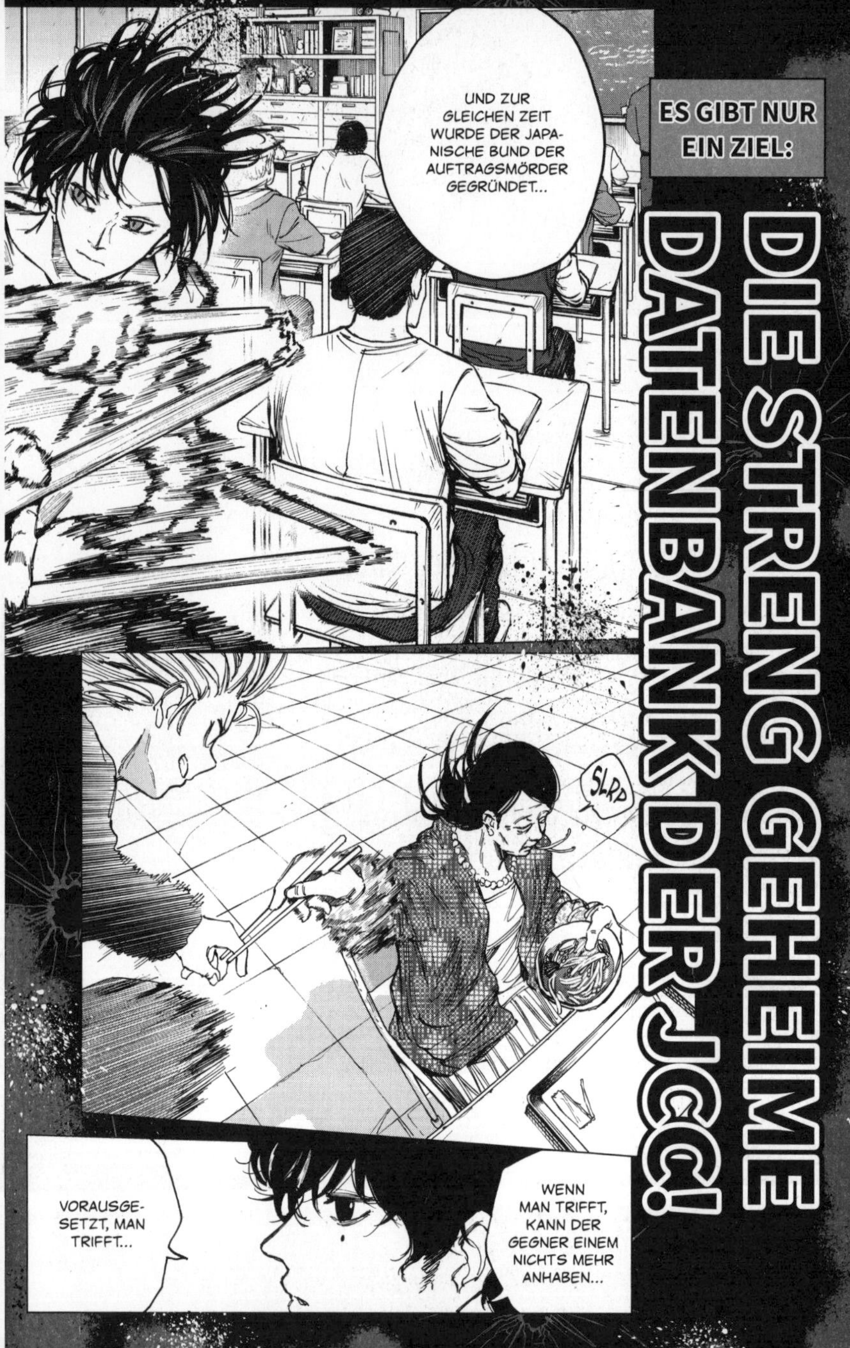
ES GIBT NUR EIN ZIEL:
DIE STRENG GEHEIME DATENBANK DER JCC!
UND ZUR GLEICHEN ZEIT WURDE DER JAPA-NISCHE BUND DER AUFTRAGSMÖRDER GEGRÜNDET...
SLRP
WENN MAN TRIFFT, KANN DER GEGNER EINEM NICHTS MEHR ANHABEN...
VORAUSGE-SETZT, MAN TRIFFT...

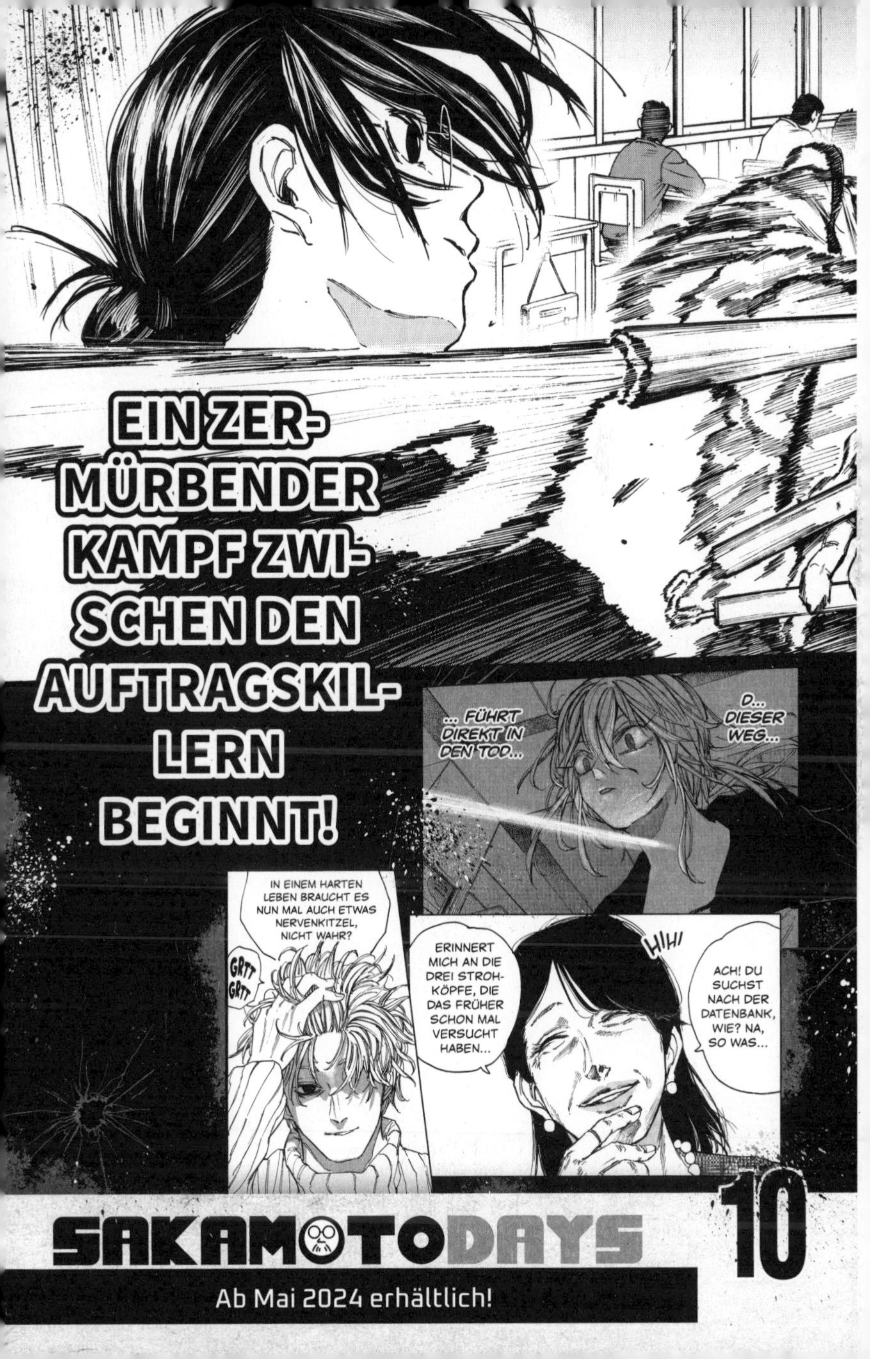
EIN ZERMÜRBENDER KAMPF ZWISCHEN DEN AUFTRAGSKILLERN BEGINNT!
D... DIESER WEG...
... FÜHRT DIREKT IN DEN TOD...
HIHI
ACH! DU SUCHST NACH DER DATENBANK, WIE? NA, SO WAS...
ERINNERT MICH AN DIE DREI STROHKÖPFE, DIE DAS FRÜHER SCHON MAL VERSUCHT HABEN...
IN EINEM HARTEN LEBEN BRAUCHT ES NUN MAL AUCH ETWAS NERVENKITZEL, NICHT WAHR?
GRTT GRTT
SAKAMOTO DAYS
10
Ab Mai 2024 erhältlich!

SAKAMOTO DAYS

SAKAMOTO
DAYS

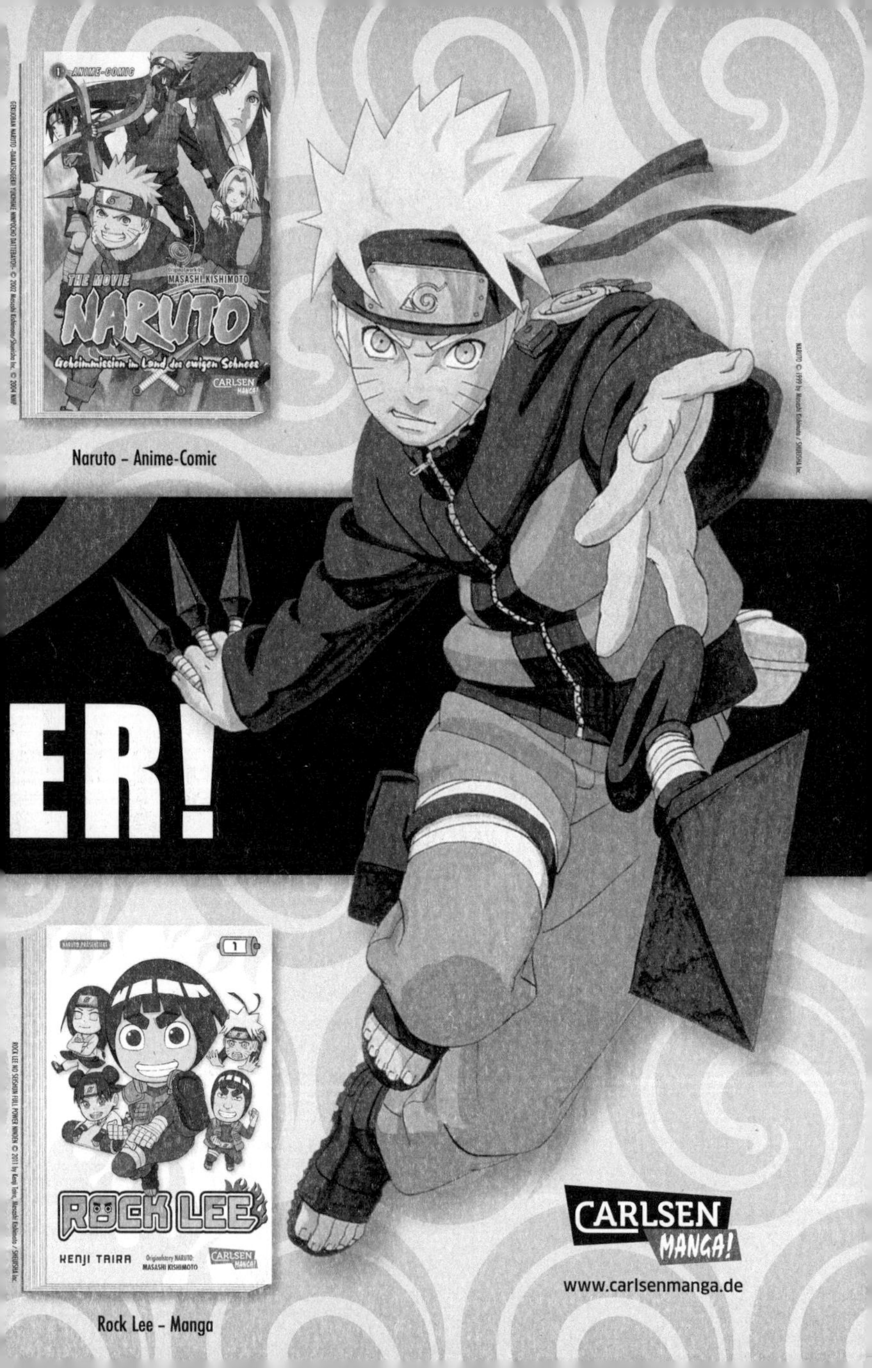
ANIME-COMIC
THE MOVIE
NARUTO
MASASHI KISHIMOTO
Geheimmission im Land des ewigen Schnees
Naruto – Anime-Comic
NARUTO © 1999 by Masashi Kishimoto / SHUEISHA Inc.
ER!
ROCK LEE
KENJI TAIRA
MASASHI KISHIMOTO
Rock Lee – Manga
CARLSEN
MANGA!
www.carlsenmanga.de

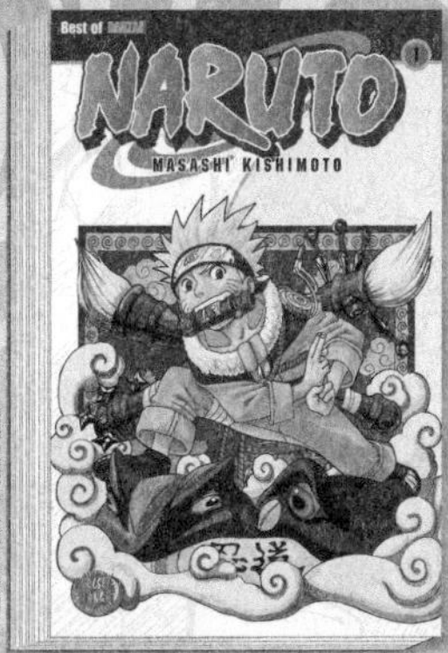

Naruto – Manga

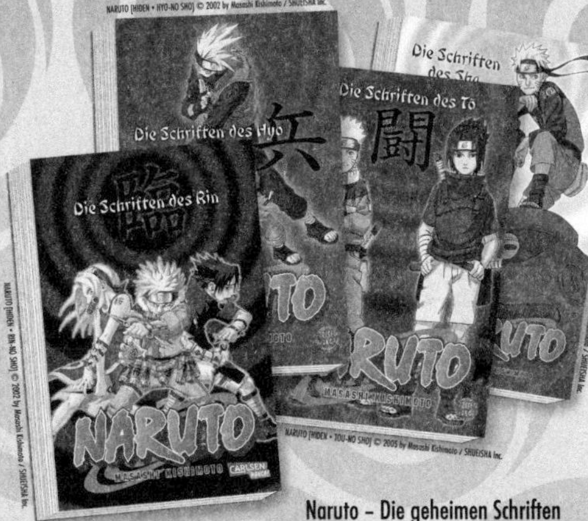

Naruto – Die geheimen Schriften

GEBALLTE NINJA-POW

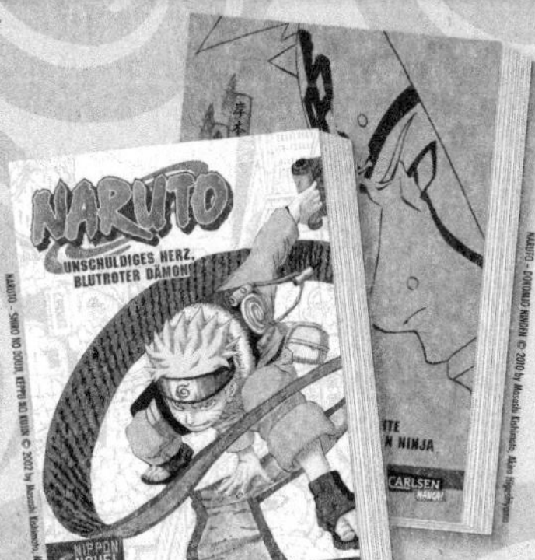

Naruto – Nippon Novel

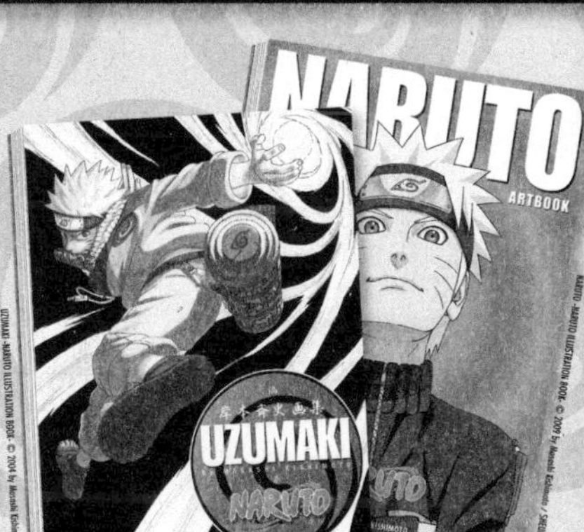

Naruto – Artbook

MASHLE

MAGIC AND MUSCLES

Story and Art by

HAJIME KOMOTO

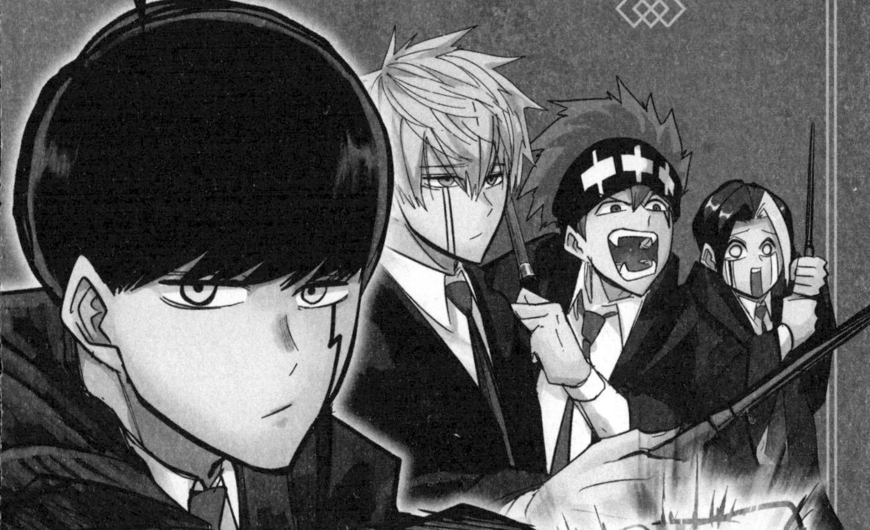

MAGIE IST GUT – MUSKELN SIND BESSER!

Im Reich der Magie wird der soziale Status durch die magischen Fähigkeiten bestimmt. Doch tief im Wald lebt Mash Burnedead, ein junger Mann, der seine gesamte Zeit damit verbringt, seinen Körper zu stählen. Er kann keine Magie benutzen, genießt jedoch ein friedliches Leben mit seinem Vater. Als das herauskommt, geraten beide in Gefahr. Die einzige Lösung: Mash wird in der Magieschule eingeschrieben, wo er die magische Konkurrenz schlagen muss! Wird sich Mash ohne einen Funken Magie und durch reine Muskelkraft einen Weg an die Spitze bahnen können?

CARLSEN MANGA!

www.carlsenmanga.de carlsen_manga carlsenmanga

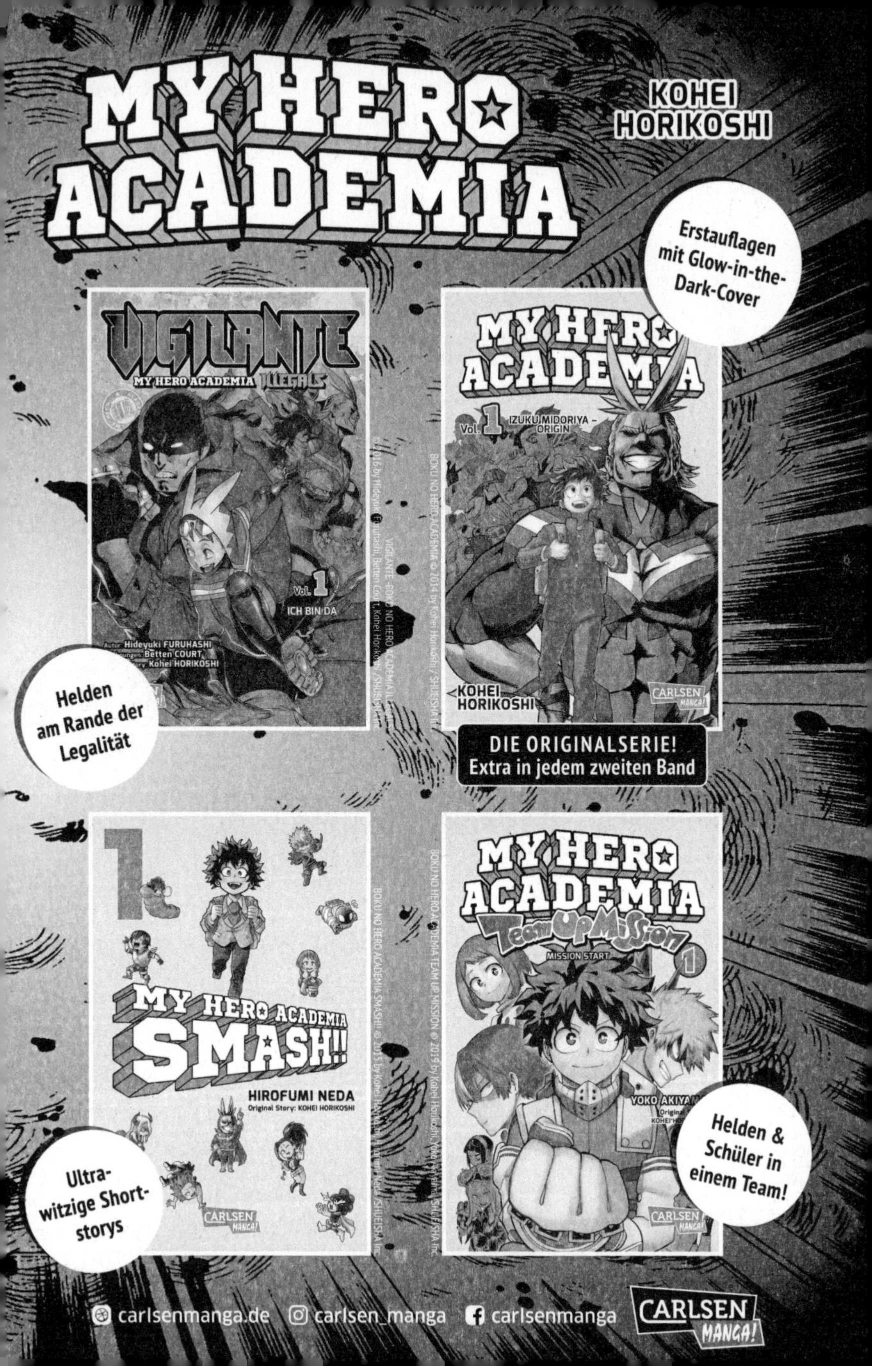
MY HERO ACADEMIA
KOHEI HORIKOSHI
Erstauflagen mit Glow-in-the-Dark-Cover
VIGILANTE
MY HERO ACADEMIA ILLEGALS
Vol. 1
ICH BIN DA
Autor: Hideyuki FURUHASHI
Betten COURT
Kohei HORIKOSHI
Helden am Rande der Legalität
MY HERO ACADEMIA
Vol. 1 IZUKU MIDORIYA – ORIGIN
KOHEI HORIKOSHI
CARLSEN MANGA!
DIE ORIGINALSERIE!
Extra in jedem zweiten Band
1
MY HERO ACADEMIA SMASH!!
HIROFUMI NEDA
Original Story: KOHEI HORIKOSHI
CARLSEN MANGA!
Ultra-witzige Shortstorys
MY HERO ACADEMIA
Team Up Mission
MISSION START
1
YOKO AKIYAMA
CARLSEN MANGA!
Helden & Schüler in einem Team!
VIGILANTE -BOKU NO HERO ACADEMIA ILLEGALS- © 2016 by Hideyuki Furuhashi, Betten Court, Kohei Horikoshi / SHUEISHA Inc.
BOKU NO HERO ACADEMIA © 2014 by Kohei Horikoshi / SHUEISHA Inc.
BOKU NO HERO ACADEMIA SMASH!! © 2015 by Kohei Horikoshi, Hirofumi Neda / SHUEISHA Inc.
BOKU NO HERO ACADEMIA TEAM UP MISSION © 2019 by Kohei Horikoshi, Yoko Akiyama / SHUEISHA Inc.
carlsenmanga.de
carlsen_manga
carlsenmanga
CARLSEN MANGA!

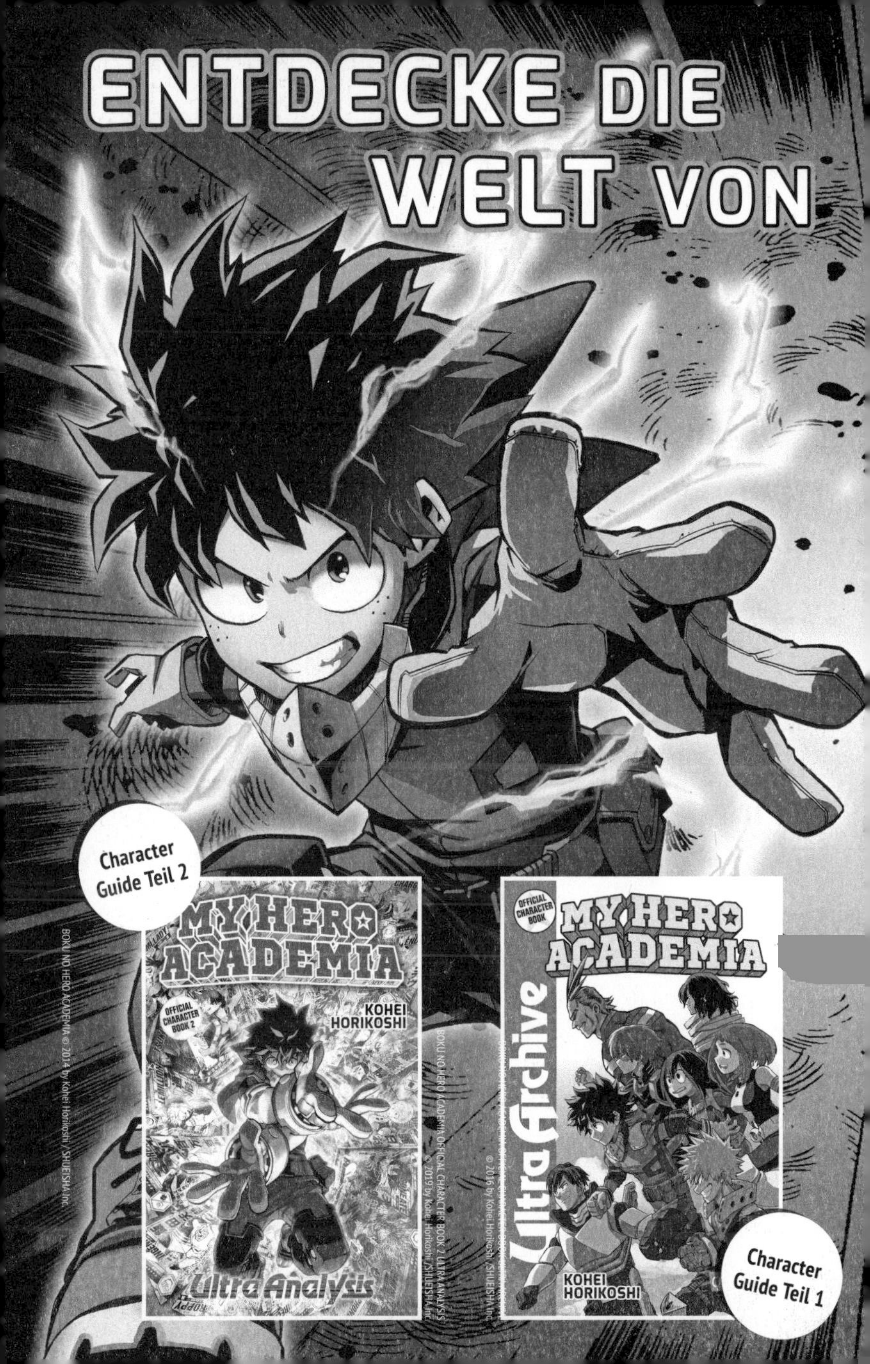
ENTDECKE DIE WELT VON
Character Guide Teil 2
MY HERO ACADEMIA
OFFICIAL CHARACTER BOOK 2
KOHEI HORIKOSHI
Ultra Analysis
OFFICIAL CHARACTER BOOK
MY HERO ACADEMIA
Ultra Archive
KOHEI HORIKOSHI
Character Guide Teil 1
BOKU NO HERO ACADEMIA © 2014 by Kohei Horikoshi / SHUEISHA Inc.
BOKU NO HERO ACADEMIA OFFICIAL CHARACTER BOOK 2 ULTRA ANALYSIS © 2019 by Kohei Horikoshi / SHUEISHA Inc.
© 2016 by Kohei Horikoshi / SHUEISHA Inc.

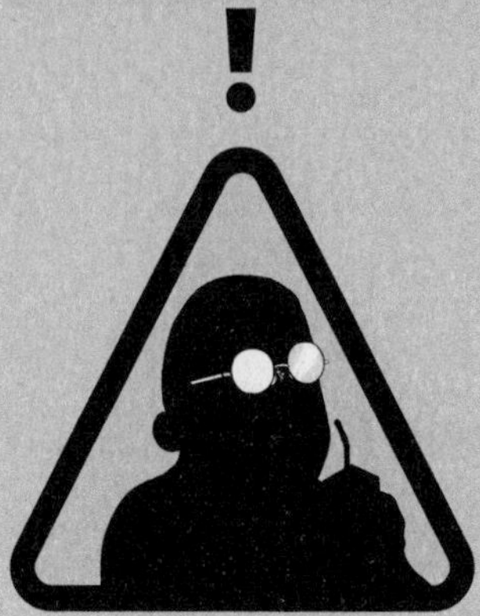

STOPP

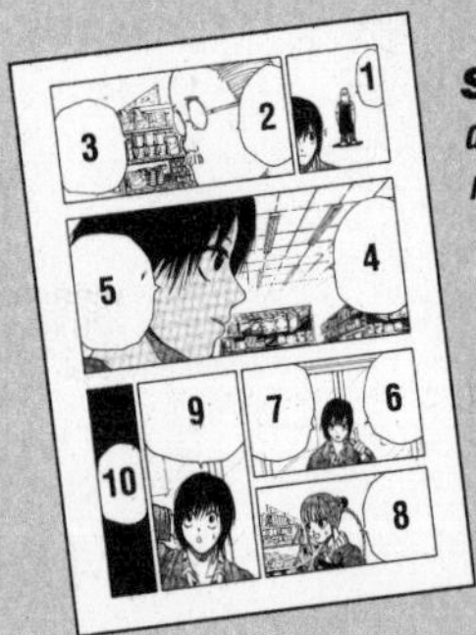

***SAKAMOTO DAYS** ist eine japanische Serie, die originalgetreu von »hinten« nach »vorne« und von rechts nach links gelesen wird. Man muss diesen Manga also »hinten« aufschlagen und Seite für Seite nach »vorn« weiterblättern. Auch die Bilder auf jeder Seite und die Sprechblasen innerhalb der Bilder werden von rechts oben nach links unten gelesen, so wie in der Grafik gezeigt.*

Ultimative Action mit dem besten Profikiller der Welt!

Bei Fragen zum Produkt: carlsen.de/kontakt

Carlsen Manga! News – jeden Monat neu per E-Mail!
www.carlsenmanga.de • www.carlsen.de

CARLSEN MANGA
Deutsche Ausgabe/German Edition

Völckersstr. 14–20 • 22765 Hamburg
Aus dem Japanischen von Martin Gericke

First published in Japan in 2020 by SHUEISHA Inc., Tokyo.
German translation rights in Germany, Austria, Luxembourg and German-speaking Switzerland arranged by SHUEISHA Inc. through VME PLB SAS, France.
Redaktion: Anne Berling • Textbearbeitung: Rebecca Richards
Lettering: Datagrafix • Produktionsmanagerin: Karen Kollmetz
 • ISBN: 978-3-551-79791-9

PRODUZIERT MIT VERANTWORTUNG

MIX
Papier | Fördert gute Waldnutzung
FSC® C083411
www.fsc.org